TRANSNATIONAL NATION

United States History in Global Perspective since 1789

トランスナショナル・ネーション
アメリカ合衆国の歴史

イアン・ティレル 著

藤本茂生＋山倉明弘＋吉川敏博＋木下民生 訳

明石書店

First published in English
by Palgrave Macmillan, a division of Macmillan Publishers Limited
under the title TRANSNATIONAL NATION
by Professor Ian Tyrrell

This edition has been translated and published
under licence from Palgrave Macmillan
through The English Agency (Japan) Ltd.

序文

本書は、トランスナショナルな視点から、1789年以降のアメリカ合衆国〔以下、アメリカ〕の歴史の簡潔な概観を提示する。本書は、このようなテーマの歴史を組み立てるうえで必須のアメリカ史の概説的な歴史研究、およびそのテーマに関して過去15～20年間に蓄積された専門的な諸研究を、一冊にまとめたものである。この類の本は決して最終的なものになりえず、むしろ模索的な試みであり、他の類似の研究が後に続いてくれることを望みたい。本書は、アメリカ史を新たに解釈し直すための枠組みを示し、特定の過去の出来事に新たな解釈を求め、充たす必要がある文献の空白を明らかにする。私の意見では、国民国家アメリカのトランスナショナルな関係の基盤は、基本的には19世紀と20世紀初めにつくられたのであり、それゆえ、本書においては相当な分量がこれらの時期の歴史にあてられている。1920年代以降、アメリカはこの時期の遺産の継承によってつくられた諸矛盾にとらわれており、また、この時期に現代アメリカのグローバルな地位をめぐる緊張関係の起源が見出されうる。したがって、時代の変化と継続を正しく評価するためには、より深い歴史的な視点が重要になってくる。

扱うテーマが巨大であるために、広範な史料による実証は控え目にいっても困難であるが、しかし適切かつ入手可能な文献に関しては、原注の中に見出せるようにしてある。同じ理由から、私の解釈——アメリカ史をトランスナショナルな視点から考えてきた30数年間に到達した解釈——を形成した第一次史料に関しては、引用することは全般的に控えた。

本書の各章で述べた結論は、文字どおり何百人もの優れたアメリカ史研究者の仕事に依拠しており、そうした研究者の助けがなければ本書は書かれなかったであろう。原注は、入手しうる豊富な研究文献の一部を示しているにすぎない。また、多くの人たちの助言の恩恵を受けたが、限られたスペースのために全員を詳しく挙げることはできない。とくに感謝したいのは、「1997~2000年の間にフィレンツェで数回にわたって開催されたアメリカ史を国際化するための会議」に参加した研究者の「ラ・ピエトラ会議の仲間たち」であり、本書を彼らに捧げる。これに加えて、トマス・ベンダーとデーヴィッド・セレンをはじめ、フィレンツェ、パリ、ニューヨーク、ケンブリッジ、アムステルダムおよび北米のさまざまな場所にいる人たちから着想を受けなければ、本書は書かれなかったであろう。ジェイ・セクストン（オックスフォード大学）は、丁寧にそして鋭い洞察力を持って第2章を読んでくれた。メアリー・ドゥジアックからは、アメリカ大陸横断の最中にもかかわらず、最後の4章を書くうえで、援助を受けた。マイケル・ピアソン（ニュー・サウスウェールズ大学名誉教授）は、アジア史、世界史の視点から、テキスト全体に寛大にも目を通してくれた。オーストラリアのアメリカ研究者の仲間たち、とくにシェーン・ホワイト、フランシス・クラーク、スティーヴン・ロバートソンたちは、本書の各部分について有益なコメントをしてくれた。職場の同僚ピーター・シュリージヴァーズには最後の3章を読んでもらい、そして国際関係について多くの鋭い提案をしてもらった。いつもながら私の家族には当然感謝し、勤務校にあるオーストラリア研究所の助手ティナ・ドナギーには、冒頭部分の校正において、彼女の誠実さに多くの恩恵を受けている。同研究所の基金によって、メアリー・マッケンジーには、本書全体の校正と史料の点検作業を依頼し、彼女はそれを入念に行った。パルグレイヴ・マクミラン社の元委託編集者ターカ・アクトンは本書の出版を勧めてくれ、彼女の同僚ソニア・バーカー、ベヴァリー・タルクィーニは出版に至るまで援助をしてくれた。

日本語版のための序文

この序文によって、『トランスナショナル・ネーション』の邦訳にかかわることは、私にとってこのうえない喜びである。本書に組み入れられたアメリカの新しい歴史研究の方法の中には、東アジア・アメリカ間の重要な相互関係と19世紀以来のアジア・アメリカ両文化間の相互浸透についての認識が含まれている。太平洋とそこに住む人々、および環太平洋地域の人々についての各テーマは、現在、世界史において今まで以上に重要になりつつあるが、過去200年間のアメリカの歴史において、同国によるこの地域への関与は、常に個人・集団・政府がつくり上げてきたグローバルな展望とグローバルな関係の一部であった。

さて、歴史のトランスナショナルな叙述は、国境を越える人間・物資・思想・制度の移動とこれらの現象が国家形成に与えた影響を包含する。2007年末の英語版での原著出版以来の時期を考えてみると、その期間の出来事は、諸国民間の関係をよりよく理解するうえで、トランスナショナルな歴史の重要性を強調している。本書は、この点において貢献することを願うものである。この数年間の出来事は、実際に、世界中の人々が相互に連関していることを納得させるものであった。たとえば、2008~09年の深刻な金融危機は、アメリカ国内の問題が他国の社会・経済を巻き込んだことを示すものであった。このプロセスは初めてではないが、グローバルな経済統合のレベルは、本書で叙述されたように、1980年代以降に増大し、人間の幸福と国家の安全保障にとってきわめて重大な影響を及ぼした。

同様に、この数年間の出来事の一つであるバラク・オバマのアメリカ大統領当選は、アメリカと、東アジア諸国を含む諸外国との多国間的なかかわりのための新たな機会をつくった。ただし、歴史家にとって、2008年の大統領選挙がアメリカのグローバル社会への統合にとって、どの程度に意義ある転換点であるかを判断するには時間が必要であろう。というのは、かつてのアメリカ例外主義という古い思考様式が、オバマ批判において続いているからである。サラ・ペイリンのような共和党の政治家たちは、より偏狭な見方とよりコスモポリタン的な見方の間で緊張が続いていることを明らかにしている。大統領オバマの当選そのこと自体が、多文化主義と人種的寛容さの受容に対するアメリカ社会の賞賛の表われであるが、しかし、多くの不満の声もあり、それは、アフリカ系アメリカ人が、合法的にアメリカのリーダーになることを認めたがらないことに根ざすものである。たとえば、首都ワシントンにおける「ティー・パーティ」活動家や狂信的なオバマ「バーサーズ」(オバマが、ケニヤで出生したと言い立てられていることを根拠――しかし、実際は人種を根拠――に、彼の大統領としての資格を否定しようとする人々)による煽動的運動が、そのことを証明している。

以上のことから、アメリカは、2007年のときと同様に、依然として、二つの見解の間で均衡を保っている。つまり、国際社会により統合して協調的になる方向に向かうのか、あるいは、寛容さに欠ける近視眼的な風潮が支配的になるのであろうか。また、アメリカ例外主義の諸要素は続くのであろうか。本書の中で描かれた出来事の軌跡は希望のある将来の姿を暗示するが、しかし、人間のつくった諸制度における変化は遅々として、また不規則なものであり、過去につくられた因習は根強く残っている。そして、巨大な権力政治が国際的協調のネットワークを依然として妨げていることは、2009年コペンハーゲン気候変動会議において先送りされた協定の採択が示すところである。歴史は終わることはなく、選択できる複数の道に開かれているが、過去における人間の行動様式についての優れた理解が、その道を導かねばならないであろう。

2010年3月　シドニーにて

イアン・ティレル

目　次

【凡例】

・原著中の〝　〟は「　　」で表わした。

・原著中のイタリックによる強調部分は傍点で表わした。

・（　）は原著者による説明注である。

・〔　〕は訳注を示すもので、訳者が挿入した。カタカナ表記の後の〔　〕はその訳語を示し、各章の初出のみに付した。

・ＮＧＯ、ＣＩＡ、ＩＭＦなどのメディア等に頻繁に出てくる略称は、初出のみ「非政府組織（ＮＧＯ）」というふうに訳語と併記した。

・索引は、原著の索引を参考にしながら訳者が独自に編集したものである。

・原著中の明らかな誤記は、訂正した。

序章　トランスナショナルなアメリカ史

トランスナショナルなアメリカ史に向けて

アメリカは自由な国として生まれたという人がいるが、世界の国々、人々、そして伝統とも深く結びついて生まれており、その結果として起こったものとアメリカは当初から格闘してきたのである。本書は、国境を越えたアメリカ史の多面的で複雑な関係を再検討することによって、必然的にアメリカ人が自国の歴史に関して持っている通念に疑問を呈する。はっきりいうと、政策立案者、国民一般、教科書、そして相当多くの歴史学者たちでさえ、アメリカ史の概説を語るときには、アメリカ革命から20世紀初めまでの間の主要な出来事が起こった時期を漸進的な国家形成の過程として描いてきた。それによると、この時期の多くの期間において、アメリカという国家は、主として、国内の諸勢力や議論――国家の諸制度、民主主義、奴隷制、経済成長、フロンティアの拡大のいずれについてであれ――によって決定された軌道に沿って成長した。この期間には、ヨーロッパ文化に依存していたことは明らかだが、しかし、国内で生じた影響力が国家的基盤を形成した。すなわち、独立を達成し、建国期にヨーロッパの干渉を回避した後、アメリカは北米大陸の経済的・政治的な発展に焦点を当てた19世紀の時代から、20世紀半ば以降における世界とのより大きな統合の時代へと移行した。この国は1914年以前の時期に、強固な国内市場、移民集団の同化によって、思想的・社会的に、不平等ではあっても、複雑ではあるが一つのナショナル・アイデンティティに統合された。そして、歴史の見方によるが、第一次世界大戦あるいは1941年までは、国際的な関係も、二カ国以上に及ぶ関係による影響も、国家としての主たる特色にはならず、アメリカは「無料の安全保障《フリー・セキュリティ》」を保っていたのである。しかし、そのときでさえ、アメリカは他国とは異なるユニークな自己像を持ち続けた(1)。

たしかに、国家の「内」では、人々は他者と相互に交流し、彼らの間でときには激しく意見を異にすることがあった。階級、人種、そしてジェンダーが、地域間の対立と同様に分断の原因をつくった。しかし、国境に関しては不可侵なままであった。すなわち、いったん国家が成立すると、そこに統合された地域は、あたかもそれが常にアメリカの領土であることを運命づけられていたかのように、比較的問題なく、みなされるのが慣例になった。したがって、かつてメキシコ領土であった地域は、1848年のアメリカへの併合以降、メキシコ人の初期の歴史とともにロマンティックな序章として理解されることがしばしばあった。しかし、この領土の隣接地域――そこから、この領土が分離された――における後の歴史は、周辺を含むより広い地域の歴史の一部になったというよりも、突如、「対外的」すなわち国際的な関係の一部になり、そして移民を送り出す源になった。

このような歴史描写は、明らかに過度に単純化したものである。アメリカ中心の叙述は歴史学研究では疑問視され、そして旧い概説的な描写は実証的研究によって揺らいでいるのである。今では、国内での文化的多様性は完全に認められ、移民史や思想史は国境を越えたものとして、とくにヨーロッパとの関係を持つものとしてかなり前から理解されている。外交史研究は、外交交渉を超えて経済的な拡大のみならず文化的な関係をも考慮に入れるようになった。さらには、国境地帯の影響が探求され、新たなヒスパニック系アメリカ人の歴史が発展した。歴史教科書のレベルでさえ、トランスナショナルな転換によって影響を受けるようになっている(2)。これらによって、アメリカと世界との結びつきに対して、補足的なものが付け加えられた。しかし、これらの研究においては、アメリカと「外の世界」はいまだ根本的に異なる概念として理解され、しかも、これらの補足はしばしば申しわけ程度のものでしかないのが現状である。それよりもむしろ必要なことは、新たな研究を統合して、異なる種類のアメリカ史を生み出すことであり、そのようなアメリカ史研究は、単に、国際的な影響力を追加したり、アメリカの「外交関係」を調査したり、「外の世界」におけるアメリカの役割を位置づけたりするものではない。本書で論じるのは、アメリカのトランスナショナルな関係が今までよりもはるかに手の届かない地点に至っているので、一般的に認められてきた歴史叙述の周辺をいじり回すだけでは許されない、ということである。本書は、それに代わって、新たなアメリカ史が構想されねばならないことを論じ、そのような歴史がどのようなものであるかについての概観を試みるものである。現在、アメリカのトランスナショナルな諸関係を新たに統合する研究が出現し始めているが、国家、社会、グローバル化、トランスナショナルな政治、社会、文化の各要素の諸関係を叙述する全体像はいまだ現われていない(3)。

本書には、以下に述べる二つの主題がある。一つは、19世紀においてアメリカと諸外国の発展の間にある境界には、文化的・経済的・社会的に浸透性があることを強調することである。すなわち、当時のアメリカと世界の歴史の密接な結びつきは、この国の国家としての相対的弱体性、他の諸帝国からの圧力、世界における経済的・社会的側面での近代化、外国の影響力を引き寄せ再生する経済的・政治的な変化を引き起こす国内の力などによって促進されたのである。第二の主題は、これらの関係性の経験から生じる特異な「帝国」――もし、この用語が経済的・政治的に強力な国家を表わすのに適切な言葉ならば――の発展という点である。

本書は、国民国家、人の移動、帝国主義、経済発展、平等のための闘いなどの世界史上の広範囲な潮流の中に、アメリカを置く。本書は、アメリカ史が他の諸国家の歴史と同じであることを示すものではない。むしろ、類似点と同様に相違点を認識しなければならず、アメリカ史の鍵となるトピック――それらのトピックはアメリカ史の形成を理解するうえで非常に重要なので、よく知られている――に対して比較の視点を提示する。しかし、それを理解するための視点は、アメリカと比較する諸国家との間のトランスナショナルな関係という新たなものである。

トランスナショナルな歴史とは

トランスナショナルな歴史とは何か？　それは、国境を越えた人間、思想、技術、制度の移動の歴史である。

それは、世界史における重要な現象として国民国家が出現して以来の時代にかかわるものであり、そして法的には主権国家の間の国際法を取り決めた1648年ウェストファリア条約に遡ることができる。しかしながら、アメリカの場合は、1776年まではそのような国家が存在しなかった。歴史家の中には、それ以前の時期に、アメリカは国家建設を待つばかりの状況にあったという人がいるが、そのような議論は説得力がない。というのは、アメリカ革命まで、アメリカになる13植民地は、結合した一単位として、北米における他のイギリス領植民地と明確な違いがあったわけではなく、そして実際は、アメリカ革命とその余波が一つの国家をつくったからである。このように、法的には1776年から1789年——この期間の終わりまでに連邦国家が出現した——にかけてアメリカとしての国家の歴史が始まったのである。とはいえ、このことは、1776年以前におけるトランスナショナルなイギリス帝国の歴史や、イギリス、フランス、スペインの各植民地の関係の重要性や、それがその後のアメリカに与えた影響を否定するものでない[4]。

また、トランスナショナルな歴史は、国家を重要視しないということではない。多くの点で、国民国家は、今まで我々人類が何者であり我々が何をすべきかを決めてきた。たとえば、トランスナショナルな環境問題が最近次第に重要になり、それにともない国境が自然地理に基づく範囲と一致しなくなったが、多くの環境政策は、国家が主権を持っているがゆえに国家に根ざしている。我々のアイデンティティは多様ではあるが、主として19世紀末以降の国家のいくつかの象徴と制度によって形成されたナショナルなものであった。この場合、トランスナショナルなアイデンティティは重要でないわけではないが、それほど実体的なものではないのである。

本書は、国家というものが、法的・政治的な事実として一般的に優位性を持つことについて論争するつもりはないが、「国家的」という概念を当然のものとしてとらえるべきではないといいたい。すなわち、国家以外に、人間に与える他の影響があることを認めなければならないということである。なぜならば、国民国家を超えた、また国民国家内における人、思想、制度の相互作用が持つ比較的強い力が、時代の流れとともに変化するからである。国家が唯一の歴史的な「行為者」ではないのである。非政府組織（ＮＧＯ）のような国家横断的な組織や、たとえば国際連盟や国際連合のような国家の枠を超えた組織が強い影響力を持ち、経済的・思想的な潮流もまた同様に国境の壁を破っているのである。気候変動、人口移動のような具体的な環境も国家に対して制約を加えており、また、その他多くの影響――異なった人々に異なった方法ではあるが――が、世界中の人々に及んでいるのである。

しかし、本書はさらに議論を進めて、国家そのものがトランスナショナルに創造されていると主張したい。すなわち地域的かつグローバルな規模での安全保障の状況、経済競争、人口動態的変化が存在していることは、国家間に境界が必然的につくられねばならなかったことを意味しているからである。国家は孤立して存在することはないのである。国家のアイデンティティは、他のアイデンティティ――国家が構築されるときにそれに影響を与えるトランスナショナルな現象も含めて――に対抗して定義されてきたのである。歴史家キャサリン・ホールが述べているように、「国家というものは、その国家の一部になっていないものを定義することによって、初めて理解することができるのである。というのは、国家のアイデンティティは、その外部にあるものにより、また、国家の持つ肯定的な存在と内容とともに否定的で除外された部分も含めた両方を表わすことによって、明らかにされうるからである[5]」。

トランスナショナルな歴史が焦点を当てる地理的範囲は、地域的かつグローバルな側面を含む多層的なものである。第一に、いくつかの地域的な状況がある。この中でもっともよく知られたのは大西洋世界であり、多くの研究が大西洋史について書かれている。当初はイギリス・アメリカ関係に焦点が当てられ、そのような研究は、フランク・シスルスウェイトの『19世紀初めのイギリス・アメリカ関係』（１９５９年）やそれ以前のイギリス領植民地研究の長い伝統に遡ることができる[6]。しかしながら、イギリス・アメリカ関係史は大西洋関係の歴史の一部にすぎず、歴史家たちが次第に論じるようになっているように、アフリカとアメリカス〔南北アメリカ〕世界を含まなければならない。さらには、アメリカ史家ゲーリー・オキヒロがいうように、「大西洋世界はいかに包括的であろうとも、依然としてヨーロッパに中心を置き、この地域の人々と彼らの行為がアフリカやアメリカス

――これらの地域で白人が非白人に対して影響を及ぼした――の土着住民に対してもたらした領土的な拡大を中心に位置づけているのである」[7]。

19世紀には、アメリカのトランスナショナルな関係の多くは大西洋に中心が置かれていたように見えるが、20世紀にはそれは当てはまらないし、また、19世紀のトランスナショナルな関係のすべてが当てはまるわけではない。太平洋については、歴史家たちはアメリカ史全体の中にようやくそれを統合し始めたばかりである。従来からのアメリカ史における通念は、ヨーロッパから移住する移民に焦点を当てることであった。すなわち、彼ら移民および彼らの子孫がたびたび西に向かって移動し、そこで、非常に異なる環境と接触して真のアメリカ人になると想定されたのである。しかし、アジアから太平洋を越えて東に向かって人と物資の移動があったという事実は、上記の考えを論破する。アメリカは1850年代以来、中国からの移民を受け入れてきたし、アジアおよび東南アジアは、すでに1790年代からアメリカの貿易の重要な源であった。アメリカのフロンティアは、アメリカ化の過程が東から西への一方向にのみ移動するものではなく、一様ではない文化の伝達や同化をともなう多層的な経験であったのである[8]。

この新たなアメリカ史は、地域的な視野を超えて、グローバルな側面にも取り組まねばならない。アメリカ史の当初からの最大の特色の一つは、世界を包含する文化的・政治的・経済的な関係を発展させてきたその方法である。たとえば、アメリカは、その建国当初から南北戦争まで主として海洋国家であったことを記憶しなければならない。すなわち、海外との交易はこの国の経済的な発展に必要不可欠であり、実際に、この国のすべての貨物は必ず船で運ばれていたのである。このことは、アメリカが、すべての大洋で世界中の人々との多様な交易をするにつれて、この国に対して、単に大西洋への展望のみならず、グローバルな視野をも与えた。この交易は、マサチューセッツ州内の交易と捕鯨の拠点から始まって、はるか南太平洋まで拡大していたのである。アメリカ最初の偉大な作家ハーマン・メルヴィルの作品『タイピー』や『白鯨』の中に、この広い文化的視野が表明されている。

メルヴィル作品の主人公たちは、ピューリタンの牙城であり屈強な船乗りたちの社会でもあったマサチューセッツ州の港町から出帆した。ピューリタニズムと船乗り業というニューイングランドの伝統は我々の関心を大西洋へと向けるが、その貿易と文化の影響力はそれより広い範囲に拡大したのである。大まかな貿易の平均額から判断すると、大西洋に焦点を当てた場合、その額は、19世紀においてはアメリカの世界との交易のうち70％程度も占めていたが、20世紀には50％にも満たなくなった。したがって、単に大西洋にのみ焦点を当てるトランスナショナルな歴史研究の方法は、たしかに賞賛に値するが、説明されない部分を多く残すことになる。歴史のすべての分野において見られるように、より包括的な枠組みを求めなければならないのである。こうしたときに、太平洋関係によって促進された多層的な枠組みが、大西洋世界に焦点を当てるありきたりの方法に対して新たな次元を付け加え、このことがグローバルな方向に我々の視野を拡大させてくれる。アメリカのグローバルな世界への到達は、１８９０年代アメリカにおける帝国主義の時代の開始以前に遡るが、しかし、１８９８年以後の経済的かつ軍事的な理由から、アメリカは経済や文化の面でのグローバルな拡大の重要性に関して、以前より強く意識するようになった。アメリカは、そのときに、二つの大洋に対応する海軍を持ち、グローバル・パワーとして東西両方の世界に向き合うことになる。そして、二つの世界大戦が、この国の潜在能力を現実のものにすることになるのである。

　海洋上の関係は本書の大きな部分を占めるのであるが、これと同様に、アメリカとカナダ、およびラテンアメリカ諸国、とくにメキシコとの大陸的な関係もまた知らなければならない。以前には歴史家の中に、アメリカ大陸史を書き始めた者もいた。ハーバート・ユージン・ボルトンのような歴史家は、「大アメリカ《グレーター・アメリカ》」という西半球全体としての歴史叙述を提案した。[9] これらの研究方法は１９５０年代から人気がなくなったが、最近の境界史の研究において復活しつつある。しかし、それらは、ここで私が提唱しているトランスナショナルな研究以上に、歴史学研究上よく知られた動向を示している。[10] つまり、アメリカのトランスナショナルな交流と志向をもっとも適切に包み込むのは、単なる地域的な枠組みよりもむしろグローバルな枠組みであるということである。その理由は、トランスナショナルな動向の推進力は、より広い世界的なシステムの変更を生む力であるからである。これらの推進力は、「グローバル化」として知られるプロセスの諸側面に匹敵しうるものである。そして、それらのプロセスは、かつて（そして現在も）非常に論争的であったし、また一つの階層や個人の夢や野心と不可分なものであったということを念頭に置かなければならない(11)。

新たなグローバル化

現在の議論の中で、歴史家たちは、「新たなグローバル化」と呼ぶ１９７０年代以来の世界における顕著な変化について語るようになっている。この時期以来、世界の経済と文化の統合は加速化された。こうした変化の動因は、国際的な資本、自由貿易を求める政府、より大きな経済統合あるいは世界規模での環境の管理を推進する超国家的な組織、急激に広がる「国境なき医師団」や「アムネスティ・インターナショナル」などのＮＧＯである。その統合の手段については、衛星による通信、ジェット機による至る所への輸送、光ファイバー通信、発達したインターネットがある。グローバルな統合の証に関しては、新たな人とモノの国際的移動、テロリズムの拡散、貿易論争、環境破壊とその規制があり、これらと同時に、資本の流れ、小さな政府、財政的な規制緩和がある。しかしながら、市場の力は、突然生まれたことはない。国内経済をグローバル化に対して開放するのに都合の良いような国内の政治やビジネスにおける改革から、その変化は生じたのである。１９７０年代以降の時期は冷戦が終わる時期でもあり、冷戦の終焉は部分的には「新たなグローバル化」の産物の結果であった。がしかし、アメリカの支配が、東アジアから台頭した新たな経済と政治の諸勢力によって挑戦を受けるようになった一つの時代状況でもあった。

グローバル化についての以上の説明はすべて正しいのであるが、しかし、そこに「新たな」という形容詞が、あえて追加されている点に注意したい。というのは、世界は少なくとも、コロンブスが１４９２年にアメリカス世界に到達して以来、グローバル化してきたからである。マゼランによるスペインの探検隊は１５１９～１５２

2年の間に世界一周を達成し、そして、ヨーロッパ人はその後すぐに伝染病をアメリカス世界と太平洋世界にもたらした。おそらく、最初の「世界戦争」が起こったのは、1750年代——この時期に、イギリスとフランスの軍隊が、インド、北米植民地、大西洋、そして、ヨーロッパで戦った——であろう。また、歴史家たちは、ヨーロッパには「古代の」グローバル化があったと論じる。また、ヨーロッパ中世には、その文明は密閉されていたのではなくイスラム世界と広範囲に交流し、イスラムそのものが、たとえば、インド洋を経てアフリカやアジアに広い交易と文化のネットワークを形成していたのである[12]。

しかし、グローバルな市場経済の遠くまで及ぶ影響力が、文化的・経済的な統合の増大を示す特色として顕著になったのは、19世紀においてであった。マルクスとエンゲルスが1848年『共産党宣言』の中で、世界の資本主義経済がグローバル化したことを明らかにした。「ブルジョア階級は、世界市場の搾取を通じて、あらゆる国々の生産と消費を世界主義的なものにした」。その結果は、「昔は、地域的・民族的に自立し、まとまっていたのに対して、それに代わってあらゆる方面との交易、民族相互のあらゆる面にわたる依存関係」という新たな世界秩序の創造であった[13]。マルクスとエンゲルスは、グローバル化の負の側面を指摘することを忘れなかった。「昔からの民族的な産業は破壊されてしまい、またなおも毎日破壊されている」。これらは、容赦のない経済プロセスであったのみならず、諸国家内での、またそれら諸国家を通じての、政治操作と階級的な利害対立の結果であった。1870年代以後の新たな帝国主義勢力がアジアとアフリカの大部分を支配した方法は、これらグローバル化の影響力の拡大であったが、この帝国主義の発展には、経済的・政治的な側面とともに文化的・宗教的な次元もあったことは明らかである。

しかしながら、グローバル化は、階級関係に当てた焦点が示すような一様なプロセスでもなければ、マルクスとエンゲルスの描写が提示するほどに不可避的で突然のものでさえもなかった。グローバルな市場と文化的な統合は、典型的には、アルジュン・アパデュライが論じるように、新たに混合した文化と新たな形態の多様性を生み、そしてローカリズム〔地域偏重主義〕は、（ナショナリズムと同様に）グローバル化によってつくられたのである。[14] アメリカ自体の文化は、この文化的ナショナリズムの産物の一例ではあるが、それは他の国々で選択的に統合され、あるいは拒絶されるようになる。しかし、グローバル化は、あからさまな拒絶の対象であったということだけではない。それは、偏向や脚色をほどこされて受容されることもあったのである。おそらく、グローバル化による同質化への傾向は、1930～40年代に、過激なナショナリズムや自給自足の経済政策がヨーロッパ中にはびこり、世界的な経済危機と地球規模での諸国家間の衝突に突入したときには後退したであろう。おそらくまた、19世紀においてのほうが、その後の時代よりも、少なくとも貿易という意味では、より大きなグローバル化があったといえよう。[15]

グローバル化に集中した諸々の勢力や制度が成長する過程はさまざまであったが、そこにおいてアメリカは矛盾した役割を果たした。というのは、アメリカは、グローバル化の推進と阻止の両方の役割を担ったからである。1970年代以来グローバル化の中心にはアメリカの思想や制度があり、政治における新自由主義、貿易の自由化と資本の流動そして大衆文化の普及をアメリカは行ってきた。しかし、逆説的なことに、これらと同時期において、アメリカはグローバル化に対する障害物でもあったのである。このプロセスは起伏に富む道のりであったが、その理由は、アメリカが、長期間に世界的統合を推進する資本の流動などの力と、この統合を困難にする思想的・制度的な伝統の間で、相互に引っ張られてきたからである。これらの相対立する傾向は、アメリカ的な特異性やナショナリズムという思想に集中し、また、国家構造に焦点を当てた現実の諸制度の中心にもあった。このような政治的な勢力関係によって確認されたことは、以下のことである。すなわち、アメリカ国内におけるグローバルな市民のあり方を推進しようとする行動は、幾多の妨害の試練——移民に対する排斥行動をはじめ、アメリカ外交は単独行動主義と保護貿易主義に基づくべきであるという要求——を通過しなければならないということであった。

グローバル化は20世紀におけるアメリカ帝国の発展につながった、という解釈がある。明らかに、アメリカが覇権国家として、その力を増大させたことは否定できない。そして、その力は、グローバル化の過程で形成されて、またそれは、国境線は相互に浸透しうるものであるというアメリカ的な世界観の中に位置づけられる。しかし、一般的に理解されている帝国は、アメリカが他地域や世界とつながっているその方法の一つにすぎなく、アメリカ国民が自らのアイデンティティを認識する方法の核心からはかけ離れているのである。アメリカを新たにつくられたグローバルな帝国の中心として位置づける解釈もまた、矛盾するものであり不安定な考えである。

アメリカの多様なトランスナショナル関係

もし上記のようにグローバル化の重要性を認めるならば、グローバル化のそのプロセスは、重要ではあるが単一のトランスナショナルな状況を提示することになる。しかし、一様でないグローバル化の本質を考慮すれば、このプロセスにのみ焦点を当てるのは誤りであろう。むしろ、本書はアメリカの多様性のあるトランスナショナルな関係を扱い、本書の目的は、アメリカ史を通じてこれらの多様な交流を示すことである。本書は、また、二つの主たる力がアメリカの発展を推進してきたことを論じる。一つは、活発な貿易と商業に従事する国家の行ってきた経済であり、もう一つは、一連の文化的な規範である。アメリカは世界中から移民人口を集めているので、世界に対する文化の伝達は大きな意味があるとともに不可避なものであった。ただし、文化の他の面での影響は、表面的には、「土着的」であり国内に限定されているように見える。たとえば、アメリカのキリスト教福音主義やアメリカ例外主義の意識（アメリカは、歴史的に決められた人間社会の進むべき道の外にある特異な文明として、他国と根本的に異なる――より一般化された表現を使うと、他国より優越している――という考え）がある。[16] しかし、これらの倫理的かつ思想的な力においても、トランスナショナルな様相が本来的に備わっていたのである。というのは、両者は、強力に混じり合い融合して、アメリカに倫理的な面で国際的なリーダーシップをとるように向かわせ、同時にアメリカに他国と違う特異さを持たせるようになったからである。

アメリカはトランスナショナルに他国と関係したが、これらのつながりは一方向的なものではなく双方向的なものであった。人、思想、制度、資本は往復したのである。この相互交流は、移民の分野でもっとも明らかであるが、文化や経済の面においても多くの例を示すことができる。ただし、相互交流にもかかわらず、この関係性は不平等なものであった。建国当初より、アメリカは、とくに人、技術、労働力、資本そして思想を、他国から――独占的にヨーロッパからというわけではなかったが――多く引き寄せ、そして、また19世紀には弱体な国家体制、開放的な移民政策そして経済政策が、トランスナショナルな流動性を急速に促した。しかし、その後、国際社会での勢力の関係は時代とともに変化し、アメリカは主たる債権国になった。アメリカは、労働力、資本そして文化を世界に求める国から、経済や文化を世界に提供する国へと変わり、最終的に、国家のバランス・シートは輸出高の傾向になった。この変化は、アメリカが第一次世界大戦に参戦するときまでに完全なものになったが、しかし、トランスナショナルな結びつきにおける相互関係という点は決して失われることがなかった。

これらの文脈の中で、国家と市民社会との関係は変化した。1924年からの移民の減少、二つの大戦、冷戦、強い国内経済の成長にともなって、アメリカ国民は19世紀よりも世界から孤立するようになった、と論じたい。この視野の狭隘化は、世界の出来事がアメリカ政府に対して政治的軍事的に介入を強いた、まさにその時代において生じた。国民国家としてのアメリカは強大な力を持つ国家になり、個人や集団のトランスナショナルな結びつきを仲介してきた。このことは、移民政策、検疫体制、パスポート発行、国家による愛国主義的な事業、ナショナル・アイデンティティの新たな文化的シンボルの創造などを通じて行われた。このようにして、アメリカは自らの成長の軌跡をたどったが、この軌跡の中にいくつかの異なる段階があったのである[17]。たとえば、アメリカのトランスナショナルな歴史の中にはイギリスの重商主義時代が含まれるかもしれないが、本書は、アメリカの国家建設の背景としてイギリス領植民地時代は扱わない。本書での強調点は、連邦国家の形成以後の時代に置いている。まず、第一期として、新たに独立した連邦国家の成長をヨーロッパでの戦争と革命の文脈の中で簡略に描き、それから再建の時代――北米大陸に広く拡大することも含む時期――の終わりまで、ローカルおよびグローバルな関係に焦点を当てる。この段階は、西部入植者の資本主義によって特徴づけられ、大きな重要性を持つ国際的な規模での経済と人の移動によって国力をつけたのである。第二の時期は、新たな帝国主義的競争の文脈における1880年代から1920年代までの強固な国民国家の地固めの時代であり、この時期にアメリカが世界の諸問題により深く引き寄せられるようになった。ここにおいて、アメリカのナショナリズムは外部からの脅威に対して形成され、国家としての弾力性は、豊かな資源の開発を通じて蓄積された経済的豊かさと軍事力によって強化された。この第二の時期は、きわめて制限的な1924年移民法の可決によって完結すると考えると便利である。次に、強固な国民国家に支えられて、国外に向けての拡大が始まる。そして、1920～70年代までの時期に、アメリカは、政治的・文化的・経済的な産物によってトランスナショナルな影響を世界に対して及ぼすことができた。この第三の時期は、フォード方式として知られるアメリカ的大量生産システムとそこから派生する消費行動が、グローバルな支配を拡大することによって特徴づけられた。第四の最終段階は1970年以後の新たなグローバル化の時期であり、国民国家の力が、経済の規制緩和の増大、自由貿易、発展途上国からの人の移動、資本の国際移動の高まりよって、再び危機にさらされた時期である。以上の諸段階の中において、アメリカのトランスナショナルな関係は発展した。まず、我々は、アメリカが戦争と革命の混乱の中から、自らの連邦国家を形成しようとする時期に立ち戻らなければならない。

第1章　諸帝国の戦いの中に生まれて
――戦争と革命の中のアメリカ、1789〜1815年

フランス革命とトマス・ジェファソン

1789年10月8日、駐仏アメリカ全権公使であったトマス・ジェファソンは、雲に覆われた港町ル・アーヴルから出港して、ワイト島のカウズ港を経由して母国アメリカに向かった。こうして、フランス革命の変動期における4年間の外交任務を終えたのである。ジェファソンは、明らかにパリに戻ってくるつもりで家族をそこに残したが、運命がそれを妨げることになる。同年11月末にヴァージニアに上陸するとすぐに、ジェファソンは、ジョージ・ワシントン大統領から国務長官の地位に就くよう要請があることを知る。当初この名誉の要請を「非常に残念に思いながらも」回避していたが、12月末の2回目の懇願に対して、最終的には承諾した(1)。このように事態に対処することによって、ジェファソンは、快適で知的にも魅力的なパリでの生活をやめることに、やや不本意な態度を示していたのである。

ジェファソンは、1785年以来こうした海外での生活を楽しんでいたが、その日々は、公使としての忙しい職務にとらわれていた。領事館業務と外交文書を処理し、ヨーロッパ各地の産業と商業を観察し、アメリカのための交易の機会を探し求め、有益な発明品に注意し、工場設備のアメリカへの輸入の可能性を探っていた。また、興味をそそる政治状況も彼の関心を引くことになる。フランス革命の初期における諸事件が展開するのを目撃し、ジェファソンにとってきわめて重要になるフランス滞在最後の年である1789年に書かれた書簡と自伝的エッセイは、フランス革命最初の年に起こった出来事を次のように記している。1789年5月5日、ヴェルサイユ

での三部会の開会に出席した。6月3日、フランスの貴族ラファイエットとの会談の結果、国王は「権利宣言」に前向きに取り組むべきであるとジェファソンは主張したが、その狙いは、「脅威となりそうな悪しき出来事を回避する」ということであった。7月13日、彼が乗った馬車の周りで殴り合いをする群集を目撃したが、彼らは、翌日に再び集まってバスティーユ牢獄を襲撃する険悪な様子の人々と同じ人々であった(2)。8月、ラファイエットら穏健派の政治家たちは、憲法制定について議論するためにジェファソンの家で会合した。

ジェファソンは田舎めいたアメリカ政治から遠く離れ、独立革命の混乱が急に起こる以前に、ヨーロッパ最大の都パリでの文化的な生活を楽しんだ。そして、フランス中を広く旅し、また、低地地方〔オランダ、ベルギー〕、イギリス、ラインラント地方、そしてイタリアを訪れた。ラングドック地方の「頭上に雲一つない空と、眼下に澄んだ水の流れる」ミディ運河では日光に身をさらし、ウィーンとニームまで行って古代ローマ帝国の遺跡に感嘆した。恋愛問題では、魅力的なイギリス人女性マリア・コズウェイがジェファソンの気を引いたが、最終的には彼女を拒絶した。その理由は、おそらく、彼の奴隷であったサリー・ヘミングズという別の女性の魅力があったからであろう。あるいは、マリア・コズウェイが既婚女性であったからであろうか、誰にも確かなことはわからない。しかしながら、ジェファソンが、愛情と知的生活においてと同様に、国家についても葛藤したということはわかっている。つまり、彼はフランスが好きだったが、それ以上にヴァージニアを好んだのである。ある意味で、ジェファソンは親仏家であると同時に、自分の観察したフランス社会の多くの面について批判的でもあった。ジャン・ジャック・ルソーがしたように、気取ったフランス宮廷に対して嫌悪を表明し、なまめかしいフランス貴族の女性に顔をしかめた。ジェファソンから見れば、彼女たちは良き共和主義者ではなく、また女性らしい家庭生活の美徳の模範でもなかった(3)。

1821年にジェファソン自身によって書かれたフランスを離れることについての記述は、自らの人生における激変をどのように記憶していたかを物語っている。すなわち、彼はヨーロッパに背を向けたのである。彼の乗った小さな定期船は、イギリス海峡の波のうねりを切って進むにつれて、フランスは彼の背後から遠ざかった。

ジェファソンは、自らは一人の観察者にすぎなかった騒動の最中にある国を去った。やがてヴァージニアにおいて、彼は新たな役割を担うことになるが、それは、観察者から関係者へ、ヨーロッパからアメリカへの転換を意味することであった。青灰色の海を横切ることは、その転換を象徴していた。こうした彼の回想にもかかわらず、それとは反対に、フランスの友人たちと再会できないのではないかと思ったに違いない。というのは、新たな共和国が初代大統領の指導の下で連邦国家としての道を歩み始めたときに、ジェファソンはアメリカ政治に引き寄せられる力を予期したに違いないからである。

しかし、ジェファソンにとって、思想的な分野でのフランスの影響力は簡単には捨てることはできなかった。ジェファソンの書簡は、ヨーロッパの諸革命での出来事やその結果の描写であふれ、その中には、フランスの友人たちや文通をした人々に対する親愛の情が表われている。また、ジェファソンには、フランスがアメリカの独立革命の影響を免れることができないのと同様に、アメリカはフランス革命のグローバルな影響を回避することはできないことがわかっていた。彼は、グローバルな関係性を完全に認識していたのである。フランス革命は、「小さな原因から生じた大きな事件の驚嘆すべき例」であり、また、世界の一地方で課せられた2ペンスの茶税が「その国のすべての住民の生活状況を変えた」ほどに「原因と結果の関係が非常に不可解な」ものであったと記した。それは、何千マイルも離れた蝶が羽をばたばたさせて与えた影響のようなものであった。この時代は、歴史家R・R・パーマーがいうように、「民主主義革命の時代」であった。世界は、ジェファソンが予兆したように、この動乱――人間の諸権利の訴えがグローバルに拡大していくことになる――の歴史の「第1章」を経験しているにすぎなかった。ジェファソンは、彼の住んでいた時期のフランスについての回想を長々と書いたが、その理由は、「全世界がこの革命に対して抱くに違いない関心」があったからである。(4)

フランス革命・ナポレオン戦争と新国家アメリカ

ジェファソン自身の生涯だけでなく、建国期のアメリカ自体が、1789年から1815年までのフランス革命とナポレオン戦争の状況の中でつくり出された。このように、両国は相互に影響し合ったのである。すなわち、アメリカの独立と「すべての人」は平等につくられているという革命の標語はすぐに国境を越えて広まり、フランス革命到来の基礎となる思想的風土の変化に影響を与えた。また、アメリカ革命は、国際的なアボリショニズム〔奴隷制廃止運動〕にも影響を与えることになる。イギリスの社会改革者たちは、イギリス帝国における人道主義運動や改革運動を勃興させ、その中で「道徳資本《モラル・キャピタル》」を求めることによって、植民地の喪失に対応した[5]。これに対して、アメリカはこの混乱による国内での反応を避けることはできなかった。クエーカー教徒などの人道主義者たちは、平等を求めることが国是とされた国家において奴隷制が存在するという矛盾を克服しようとし、また北部諸州では革命後の30数年間において、個人および州によって比較的少数ではあるが奴隷が解放された。しかし、ジェファソンの場合、奴隷制を非難したが、彼のような南部人たちは、奴隷所有を弱体化するようなことは具体的にはほとんど何もしなかった。その大きな理由は、奴隷制に依拠する南部にとって、奴隷解放をすれば、その経済的なコストが非常に高くなることがわかっていたからである[6]。

１７５０年代から１８１５年までの時期全体は、生まれたばかりの共和国が、主としてグローバルな規模で起こった諸戦争を通じて、トランスナショナルなプロセスと明白に結びついた時代であった。国民国家は形成の途上にあったが、ナショナリズムや民主主義の勢力は東西両半球世界を越えて模倣し合った。すなわち、アメリカは英仏両国との複雑な三者間の関係の中で、国家的アイデンティティに関する自らの意識を形成する必要があったということである。また、１７９０年代末までに、アメリカの指導者たちは彼らの間での内紛にもかかわらず、国家としての特色に関してそれまで以上に強い意識を持つようになっていたが、この新たな国家的アイデンティティは、彼らがヨーロッパの危険な諸戦争の間を通り抜ける過程で、トランスナショナルに生み出されたものであった[7]。フランスとの関係はこの初期の時代にアメリカにとって数々の肯定的な側面を持ち、そのことが、三者間の関係の中で米仏の友好を促したのである。というのは、これら二つの大きな国家がともに、革命の同様な時点で生まれていたからである。１７７８年、アメリカはフランスと「永久的に」結びつく「米仏条約」に調印した。[8]また、アメリカ革命中にフランスから受けた援助という借りは両国を感情的に引きつけ続けたが、しかしこの歴史的な感情は、ヨーロッパでの覇権をめぐる大きな争いが生み出した状況と必然的に衝突することになる。1793年に、エドモン・ジュネ（駐米フランス公使）が、フランス革命によって火がつけられたヨーロッパでの戦争のためにアメリカ人を兵士として募集しようとしたときに、ジェファソン、またライバルであった親英派のアレグザンダー・ハミルトンも同様に、ワシントン大統領に対してヨーロッパでの戦争に中立を守るように警告した。

こうしたことにもかかわらず、ヨーロッパとの関係は1790年代におけるアメリカ国内での深い分裂の原因となる。フェデラリストたちと民主共和協会の対立がアメリカで最初の政党の形成に至ったときに、お互いに政敵を大きなイデオロギー的対立において誤った立場にいると評した。ハミルトンやジョン・アダムズによって率いられたフェデラリストたちは親英的になる傾向にあったのに対して、新たに結成された民主共和協会は、ジェファソンやマディソンと緊密に協力し、フランス革命に関して、その複雑多岐にわたる出来事に対してではなく、革命の理念には賛同した。1790年代におけるアメリカ政治は、基本的には、このような国際的な利害関係——外交政策の面によってのみではなく、異なる思想的・文化的・政治的な目的を試金石としても——をめぐっても闘われたのである。[9]

アメリカは、フランスに対する思想的な面での親近感と、かつての母国イギリスとの復活した経済的および文化的な結びつきとの間で引き裂かれた。1776年の政治的な大変動にもかかわらず、アメリカの貿易はイギリスに依存していたのである。フェデラリストたちはイギリスとの財政的な関係を支持し、アメリカ国民の多くは、フランス革命における暴力とキリスト教組織への攻撃に対してたじろいだ。アメリカの場合、キリスト教福音主義は、イギリスにおいてと同様に、急進的な共和主義というウイルスに対する保守的な予防措置として機能した。たとえば、ティモシー・ドワイトのようなニューイングランドの牧師は、革命に対する解毒剤として福音主義的な家庭生活を説いた。女性は保守的な共和主義の戦略の基盤になり、また男女平等の権利よりも、むしろ「共和国の母」という概念が、アメリカの聖職者や彼らの信徒たちの間で女性観として支持されるようになった。つまり、女性は自らの子どもの養育を通じて、社会的なコンセンサスと社会的安定の維持のために存在し、軍事力には依存しない国家に求められた有徳な市民を生み出すべき人間と考えられたのである。ドワイトは、『女性の権利の擁護』のイギリス人著者メアリー・ウルスタンクラフトを、女性の平等に関して、でしゃばった、不道徳な、そして政治的に危険な教義を説いたとして非難し、「売春婦」と呼んだ。(10) 北部のキリスト教福音主義者たちは、女子セミナリーと呼ばれた専門学校を設立したが、彼らの考えでは、女性は教育を受けるべきではあるが、完全な市民として政治参加するのではなく、敬虔さ、純粋さ、そして上品な芸術や文学の修養に適応されるべきあった。

以上のことと同時期に、アメリカ政府は、1795年にジェイ条約を結んで、海上での紛争とイギリス領カナダとの国境問題を解決し、イギリスとの関係を改善した。かつての母国との大西洋間の交易が高まり、アメリカはイギリスに接近することになったが、それによってフランスの共和主義者たちを怒らせるという犠牲を払った。やがて、アメリカは、フランス海軍よる妨害に対して、自国の商業利益を防衛するようになった。この紛争の解決を調停する試みがなされたが、それはさらなる論争を生むことになった。1798年、フランス政府の関係者がアメリカ人使者に対して、賄賂の提供を迫った「XYZ事件」が起こり、その結果、両国関係はいっそう悪化した。アメリカは、フランスとの宣戦布告なき戦争状態に事実上入り、そして、この危機は1798〜99年に海軍省の創設に拍車をかけた。また、1798年にフェデラリスト党は外国人・治安諸法を連邦議会で通して成立させ、反政府主義者を厳重に取り締まり、破壊活動分子の帰化を防ごうとした。これに対して、ジェファソン支持者たちの政党であるリパブリカン党の広報活動を中心的に行う者の中には、ヨーロッパからの亡命者が含まれ、これらの法律が対象とする外国人もいた。1800年のフランスとの新たな条約によって懸案の不和は解決されたが、1778年に締結されていた「米仏条約」は正式に破棄され、フランス革命に対する警戒心は依然として残った。ワシントン大統領は、1797年に行われた有名な告別演説において「狡猾な」外国勢力を非難したが、それは、フェデラリスト党政権による外交上のイニシアティヴを阻もうとするフランス政府と民主共和協会による干渉があったことを反映していた。ワシントンはヨーロッパの問題に対して不介入の伝統をつくったが、しかし、ヨーロッパによるアメリカの戦略的・経済的な利害への影響が存在するという現実は、消え去ることはなかったのである。

ラテンアメリカ諸国の独立とアメリカ

フランス革命の急進主義に対するアメリカの反応は、自国の黒人奴隷制の将来に対してその革命思想が持つ意味とも結びついていた。1790年代にアメリカ国外で起こった事件の中で、ハイチ革命ほどアメリカにおいて知れ渡ったものはなかった。1791年に、自由・平等・博愛というフランス革命のスローガンに応えて、フランス領植民地サンドマングの黒人奴隷たちが、白人および混血の奴隷主に対する流血の反乱を起こして立ち上がった。白人が黒人によって大量虐殺されるという光景は、アメリカ南部の奴隷主たちにもっともひどい悪夢を呼び起こした。この島の奴隷たちは白人を殺害しただけではなく、組織的な反乱と軍事行動を起こす能力を示した。このようにして、彼らは、黒人が人種的に劣等であると信じてきたアメリカ人を脅かし、1804年にハイチの反乱者たちが最終的に独立を達成したときには、とくにそうであった。アボリショニスト〔奴隷制廃止論者〕たちでさえ、この状況が爆発の危険をはらんでいることを知って、奴隷による反乱の権利を是認することを控えたほどであり、「反奴隷制運動全体が衰弱しつつあった」と述べた。[11] ジェファソンが恐れたのは、1799年の貿易協定が、予期せぬ形でハイチの黒人水夫たちに彼らの革命思想をアメリカの港に運ばせることになり、それによってアメリカ南部の奴隷に自由という思想を感染させるのではないかということであった。[12]

ハイチ革命がアメリカに与えた影響は、思想面と同様に人口動態面においても見られた。戦争や革命が起こると、難民問題がそれにともなって生じるのはほぼ常である。このことは20世紀末においてそうであり、また19世紀初めにおいてもそうであったが、このときにハイチの動乱はアメリカの「移民問題における最初の危機」を助長した。[13] 1万5000人以上のハイチの白人、混血、そして自由黒人たちが彼らの奴隷を連れて、アメリカ南部諸州、とくにヴァージニアに逃げてきたのである。その他の人たちは、スペイン領ルイジアナに行った〔そして、彼らの多くが1803年以降にアメリカ市民となった)。彼らの突然の到来は、奴隷解放と肌の色による差別に関する人種的な懸念を高めることになった。また自由黒人の存在が、革命そのものへと至ったハイチの歩んだ道と同様に、アメリカ南部の奴隷たちにとって鼓舞激励するものとなった。1800年、ヴァージニア州の奴隷たちが主人に対して起こしたゲイブリエルの反乱は、ハイチの例に刺激を受けたという意味で、ハイチ革命は、奴隷としての抵抗を促す「比喩的な意味での武器」を提供したのである[14]。

フランス革命は、間接的に西半球世界に影響を与えることになった。というのは、フランス革命によってヨーロッパ社会が大混乱の中に投げ入れられたために、南米大陸におけるヨーロッパの植民地指導者たちが、各地域の土着エリートたちの反対を封じ込めることがもはや不可能になったからであった。具体的に見ると、ナポレオン戦争によって、ヨーロッパ諸国が西半球世界から関心をそらしている間、ラテンアメリカにおけるスペインとポルトガルのすべての植民地は、1807年以降の約10年間に独立を勝ち取り、その後の100年間にアメリカのもっとも重要な隣人となるメキシコは、1821年にスペインの支配を振り落とした。ラテンアメリカ諸国とアメリカがともに、この点において共通の遺産を持ったのである。つまり、両地域とも、ヨーロッパ人たちが自分たちの土地での出来事に没頭していたため、そのことから政治的な梃子の力を得ることになった。その後、ラテンアメリカは北米が発展するパターンから分岐していくが、1790年代から1810年代には、両者はその潜在力において、完全に異なっていたわけではないように思われた。たとえば、ラテンアメリカの革命指導者シモン・ボリバルは、ジョージ・ワシントンの功績に匹敵するほどのことを成し遂げた人物であったことが挙げられる。

ヨーロッパ諸国間の対立と西部開拓

ヨーロッパ諸国が西半球世界から関心をそらしたことにより、アメリカは「ルイジアナ購入」を実現することができ、こうして潜在的に世界的な強国になったアメリカは、ラテンアメリカのライバル諸国を引き離す道を歩み始めたのである。ミシシッピ川の西側まで及ぶ流域全体を含む広大な領土の支配権をアメリカが獲得したことは、大陸国家へとアメリカを向かわせる「国内的な」領土拡大の一つの出来事として解釈されることが多い。それに関するすべての出来事が、ナショナルな観点から見れば、必然的なように思われるからである。たしかに、アメリカは、ジェファソンの見解によれば、「自由の帝国」の拡大を運命づけられたかもしれないが、しかし、実際にその獲得に成功したことは、ヨーロッパで偶然に起こった状況に依拠していた。つまり、この領土獲得は、ナポレオン戦争が勃発しなければ、可能でも必然でもなかったのである。1763年に七年戦争後の条約でフランスは、ミシシッピ川以西の流域をいったん失った後で、1800～1801年に再獲得することになるが、フランス皇帝ナポレオン一世はこの流域の支配者になったものの、ヨーロッパや中東地域での軍事作戦のために資金を必要としていた。しかしながら、実は財政よりも切迫した重要なことがあった。この領土が不倶戴天の敵イギリスの支配下に入るようなことは絶対にさせないとナポレオンは決意し、そしてアメリカに領土を拡大させることを、彼自身の大きな戦略の一手段とみなしたのである。歴史家E・W・ライアンが述べるように、ナポレオンは、「アメリカがそのうちにイギリスの好敵手になるように、アメリカを非常に強くしよう」と考えた[15]。このように、まさにナポレオン戦争がアメリカの領土拡大に影響を与えたのである。この展開は必然的なものではなく、また巧みなアメリカの外交だけの結果というよりもむしろ、ヨーロッパ諸国の外交政策と軍事的な緊急性がルイジアナの譲渡を促したのである。

アメリカは、たしかに、彼ら自身の目的を持って西部開拓を行った。ジェファソンが西部とその環境に関心を抱いたのは、自らの科学的な好奇心からということもあった。また、1803年、ジェファソン大統領は、ミシシッピ川上流域と太平洋岸北西部地域を踏査するためにルイス＝クラーク探検隊を派遣した。しかし、アメリカ人の西部に対する態度は、西部に魅了されたことによってではなく、むしろヨーロッパにおける経済的、政治的な緊急事態によって形成されたのである。たとえば、ミシシッピ川流域で将来農民になる人々が、どのようにして収穫した穀物を市場に到達させることができるか。このような質問を含めて、ルイスとクラークは、太平洋岸への効率の良い交通ルート——このことがアメリカを東アジアの潜在的な市場と結ぶことにつながり、また太平洋岸北西部地域での毛皮交易品を水路によってミシシッピ川流域へ運ぶことになる——を発展させる見込みについて、その調査報告を求められた。ジェファソンは、直接的な関心として、ニューオーリンズ港とその後背地をアメリカの商業交易のために手に入れたがった。彼はこのことについて次のように記している。「私は、ミシシッピ川流域を、1インチといえども、いかなる国家にも与えない」[16]。そして、ジェファソンは、ナポレオン戦争がアメリカの海洋における軍事上および交易上の安全保障の問題に与える影響を恐れて、強大なフランスの支配よりもスペインの支配のほうを望ましいと考えた。

ジェファソンのもう一つの重要な関心は、国家の安全保障——さらなる外国からの干渉に対する防衛——であった。将来、大西洋間の市場経済での対立を繰り返さないために、領土拡大を目的として既存のものとは異なる空間を創造することを望んでいた。独立自営農民の夢に基づくジェファソンの戦略は、西部において再創造されたのである。領土の獲得によって、アメリカは、ヨーロッパにおけるマルサスの罠——ヨーロッパでの人口増加の圧力が、アメリカの安全保障や社会的安定に影響を与えることが必至ということ——を回避できるであろうと、彼は理解した。ジェファソンの考えでは、マルサスの人口論は、予見できる将来において、拡大しうる領土が存在する限り、アメリカには適用されないものであった[17]。

しかしながら、この西部への領土拡大には、土地を獲得すること以上のものが必要であった。つまり、この地域の獲得には、ヨーロッパ諸国がインディアンの領土取得に介入する機会を、排除する必要があったのである。ジェファソンは、外国勢力と残存するインディアン部族との間の提携をとくに危惧していた。彼のインディアン政策の「主たる関心」は、連邦議会での大統領としての最初の教書の中で述べられたように、「インディアンの周りを取り囲むイギリス人、スペイン人、フランス人が堕落しやすい野蛮人を実際に堕落させ、そして、アメリカのフロンティアに対して戦争を起こすように煽動することを妨げる」ことであった。1803年2月27日、ジェファソンはインディアナ准州知事ウィリアム・ハリソンに対して次のように述べた。再興するフランスの存在が、「インディアンにとって、すでに心地良いそよ風のように感じられており」、「彼らがフランスによって保護されるという希望」を持てば、インディアンたちは、すぐに、「我々への土地割譲に対してかたくなになるであろう」[18]。

ルイジアナ購入は、ミシシッピ川流域に対するジェファソンの政策の一つであり、それと関連した政策には、アメリカの領土獲得を進めるための準備行為として、すでにアメリカ領土になっている地域におけるインディアンの脅威を除くことがあった。フランスの領土獲得以前に、ジェファソンは、「強い勢力を持つ野心的な人々にルイジアナを占領されることに備えるために」、ミシシッピ川以東の地域からのインディアンの強制移住を完遂させておきたかった[19]。この強制移住は同時にヨーロッパ人とインディアンの同盟を弱め、アメリカに忠誠を尽くす同質の住民をその地域につくり出すことになると考えられた。この「自由の帝国」には、白人以外の人種集団が住む場所はなかったのである。ジェファソンは、アメリカ人の拡大において、いかなる「血の汚れや混血」も許容しなかったのである[20]。彼は、一人種からなる国家――インディアンの同化または排除という両刃の政策に基づく――を提唱していのである。歴史人類学者アンソニー・F・C・ウォレスは、ジェファソンの文明化事業を「文化的虐殺」の一形態と表現したが、しかし売買または強制による移住は「民族浄化」とも呼ぶことができよう[21]。歴史家ジョン・ミュリンは「自由の帝国は白人のみのものであった」と述べている[22]。他のいかなる人種集団、とくにインディアンは、外国勢力との彼らの巧みな同盟関係の長い歴史から、アメリカ国内において他国を助ける潜在的な存在、あるいはアメリカに隣接して干渉する勢力になるであろうと考えられた。

1787~88年に書いた『ザ・フェデラリスト』において、ジェファソンの盟友ジェームズ・マディソンは、民主政治は広範な領土を有することと両立しがたいものであるという議論――モンテスキューのような啓蒙思想家たちが最初に提起した――に直面した。自らの政治理論を巧妙に補足する中で、マディソンは、連邦制度に基づく地理は、国家を複数の異なる地域から構成することによって、政治的に重要な抑制と均衡を保つ状態をいっそう強化するものだという回答を導いた[23]。1801年に大統領として政権を握ったときに、ジェファソンは、領土の地理的拡大が分離主義的な傾向を一段と強めることに実際になることを認めたが、しかし、そのときに次のように論じた。ルイジアナ購入が、最終的に諸国家を西部に生んだとしても問題にはならない。なぜならば、それらは「自由の帝国」における同じ家族の一員になるであろうから。またたとえ統合されなくとも、「大西洋およびミシシッピ川沿岸の諸州に将来住む住民は、我々の息子になるであろう」[24]。国家が各地域に分裂するのではないかという恐れは、連邦制度の範囲内で自治システムが複製されることを強調することによって、相殺されうるであろう。自由という概念に支えられた国家への忠誠というジェファソンの夢は、このように、新たに連邦に加えられた領土に自治システムを早く導入させることに依拠していた。この種の政治形態が優れているという深い信念の背景には、国家の安全保障が必要であるという考えがあった。歴史家ピーター・アヌーフが指摘するように、「ジェファソンが描いた帝国の周辺地域での政治的自治は、アメリカの敵と国家からの分離を企てる者たちとの同盟を阻止することによって、西部地域においてアメリカへの忠誠を固めた」[25]。

ジェファソンは、北米大陸でのヨーロッパ諸勢力間の分裂を巧妙に利用して、新たに獲得したアメリカの領土を統合しようとした。たとえば、1802～1804年にハイチでフランス軍への援助を拒否したことは、「おそらく、ハイチ独立にとって必要な前提条件」であったが、彼の「主たる動機」は、ナポレオンの西半球での影響力を打ち消すことであった、と歴史家ジョン・ミュリンは述べている。しかし、1806年までに、局面は一転する。すなわち、ジェファソンは、スペイン領の西部フロリダを獲得するうえで受けたフランスからの援助の見返りに、ハイチに対して厳しい制裁を加えることに同意した。ジェファソンは、ヨーロッパ諸国間の争いを利用したのである[26]。だが、ジェファソン支持者たちは、外交ばかりに頼っていたわけではなかった。たとえば、1810年に、彼らは、スペイン支配に不満を抱いたアメリカ人移住者たちがバトンルージュを攻め落とし西部フロリダをアメリカ領土の一部であると宣言した現地の事情を利用した[27]。それまでに外交上、軍事上、当面の対応をしてきた観点からすると、そのような対応とは無関係なこの局地的戦闘は混乱を起こす不確定な成り行きであった。にもかかわらず、この事件は、「国家の政策、つまり、実際に戦争を行うことなくアメリカの国境をス

ペイン領土に拡大する一手段」を補完するものとして機能したのである。(28)

大西洋・地中海世界と19世紀前半のアメリカ

ルイジアナ購入は、その後の長期間にわたって重要な意味を持つことになるが、しかし、北米大陸の地政学に対して、関心の焦点を当て過ぎるべきではない。というのは、アメリカにとっては、大西洋が依然として主たる関心の源であり続けたからである。たとえば、18世紀の大西洋は、海賊たちと同様に多くの国々の水夫が活動する場であった。このような下層レベルでの人々の混じり合いは必然的にトランスナショナルな交流を生み、その中で、船乗りの文化がカリブ海、北米そしてヨーロッパの港湾都市の周辺に広まったのである。(29)大西洋貿易の船上で、多くの異なる人種・エスニック集団が自由につき合い、また忠誠を誓うべき国家を取り替えたのである。この大洋内につくられた共同体がアメリカ文化に影響を与えたと考えるならば、この国の経済的・軍事戦略的な関心も、西部の諸州に向かうのではなく、大西洋を越える方向に向かったと理解できよう。重要なことには、アメリカ史上最初の海外軍事作戦は地中海で展開されたのであり、そこにおいて、アメリカ海軍は、交易の妨害を行う北アフリカのバーバリー地域の海賊と戦ったのである。アメリカ海兵隊の有名な曲は、「トリポリの海岸まで」という歌詞を何のいわれもなく含んでいたわけではない。というのは、1801年から1805年まで、アメリカ軍が北アフリカ沿岸での戦闘に加わっていたからである。そして、この戦闘期間中に、ジェファソンは、この地域の支配者たちに対して、商業船舶からの強制的な金銭の貢納を終わらせる命令を下したのである。この地域は、非常に重要な場所であるとみなされたので、歴代のアメリカ政府は地中海に展開する小艦隊を巡視させ続けた。そして、1830年代にアルジェリアでのフランス支配が、北アフリカにおけるヨーロッパ諸国による覇権を拡大するようになって初めて、この地域でのアメリカによる軍事的な展開は縮小されたのである。(30)

これらの「小規模な戦争」は当時のアメリカに大きく立ちはだかったが、しかし、それよりさらに大きかったのは、イギリスまたはフランスとの戦争の新たな脅威が存在したことであった。ジェファソン大統領は、180

3年7月、フランス人の友人ピエール・カバニスに宛てた書簡の中で次のように述べている。「我々を隔てる距離」は、フランスが「再び交戦中」である間でも、和平を続けることを「可能にしている」と。しかし、ジェファソンは、両国の相互依存を認識して、アメリカが「和平をつくるための競争をすることは容認される」という希望をこの書簡に付け加えた。この時点で、ジェファソンは、アメリカにとって脅威が依然として続いていることを認めていたのである。というのは、アメリカの政治は主体性を完全に有したのではなく、英仏が大きな戦闘を再開するようになると、アメリカはイギリスの役割に依存したからである。[31] アメリカは英仏の対立に容易に引き入れられやすい状況にあり、そして、現にそうなったのである。1807年の出港禁止法は、イギリス海軍によって引き起こされたアメリカの通商への脅威に対抗して、ヨーロッパの交戦国との貿易を禁ずるものであった。そして、この法律は、アメリカの政治が、ルイジアナの獲得にもかかわらず、現実には依然として東部へ向いていたことを示すものであった。ナポレオンとイギリス帝国との間に世界での覇権をめぐる大規模な戦争が起こったが、1812年戦争はその最後の争いの一つであった。アメリカがこの戦いに引きずり込まれた主な理由は、イギリス海軍がアメリカ商船を臨検し船員を強制徴用したことに反発したことと、そして中立国の船舶のために海上貿易の権利を保護するためであった。マディソン大統領は、1812年にイギリスへの宣戦布告の中で、これらの点を強調した。

北米の支配についても、衝突の危機があった。すなわち、マディソン政権を支持する西部の政治家たちが、イギリス領カナダの獲得を求めていたからである。その理由は何か。インディアンからの攻撃とイギリス人の侵略の可能性に対する防衛を、彼らは切望していたからか、あるいは強欲な領土略奪のためか。後者の動機に関して、1812年戦争の勃発以前にその確証はないが、アメリカ人移住者と彼らの代表である政治家たちによると、イギリスがインディアンの数部族と陰謀を企て、カナダ国境のアメリカ北西部においてインディアン諸部族連合のもくろみを強めていた。これらインディアンだけで、以後アメリカ人移住者による土地獲得の前に立ちはだかることがあり、また現にインディアンの抵抗は高まりつつあった。ショーニー族の予言者テカムセは、オハイオからウィスコンシンまでの旧北西部領地を通じて、インディアンの国家を蘇らせてヨーロッパ文明の転覆を意図するユートピア的な宗教を広めていた。テカムセはすでに1811年の「ティピカヌーの戦闘」においてアメリカ人と衝突しており、そのときにはウィリアム・ヘンリー・ハリソン指揮下のアメリカ軍が勝利していた。こうしたことから、インディアンにとって、彼らの自立した存在と生存は、それまで以上にイギリスとの連帯に依存するようになっていた。旧北西部領地のインディアンたちは、自らの土地に残ろうとする望みと、アメリカ人の西部拡張の圧力の間での和解しがたい対立のために、1812年戦争の宣戦布告以後、イギリス側について戦った。しかしながら、1813年10月3日に「テムズ川の戦い」でテカムセが戦死すると、インディアン諸部族の同盟は崩壊していった。

アメリカはイギリスとの軍事衝突で非常に損傷を受けたが、1812年戦争によって国家としての独立を確証し、また旧北西部領地におけるインディアンの支配を終わらせることになる。従来の概説では、この戦争後の和平条約は、アメリカ人が、その後長く続く国内の事柄に目を向ける傾向の始まりであるとみなされてきた。しかし、この戦いによって、アメリカの脆弱さが露呈されたのである。たとえば、侵入したイギリス軍は首都ワシントンを焼き討ちにし、アメリカ軍のほうが敵よりも多くの損害を受けていた。アメリカは、戦争に敗北はしなかったものの、勝利したわけでもなかった。また同様に露呈されたのは、1814年にハートフォード会議でこの戦争に反対したフェデラリストたちと、マディソン政権の不和が続いていたことである。しかし、フェデラリストたちは、彼らの戦争反対の意思表示が国家への背信と結びつけられて理解されたために、戦争の結果に影響を与えることができなかった自らの無力さが、彼らの衰退の一因になった。そして、もっとも重要なことは、この戦争によって、アメリカが自国の軍事と国防についての関心を高めたことであった。

国内の不和にもかかわらず、出港禁止と1812年戦争の時代は、アメリカの国力における経済と軍事の面の特質を固めることになった。すなわち、この時期に、アメリカ北東部において製造業の初期の発展が見られ、また、ヨーロッパとの軍事的衝突は、輸入代替品の製造を促がし、事実上それは関税措置としての役割を果たした。

戦後まもなく、ジェファソンを支持するリパブリカンたちは、中央銀行に対するイデオロギー的な反対を放棄し、1816年、アメリカ経済の発展の動因としての第二合衆国銀行に対して特許状を与えた。このように、戦争は製造業の創造と金融業の成長に拍車をかけたが、それだけではなく、防衛費を増大させることにもなった。すなわち、アメリカの軍事組織は戦後も大きいままであり続け、国防を向上させる一手段と考えられた国有道路への予算の支出も増えた。

ジェファソンは、思想的にも政治的にも、決してヨーロッパから離れることはできなかった。彼と同様に、1809年から1817年に大統領職にあったマディソンや、彼の後継者ジェームズ・モンローも、少なくとも政治と軍事の問題においては、ヨーロッパから自由になれなかったのである。モンロー大統領は、「モンロー主義」を発して、ヨーロッパ諸国が西半球の問題に干渉しないように警告をしたが、1812年戦争は、国境とその防衛についての不安という遺産を残すことになった。1830年代のアンドルー・ジャクソンおよび1849年から1850年に大統領職にあったザカリー・テイラーは、ともに退役軍人であったので、大統領になると、強大な防衛力がアメリカの安全保障の鍵として必要であることを強調した。彼らは、これらの教訓をアメリカ革命期と軍務に就いていた時期に学んでいたのである。1815年以降、アメリカ人は国内での国家建設に目を向けるようになったが、国家の指導者たちは、モンロー大統領がそうであったように、アメリカの安全な立場は、パクス・ブリタニカに依存していると常に考えなければならなかった。1830年代までに国内問題が政治の議論を占めるようになったにもかかわらず、それらの議論は環大西洋的な規模における政治的・社会的・経済的な諸変化から生じたものであった。1810年代から1850年代の時代を特色づけた民主主義の拡大、社会改革や市場革命の開始は、アメリカのみの現象ではなかったのである。アメリカ国民の運命は、アメリカ以外のより広い世界と深く織り合わさった状態が続いていたのである。これらの諸変化を理解する鍵は、経済であった。

第2章 通商は世界を覆う
——経済的な統合と分断

19世紀のアメリカは、国家として経済の問題では世界の他の地域を必要としなかったと考えることに、我々は慣れている。豊かなフロンティアがアメリカ人の必要とする資源を提供し、増加する人口がもたらす国内市場がビジネスの成長に必要な規模の経済《エコノミー・オブ・スケール》をつくり出していた。このような解釈は、貿易統計に裏づけられている。ヨーロッパ諸国の一部は、国内生産の20~30%を「共通して輸出に」向けていたのに対し、アメリカの輸出は主に「国民総生産（GNP）の6~7%」にとどまっていたし、またその割合は「ゆっくりと低下していた」。相対的にいえばヨーロッパ諸国よりも「アメリカのほうが（対外）貿易への依存度は小さかった」[1]と、ある権威は述べている。しかし、これらの統計データから、アメリカ経済が世界とグローバルにつながっていなかったと結論づけるのは、誤りであろう。

グローバル経済への統合

第一に、アメリカ国内の一部の産業は、他の産業よりも大いに輸出に頼っていた。それらの外貨獲得能力はアメリカ経済に相乗効果をもたらしていたし、またこれらの産業は議会への代表選出構造が原因で、大きな政治力を持っていた。それゆえ国外貿易についての議論は広範かつ激烈であった。経済に対する貿易の価値総額をはるかに超えて、アメリカの経済体制は外国経済との関係がもたらす衝撃や影響に沿って構築されていた。大ざっぱにいって、農産物の5分の1が外国市場に出ていた。外国からの誘引は綿花の場合にはとくに強く、１８５０年代には輸出総額の約50％を占めた。国内に目を転じると、ダグラス・ノースがずいぶん前に明らかにしたように、綿花というステイプル〔輸出向け第一次産品〕は少なくとも１８４０年まではアンテベラム期〔南北戦争前の時期〕地域間経済関係の拡大を大いに活性化した。[2] 19世紀初期のアメリカ経済にとっての綿花は、20世紀末のペルシア湾岸アラブ諸国にとっての原油のようなものであった。

第二に、アメリカの対外貿易へのかかわりは、すぐにはわからない別の点で重要であった。すなわち、19世紀後半、アメリカは人口に比べて「不釣り合いなほど、世界貿易において大きな割合を占めていた」。またアメリカは、１８８０年から１９００年まで世界の輸出一次産品の約16％を、輸出工業製品の８～９％をそれぞれ生産し、グローバルな貿易が生み出した輸入一次産品の約９％を輸入していた。これらすべての数字は、１９００年の世界総人口に占めていたアメリカの人口の割合の４・７％をはるかに超えていた。[3] これまで引用されてきたＧＮＰに占める輸入と輸出の割合は、１８６９年以降についてのものであるが、アンテベラム期に関しては、世界貿易へのかかわりは、世界経済における綿花の重要性を考えるなら、その割合がずっと高かった可能性が高い。世界とくに１７８９年から１８６０年の間、アメリカは根本的に貿易国で、当時は大西洋貿易を中心とした世界経済にしっかりと統合されていたのである。[4]

それでも、「国外」貿易と「国内」交易の相対的重要性を秤にかけても、議論は進展しないし、「国際的な」力と「国内の」力を分けるのも賢明でない。それには、概念上の欠陥がある。「国内」部門は、アメリカ経済の奥深くに達しているより広範なトランスナショナルなネットワークの一部だったからである。このトランスナショナルなネットワークを動かしていたのは、投資銀行、商業銀行などの金融関連会社であったが、同じくらい決定的に重要だったのは、電信制度、鉄道、汽船を中心とした国境をまたぐ輸送・通信ネットワークであった。アメリカ経済は、ますますグローバル化しつつあったこの制度を利用していたのである。

アメリカは一部のヨーロッパ諸国ほど国外市場を必要としてはいなかったけれども、ヨーロッパの労働力や資本を吸収した。それらはヨーロッパではときに十分に利用されないままであり、そのためにヨーロッパ大陸の人口動態や経済発展のあり方を変えるものであった。影響の与え方は異なっても、同じような影響はヨーロッパ以外の地域にも及んだ。たとえば、アメリカが１８１６年に安い綿布に関税をかけたとき、イギリスよりはインドのほうが大きな打撃を被った。アメリカが購入していた安い製品は、インドが生産していたからである。このように、また他の多くの点で、アメリカは他の国々に影響を与えたし、それらから影響を受けた。西ヨーロッパと比較するとアメリカの経済は孤立性が高かったとはいっても、アメリカが世界の他の地域に影響を与えなかったというわけではない。実際、関税に関してアメリカがとった孤立的行動は、甚大な国際的影響を他地域に及ぼし、また、アメリカ経済のグローバルな関係は他地域の社会福祉や経済発展に良い影響を与えた。たとえば、アメリカの農民が穀物を輸出するとヨーロッパの穀物農家は打撃を受けたが、その代わりヨーロッパ経済はそれまでの拘束から解き放たれ、特定作物への特化や都市部の工場労働者のための糧食生産・供給が可能になった。１８４０年代のイギリスにおける制約的な穀物条例の廃止は、アメリカから安い食糧が輸入でき、したがってイギリスの労働力や土地を都市部および産業での利用に回せるということが前提となっていたのである。このようにしてアメリカの存在は、ヨーロッパの高い人口増加率について適用しうるマルサスの理論を回避するのに役立ったのである。(5)

大西洋は１７９０年から１９００年までの間、海運、金融、資本投資、そして規模は比較的小さいが、労働力供給と貿易の主たる展開の場となった。金融と輸送の進歩は両者相まって、１８３０年代までにはすでに、大西洋をまたいだ事実上一つの市場を形成していた。19世紀半ばの時点で、アメリカの輸出の3分の2はヨーロッパ向けであったし、輸入の60％はヨーロッパからであった。このように、19世紀を通じてヨーロッパはアメリカの主たる貿易相手国の役を務めたが、事情は変わりつつあった。１９００年までにアメリカの輸出に占めるヨーロッパの割合はわずかに低下したが、ヨーロッパ以外からの輸入は20世紀への変わり目には全体の半分に増加し、１９２０年までには70％になった。アメリカは、天然資源と外国産品を多様な国際供給先に頼るようになりつつあった。１９２０年までにはヨーロッパはもはや、アメリカの貿易相手国として中心的存在ではなくなっていたのである。[6]

19世紀前半でさえ、これらアメリカの経済関係の大西洋的特質よりも、グローバルな特質のほうを認識しなければならない。感情を表に出す新聞の社説は、「若いアメリカは……、あらゆる通商ルートを通じて地球の隅々にまでそのエネルギーを噴出する」と書いた。[7] アンテベラム期のアメリカは、通商レベルでグローバルに考えることによって、こうしたグローバル化の過程に反応した。1857年、ニューヨーク市の『ハンツ・マーチャンツ・マガジン』誌の編集者フリーマン・ハントは、「通商が今や世界を覆う」と宣言することができた。[8] ボストンの商人で各地を旅して回ったジョージ・フランシス・トレインは、東南アジアについてこう語った。セーラムの商船船長たちは「外国市場を知っていて、需要と供給の原則や原住民との接し方の技術を理解しており、これらの島々の歴史すべてと、交易や売り買いができる港が、頭に入っている」と。[9] 商船船長たちは、アメリカ独立革命の達成で、イギリス船を使ってイギリスを通して貿易を行うことを義務づけるイギリス重商主義政策から解放され、地中海地域、[10] 南太平洋、東南アジアと直接取引する機会を求めた。アジアからアメリカへの輸入は1860年には全輸入量の8・3％を占めており、オランダ領東インドからはスパイスが、中国からは茶と絹が、南太平洋からは鯨製品が輸入され、すべてアメリカの重要な交易品であった。起業家精神に富んだセーラムやフィラデルフィアの商人に見られるごとく、交易は複雑で多くの地域にわたり、両半球をまたいで東洋を越え、地中海やアメリカス〔南北アメリカ〕世界に及んでいた。これら商人たちは、中国に売るアヘンを求めてオスマン帝国や地中海西部の港を駆け抜け、帰りの航海では多くの商品をアメリカへ持ち帰った。ニューイングランドの商人たちはまた、中国人はアメリカ製品を大量には欲しがらなかったので、ラテンアメリカによる中国との銀取引に参加し、中国の茶、磁器、絹、南京木綿布などの東洋の製品の輸入代金を支払うための正貨を獲得した。1795年から1831年まで何百隻ものアメリカの商船が当時独立国だったアチェ族のイスラム教スルタン国の沿岸を訪れ、胡椒、白檀材、アヘンを取り引きした。このように、マサチューセッツ州のセーラム市場は数十年にわたって胡椒の世界相場を決定したのである。[11]

こうした複雑なトランスナショナルなネットワークだけが、話のすべてではない。グローバルな統合と並行して、激化するグローバル競争のさなかにナショナルな特徴を強調する試みもあった。アメリカ人は国民の経済的自立を創造しようと奮闘することにより、こうしたグローバル競争圧力とはどんなものかと頭に描き、それに対応したが、それは、彼らが政治的・社会的自立を維持したかったからである。このように、グローバルな統合の経済上の要請と、ナショナルな政治的論争や経済上の課題――強固な産業・金融基盤を通じた国家安全保障の増強など――との間には緊張があった。したがって、グローバル市場へのアメリカの統合の道は平坦ではなかった。銀行などの国際金融手段への怒りの表明や、保護貿易的関税の強化の仕方に矛盾が表われてくる。

このような経済的つながりの「ナショナルな」側面は、国家の役割を媒介としている。当時のアメリカの立場は、第二次世界大戦後の多くの発展途上国の立場、つまり、先進国による開発援助競争の中で自助努力による成功を望む立場に似ていた。しかし、いかんせん、新生共和国は、投資を生み出すために国家が介入する強力なイデオロギーという表現手段を欠いていた。国家の役割を完全に無視すべきではないものの、州権論や共和主義的伝統は国家介入という行動には不利に働いた。資本は国家の支援で動員されたが、通常は、民間事業に対する公有地販売、独占特許付与という動員形態をとったのであり、公有地販売も独占特許付与も連邦議会ではなく、個々の州議会が提供した。1820年代末から連邦政府は経済発展に直接かかわりたがらなくなった。ただし、1860年代の鉄道建設を促進するための企業への公有地販売条項は、たぶん、アメリカ経済の発展のために連邦政府が実施した最重要支援策だったであろう。

国際的な枠組みの中でのアメリカ経済

アメリカに影響を与えた国際金融網の起源は、18世紀に遡る。しかし植民地時代の交通輸送網は比較的速度が遅く、また植民地経済は、近代産業国家の複雑性を欠いていた。そのうえ、イギリスの政策が、植民地の対外関係に介在していた。1776年以後、アメリカは独自のグローバルな対外関係を構築し、アメリカの農民は市場開拓機会の改善に刺激され、「市場革命」の一環として国際的通商を拡大した。この「革命」はいつ始まり、それがもたらす変化はどのくらい速かったか、どの程度に広がっていたかについては議論がある[12]。たしかに農民は18世紀から輸出をしてきたし、植民地時代のペンシルヴェニアはヨーロッパにとっては主たる穀物供給源であった。それは、サウスカロライナが地中海にとって米の供給源であり、ヴァージニアがヨーロッパのタバコ産業にとっての原料供給源だったのと同じである。このように、植民地時代および建国期の農民は部分的には海外との通商に目が向いて、国内の後背地への輸送は貧弱であった。たとえば1818年になっても、ペンシルヴェニアでトウモロコシを140マイル運搬する費用は、フィラデルフィアでの市場価格に匹敵した。しかし、世界は急速に変化しつつあったのである。

1789年から1815年までの時期に、アメリカは経済的により多様な発展をしたが、にもかかわらず、その経済は統合され、アメリカ西部の農民を世界とつなげた。そして、イギリスが産業化を達成し、ナポレオン打倒とともに大国としての地位を確立するにつれて、アメリカの手本となった。アメリカでは産業育成の必要が認識されたが、それは、ナポレオン戦争後にイギリスがアメリカ市場に製品をダンピングし、家内工業や他の小規模産業を脅かしたからである。アメリカは、ヨーロッパ経済の変化によるグローバルな圧力に巻き込まれるのを避けられなかったのである。この時期に、ジェファソン大統領が試みた自給自足経済は、1807年に議会で可決された外国船舶の出港を禁止する出港禁止法の実施期間中、ヨーロッパの通商にかかわらないでいることはアメリカ経済を傷めるだけであることを示した。このように、後の時代よりも、アメリカ経済は外国との貿易に深く依存していたのである。

アメリカ経済が国際的枠組みで発展してきたことは、同経済に不可避な影響を与えた。イギリスの産業革命は、天然資源、とくに綿花に対する需要を喚起した。1820~1860年の期間に、アメリカは綿花市場で他を圧倒する最大のシェアを占め、外国の四大綿布製造国に供給される綿花の74%を生産した[13]。綿布と鉄道を中心としたイギリスの産業革命という原動力がなかったら、アメリカの経済成長の速度はもっと遅かっただろう。綿花というステイプルが国家経済発展の初期段階に原動力となったのである。海運、銀行取引、金融を通じて北部は、こうした南部の綿花輸出から恩恵を受け、未成熟なニューイングランドの木綿産業の拡大からも恩恵を受け、そして西部は、南部に食料を供給した。もっとも、この供給は、1840年以降は中西部の成長にとっては重要な要因ではなかったけれども。[14]

運輸と通信の革命もグローバルな規模で起こりつつあった。我々が川船に対して、南部の風物としてロマンティックな思いを抱いているのと同様に、鉄道はアメリカ西部のドラマを喚起させる。それでも1830年代までは運河が、アメリカ北部ばかりでなくヨーロッパでも縦横に張り巡らされ、蒸気船は交易のためにミシシッピ川ばかりでなくドナウ川やガンジス川をも定期的に行き交っていた。[15] サミュエル・モースは、1844年に先駆的な通信を使ってボルティモアでの民主党大会の結果を待ちわびている首都ワシントンに打電したけれども、その電信技術をヨーロッパは迅速に採り入れ、海底電線は1851年にイギリス海峡を越えた。サイラス・フィールドがアメリカ側代表を務めた英米の起業家による団体は1858年、大西洋の海底に実験電線を敷いたが、フィールドは1866年まで正常に働く大西洋横断電線を入手できなかった。その後、海底電線敷設を完成させたのは、イギリス船グレート・イースタン号だった。その時点までには海底電線はロンドンから地中海東部にまで達しており、さらに1870年までにはシンガポールに達していた。北米の電線網もまた急速に広がり、1861年までにはサンフランシスコがニューヨークとほぼ瞬時につながるようになり、一方、大陸横断鉄道はその8年後の1869年に完成した。明らかに、アメリカの鉄道の発達は、蒸気機関技術がインドやオーストラリア、またヨーロッパ中に伝播する大きな動きの一部であったのである。世界は鉄と鋼のネットワークでつながれ、その中で鉄道と電線が連係して働いた。電線は、諸大陸をまたいだ運行時刻情報の提供により時刻表どおりの鉄道運行に役立ったが、電線の貢献はそれだけではなかった。金本位制の世界では為替相場の安定は、国際取引に対する正貨の裏づけを提供するために、搬送できる金がどれくらいあるかという情報に依存する。電線は、この必要不可欠な情報の提供に役立った。[16] このように国際通信の発達の顕著な影響は金融面に表われたが、それは感情面にも及んだ。ロンドンの『タイムズ』紙は、第一次イギリス帝国の昔の政治的結びつきにとって代わる新たな英米の連合の始まりを次のように宣言した。「大西洋は干上がっていて、我々両国は、願望のみならず現実においても一つの国になる。アトランティック・テレグラフ社は1776年のアメリカ独立宣言を半分取り消し、我々両国民を、国は二つに分かれたが、再び一つの国民にするところまで行ってしまった[17]」と。詩人のウォルト・ホイットマンもまた、このように地球に通信網を張り巡らせることの影響に注目したが、その偉業に着目するときの力点は異なった。彼の書いた「海底電線の道徳的影響」は、今やアメリカ人の集団に導かれたアングロサクソン系の勝利の行進を次のように強調した。すなわち、「高ぶった感情で諸国を震えさせ、万人の胸を敬愛と勝利の喜びで感動させるのは、偉大なアングロサクソン系の統一——今後は一つの単位として永遠に存続する存在——である[18]」と。

アメリカの経済成長における「外的」「内的」要因

パクス・ブリタニカとその砲艦外交は究極的に金融・通信の枠組みを保証したが、金本位制は国際通商が依拠する支柱を提供した。金本位制は次第に、とくに1830年代から、あらゆる主要な商業取引の支配的制度となり、その状態は1929年の大恐慌まで続いた。アメリカが国内の金融政策においては、19世紀半ば、とくに南北戦争中は、金本位制を完全に遵守したわけではなかったにもかかわらずである。金本位制は、英ポンドとの固定為替相場に依存していた。国内の経済問題への対応に有利な形で行われた国際経済の枠組み内での調整は、信用の収縮や拡大を通じて、ただちにグローバルな意味を持った。「金の価格が固定され、金輸出の可能性があったため、19世紀の商人たちは自分が計算をするときにちょっとした安定を享受していた」と、J・T・R・ヒューズは述べている。正貨で支払う（つまり、金や銀の現物を移動する）制度を持っていることは、アメリカの州法銀行や地方銀行の営業の自由が、国際情勢に制約を受けていたということである[19]。

しかし、正貨で支払える制度は経済の安定をもたらさなかった。19世紀の景気循環は国家や個人に報いるばかりでなく、破滅をもたらす潜在力をともなって世界規模に広まった。対外投資や貿易は、アメリカ経済を世界の好況・不況の波に組み込んだのである。歴史家リチャード・エリスが述べたとおり、「アメリカ経済は、国際市場の浮沈に」影響を受けることが少なくなったのではなく、「もっと敏感に影響を受けるようになった」。国内経済の成長は「多くの人々の希望とは裏腹に、ヨーロッパからの経済的自立をもたらさなかった」[20]。アメリカ人は、1819～1822年の不況に始まるこのような浮沈を深甚な動揺を感じながら体験した。1837年と1857年の金融恐慌、1839～1843年、1873～1877年、そして1893年以降の各不況期は、為替相場の乱高下、株式や正貨への投機、そして貿易不振と結びついていた。こうした不況は最初は各地で同時に発生したのではなく、状況は現地ごとに異なっていたが、1857年の銀行恐慌は、危機が真にグローバル化した事例と一般に考えられている。在ロンドンのアメリカの金融会社がまず初めに破綻したとき、イギリスの銀行家たちはアメリカ人を非難したのだった。このように、世界は相互依存的になっていたのである[21]。

アメリカの経済成長における「外的」要因と「内的」要因の相互作用を分析するときの一つの主要な事例は、1837年の恐慌である。これは、ジャクソン大統領による合衆国銀行との「戦争」の後に発生したものだが、その政治的な意味について以下に論じる。歴史家たちは、合衆国銀行に対するジャクソンのきわめて政治的な扱いが、その後の不況を招いたかどうかついて議論を続けてきた。ピーター・テミンは、有名な経済分析の論考で、ジャクソンの銀行政策が拙劣であったというステレオタイプは誤りだと主張した。それによれば、合衆国銀行との戦争の後の不況を招いたのは、戦争に関連する国内の出来事ではなく、貿易依存度の高いアメリカ経済に影響を与えたイングランド銀行による信用引き締めを含む外的状況だったのである[22]。これに対して、修正主義史家たちは、連邦政府による公有地販売と「1830年代の好況期の動産・不動産価格高騰」を強調し、テミン説に異を唱えてきた。リチャード・シラが主張するように、フロンティア地域の諸州は、「州の負債の利息支払いをまかなう将来の銀行税や財産税による増収を期待して」、「内陸」開発（インフラ整備）のための借り入れに熱中し始めた。また投資銀行は、「大西洋の両岸で州発行の有価証券を」市場で売買することに「深くかかわるようになった」。1839年に彼らが財政危機に直面すると、資産の流動性の問題が広がった。銀行はもはや「借り入れをする諸州への義務を果たす」ことができなくなった。諸州の内的整備は停止し、土地開発と土地価格が影響を受けた。動産・不動産価格が暴落し、銀行預金の取り付け騒ぎが発生し、南部と中西部の多くの州の財政が破綻した[23]。しかし、定説を覆そうとする修正主義者の議論は、もっとも明らかな点は否定はしない。つまり、土地販売、運河への投機、そして国際借款のトランスナショナルな相互作用が、1839～1843年のアメリカの不況の一因となった点である。国内経済と国際経済は、明確に分けられないのである。

国外からの影響は、いくつかの点で国内の状況に変換されたが、国外からのもっとも顕著な貢献は資本であった。19世紀を通じてアメリカは債務国であった。外国からの借款のおかげで、アメリカは借款がないときよりも大きな経常赤字を乗りきることができた。有名な金融企業であるベアリングズ・オブ・ロンドン社のトマス・ベアリングは、アメリカのことを「限られた資本と豊かな事業の国[24]」と呼んだ。同社は、とくに政府に対して、また州が特許付与した会社に対して、借款を仲介することにより、このアメリカの状況を利用するために全力を尽くした。外国の対米投資とアメリカの借款によりアメリカの金利が下がり、とくに希少な労働力を機械と置き換えるための技術革新を促進する資本がもたらされた。アメリカの対外債務総額は、1820年代の8500万ドルが1839年までには2億9700万ドルとなり[25]、1869年までには15億ドルに達し、1900年までには外国の対米投資は34億ドルに達していた。海外からの大量の安い資本が、アメリカの経済成長の動力源となったのである[26]。

グローバル化における投資の役割

以上のことは自明の理であるかのように思えるが、経済史家は外国の資本の重要性について論争してきた。修正主義史家は、外国資本の役割が以前に考えられていたよりも小さく、時期も遅く、また効果も少なかったと主張する。たとえば鉄道は、1872年以前はイギリスの資本にほとんど頼らなかった。鉱業も同じで、1860

〜80年までの時期に、イギリスはわずか560万ポンドしか投資しなかった。なかにはD・C・M・プラットのような歴史家は、外国資本の役割を強調し過ぎないように気をつけてきたが、しかしプラット自身がデータに関して依拠している経済学者は、外国資本の役割の重要性にもっと自信を持っている。この問題の権威の一人であるレイモンド・W・ゴールドスミスが述べたように、「もしアメリカが国内貯蓄だけに頼っていたら、国家の富の増大速度は、19世紀末が近づくまではもっと遅かったであろう」[27]。外国からの対米投資は、ある時期には、また経済成長を支えた産業においては、きわめて重要であった。たとえば、運送産業は1860年以前に外国資金に頼っていた主要部門であったが、それは、その後に拡大されよく知られるようになった鉄道によるものではなく、運河によるものであった。運河は1830年代の著しい好況に貢献していたが、それとても外国資本が準備されていなければ考えられないことであった。運河建設は独立革命後に始まったが、ニューヨークやペンシルヴェニアなどの中部大西洋岸諸州とオハイオなどの中西部諸州は、1820年代と1830年代に運河建設ラッシュに参加した。鉄道は、南北戦争後までは経済的重要性では水路に及ばなかったのに対して、運河は、河川体系や五大湖と連結され安価な輸送手段を提供したのである。もっとも重要な例は、1825年にバッファローとニューヨークを結んだエリー運河だった。運河に加えて、川や港につくられたその付属施設は、後の時代の鉄道のように、街や、街になりそうな場所の運命を決めたので、インフラ整備の資金調達をめぐって政治的騒動が起こったのである。それは、連邦議会や州議会においてインフラ改善を議論するのに費やされたかなりの時間が示すとおりである。エリー運河は、ハドソン川への連結を通じて、アメリカ最大の商業拠点と人口動態の原動力としてのニューヨークの役割を確立するのに役立った。最初に発行したエリー運河の株式はニューヨーク居住者が購入したが、1822年以降は外国の投資家が大挙して群がり、1829年までに運河の債券の半分を購入した[28]。また、1830年代に北部と中部の諸州を通じて狂乱的な好況が起こり、運河建設への投資総額の3分の1以上が外国の銀行からもたらされた[29]。

外国人が事業を公然と所有するという直接投資は、アンテベラム期の経済ではどの地域でも、運河のケースも含めて、一般的ではなかった。投資は主に、諸州と州が認可したジョイント・ストック・カンパニー〔共同出資会社〕への融資を通じて行われ、これら両者が建設の資金を提供した。こうした運河拡張事業には、投資総額を超える重要性があり、イギリスからの投資は、機会無尽蔵の感覚を刺激し、あえて危険を冒す試みを促進するのに重要な役割を果たした。債券発行は、「国債を購入する」ロンドンの金融業者の盛んに宣伝された「熱心さ」によって奨励された[30]。しかし、これらすべての状態は1840年代の景気停滞で抑制され、大やけどをしたイギリスの投資家たちは、この市場部門には戻ってこなかった。

運河建設は、1850年代の第二段階では外国からの投資からは離れていったが、鉄道建設は反対方向へ向かい、地元資本で始まったその建設は、1850年代からは外国の資金を使い始め[31]、再び、国家の助成金が鉄道に初期の刺激を与えた。1838年時点で1億7200万ドルあった国家債務のうち、4290万ドルが鉄道に配分されていて、また、国家債務のうちの半分をヨーロッパが抱えていた[32]。たしかに、アメリカの鉄道に対するイギリスの貢献の度合いは、南北戦争前は10％を超えておらず、戦争直後のピーク時で16・5％に達した程度であった[33]。しかし、プラット自身が認めているように、「これらの数字からいかに単純に推論しても、誤解を招く可能性が高い。というのは、外国からの金融支援は、たとえわずかな額でも不釣り合いに大きな影響を与えたかもしれないからである」。鉄道における外国からの本当に大きな投資は、1880年代に始まった。ドロシー・アドラーによれば、1880年代になって初めて、「アメリカの鉄道証券がロンドンで大人気を博し」、イギリスがその融資では優位に立った[34]。この投資は、たとえば、北部大陸横断鉄道――後にエンパイア・ビルダー号によってシアトルからミネアポリスまでつながった――の建設というジェームズ・J・ヒルの計画のように、野心に満ちた計画の開始には欠かせないものであり[35]、国中の多くの路線で運搬容量の拡張と更新を可能にした。1914年までには外国からの全投資額の半分以上が鉄道に向けられていたが、アンテベラム期とはきわめて対照的に、これらは民間の負債であり、公債ではなかった[36]。なるほど、南北戦争中にイギリスの金融業者がアメリカへの軍事資金提供を手控え、民間資本の流入が途絶えたときには、連邦政府は国家としてかなりの負債を負っていた。しかし南北戦争終結時に、連邦政府の負債に見合う財務省長期証券をイギリスが再び購入し始め、19世紀末までかけて国家の負債が着実に減少していき、そして民間の資本が流入した[37]。

証券や融資には、直接投資の重要性を超える信用供与システムという面があった。イギリスの資金は、輸出入機構の潤滑油であった短期信用市場を供給することにより、アメリカを実質的に支援した。1860年代、ロンドンの金融業者は、アメリカの全輸出額の4分の1の保険を引き受け、その引き受け割合は初期のほうが間違いなく大きかった[38]。イギリスの銀行はアメリカの輸出入業者に融資し、外国在住のアメリカ人は綿花などの大西洋をまたいだ貿易の資金融資に参加した。19世紀半ばの一例を挙げよう。ジョージ・ピーボディーは、マサチューセッツ生まれの銀髪の商人で金融業者だったが、1830年までにはボルティモアで裕福になり、1837年からは、もっぱらイギリスで生活した。輸入資金の提供ばかりでなくイギリス資本の提供によっても、アメリカの運河や鉄道の資金調達を援助した。彼は、ロンドンで有名な7月4日〔独立記念日〕大会を開催し、また大西洋の両岸で有名な慈善家となった。連邦議会が1851年のロンドンの水晶宮での万国博覧会の資金を提供しなかったとき、彼はアメリカの製品や発明品の展示に1万5000ドルを提供した[39]。ピーボディーは1869年に亡くなったけれども、彼の遺産は、彼よりもいっそう影響力の大きい英米の金融業者の果たした役割を通じて、以後何十年にもわたって受け継がれた。モーガン財閥は、1850年代にロンドンでピーボディーとビジネス提携をしたことから始まったのである。

外国からの投資は、初めは運河を、後には鉄道ブームを通じて経済発展を刺激し、改善された輸送インフラは雇用と都市化の始まりに相乗効果をもたらした。このようにして、エリー運河畔のロチェスターは、1820年代と1830年代に鄙びた村から、豊かな中産階級の住む産業都市へと発展した。しかし、より広い国際市場の開放も、負けず劣らず重要である。19世紀の最初の60年間におけるアメリカの市場革命のことを語るとき、その市場はグローバルであることを理解すべきである。1850年代におけるシカゴは誕生したばかりではあるが好況に沸いていて、五大湖とエリー運河を通じてニューヨークやヨーロッパとつながっていた。この連結は転じて、今や小麦、豚肉、そしてトウモロコシを外国に売れるようになった中西部の農民に恩恵をもたらした。この地域ではすべての（鉄）道はシカゴへ通じ、シカゴから世界へ通じていたといえるであろう。五大湖、ならびにハドソン川につながっていた水門や運河の利用が増えて、中西部は1840年以降、南部のプランテーションに食料を供給するのではなくて、北部とより緊密に連係するようになった。

移民とアメリカ経済

国際経済の影響はまた、大いに必要とされていた労働力の供給というきわめてわかりやすい形で、移民を通じてやってきた。アイルランド人などの移民労働者は労働価値を押し下げ、そうやって経済成長の原動力となった。1840年代以降、アイルランド人の安価な労働力がアメリカに流入し、1850年代までには、アイルランド人女性がローウェルでの繊維工場の女工を供給するようになっていたし、アイルランド人男性はニューヨークの波止場や道路清掃の重労働を担うようになっていた。また北東部一帯の運河や鉄道では、建設現場で外国人労働者を雇用するようになっていた。外国人の労働力が労働需要のすべてを満たしたわけではなかったとはいえ、アンテベラム期の運河建設事業において、アイルランド人の存在はよく知られていた。1820年代と1830年代に労働者たちが安息日に飲んで騒ぐ中でアイルランド人が目立ち、そのためにエリー運河などの運河に沿った小さな村々や農民の平穏が乱された。運河事業はまた、不景気のときにその建設作業の補助的な仕事をする農民を含めて地元民の季節労働力を吸い上げ、その結果、1830年代に全部で約3万人（1840年時点の非農業労働者の約20人に一人）が、これら建設現場で厳しい労働に従事することになり、工場労働者を除くと、1830年代のアメリカにおいて、準無産階級の労働者階級では運河建設労働者が最大集団であった。1860年代までには移民労働者は、新参者集団の存在が重要となっていたアメリカ西部中で、類似のインフラ整備事業に従事するようになった。1864～69年の時期には、ユニオン・パシフィック鉄道が西へ向かって建設されており、アイルランド人が大陸横断鉄道完成を目指して必死に働いていたが、サクラメントから東へ向けての建設では中国人労働者の参加がきわめて重要であった[40]。

移民は労働力をもたらしたばかりでなく、目に見えない財産を運んできた。1830年代における隠れた貢献は、彼らが持ってきたお金である。リーランド・ジェンクスの研究[41]をもとに行ったプラットの推定によれば、イギリス人は1830年代に一人当たり平均15ポンドを持ち込んだという。これは、4500万ドルに相当した。これらの移民たちはこのようにして、1830年代の好況期に対米投資総額の約4分に1に相当する追加資金をもたらしたことになったであろう[42]。移民たちはまた、職業技術と技術的専門知識の形態で、新たな人間資本を持ち込んだ。すなわち、運河会社は、外国資金と同じくらい、技術上のノウハウも輸入し、経営専門家、建設請負人、そしてアイデアを、イギリスやカナダから導入した。このような初期の導入の中でもよく知られたケースは、ベンジャミン・ラトローブの才能で、彼は1796年にイギリスからスカウトされた後、サスケハナ川やデラウェア川の運河事業で働いた。その後に、彼は、首都ワシントンでの建築の仕事で有名になり、連邦議会議事堂などの公共建築物の設計を行った。

当時の移民の模様を広く見渡すときに気がつく一つの重要な面は、技術移転である。たとえば移民は、1840年代に醸造技術を持ち込んだ。それまでより大きなビール産業を築いたドイツ人の開拓精神は、酒飲みの好みを変え、アメリカ人のウィスキー離れが始まった。1860年代以降ビール消費は活況を呈し、主に恩恵を受けたのはドイツ生まれとその子孫である醸造業者だった。醸造業大手の多くはドイツ系の名前を持ち、セントルイスのアンホイザー・ブッシュ社やパブスト社などがある。後者の起源は、1844年にドイツのメッテンハイムからミルウォーキーにベスト一族が移住したときに遡る。ジェイコブ・ベストは、ドイツに持っていた醸造所を実質的に移転させ、1845年までにミルウォーキーに持っていた彼の最初の主たるビール・ブランドを売却した。もう一人のドイツ人、フレデリック・パブストが1864年にこの収益の上がる会社に加わり、パブストの商標で根気よく市場開拓を行った。パブストは再編したこの会社に自分の名前をつけたばかりでなく、ドイツから最高の訓練を受けた化学者や醸造職人を呼び、ミルウォーキー工場で仕事をさせた[43]。

その他の民族集団も、彼らの伝統が培ったノウハウで同様に高い評価を受けた。イギリスのコーンウォール人錫鉱夫は錫産業で優位を占めていたし、イギリスの陶工も陶器製造業において同様だった。溶鉱炉技術と石炭採掘技術の普及にイギリス人が行った貢献も、またかなりのものであった(44)。19世紀も後半になって、評価の高いイタリア人石工が教会やしゃれた私邸をつくり、北米では希少な伝統技術を提供することになる。それとは対照的に、イギリスからの移民による繊維業と鉄鋼業に対する貢献には、ある種のもっと革新的な面があった。移民の中にイギリス人の工作機械製作者が相対的に多くいたことは、新しい機械類をつくる労働力がふんだんにあったことを意味していた。それらの機械類は、アメリカが有名となる工作機械産業の基礎を提供しうるものであった。

繊維産業での技術移転過程における移民の役割は、ニューイングランドでの初期の工業化に非常に顕著に見られる。この分野の代表的権威デーヴィッド・ジェレミーによれば、移民が持つノウハウは、工業化の初期段階では「不可欠」であったという。有用な製造業を設立するための協会は、1790年代にサミュエル・スレーターのような職人をイギリスから雇った。スレーターは、商業的に見込みのあるアークライト水力紡績技術を導入し、ロードアイランドでスレーター工場方式を確立した。技術輸出を禁止したイギリス諸法は、技術が「職人に備わっている」ために効果がなかった(45)。しかし、当時、イギリスからアメリカに技術を伝えたのはごく少数だったことは明らかであり、大多数の移民は同じように役に立ったわけではなく、ほとんど使える技術を持たない普通の労働者だった。1830年代にフィラデルフィアで働いていた手織り職工のように、多くの人々は、実際には、新しい技術から逃れてきた難民であった(46)。有用なノウハウの所有者のほとんどは、前産業的技術の持ち主である若い男性集団と比べれば、年上の移民であった。

1812年戦争の後は、アメリカの繊維産業を刺激する方法として、職人の直接移住の役割を補う、あるいは凌駕する他のやり方として、産業スパイのようなものが一般的になり、技術移転に重要な役割を果たした。木綿工業の力織機織りに関する知識を獲得するのに、「イギリスへのアメリカ人訪問者が、イギリスからアメリカに移民する職人にとって代わった(47)」。たとえば、1810～11年にかけて表向きは保養目的で、フランシスコ・カボット・ローウェル（まもなく有名になるローウェル繊維工場の背後にいるボストンの資本家の一人）が、1811年にグラスゴーの工場を視察し、また、「アメリカに製造業の向上を導入する目的で」、綿織物製造に関する「ありとあらゆる情報」を確保するためにマンチェスターを訪問した。(48)彼は、ラドクリフとジョンソンが特許を持っている紡織機械の図面を入手し、繊維製造が北米で成功しうることを確信できるだけのものを学んだ。技術伝達者としての職人の数には限りがあり、また外国の企業をスパイするのは難しかったので、19世紀半ばまでには国際博覧会や製造業者会議が、前述の手段にまさるようになった。しかし、この頃までには、ニューイングランドの業者たちもまた、ローウェル繊維工場の新しい技術をイギリスに輸出していた。(49)

「アメリカ人は単なる模倣者ではなかった」と、ジェレミーは指摘する。繊維工場の最初の実験はイギリスをまねたものだったが、ボストンの実業者階級は、早くも1826年にイギリスの製造業者を不安にする機械的な、組織上の、また労働政策上の革新を導入した。ローウェルはモデルタウンとなり、たとえば、チャールズ・ディケンズのような人物が1842年に訪れた。イギリスの偉大な小説家で社会批評家の彼は、マンチェスターにある暗い工場と比較して「善と悪ほどの違い、明るい光と深い闇ほどの違い」と述べた。女工のために慎重に監督された工場の寮、厳格な勤務時間、余暇と勤務の形態、そして半ば田舎の環境の清潔さが備わり、ニューイングランドのモデル工場は、広く国際的な注目を集めた。しかし、外国人旅行者が、技術のユートピアを約束する整頓された工場を見るのは、アメリカだけのユニークな経験ではなかった。旅行者は、ローウェルを革新的な工場環境としてスコットランドのラナークに譬えた。(50)

移民体験をもっと広く見渡すと、技術の導入のみに焦点を当て過ぎるのは誤りであることがわかるだろう。国外から導入された労働者の大多数は、時代遅れの能力しかないか、あるいはほとんど技術を持たなかった。しかし、新参者の大半に見られた技術の欠如そのものは、技術変革にそれなりの間接的影響を与え、「労働力節約技術をもっと」利用するよう促した。(51)工場主は、自由と就労特権を誇るアメリカ生まれの職人に恩恵をもたらしていた生産の隘路を回避することができたが、その手段は、このように機械を使う未熟練の移民工場労働者を雇用することであり、1850年代までには、マサチューセッツ州の製靴業ではますますその傾向が強くなっていた。[52]

移民と投資以外の要因も、経済発展を支援した。人口増加が、世界水準をかなり超えていたのである。アメリカの人口は、1850年の世界人口の2%から、1920年には、その5・7%に増加していた。人口増加の一部は、移民が原因（1840年から1860年までの各10年間の人口増加率に移民が占める割合はそれぞれ、23%と31%）であったが、移民が人口増加の唯一の発生源ではなかった。この人口急増は1850年代までは高い出生率が原因で、女性が比較的高い割合で出産適齢期にあったという事実から生じていた。この多産傾向は、しかし、アメリカばかりでなくヨーロッパでも一般的なことであり、1840年代のアイルランド人の場合のように、土地を自ら離れたり、地主に追い出されたりして、ヨーロッパの工場やロンドンやニューヨークのスラム街に行き着いたのは、ヨーロッパの農村の余剰人口だったのである。そのような場所で彼らは、人口に占める出産適齢期集団の割合を押し上げ、人口増加率を高める人口構成をもたらした。移民は平均的市民より若かったので、移民流入は人口の「若さ」を強調する結果をもたらし、当時の平均年齢に関しては、20世紀末の30歳超と比べて、1860年は19歳という低年齢であった。人口増加の発生源が何であったにせよ、人口構成の変化は国内需要を大いに喚起し、大量生産という革新を刺激した。人口増加率は、19世紀の最初の60年間に10年間当たり33%を下回ったことはなく、そして、南北戦争後における絶対増加率はめざましいものであり続けた。総人口は1860年の3100万人から、1900年までには7600万人に達し、さらに1920年には1億500万人になっていた。ただし、10年ごとの人口増加率は1900年までには20%に下落していた。[53]

反外国人感情と外国金融勢力

人口だけでは、国際競争に打ち勝ち、ヨーロッパからのアメリカの自立を強めるには十分ではなかった。それには政治的介入が必要であった。主要な「保護主義的方策」が、このようなアメリカの自立と安全保障を強めることになる。その方策の一つは、銀行に対する政治的敵意にかかわることであり、国際金融に焦点を当てるものであった。グローバル化の圧力に対して否定的で、ときに偏執的な反応は、外国からの信用供与に頼る、あるいは頼っていると認識されるアメリカ政治内部での衝撃からきていた。18世紀に南部のタバコ・プランテーション所有者たちは、スコットランド人貸し主に対して負債がある状態に、大きな反感をあらわにしていたが、今や怒りは地理的にも社会的にももっと大きく広がっていた。都市職人の間の中間層や下層、そして西部諸州の自営農民が外国の銀行に負債を負っており、声高に不満を述べ、非難できる相手を探していた。信用供与は農民にとっては重大であり、そのおかげで彼らは種、機械類、肥料、臨時の人手を調達することができ、破産せずにすんでいた。彼らの負債は地元銀行を使って振り出した約束手形の形をとっていて、その約束手形は最終的には金を使って償還された。第二合衆国銀行は、1816年に連邦議会に認可され、1817年に事業を開始し、究極の貸し手になった。同銀行は、その後知られるようになったとおり、外国人、とくにイギリスの投資家に一部所有されていた。第二合衆国銀行はまた、それぞれの国の銀行制度内での構造や独占的地位において、イングランド銀行に表面上は似ていた。そのうえ、ニコラス・ビドルらの取締役は親英的だと大衆から見られていた[54]。

農民や実業家は、これら親英的な取締役たちが1819年に始まる定期的な景気停滞に責任があると考えた。しかし、第二合衆国銀行の権力に反感を持ち、そして、土地投機のために安い信用供与を望んでいた州法銀行の支持がなかったら、農民には、合衆国銀行の金融支配を覆すチャンスはなかっただろう。政治的動機も、同銀行に対する不満の一因となった。すなわち、連邦議会内の合衆国銀行の政治的盟友たちが、1832年の大統領選挙前に特許更新を図ろうとしたときに、企みは裏目に出た。ジャクソン大統領が政敵ダニエル・ウェブスターの仕業に気づき、反対したからである。彼は1832年の大統領選挙で銀行問題を主たる争点とし、人々を抑圧する独占――共和主義的価値観に敵対的な特権の拠点――として、合衆国銀行を非難した。しかし、拒否権発動の演説でジャクソンは、同銀行の外国とのつながりを攻撃するのに尋常でない時間を使った。ただし、尋常でないと判断するのは、銀行業務と金融におけるトランスナショナルなつながりをアンテベラム期の経済体制の重大な力と我々が考えない場合である。現実は、外国人が同銀行の株式のほぼ4分の1を所有していて、アメリカの政府と個人が残りを所有していたのだ。いわゆる「銀行戦争」において、大衆の外国人アレルギーと反英感情に対してジャクソンが行ったスタンドプレーは成功だった。拒否権演説は絶大な人気を博し、銀行の特許更新支持者は敗北し、ジャクソンは圧勝で再選を果たした。

ジャクソンは、外国問題を強調することにより、国家経済が遠隔支配される恐怖を際立たせることに成功した。銀行問題は、グローバル化の圧力がいかにしてアメリカのナショナリズムを刺激し、自給自足経済の追求を刺激したかを説いた。また、ジャクソンは、アメリカ独立戦争中の若い頃の自己体験から出た恐怖心を動機として、行動した。すなわち、彼が銀行戦争で使ったレトリック――軍事的敵対行動の際には、外国資本所有の銀行がもたらす脅威からアメリカの自立を守ること――は、彼がアメリカ革命から引き出したアメリカの安全保障観と一致する。(55) 共和国保全のためにアメリカ政府に対する外国金融の影響は排除されなければならなかった。外国人が第二合衆国銀行の株主の過半数を占めていたわけではなかったけれども、ジャクソンは、そんな状態に至る恐れがあるという大衆の不安を政争に利用したのであった。

ジャクソンの声高な批判にもかかわらず、実際には銀行に反発する衝動が、アメリカを外国の影響から遮ることはなかった。皮肉なことに、金融緩和の運動が、１８３０年代に効果的な銀行規制の連邦法を葬ることにより、アメリカ経済をさらに外国資本の影響にさらすことになったからである。銀行戦争の直後、ニコラス・ビドルは、今やペンシルヴェニア州の特許を得ていた合衆国銀行をイギリス資本を募る投資銀行に転換させ、そのようにして１８３０年代末の膨張経済をさらに刺激したのだった。ビドルを野放しにしてこのような行動をとらせ、州から特許を受けた銀行を中央の統制原則から解放することによって、銀行の特許更新に対するジャクソンの拒否権発動は、部分的に裏目に出た。これが政治判断の誤りかどうかは別として、アメリカ経済は連邦政府による銀行の効果的監視を失った。１８６３年国法銀行法は申しわけ程度の変革を行ったけれども、連邦準備制度のようなものはつくらなかった。自由放任主義政策は、国際経済への統合がもたらす景気の波からアメリカの人々を守る効果的防衛策を阻んだ。その結果、反銀行レトリックは、強力な国家機構不在の中、反外国人感情や遠隔地の金融勢力への脅威と混じり続けた。

この遠隔地の経済権力に対する懸念は、19世紀もはるか後になって沸き上がるように戻ってきた。しかし、その復活は、ジャクソンが排除した中央集権的銀行制度に対してではなく、悪意を持った経済勢力に対する政治的闘争はむしろ、通貨支払いと正貨支払いの交換価値を規制する国際通貨制度に対するものが中心であった。1870年代に始まった金本位制度に対する攻撃は、正貨裏づけとして高価な金よりはむしろ安価な銀の使用に基づく通貨インフレを求める農民の欲求を反映していた。この、いわゆる「フリー・シルバー（銀貨の無制限鋳造）」運動は大衆作家たちの心の中で、ヨーロッパとニューヨークのユダヤ人金融業者の陰謀に対する抗議と混じりあった。歴史家リチャード・ホーフスタッターが述べたように、「庶民に対する金権勢力の陰謀が進行していると語るのは十分でなかった……。ウォール街の陰謀だというのも十分でなかった。それは国際的な企みで、ロンバード街の陰謀でなくてはならなかった」。金本位制反対運動は、はるばるロンドンにまで到達していたのである。1890年代の人民党による低金利綱領は、このような反東部諸州、反外国の姿勢を追求していた。フリー・シルバーを提唱するイグネーシアス・ドネリーは、1892年の大統領選挙で「人類に対する大きな陰謀が二つの大陸で組織されてきており、急速に世界を支配しつつある」と主張した[56]。しかしこのときは、外国人アレルギーを煽る運動は、政治的には成功しなかった。共和党が、国際市場圧力の衝撃を相殺する保護主義政策で、巧みに反撃したからである。そして、1893〜96年の不況の後、マッキンリー大統領の下で繁栄が戻ってきた。

グローバル経済への統合と経済的自立のせめぎあい

外国からの投資の流入はまた、とくに土地取得とその関連の政策において、批判の対象であった。しかし、外国資本に対する態度は、ミラ・ウィルキンズが述べるように、「一貫して賛否相半ば」で、意見が割れていた。投資は経済を成長させ、多くの人々が恩恵を受けたからである[57]。金本位制についての反外国レトリックに対しても、生産したものを輸出していた農民が、そのレトリックを使うとき、皮肉にもそれは賛否相半ばしていた。そういう態度には、国際市場への統合と国民としての自己主張との間の深い矛盾が表われていた。農作物価格の不振は、遠くにいる目には見えない勢力の仕業にすることができたが、しかし、フリー・シルバー政策を導入していれば、輸出業者や、輸送産業に従事する人々に有利に働いていたことであろう。そして、それらの人々は、金本位制と結びついていない価値の下落した通貨の恩恵を受けていたことであろう。[58] また、西部の農民は、旱魃と高い貨物運賃の時代に、利鞘を求めて輸出に頼っており、銀行や通貨を通じた世界市場との結びつきを強く認識していた。彼らは、金本位制を採用していない他の国々との競争を有利にするような政策を追求していたのだ。しかし、同様の論理で、彼らの多くは、関税の分野では国家の支援を求めるという矛盾した政策を支持した。ここにおいて、国家の役割はきわめて重要であったが、しかしまず、以前から国家が行っていた製造業に対する支援という関与の仕方について、考察しなければならない。

アメリカという国家は、銀行業と金融政策において見られたような消極的な役割をいつも果たしてきたわけではない。連邦政府は、製造業の発達には奨励策を講じてきた。ここでも再び、国家安全保障が推進力となった。政府の役人が、国家の軍事防衛のために安価で信頼できる火器を求め、この政策の原点から、19世紀のアメリカ製造業の主要な革新がもたらされた。つまり、「アメリカ体制」が、政府の仕事を受注した小型武器工場の発達で始まった。[59] フロンティア地域には熟練職人がおらず、腕のいい修理屋なしでライフルを使い続けなければならないことがわかっていたので、アメリカ政府は、互換性部品を使って簡単に修理、破棄、取り替えが可能な機械生産の武器を望んだ。その試みはフランスの例に倣って、1812年戦争中に発明家イーライ・ホイットニーと契約を結ぶことから始まったが、アメリカ体制はゆっくりと成熟した。1840年代までには、スプリングフィールドとハーパーズ・フェリーの造兵廠は、武器の手仕上げが必要のないシステムを初めて完成させていた。これらの造兵廠は、部品製造に使う寸法を調べるゲージを開発し、「特定用途工作機械の連携操作」方式を導入した。[60] この先例から生まれたのが、多くの製造品を安価に生産するやり方であった。

起業家たちは、火器製造に使ったアメリカ体制を、大衆向けの消費材、たとえば、1840年代に製造が始まったウォルサム時計や、1860年代に始まったシンガー・ミシンなどにも応用した[61]。早くも1850年代の大規模な国際博覧会で展示され始めた単純なアメリカ製品、たとえば連発拳銃などは、ヨーロッパ人を驚愕させた。それらの製品は、安価で、大量生産され、互換性のある規格品という利点を持っており、そのおかげでアメリカの輸出品は国際市場でたちまち競争力を持った。アメリカ体制は普通、消費財と結びつけられるけれども、ボールドウィン社が製作した機関車などの資本財も、1860年代までには、アメリカ体制を使って生産された。ボールドウィン機関車は、卓越した生産技術でつくられていたので、19世紀末までには、イギリス帝国やラテンアメリカの市場にかなり浸透した。この会社は、今日のボーイング社のような存在になっていた[62]。

連邦政府の工業化支援策は、アメリカ体制の製造への刺激以外の面にも及んだ。19世紀にますます統合の進んだ大きな国内市場を促進した条件の一つは、関税による保護策の奨励であった。初代財務長官アレグザンダー・ハミルトンは、歳入確保の目的でアメリカ建国期に関税の原則を確立していた。当初、関税は主として北東部の産業に有利で、南部人はこれに反対する傾向があったので、民主党の勢力が伸長する1820年代末から南北戦争までの時代は、いくつかの例外的事例を除いて、関税削減が特徴であった。しかし、ペンシルヴェニアの鉄鋼産業のような政治的特殊利益団体は、ホイッグ党だけでなく民主党の議員からも高率の関税を勝ち取ることができた[63]。

南北戦争は、おおむね高率関税がまかり通った1930年代まで続く新たな時代の幕開けとなった。この時代はもっぱら、連邦政治においては、いわゆる「共和党優位」の時代であった。関税に代わる連邦政府の主な歳入源は公有地販売であったが、南北戦争までには最良の耕作可能な土地はすでに人手に渡っていたので、歳入の可能性は減少しつつあり、それに代わって、1865年以後は、関税が政府歳入の約半分を生み出していた。関税は、保護された国内市場で出発することを求める「幼稚な」段階の製造業と密接に結びつけられていたけれども、農業部門における地域の利益団体を代表する人々もまた、19世紀初期には麻、羊毛、米、砂糖など、多くの農産物への保護を、そして19世紀末には工業に加えて農業へのさらに広範な補助金を根気強く求めた。1897年以降、共和党政権は、直接恩恵を受ける人はほとんどいないのに、地域政治に配慮し西部の牧場経営者や農民をなだめるため、羊毛や皮革などの品目に関税を導入した（共和党は、かつてフリー・シルバーの通貨政策に反対したので、西部に対して敵対的だと思われていた）。たとえば羊毛にかけられた関税は、貿易を阻害し、オーストラレーシア〔オーストラリア、ニュージーランドおよびその付近の南太平洋諸島の総称〕の輸出産業に打撃を与え、アメリカ国内では靴などの皮革製品、羊毛製品の価格が上昇した。１８６０〜１９３０年の期間は、関税は政治と結びついており、とくに、地域の多様性と連邦制のおかげで隆盛であった特殊利益団体と結びついていた。経済学者ダグラス・アーウィンが書き留めているように、「連邦議会での政策決定は構造的に、保護主義を求める利益集団に有利にできていたので、比較的高い関税という結果をもたらした」[64]。

たしかに、関税というのは、マクロ経済の見地からすれば間違いなく効果的でないことが多く、現代の経済学者は、関税の成長への影響は、とくに長い目で見れば限定的であると強調する。しかし、保護政策は特定の産業に刺激を与え、国内経済を歪め、成長のタイミングに影響を与え、国際的摩擦を引き起こした。関税は、急速な人口増加や輸送手段の改善と相まって、国内市場の成長を促したが、この国内市場への依存は、国内市場が大きく、さらに拡大しつつあるからこそ意味があった。しかし、アメリカだけが高率の関税を求めたわけではなかったことにも留意しなければならない。ヨーロッパ諸国の中でも、とりわけドイツは高い関税を求めたし、１８９０年代のヨーロッパの関税は、当時のアメリカの高い関税の原因となった可能性があるとまではいえなくとも、少なくともその口実ではあった。関税をめぐる政治は、他の多くの現象と同様に、別にアメリカ特有のものとはいえないのである。

保護関税と旺盛な人口増加に支えられた立派な国内市場は、19世紀半ばからある種の孤立的経済の発達を促した。南北戦争後20年間、アメリカは国内市場に大きく依存し、国民一人当たりの輸出額はヨーロッパ主要六カ国のどこよりも小さかった。しかし１８８０年代までには、鉄道などのアメリカ経済の主要部門の成長が鈍っていたので、輸出の重要性に再び注目が集まった。輸出によって、生産コストのわずかな増加で規模の経済《エコノミー・オブ・スケール》と利益が得られるし、地域経済の変動の波を乗りきれるので、輸出注文はとくに貴重であった。したがって、ボールドウィン社は、１８８０年代と１８９０年代に国内での需要の落ち込みを国外からの注文で補った[65]。過剰生産力と南北戦争後の国内経済成長の限界に関するこの懸念が、１８９５年以後の20年間に外国の開放市場を重視し、より積極的な政策を求める農民や製造業者の要求の根底に存在したのであった。

同時にまた、国内市場の成長は、外国に「門戸を開く」経済政策に対し障害となっていた。１８６５年以降、内向きに転じた姿勢の影響は、海運業に表われていた。アンテベラム期の初めには海洋貿易で繁栄し、自国の船舶でほとんどの輸出品を運搬していた国家が今や海外の船舶に頼るようになり、南北戦争後は海上輸送に投資が向かなくなった。輸出向けの積載総トン数は１８９８年までに最低値にまでに急落し、アメリカの船舶で運ぶ国際貨物は、全体のわずか８・２％であった。１８００年には90％を占めていたのと対照的である。こうした変化の原因としては、アメリカ国籍者が船舶乗組員見習いを占めることを意図した制限的な労働法などの多くの条件があったが、その中でももっとも重要なものは、国内産業発展と西部開発に投資したほうが「見返りがより大きい」と国内資本がみなしたことである[66]。皮肉なことに、自国の海運業育成に関するこの消極的な内向きの態度は、アメリカがグローバル経済とさらに深く結びつくことを意味していた。アメリカは農業においては国際貿易に深くかかわったままであったし、工業製品の輸出を増やすことを望んでいたし、また、天然資源の輸入も必要としていたので、アメリカ船籍の商船がなかったために他国の船舶にいっそう頼らざるをえなかったからだ。外国船舶に対する船賃の支払いは、国際収支赤字をも増大させた。１９１４年にヨーロッパで戦争が勃発したときは、外国船への依存は、通商上問題であるばかりか、戦略上も外交上も問題であることが判明した。１９１５年以降アメリカは、小麦などの重要な物資をイギリスに運ぶ船舶を十分確保できなかったし、ましてや１９１７年以降は戦闘部隊を運ぶ船すら十分になかった[67]。戦時中の政府の行動でこうした状況が変化し始めたけれども、輸送能力問題の放置に見られるように、国際貿易に対する内向きで矛盾した態度は、１９２０年代に至るまでアメリカ経済を悩ませ続けた。

船舶輸送能力のこうしたすべての問題は、しかし、この時点ではまだ未来の問題であった。政府による工業の奨励、国内市場の成長、そして人口の急増は、かつてないほど向上した生産性のはけ口を見つける必要性から、アメリカをいっそう世界経済と結びつけていた。しかし同時に、自己中心的な貿易政策を望む強力な勢力が世界経済との統合を阻んでいた。その結果、アメリカは輸出を増やす一方で、国内では調達不可能な天然資源や贅沢品を除いては、輸入にはそれほど関心を持たなかった。したがって、1880年代までには、対外債務の利払いや外国船舶による輸送への依存により、国際収支は赤字のままであっても、貿易収支はもはや赤字でなかったことは、不思議ではない。ヨーロッパもまた、アメリカの対外貿易を促進する融資や保険引き受けで主要な地位を占め、アメリカが依然として西部へと膨張し、とくに鉄道拡張の資金を得るために多額の借款を続けていたために資本の流入は続いた。

第一次世界大戦前夜、アメリカは世界最大の債務国のままであったが[68]、対外投資によって19世紀の最後の数十年間には、ますます世界経済と結びつくようにもなっていた。アメリカ人の投資は、南北戦争後は地理的に近いメキシコなどの中米諸国に向かい[69]、第一次世界大戦前には木材、牧畜牛、鉄道、鉱山などの資源では南米において目立った[70]。ボーア戦争の際に、イギリスは戦費をまかなうためアメリカの資金に（一時的に、また部分的に）頼ったが、1915年までは大西洋をまたぐ資金はそれとは反対にもっぱらイギリスからアメリカへと動いた。その1915年になってボーア戦争の先例が実現することになった。イギリスに対する戦時融資は、同盟国に物資を供給するアメリカの経済成長と相まって、アメリカを債務国から債権国へと変貌させた。この国は1918年までには、世界金融に卓越した地位を占める用意ができていた。今や、新しい世界秩序を形成しようとする野望を裏づける物質的優位性を持ったのである。

第3章　進歩のかがり火
――政治と社会の改革

思想というものは、通貨や通商が国境を越えるのとまったく同様に、移動するものである。前章では、19世紀前半のアメリカが経済活動を通して、国際的にどれほど緊密につながりを持っていたかがわかった。この通商の道を切り拓いた高度な運輸・通信手段が、思想、移民、そして来訪者の到来をも呼び込んだ。もっともよく記憶されている来訪者の一人が、アレクシス・ド・トクヴィルであり、彼は、1831年にニューヨーク市から出発し、北はケベック、南はニューオーリンズまでの北米を旅行し、アンテベラム期〔南北戦争前の時期〕の共和国の政治と社会的な仕組みについて多くの記述を残している。彼の壮大なテーマは、アメリカ民主主義の急進的な実験と、ヨーロッパにとってのその意義についてであった。トクヴィルが理解していたように、民主政治は狭義にとらえるべきではなく、むしろ自発的結社や社会改革に根ざしていたとすべきである。そのように解釈することによって、社会改革を目的としたトランスナショナルな交流の側面として、改革運動と政治的民主主義を結びつけることが適切となる。アメリカ社会に固有の改革的衝動にもかかわらず、19世紀最初の60年間は、大西洋を越えた社会改革の傾向があったのである。改革の発展に対するヨーロッパからの影響も大切であるが、同じように影響力を持っていたのは、アメリカが改革思想や制度そして運動形態をイギリスやヨーロッパ大陸に輸出しようと努めた点である。しかしながら、アメリカの改革活動は、決して北大西洋の交易範囲に限定されるものではなく、その熱き改革の思いは、アメリカ人にとって徐々にグローバルなものとなっていった。

大西洋をはさんだ政治改革運動

アメリカは、20世紀に急進派を公然と非難した国ではあったが、新国家アメリカが急進的な過去を持っていた。1815年以降の時代は、外国人たちがアメリカを民主主義の前衛と位置づけた時代であった。地域によっては、アメリカやその国民に関して、彼らは海外の急進主義を支援し煽動を行い、潜在的に転覆をはかる影響力を持つもの、とみなす解説者もいた。しかし、ヨーロッパ人旅行者たちは、将来の姿を見学せんと大西洋を西に向かってやってきた。そうした多くの人たちにとって、アメリカは自分たちの道徳心を向上させるためのかがり火であった。その中には、当然ながらトクヴィルや彼の仲間であるフランス貴族ギュスターヴ・ド・ボモンがいた。二人はアメリカを、富める者は過去には貧しい者であったり、財産は擬似貴族階級を生み出すゆえに世代を超えては保持させず、いわゆる「中　流　層《ミドゥリング・ソート》」が国を支配するような平等社会であると見た。だが、こうした見解は、財産や社会的流動性などの統計を見る限り、当時の社会史にそれほど基づいているわけではない。多くの旅行者のように、トクヴィルの純然たる旅行者としてのコメントは、ときとして表層的になる傾向があり、また、情報提供者が、あまりに楽観的な情報を多く彼に与えてしまってもいた。しかし、政治や市民社会の話題になると、彼の議論は確かな経験に基づいたものとなっていた。事実として、1830年までにアメリカの4分の3を超える州が、白人男性「普通」選挙制を成立させていた[1]。

ヨーロッパのいかなる国もここまでは進んでいなかった。フランスは、フランス革命の中で急進的な共和主義を実験したが、独裁政治やブルボン王朝の復古をその後に招いてしまった。1830年の自由主義革命は失敗していたが、革命そのものは自由主義的潮流の拡大を実際に示唆するものであり、アメリカではジャクソニアン・デモクラシー〔ジャクソン民主主義〕到来の機会がそれを反映した。イギリスは、80万人の財産保有者に選挙権を付与するという法律により、中産階級の選挙権を1832年に認めた。選挙権の拡大は、工場法の制定、西インド諸島での奴隷制廃止（1833年）、審査法——非国教徒、カトリック信者そしてユダヤ人を差別して、公務員になるには国教会信者であることを義務づける法――の廃止を含む大きな改革運動の中に組み込まれていた。この審査法の廃止法案が通過したのは、1830年にイギリス議会議員に当選したダニエル・オコンネルがアイルランド解放運動を始めた時期に近い1828年であった。元軍人の英雄であったアンドルー・ジャクソンが1829年にアメリカ大統領として権力の座に就いて登場させた「ジャクソニアン・デモクラシー」は、これらの出来事と時期をほぼ同じくする。政治改革は大西洋をはさみ同じように進んでいるようであった[2]。

イギリスとフランスでの選挙権獲得は、当然ながらアメリカほど印象的ではなく、その時期はアメリカより遅かったが、忘れてならないのはアメリカ人男性の潜在的有権者の5分の1が奴隷として自動的にその対象から外されていたことである。アメリカは、厳しい社会的区別がされた人種主義的民主政体をとっていたのである。ヨーロッパと同様に、アメリカのいかなるところでも女性には選挙権が与えられておらず、事実、女性参政権への要求もほとんど出されていなかった。しかし、その強い要求運動が始まったのは1850年代のアメリカであり、1848年に開かれた女性の権利獲得のための有名なセネカフォールズ会議後のことであった。この会議は、独立宣言に依拠することを意識して、その起源がアメリカ共和主義にあることを明らかにした。だが、南北戦争後まで、もっぱらの関心は女性の教育権、財産権そして法的権利の拡大にあてられた。そこから、もとはイギリス人のメアリー・ウルストンクラフトにかかわるものであった女性の参政権運動が、イギリスに逆輸入される形で広まった[3]。

イギリスの知識層向けの雑誌や新聞各社はアメリカ民主主義の役割について議論するが、型破りのイギリス人評論家であるウィリアム・コベットは、ジャクソニアン・デモクラシーに遠くから声援を送り、ジャクソンの独占への攻撃に賛同し、経済学者ウィリアム・M・グージュの独占に関する著作を『紙幣と銀行業への呪い』と題して再発刊したりした[4]。ジョージ・リリブリッジによると、民主主義を少しは知るヨーロッパ人は、大西洋の西のほうを見ていた。たとえば、ロンドン労働者協会のような急進派たちは、アメリカの「自由のかがり火」を自分たちの闘争と一体化していた[5]。しかし、今までの説では急進派の意見に関心が払われ過ぎていたため、これに対して思想史家ポール・クルックは、イギリス人の見解の複雑性、可変性、そして曖昧性を指摘し、イギリスに対するアメリカの影響について、より現実的な像を提示している。それによると、急進派、トーリー党そしてホイッグ党の意見は対立し、アメリカ思想の中でも、彼らが受け入れたのは都合のいいものだけであった(6)。

ロンドン労働者協会の先駆者的働きに刺激を受け、チャーティスト運動は、政府に対してアメリカ型普通選挙や国会議員の給与のみならず、アメリカではまだ達成されていなかった急進的な民主主義、たとえば、平等な選挙区制などを要求した。彼らは、労働者階級の生活改善のための社会改革を目指したが、それには土地改革も含まれていた。彼らの考え方は、1840年代後半、豊かでない人々のために政府が提供したフロンティアの「自由な土地」である安全弁を探し求めていた全米社会改革協会に影響を及ぼした(7)。約500人のチャーティスト指導者が政治的迫害や経済的困窮からアメリカに移住し、そこで短期間ではあったが、改革や労働運動で目立つ存在になった。しかし、経済的理由で渡った後の大量移民の流入により、彼らの人数は目立たなくなり、存在感は失われた。彼らが発見したものは、大西洋の対岸の政治状況は異なるということであり、そしてイギリスと比べて、アメリカの政治家はより理解があり、イギリスにはない未開発地もあることから、土地改革の機会はより多くあるということであった(8)。

チャーティスト運動の影響が示唆しているように、イギリスにおける政治的、イデオロギー的闘争は大西洋のアメリカ側で再度展開されうるものであった。1830年代の半ばに民主党の反対勢力として登場したホイッグ党は、イギリスのホイッグ党の伝統である反宮廷的レトリックを駆使し、「国王」アンドルー・ジャクソンの独裁的傾向や「衆愚」民主主義とこの党の指導者たちが呼ぶものと闘った。アメリカのホイッグ党は、貴族階級と中産階級が権限を分かち合い、1832年から1868年にかけて機能したイギリスの「混合」政体に魅力を見出し、「こうしたバランスが安定性をともなう発展モデルを提供したのだ」とダニエル・ウォーカー・ハウは指摘する(9)。カルヴィン・コルトンのようなアメリカの保守主義者は、イギリスのホイッグ党に「親近感」を持っていた。事実、コルトンはイギリスに4年間住み、海外生活について多くを記述し、アメリカに関する情報の大西洋をまたぐ重要な仲介者となった。それはイギリス生まれのアメリカ人ラジオ・アナウンサーであった20世紀のアリステア・クックのようであったが、1830年代はそれとは反対に、コルトンがイギリス国教会から分派したアメリカ聖公会の強力な擁護者であったことは、彼がイギリスびいきであったことを示している[10]。

トランスナショナルな共和主義と千年王国思想

しかし、アメリカではホイッグ派は伝統的に少数であり、アンテベラム期の政治思想や活動に見られる深淵な共和主義に異を唱えてはいなかった。アメリカ人が海外に輸出したかったのはこの伝統であり、それは、20世紀にソ連が共産主義に関して行ったのと同じであった。ほとんどのアメリカ人は、アメリカの諸制度の優越性を説くだけで十分だとしていたが、それに満足しない者たちもいた。そうした彼らがとった手段は、不法戦士を意味する「フィリバスター」であった。この用語は1850年から1851年にかけて、議会での議事妨害（者）の意味で一般的に使われるようになったが、それ以前は、解放の名の下に個人もしくは集団が外国の土地に侵入する冒険的な行為に対して使われた[11]。たとえば、カナダ人が1837年に寡頭権力に反対して立ち上がった際に、共和制を強く信奉するアメリカ人が手を貸すことを決意した。思想的な衝動に駆り立てられた同情者たちは、反乱軍兵士に武器を供与し、国境沿いのニューヨーク周辺地域から88人もの「愛国者」が1838年にカナダに侵入した。しかし、屈辱的な敗北を喫し、捕虜たちは遠く離れたヴァン・ディーメンズ・ランド〔タスマニア島の旧名〕の地へ政治犯として流され、そこで釈放されるまで長く待たされた。彼らは実際にはアメリカの民主主義をカナダに輸出しようとしたことになるが、こうした激しやすい「愛国者」の立場からすれば、トランスナショナルな共和主義の信念に依拠した地域的一体感を信奉していたといえる[12]。

以上のような革命の煽動的行為は、国家の中枢で画策されたものではないが、結果的には、それがアメリカ政府にとって大きな外交問題を生むことになった。ロバート・メイが説明するように、略奪行為は、外交関係や海外でのビジネス上の利害関係を「ひどく乱す」ものであり、プロセス全体の信用を失墜させて「アメリカの領土拡張」を遅らせることにさえなった[13]。利己主義に固まった革命の煽動者は、1850年代までにさらにその数を増やし、ますます大きな問題となり、彼らは、通商拡大主義者たちの突飛な企みや、カリブ海地域の奴隷制擁護派の陰謀と密に結びついていた。これは、1855年に民主主義の名の下に侵略し、ニカラグア大統領であると自ら宣言した挙句に、あやしげな土地取引や現地の反発に遭って窮地に陥った向こう見ずなウィリアム・ウォーカーの手口に似ていた。奴隷制がより否定的にみなされつつあった時代においては、略奪行為は気高い共和主義イデオロギーの表われとはもはやならなくなっていた。

より一般的には、アメリカ人は、遠くから他国民の自由を求める闘いに共鳴しようとした。早くも1831年に、アメリカ人は、ロシア皇帝に抑圧されて独立を否定されていたポーランド国民との団結を表明するために、デモを行った。ボストンでの満員になった市民集会で、著名な牧師ライマン・ビーチャーは、「ポーランド人の運動、また、あまねく市民や信教の自由に神の加護があるようにと、熱く、かつ雄弁に祈願し、抑圧者のむちは折れ、すべての披抑圧者が解放されんことを、と祈った」。『エセックス・レジスター』紙はこうした祈りを「愛国的かつ真に共和主義的心情」と呼んだ[14]。

アメリカ人の共感は、ヨーロッパでの革命の失敗のたびに膨らんでいった。プロシア帝国、ロシア帝国、そしてオーストリア・ハンガリー帝国の力で鎮圧された中央ヨーロッパでの自由を求める1848年の武装蜂起前後が、革命のもっとも熾烈な時代であった。アメリカは1848年に敗北した革命家たちを保護し、イタリア人愛国者ジュゼッペ・ガリバルディは1850年代初めにニューヨークで数年を過ごした。ガリバルディは、あまりに急進的とみなされ[15]政府からの正式な歓迎は受けなかったが、スタテン島にあるイタリア人社会から支援を得た。1848年には失敗に終わったイタリアの革命によって約3000人もの難民がニューヨークに移り住んだが[16]、ガリバルディは、祖国の政治活動資金を募るための肥沃な土地〔財源のこと〕をそうした難民の中に見つけた。中米で一時期を過ごした後、彼はきっちりと資金を集め、イタリアの統一を成し遂げるため財政的援助を行った。ドイツ人難民も1848年以降にアメリカに渡ってきているが、その中に、後にエイブラハム・リンカンの重要な後ろ盾となったカール・シュルツが含まれていた。１８４８年のもう一人の政治運動家にはロンドンに移ったカール・マルクスがいるが、フリードリッヒ・ゾルゲのようなドイツ人社会主義信奉者の一部はニューヨークに逃れ、そこで共産主義クラブに１８５７年入会し、１８６９年から１８７０年にわたって第一インターナショナルの会員となっている。(17)

１８４８年にヨーロッパ各地で起きた革命のいかなる反乱者よりハンガリーの愛国者ラヨシュ・コッシュートのほうがはるかに歓迎されたのは、東アジアにおけるロシア帝国の拡張主義政策への高まる懸念をうまく利用したからであった。コッシュートは、ロシアの支援を受けたオーストリアの圧政に反対し自由主義革命を起こしたが、ハンガリー国民国家の樹立に失敗し、アメリカに逃亡して連邦議会で演説をした二人目の外国人指導者であった（革命戦争の立役者であるフランスのラファイエット侯爵が一人目）。このハンガリーの英雄は、アメリカを行脚し、連邦共和主義がヨーロッパの模範だとして賞賛しながら、自分の政治運動への支援を求めた。アメリカ人は彼に同情しながらも、騎士気取りで現実無視のコッシュートに対して実際的な財政的または軍事的援助は中立主義にもとるとして差し控えた（コッシュートが導こうとしたハンガリー人たちの中に民族的な対立があり、彼自身がそれに寛容ではなかったため、そのような慎重な配慮は二重に賢明であった）。そのうえ、自由主義革命をヨーロッパに広めたいというアメリカ人の願望は、南部人には心地良いものではなかった。というのは、北部の政治活動家が、その願望の中に、南部の黒人奴隷に自由を付与すべきという要求との類似点を探そうとしているのではないかと、南部人は恐れたからである。(18)こうしてアメリカは、ヨーロッパの争い事には政治的距離を置くことになったが、コッシュートは、ロシアの領土拡張政策に対して、すぐにそれではすまされなくなるであろうと警告した。

こうした出来事は、「青年アメリカ《ヤング・アメリカ》」運動として知られた超国家主義の運動の一つであった。歴史家パオラ・ジェムは、この「民主党の急進派は、１８５２年の大統領選挙運動時に短期間ではあったが政治的優位を経験した」と述べている。(19)彼らの考えは、１８４５年に遡り、「青年アイルランド」や「青年イタリア」の名の下になされたヨーロッパにおける国家主義の復活に依拠したものであった。しかしながら、「青年アメリカ」を支持する者たちは一枚岩ではなかった。「青年アメリカ」の名の下に登場してきたのは、多くが奴隷制擁護派の南西部の者たちであり、彼らにとっては領土拡張主義こそが奴隷制の収益問題を解決する手段であった。しかし、共和主義と民主主義が自由主義を前進させると信じる北部の理想主義者たちも、同様の考えを１８４０年代末には抱いていた。民主主義詩人のウォルト・ホイットマンは「聖なる自由の千年王国」を予期していた[20]。こうした奴隷制擁護派や共和主義の風潮の背景には、アメリカの農業と商工業の市場を通して、大西洋世界に経済的拡張をするために強力なナショナリズムを利用しようとする起業家たちの要求があった[21]。

急進的な共和主義は、選挙権以上のものを意味した。それは道徳的・千年王国的側面を含む当時の多くの福音主義派の牧師が願っていたものであったからである。海外から訪れた観察者は繰り返しその点を指摘していた。民主主義の政治史は、社会改革や道徳的改革の文脈から切り離しては語れない。教科書執筆者は、慣習的にこの時期を改革の「時代」、もしくは「醸成期」として扱ってきたが、それには、当時もっとも有名なフランスからの旅行者からヒントを得ている部分もある。トクヴィルが信じていたのは、アメリカ民主主義の強さは、市民社会の自発的結社、そして、その底辺に流れる市民の道徳観であった。実際、彼が引き合いに出した主なものには、禁酒主義として知られる道徳的改革運動があった[22]。このアメリカの運動にイギリスの福音主義者や道徳改革者たちも、同様に関心を寄せたが[23]、その理由は、信教の自由や宗派間の競争がプロテスタント教会を蘇らせ、信仰復興運動に拍車をかけたと思われたからである。

大西洋をはさんだ改革運動のこうした結びつきはよく知られているが、アメリカの改革は情報交換のもっと多角的な回路の一つであった。アメリカのみがヨーロッパ人の関心を引くモデルでもなく、アメリカの改革モデルの受け止め方も複雑であった。それは一般的に、アメリカの影響が現地の制度やアメリカ以外のルートを介して伝わっていったからである。そのうえ、アメリカもまず発想を海外に求めた。アメリカにしてもヨーロッパ諸国にしても「改革の醸成期」にあり、グローバルな経済や社会が、自由契約の人道主義や自己による規制へと大きく移り変わる最中にあった[24]。合法的な「自由」労働による搾取を、その他の政治経済的な抑圧と区別するために、奴隷制が攻撃されたとする解釈を受け入れるか否かにかかわらず、啓蒙的な改革者と自称する人たちは、不合理と思われた奴隷制の営みすべてに激しく抗議した。

改革に関する研究は英米関係にとくに焦点を当て、もっとも頻繁な交流がこの二国間に沿ってなされたことは、当時の貿易パターンからしてそれほど驚くべきことではない。大西洋間の通商上の幹線航路は、道徳的な貨物として改革者をイギリスに運んだだけでなく、これらの道徳的改革者の乗客がその航路上で改革活動を行った。1838年、イギリスへ向かう蒸気船グレート・ウェスタン号に乗っていた禁酒改革者エドワード・デリヴァンは、お酒を船内の食卓に出すことに反対するよう57名の乗客に請願書を出させた。[25] ひとたび大西洋を渡ると、今度はアメリカの影響力が多くの地域に及び、祖国に戻る移民たちは、1830年代と1840年代には禁酒主義を自国に持ち帰ったデンマーク人やスウェーデン人のように、アメリカ人の道徳的改革に対する思い入れを携えた。そして、アメリカも英米二国間の改革関係が示すよりも広い範囲からの影響を受けていた。フランス人シャルル・フーリエは、男女の不平等を廃止し、伝統的なブルジョア的家族構造に本質的にとって代わるキブツのようなような共産主義共同体を計画し、こうしたことから社会は底辺から上に向かって改革をすることが理論上は可能であるると考えた。フーリエの下でパリで勉強し、1840年に「アソシアシオン」の原理を採り入れたニューヨークのジャーナリストであるアルバート・ブリズベーンの研究を通して、アメリカ人はこれらの理想に取り組んだ。こうした考えを採用したことで一番よく知られているものに、マサチューセッツ州のブルックファーム共同体（1844年）があるが、アメリカの多くの共産主義的な共同体は、フーリエやその友人であるフランス人のサン・シモンを参考にして、急激に拡大するフロンティア開拓地に歴史家アーサー・ベスターが「良き社会の特許事務所モデル」と呼んだものを建設した。[26]

トランスナショナルな刑務所改革運動

社会改革の相互性や多面性は、刑務所改革の場合にもっともはっきりと表われる。1820年代、アメリカでは刑務所のひどい状態を一掃するために革新的な企画を開発した州があった。革新的な企画とは、「放射システム」のような精巧で幾何学的な様式の建物の中で、犯罪者を独房に監禁して分離することによって、囚人を管理することを基本にしていた。それを提唱した人たちは、腐敗した刑務所や社会的影響から囚人を隔離して更正させるのだとした。フィラデルフィアに住むイギリス生まれの学識あるジョン・ハヴィランドがデザインした東部鑑別所は、その主たる模範例であり、ヨーロッパ人は、この模範モデルとニューヨーク州オーバーンの刑務所の制度を研究し、母国政府に対して、彼らに良い評価を与える報告をしていた。ヨーロッパからの訪問者にはトクヴィルやボモンの二人だけでなく、イギリス、ドイツ、ベルギー、ロシアからの見学者もいた。[27]

アメリカの刑務所改革は、囚人管理について厳罰からより理性的なものへと移行する広範囲な欧米における刑法改革の一つであった。こうした考えは、18世紀の啓蒙思想、イギリスのクエーカー思想や人道主義者ジョン・ハワードの研究、そして1795年に出版され功利主義を説いたジェレミー・ベンサムの『パノプティコン』に遡る。1810年代によく知られていたのは、ハワードのイギリス風に考案された少年鑑別所であった。「精神病院」の中で物理的かつ幾何学的に設計された形で患者を分離する方式――ハヴィランドがロンドンで建築を勉強していた1814年に発表された――は、その革新的な設計が、「当時では、ほぼ完全に達成された」ことを「はっきりと示していた」。それがハヴィランドの刑務所案への着想にもつながったことは「明らか」であった、と彼の伝記にそのことが書かれている。[28] それ以降の精神病患者への治療方法も、他の場合と似た大西洋を越えた影響をたどった。たとえば、クエーカー教徒であるイギリス人サミュエル・テュークは、ヨークシャーの収容所を記述する中に、マサチューセッツ州やニューヨーク州にある精神病院の他にフィラデルフィア近くにある「クエーカー教徒の精神病者収容所設立のための一文」を載せている。[29]

アメリカの社会状況へのまったく国内的な対応と後の世代がみなしたアメリカの新しい刑務所設立のために、イギリスが人材や設計図を提供したということだけでなく、刑務所改革における相互的影響はそれ以上に広範囲に及んだ。一八四〇年代のアレクサンダー・マコナキーによる南太平洋のノーフォーク島にある刑務所改革は、社会更正を段階的に行うというものであったが、それは、1850年代にアイルランドで刑務所モデルに採用された後、ニューヨーク州エルミラの鑑別所にたどり着いた。この鑑別所は1869年に法案が通過し1876年に開設されたが[30]、こうした刑務所改革は、頑丈な施設と合理的な社会改革の発展に根ざしていた。当時の刑務所改革は、変化する社会秩序の中で、精神病院のモデルに基づいて安定したモデルをつくるという点で、保守的な試みであった。と同時に、それはトランスナショナルな特徴も有していた。

アメリカの刑務所モデルの影響は大きかったが、その衝撃はヨーロッパによる複雑な受容を介して国際的に伝播していった。放射状に刑務所を建てるという計画は、「本来はイギリスやヨーロッパ大陸の刑務所で開発されたものであり、ハヴィランドによって初めてアメリカに持ち込まれ、その後、ヨーロッパの改革者に再導入されるまで広く知られることも、大規模な刑務所として受け入れられることもなかった。このような動きは、ヨーロッパ各国の政府によってアメリカに派遣された見学者のおかげであった。イギリスの模範的刑務所であるペントンヴィルはニュージャージー州にあるハヴィランドの設計したトレントン刑務所を見習って建てられた少年鑑別所であり、世界で当時もっともよく模倣された刑務所となった。プロシア政府は、正式なアメリカ訪問が「ニコラス・ジュリアス博士によってなされ、フリードリヒ・ヴィルヘルム四世のペントンヴィル見学」の後、「1844年、ベルリンにあるモアビト地区にペントンヴィル案に基づく」新しい模範となる刑務所を建てた[31]。

この時代のすべての世俗的で合理的な改革が、矯正施設を設立することに関心を集中していたわけではなかった。1820年代には、アメリカ革命の遺産とそれ以前からあった大西洋を越えた急進主義の伝統に依拠した世俗的な社会改革への強い気運が顕在化した。イギリスの工場所有者で博愛主義者であった急進的改革者ロバート・オーウェンは、1820年代にインディアナ州にニューハーモニー共同体を設立し、フロンティアの環境における人間の完全性を強調した。多くの共同体社会のように、その気運は萎えたが、オーウェンの息子ロバート・デール・オーウェンのようなオーウェン主義者は、離婚に対して比較的寛容な方法をとることによって、19世紀の基準から見れば革新的とも思えるものをつくり、インディアナ州の婚姻法を改正するのに貢献した。理性に基づく女性の権利という初期の考えは、1820年代に自らがニューハーモニーの会員であったフランシス・ライトによって唱道されたものだが、これもこうした同じ伝統による。彼女はメアリー・ウルストンクラフトによる女性の権利を保護するというフランス革命時代の考えをもとに、聖職者に反対する「自由思想」運動を中心に繰り広げていった。[32]急進主義のこうした平等意識は1830年代には縮小した形で続いたが、第二のより強力な改革局面、つまり千年王国思想による宗教的・道徳的な改革運動の進展によって次第に挑戦を受けていった。

トランスナショナルな禁酒運動

宗教と改革をつなげるヨーロッパ・アメリカ間の最強の関係の一つは禁酒運動の中で発展したが、ここでも通商が重要な刺激剤であった。早くも1829年には、マサチューセッツの船長たちが「アメリカ禁酒協会」の強い酒を断つという誓約をリヴァプールで紹介すると、すぐに禁酒協会がその地に形成された。1826年の発足当初からそのほとんどの指導者は世界全体の改革を目指し、また1835年までにアメリカの海洋通商や宣教師が、中国、インドそして東インド諸島に禁酒主義を広めるうえでの重要なパイプ役となった。改革モデルは素晴らしい模範を提示するよう意図されていたが、禁酒改革者たちは、改革に共鳴する船長の予期せぬ能力に頼っていただけではなく、また、彼らは、頻繁に大西洋貿易航路を使って自分たちの「代理人」を送り込むこともした。最初にフランスとイギリスを1831年に旅したのはナサニエル・ヒューイット牧師であり、「イギリスおよび海外の禁酒協会」を組織してパンフレットを配布し、これからアメリカに移民する人たちに飲酒の危険性を注意した。[33]その目的は、ヨーロッパの飲酒習慣を足もとから変えることによってアメリカが海外の社会問題に汚染されないよう予防することにあった。「アメリカ禁酒協会」に雇われたフィラデルフィア在住のロバート・ベアード牧師は、1836年と1840年にスウェーデンを訪れ、禁酒のパンフレットを翻訳させた。スウェーデン人ピーター・ヴィーゼルグレンとスコットランド出身のジョージ・スコット牧師は、初期のメソディスト派のスカンジナヴィアでの宣教活動にかかわっていたが、彼らが「スウェーデン禁酒協会」の創設に尽力した。[34]

アメリカからの改革の刺激がイギリス社会で生じた不満と合体したが、その理由は、産業革命によって打撃を受けた惨めな職人が自己改善の道を模索したからである。その結果が、1833年のランカシャーにおける絶対禁酒主義という新たな手法であった。そして「絶対禁酒」――絶対的な節制――という言葉そのものが新しい誓約を表わすためにイギリスで最初に使用され、署名した者はその中で酒とともにビールやワインをも断つ宣誓をした。緩やかな改革から絶対的な節制を通じて社会を完全なものにしたいとするこの急進的な禁酒運動は、アメリカにその肥沃な土地を見出した。そこではキリスト教完全主義の教義が、福音主義者チャールズ・フィニーの働きにより次第に表面に現われ、アメリカ禁酒同盟が1837年に設立されて絶対誓約を採用した。ヨーロッパの影響力は、しかしながら、そこにとどまることなく、1840年代にアイルランドのカプチン修道会のセオボールド・マシュー司祭が、そのカリスマ性により何千人ものアイルランド人を回心させ、カトリックの絶対禁酒運動に参加させた。マシュー司祭は、1849年から1851年にわたってアメリカを旅行し、ボストンからニューオーリンズにかけてその数60万人ともみなされていたアイルランド人を前に説教して回ったが、その多くはアイルランドにおける彼の運動に参加しており、マシュー司祭の姿を刻んだメダルと禁酒誓約書を携えて大西洋をすでに渡ってきていたのであった。マシューは、南部では集会を開くことができなくなることを恐れて、奴隷制を公然と批判しなかったがために、アメリカ改革者の間で論争を引き起こした。しかしながら、禁酒主義にすでに傾倒していたアメリカ禁酒改革者たちは、マシューの働きを大いに歓迎した。彼らは泥酔したアイルランド人やカトリック信者を自分たちの運動にとって大きな障害とみなし、自分たちが当時情熱を捧げた運動――アルコール取引の法的禁止――を、ヨーロッパからの移民の飲酒に対して足もとから闘うトランスナショナルな運動にしようとした。アメリカの禁酒運動は、1851年にメイン法が議会を通過するや、その考えは、まずカナダのニューブランズウィック州に、そしてイギリス禁酒同盟が1853年に結成されると、その戦略を採用したイギリスへと伝えられた[35]。

このことをもって、道徳的改革運動が大西洋の両岸にもたらす結果が同じであったということではない。つまり、もろもろの制度からくる圧力が異なっていた。禁酒法はイギリスでは成功しなかったが、それは、絶対禁酒主義と禁酒法に対するイギリス国教会の冷淡な分裂した対応と、禁酒運動が貴族階級やアルコール貿易業界からの圧力によって阻害されたことによる。[36] イギリスの絶対禁酒主義は、国教会に背を向けるプロテスタント信者の反対運動として残ったが、それに対して1840年代と1850年代のアメリカでは禁酒がほぼ制度として確立されつつあった。アメリカにおけるキリスト教完全主義の力が改革運動を助け、表面的には同じに見える運動に彩りを添えた。また、改革を目指す世俗の急進的な社会改革者たちでさえ、若干の相違を持ちながら、海を隔てて影響を与え合った。フーリエは自分の「社会科学」の源流を啓蒙思想の合理主義に求め、彼のヨーロッパ人子弟たちはフーリエ主義と宗教の曖昧な調和を主張したが、それに対して、「アメリカの共同体運動家たちはキリスト教の遺産から多くの教訓を得た」と、カール・グアルネッリは述べている。[37] 彼らは、自分たちの社会主義的な原理の範囲内でキリスト教的千年王国をつくり上げたのであった。

トランスナショナルな奴隷制廃止運動

アメリカにおける社会改革の主な特徴は、強い福音主義的性格と千年王国への衝動であった。有名なプロテスタント牧師ライマン・ビーチャーとその娘キャサリン・ビーチャーの思想にこれがもっともよく表われている。キャサリンは『家庭論』（1841年）の著者であり、どうすれば家庭が良くなるかについて女性に助言をほどこす専門家として有名にもなった。[38] 彼女の姿勢は非常に道徳的であり、彼女は、アメリカが神の摂理によるキリスト再臨計画の一部であるという広く信じられていた教えを共有していた。彼女もライマン・ビーチャーもアメリカ国民の道徳的独自性を強調し、「この国の民主制度は、現実には実践されるキリスト教原理に他ならない」と彼女は述べた。つまり、アメリカは、万人のための救済主が地球を改革し、地上の王国を築くための手段であるというものであった。

神による慈善の帝国を国内に拡大する、というアメリカの福音主義者による千年王国と救済主を願う熱狂はよく知られている。ビーチャーが『西部伝道の嘆願』（1830年）で述べようとしたのは、改革者が新しいフロンティア地域をキリスト教化し文明化することによって、宗教問題は国内で解決できるものだという考えであった。日曜学校や冊子および聖書の普及協会が、禁酒主義などの道徳改革者たちの支援を受けて先頭に立った。あまり知られていない点は、アメリカの福音主義者たちが自分たちの仕事を悪魔との目に見えないグローバルな闘いとしていたことである。ビーチャーを含め著名なアメリカ人牧師たちは、世界規模の福音主義連合を結成するためイギリスを1846年に訪れたが、イギリス人の強い反対に遭い積極的に取り組めなかった。その背景には、世界的規模で福音主義を推進するには反奴隷制の条項が盛り込まれていなければならないというアボリショニスト〔奴隷制廃止論者〕ウィリアム・ロイド・ガリソンの影響があった。したがって、その福音主義連合へのアメリカの支援体制が確立されたのは、奴隷制が廃止された後の1867年のことであった[39]。

　この福音主義連合についての論争は、奴隷制が英米の改革運動を分裂させる問題として重要な鍵を持っていた。アメリカでの奴隷解放運動、道徳的改革そしてキリスト教完全主義を目指すうえでグループ間の広い連帯を求める急進的ガリソン支持者と、タッパン兄弟主導の下、狭義の改革を求める廃止論者の双方による戦術論をめぐる確執は、ヨーロッパの舞台にまで発展していった。ガリソン派の支持を受けて、女性が公の場で語る権利を訴えたことが恨みを買い、女性が正式代表者の席からはずされたのは1840年のロンドンでの反奴隷制世界会議でのことであった[40]。反奴隷制運動の亀裂によって、エリザベス・ケイディ・スタントンのような参加を拒否された女性たちはアメリカに帰り、女性の権利運動を進めていくという決意につながった。しかし、解放運動の急進的モデルは、1824年にイギリスで『漸進的ではなく即時解放を』と題して出版され、後に『世界の解放守護神』として再版されたイギリス人エリザベス・ヘイリックの書物に先例を見ることができる[41]。道徳的改革の本質や特定の社会問題を罪と規定する概念についてのアボリショニストの戦術変更は、大西洋をはさんで共通した感覚の一つであった。

　奴隷制の善悪についての論争にイギリス人の改革指導者や運動家が巻き込まれたのはアメリカを訪れたときで

あったが、イギリス自体は、フランス同様、西インド諸島の奴隷制廃止をすでに経験しており、イギリスは1833年（解放は1838年）に自国の奴隷解放法案をアメリカに先駆けて通過させていた。だから、アメリカのアボリショニストは、この福音的偉業を戦術的に利用しようとしたのであった[42]。イギリスから学んで、アメリカのアボリショニストたちは、社会的な問題を力説することができたといえる。人種問題や奴隷制廃止については母国のほうが、自由の名の下に1776年に革命を起こしたもとの植民地よりも進んでいた。

こうした主張を裏づけるさらなる証拠として、アメリカにおける反アボリショニストたちの激しい反発を挙げることができる。彼らは、民主主義の実践に対して寛容の限界を露呈してしまったのである。多くのアメリカ人たちは、来訪者の奴隷制に対する判断に異議を唱えた。ジョージ・トンプソンが訪れた1834年から1835年には、外国人スパイだとして攻撃され、ほとんど文字どおり、石もて追われる状態であった。トンプソンの「辛辣で公然と非難する」街頭演説のやり方と、ガリソンの急進主義に対する偏った彼の親近感が、反発を招く一因となっていた。1840年代には、この激しい反発は何とか収まり、奴隷制廃止論は広く関心を呼んで、政治問題となった。反アボリショニストを掲げる暴徒は少なくなり、そのうえ、クエーカー教徒であるジョゼフ・スタージ（1841年）のような反奴隷制を唱える他のイギリス人訪問者も、穏健な奴隷制廃止論の態度を見せ、摩擦も減った[43]。

同時に、アメリカのアボリショニストたちは頻繁にヨーロッパを旅して、道徳的かつ財政的支援を募った。ガリソンはイギリスを1833年、1840年、そして1846年と三度訪れたが、行くたびに論争を巻き起こした。彼は反奴隷制を世界の人類の進歩にとって不可欠な一連の課題と見た。事実、それがあまりに不可欠であるがため、多様な民主的改革運動について自由なコミュニケーションが可能な「世界共通語」――エスペラント語のさきがけ的なもの――を切望した。彼はアイルランド解放と奴隷のための自由を支持し、イギリス領インド帝国に反対するイギリス人の間に芽生えた解放運動を応援した。とくに、アイルランドの解放が彼に影響を与えた。ガリソンは、「奴隷所有者との癒着に反対」を訴えるために、アイルランドのイギリスとの連合を撤回すべきとするダニエル・オコンネルの思想を用いた[44]。

改革の「世界」大会は、ガリソンやアボリショニストたちが使った舞台の一つである。1840年のロンドンでの会議は、アメリカのアボリショニストたちがイギリスにそのような会議を持ち込む最後の機会とはならなかった。というのは、1846年にガリソンはヘンリー・ライトやフレデリック・ダグラスとともに、悪意に満ちた世界禁酒大会と、奴隷制問題で分裂した福音協会の会議に出席するためにイギリスにやってきたからである。もっとも有名な参加者はフレデリック・ダグラスであり、どの参加者より、南部からの逃亡奴隷として外国へ行くまっとうな理由が彼にはあった。ダグラスが大西洋を渡った1845年、キュナード船会社は彼を人種隔離し[45]、アメリカ人乗客は彼に対して船から海へ放り投げるぞと脅迫した[46]。1845年から1847年のイギリスでの生活がダグラスを変え、「批判的な見方」を身につけさせた[47]。そこで平等に扱われた彼は、本国での人種差別と海外におけるいかなる温情主義的態度に対しても鋭く意識するようになった。アボリショニストたちでさえ人種や階級について階層的見方を持っていたことが知られているが、イギリス経験の影響からダグラスはガリソンの監督者的役割に嫌気がさした。ダグラスは、イギリス人たちがアメリカの排他的な階級社会のような人種ヒエラルキーを強く意識させるはなはだしい形の人種抑圧は受けていないとわかったが、一方、異人種に対しては差別がイギリス社会にも浸透していることを知った。アボリショニズム〔奴隷制廃止運動〕への自分の存在価値を最高にするため、異国風の他者に対する白人イギリス人の興味に訴えかける必要があった。そのため彼は自分の髪をできるだけ毛むくじゃらに保ち、黒人性を誇張しなくてはならなかった[48]。

ダグラスは、大西洋の両岸で盛んであった教会の論争にイギリスで加わった。スコットランドの牧師トマス・チャルマーズ牧師は、1843年にアメリカの奴隷所有者から資金を募り、グラスゴーの貧しい人々を援助した。しかしサウスカロライナ長老派によるこうした資金贈与は、スコットランドにおける諸教会の中にいたアボリショニストたちを怒らせてしまい、彼らはダグラスからの支援を求めた[49]。ダグラスは争いの種になる募金運動を行いその金を送り返したが、この論争によりチャルマーズ牧師は2年以内に死亡することになってしまった。ダグラスは、ヨーロッパで講演を行い、そして自分の元所有者に奴隷としての市場価格を支払ったイギリス人の寄付者たちからの援助のおかげで正式に自由を得た後、イギリス人の友人から寄付金を受け取り、それにより1847年アメリカに帰国して、『ノース・スター』紙を発刊した。この新聞は、海外の反奴隷制の記事を載せる欄を設け、その後の10年間に英米の改革者たちは、反奴隷制運動に継続して協力した。たとえば、奴隷労働による農産物をボイコットするための「自由農産物」運動〔「自由労働」すなわち非奴隷労働による農産物のみを消費者が購入して奴隷制に反対する運動〕への関心――ガリソンは当初は軽い気持ちで賛成していたが、後に反対――は、イギリスで集中的に高まった。というのは、イギリスの繊維産業が南部綿花を買い付け、奴隷経済全体を維持するようになったからである。イギリス綿織物工場はインドやエジプトにまで栽培先を探し始めたが、1860年にはアメリカ綿花がそれでも不可欠であり、奴隷をめぐる戦争はイギリス産業に打撃を与えることになった。[50]

大西洋交易システムにおける南部のこうした経済力を考えると、アメリカ南北戦争の初期段階における奴隷制に対するイギリス人の「複雑な気持ち」の一端を説明することができる。そして、1861年の共和党議会において制定された工業製品に対するモリル関税法（とくにイギリスが打撃を受けた）と、反奴隷制に対するリンカン政権の明確な倫理上の立場の欠如のため、イギリス世論はさらに複雑となった。それでも、多数の中産階級や労働者階級のイギリス人たちは連邦政府に同情的であり、反奴隷制集会において労働者階級が明確に出す意見が全般的に北部寄りであったがゆえ、イギリス政府は南部連合を正式には認めなかった。[51] こうした結果は30年間に及ぶ大西洋を越えたそれまでの反奴隷制運動の訴えに一因があった。アボリショニストたちのトランスナショナルな結びつきが、つまるところ、奴隷制が依然として悪であることをイギリス人たちに意識させることになり、それがゆえに、イギリス世論の大部分はアメリカの北部寄りになっていたのである。

本章はトクヴィルに始まり、トクヴィルで終わる。彼もボモンも急進的なアボリショニストではなかったが、奴隷制に対しては見解が不一致であった。アフリカ人の一滴の血の法規定に基づく人種ヒエラルキーの厳しさに衝撃を受けたボモンは、今では忘れられた小説『マリー、または合衆国における奴隷制』を著わし、アメリカ社会における人種の悲劇的欠陥をえぐった[52]。歴史家たちはボモンの作品を無視し、文芸批評家は、彼の無謀な筋書きと仰々しい散文に顔をしかめた。しかし、こうした欠点があるからといって、人種問題についてボモンが下したアメリカ社会に対する否定的判断を無視するとか、あるいはトクヴィルがアメリカ民主主義の優れた特徴をいかに見事に探求したかについて力説してもいいという理由にはならない。トクヴィルにとっても、民主政体のアメリカの例は、「新世界における共和政体の永続性」という点では妥協の産物であった[53]。それが、『アメリカのデモクラシー』の第二版で、市民社会の理論的かつ一般的機能に彼が焦点を当てた一つの理由であり、アメリカが提供したのが唯一のありうる民主主義システムではないと警告したのである。このアメリカの民主主義の持つ効力は、人種問題の解決次第であるとし、そこに大きな疑問符を付けた。彼は、奴隷制の持つ悪を、アメリカ例外主義としてではなく、歴史の結果として見た。比較の視点でこの問題をとらえ、人種対立とヒエラルキーを、程度の差こそあれヨーロッパ文化に共通して見られるものと考えた。実は、トクヴィルはアフリカ系アメリカ人の身体的特徴への嫌悪感を、エイブラハム・リンカンと似た言葉で「忌まわしい」と表現した[54]。アメリカの唯一の特殊性は、人種的抑圧の歴史的背景が国民を統合する市民社会の制度そのものの中に存在したという点にあった。トクヴィルが理解したのは、アメリカは人種主義的民主政治の国であるということ、つまり、人種間の平等は容認されずアングロサクソン系がほぼ確実に支配的な地位として残るであろう、しかし、奴隷制は生き残ることはできないであろう、ということであった。奴隷たちの反乱もしくは解放によってその制度には終止符が打たれることになるであろうが、人種平等主義がもたらされることはないだろうとした。彼は、血なまぐさい内戦を予想さえしたが、実際に起きた南北間ではなく、黒人が自由を求めて闘っていたので白人と黒人の人種間で起こると見ていた。トクヴィルはリンカンと同じく人種平等が進むとは見ることができなかった。人種は消えることのない問題なのであった。

第4章　移動する人々
——19世紀の移住体験

グローバルな「人の移動」の中のアメリカ移民

アメリカ人は、一般的に、移住を一方通行的な過程としてとらえる。ヨーロッパからの移民はニューヨークのキャッスル・ガーデン（後にエリス島）より入国し、自らの文化の喪失と同化という痛みのともなう不可避的過程を始めることになった。「人種のるつぼ《メルティング・ポット》」概念は、その言葉が１９０８年に広まる以前から存在していたが、移民が早急な同化を拒絶したことも否定できない事実であった。今日では、多様なアメリカ人の出自や織りなす異文化を示す表現もあり、歴史家はアメリカを、サラダ・ボールとかキルトなど国家のアイデンティティについて語り続ける国と考える傾向にある。そして、新たに生まれた多文化主義は、移民形成の中に重要なトランスナショナルな影響を認める。それでも、このようなアメリカの社会史は、経済的・文化的システムとして考えられる移住とは異なるものとして論じられることが多い。また、移民に対する法的枠組みによって、国境がつくられたのは事実である。しかしながら、１９２４年までは移民規制はほとんどなく、アジア系移民に対するものを除いて、第一次世界大戦前まで効力を持ちうる規制は何一つなかった。このことだけでも、移住のトランスナショナルな側面が浮き彫りになる。移住が多様な過程であったというだけでなく、相互的で多国間的なものであったという意味においても、そうであった。国内の地理的・社会的移動性といったことを話題にする場合も、移住の盛衰と切り離しては論じられない。したがって、移民は、交通運輸や市場の混乱におけるグローバルな変化によって可能になった「人の移動」という大きなシステムの一部と考えたほうがよいだろう(1)。

アメリカを移民国家と呼ぶのが決まり文句であるが、この手軽な表現は、移民が必ずしも保障されていない特殊な位置づけであることを暗示している。人々が新たな場所に定住するすべての場合、民族や文化の混合が起こるものであり、移民を民主主義革命や産業革命時代以降の近代に限って比較した場合でも、アメリカへの移民は特異な事例ではない。１８２０年から１９２４年の間、アメリカはヨーロッパの余剰人口の輸送を部分的に中心としたグローバル・システムと関係を持っていたのであり、その輸送先は南北アメリカやオーストラリアとニュージーランドであり、そこは、病気や戦争により現地の先住民が減らされ、または排除されたり従属させられる土地であった。では、なぜ「部分的に」だけなのか。なぜならこの移民は、中国やインドからの太平洋諸国への大規模な人口移動と関係し、19世紀末頃には韓国人、日本人そしてメキシコ人もこれに加わったからである。アメリカ人にとって、中国人移民はもっとも大きなアジア系グループであるが、中国人は他の移民と同様に、アメリカへ直行した人ばかりではなかった。彼らは金鉱を求めてオーストラリアやニュージーランドに渡り、また契約労働への道を求めてハワイやペルーへと行った後、１８５０年代から南北アメリカ両方の太平洋岸にたどり着いたのである。大陸内での移動もまた考えなければならない。したがって、大洋間航海の往来に焦点を当てすぎると、国際的な移動の全体像を歪曲してしまう。アメリカの場合は、カナダのフランス語圏から南北戦争後のニューイングランドの工場町への中国人の移動や、１８９０年代以降アメリカ南西部へのメキシコ人などのラテンアメリカからの移動があった。アメリカでは、中国人や日本人の移民はヨーロッパ系移民より数はずっと少なかったが、こうした「逆」の太平洋側からの流れは、地域的な重要性を持ち、移民政策に影響を与えた。

　１８４６年から１９４０年の間に世界中で海外に渡った移住者のうち、約半数しかアメリカすなわち南北アメリカに行っていない。陸伝いに国境を越えて移住した者まで含めると、アメリカスによる移民への貢献度は世界全体の約３分の１に落ちる[2]。移民研究者の間では、太平洋間と大西洋間の移住パターンは同じ基準では計れないと解釈する傾向がある一方、世界経済の好不景気には別の解釈を示している。すなわち、両者の間には異なる国境管理政策はあるものの、類似した移民のプッシュとプル要因があった。１８８０年代から、環太平洋地域におけるアメリカなどのイギリス系移民社会が、国家の介入によりアジア系移民に対して次々と門戸を閉ざすことになった。こうした制限政策の「大きな白い壁」が、一段と拡大された1920年代の移民制限の前兆となった。この1924年移民法によって、国際移民パターンの中で比較的開放的なアメリカの移民政策は終わりを告げることになった。そして、1930年代になって、今度は大恐慌と第二次世界大戦が世界のすべての移住パターンを著しく瓦解させた。

アメリカについてもっともよく知られ重要なのは大西洋を越えた移住の流れであったが、多くのヨーロッパ人移住者はカナダやブラジルやアルゼンチンのほうを選んだ。19世紀において最大の外国生まれの住民を抱えたのは、アメリカではなくアルゼンチンであったので、アルゼンチンのほうが「移民国家」と呼ばれるによりふさわしい国である。たとえばイタリア人のように、とくにアメリカに引きつけられたと考えられる移民集団もいたが、事実としては、19世紀の最初の3分の2までの時期は、アメリカ以外の国に人気があった。イタリア人移住者は南米を好み、1870年以前であればアメリカに行ったのはほんの9%にすぎなかったのである。イタリア統一運動の終わりまでは、イタリアを出たほとんどの人が、ヨーロッパの他の地域や南米に行き、そこでは、海外にいるイタリア人の半数以上が生活していた(3)。

そうはいってもアメリカは、ほとんどのヨーロッパ人に関する限り、海を渡った移住ではまだ一定の地理的な優位性を持っていた。19世紀半ばでは大西洋航海は3、4週間という比較的短いもので、3カ月もかかるオーストラリアやニュージーランド、もしくは南米や南アフリカへの船旅よりはるかに安く、速く、より危険の少ない旅であったことは、特別に「豊かな」成功の機会がアメリカにはあるということ以上に、アメリカが19世紀全般にわたってアメリカスへのヨーロッパ移民の65%を集めたという事実を説明するものである。

こうした移民の流れの階級的な意味は大きなものであった。貧困層の移民は北米に行く傾向があり、彼らは日雇い労働者や農民、そして工場労働者となる人々であった。その中には、イギリスで急激に統合整理されつつあった土地から追い出された貧しい農業労働者や農民はもちろんのこと、機械化された世界ではもはや必要とされなくなった熟練職人などの産業革命によって追い出された人々も含まれていた。加えて、亜鉛、石炭などを扱う鉱山労働者が自らの特殊技術をアメリカに持ち込み、彼らはアンテベラム期〔南北戦争前の時期〕の北部諸州における労働者階級の形成に寄与することになる多くのイギリス人集団の一つであった。それに対して、彼らより暮らし向きの良いイギリス人は、移住するのであればニュージーランドやオーストラリアを考える傾向にあった。しかし、囚人や非常に裕福な人々のような特別な例外はあるが、オーストラリアにおけるイギリス植民地の移民局は、十分な移住者を勧誘するため金銭的インセンティヴを提供しなくてはならず、そして、イギリス帝国の利益のためイギリスやアイルランドを中心に勧誘を行った。[4] こうした理由から、イギリスによって生み出された植民地社会の中でもアメリカは、イギリス人とスコットランド人に加えて、ドイツ人、スカンジナヴィアの人々やアイルランド人も移住して文化的により多様な移民社会を形成した。アメリカのより大きな多様性のこうした特殊パターンは、20世紀に地中海からの移民の数が増えるにつれて維持されなくなり、最終的にはアジア系移民が、アメリカはもちろんオーストラリアやカナダの移民社会をますます複雑な多文化社会の方向へと向かわせた。

移民を見るときに人種と同様に大切なのは、ジェンダーによって異なった経験について考えることである。19世紀前半には、移民、とくにイギリスからの移民は、家族単位で移住する傾向があった。[5] 市場革命や交通革命の広がりとともに泥酔したアイルランド人男性運河労働者が１８２０年代の静かなアメリカの小村をぶち壊したかのような風刺画は、新参者であるアイルランドからの移民全体としては不当なものである。アイルランド人男性も女性も１８４０年代からはほぼ同じ数がやってきたが、それはジャガイモ飢饉が男女双方を追い出したのが原因であった。女性はしばしば英語が話せることが幸いして、家事労働の主たる働き手になり、１８５０年代に身分が上昇するにつれニューイングランドの現地生まれの女工にとって代わった。これと対照的に、地中海地域からの移民家族の男女の経験は、母国にまで広がる大きな親族ネットワーク内に包含されたものであった。このようにイタリア人やギリシア人は独身〔男性〕労働者として移住し、後に家族のもとに帰国するか、もしくは自分の家族をアメリカに呼び寄せる傾向が強かった。母国での強い家父長家族構造ゆえに、こうした集団はアメリカに来た妻や娘を家から出さない傾向にあり、家内で機械を使って衣類を仕上げる衣服産業における余剰の「前貸し」労働をアメリカ経済に提供した。ジェンダーによって分化された極端な移民として、1850年以降に農村社会からアメリカにやってきた貧しい中国人男性がいた。後に中国人起業家は、独身女性つまり極貧農家の娘を中国から移住させて、この肉体労働者層に対して、彼らの花嫁として、また、それよりはるかに多かった売春婦として提供した[6]。

世界経済のグローバル化と移民への影響

人口統計学者は移民史におけるプッシュ・プル要因について語るが、人の移動全体にかかわる現象説明には呼吸する生き物という比喩が同様にふさわしいであろう。ブリンリー・トマスは、大西洋経済と大西洋を横断した人の流れがアメリカ経済の好況と不況に呼応していたことを示した[7]。そうした大西洋の視点に加えて、世界経済のグローバル化とその影響についてのさらなる知識を付け加えなければならない。1830年代末の不況後の1845年から1857年の好況期が、移民の最初の急増期であった。すなわちカリフォルニアでの金の発見が、1849年以降のアメリカの製造業と輸送業の成長の基盤づくりに寄与した。1854年に移民はアメリカでピークに達したが、ほぼ同時期にオーストラリアで金が発見されると植民地ヴィクトリアの人口が急増した。その中心地メルボルン市は、グローバル経済に呼応して新しく生まれたグローバルな移住システムの範囲内における新興都市として、サンフランシスコの好敵手となった。移民は1849年にカリフォルニアの金鉱に群れをなして集まり、その中にはオーストラリアからの移民もかなり多く含まれていた。しかし、オーストラリア人はヴィクトリア植民地での大規模な発見以降は、同じく金を求めるアメリカ人やヨーロッパおよび中国からの移民とともに1850年代半ばには母国に帰った。

アメリカ西部へのこうした移住には、国内からのものであろうと海外からのものであろうと、一攫千金を狙う強い経済的動機がそこにはあったが、経済的に豊かになることは、ヨーロッパからの移民がアメリカの東海岸に向かった根本的動機でもあった。自由を求める抑圧された人々の受け入れ口としてよく知られたエリス島のイメージとは裏腹に、移住の動機はどこにおいても圧倒的に経済的要因であった。すなわち、より良い生活、ごく普通にいえば、母国よりも良い生活をする方法を探し求めるためであった。産業化、輸送、そして通信における大西洋間の経済的な大変革は、北米には仕事と土地があるということが広く知れ渡ったことを意味した。すなわち、人口統計学者がいうところのそうした知識が大西洋を渡る移民を引き出したということである。また、母国をさまざまな要因で追い出された移民もおり、ある集団は政治的もしくは宗教的抑圧から逃れてきていた。たとえば、1880年代と1890年代のロシア帝国の反ユダヤ主義政策から逃れてきたユダヤ人は、宗教的迫害による移民という範疇に一番ふさわしい。また、1848年の革命後の10年間にアメリカに入国したドイツ人には政治難民もいたが、ドイツ人移民の流れの中で、この理由で渡った者は比較的少数であった。北東ヨーロッパの多くの貧しい農民の場合がそうであったように、人口と土地の不均衡が生じたことが、出生率の上昇とともに、彼らを移住させることになった。さらにまたヨーロッパにおける産業革命の機に乗じようとする土地所有者は、より効率的な土地管理を導入し、小作農民を追い出し始めた。極端な例はアイルランド人の場合で、100万余の人たちが土地囲い込みと1845年から1848年の飢饉の結果、国を離れた。1820年から1860年にかけて、全体では500万人を超える移民が、また1924年までに3200万人がアメリカに入国した。

アメリカへの移住はとくに第一波と第二波という視点で考えられてきたが、これはヨーロッパや大西洋を中心とした考え方である。よく知られているように、資本主義市場の変化が南欧や東欧に及んだ1880年代からヨーロッパ系移民の構成に変化が起きたが、しかしグローバルな移民パターンがこうした整然とした順序を複雑なものにした。もし、第一波のヨーロッパ系移民が1860年代までに同化を開始していたとするならば、アジア系移民をこの二つの波でとらえるモデルに合わせるのがより難しくなる。また、労働力の移動への必要性が明らかになりつつあった世界経済に中国も引き込まれたので、1850年代から1870年代には、すなわち移民の第一波の時代には、大量の中国人移民がアメリカの西海岸に流入した。こうしたアジア系移民は西海岸だけではなく東海岸のマサチューセッツ州ノースアダムズまで移動した。そこには靴工場所有者がスト破りのために中国人を連れてきたのだが、一般的に中国人移民はオレゴン、ワシントン、そしてネヴァダ州にまで及び、多様なパターンを形成することになった。連邦議会は主として中国人移民を政治的・文化的問題だとして、１８８２年に中国人排斥法を通してほとんどを排除することになったが、その法律には「労働者」のみ排除すると明記していたものの、その範疇はあまりに広義に理解されてしまっていた。しかし、アジア人労働者の脅威は日本人移民という形で１９０８年まで続き、今度は日本人移民が制限された。同時にメキシコ人などのヒスパニック系移民が国境の北に向かって移動し始めた。以上のことから、大西洋からの一方向の流れとしてとらえる古い移民モデルは、移民の第一波や第二波理論と同様に、まったく機能しないのである。

移民による社会的移動の国際比較

地理的に絶えず移動するアメリカ人と、静かな定住性のあるヨーロッパ人という比較も、支持できるものではない。たしかに、アメリカは19世紀には移動民族国家として知られた。ピーター・ナイツやスティーヴン・サーンストロムが「永続的な集団《パーシステント・グループ》」と呼ぶ社会の中核を形成する裕福な住民からなる小さな島々は、肉体労働者や農民、そして金儲けを目指す雑多な移民の大きな潮流の中で、誇り高くかなり目立つ存在であった(8)。また地理的移動の高い比率は、西部のフロンティアのみならず移民の短期滞在者で膨らんだ東部の都市の場合にも当てはまる。しかし、この強い流動的な社会構造がどれほどアメリカ固有のものなのだろうか。地理的移動を測定する国際比較研究はきわめて稀であり(9)、ほとんどの研究は、地理上の移動性や階層の問題に関しては、社会的移動性のほうに焦点を当てたものばかりである。こうした中にあって、ウィリアム・シュウェルのマルセイユに関する移動性の研究によると、この急速に発展した港町の住民のかなり多くが内陸部から移住した農民であった。マルセイユ住民の中で、１８７０年までに婚姻届を出した人の3分の2を超える人々が別の場所で生まれたが、このことは、

1820年時点ではそれが3分の1であったのと対比しうる。この事例はやや誇張し過ぎだとしても、この変遷は大きいものがある。アメリカの場合のように、マルセイユでも都市から都市または地方から都市への多くの国内移動があったのである。そしてマルセイユでは、移民に上昇志向があり、彼らの文化には進取の気性と創造性があったので、階級意識の強い職工よりもホワイトカラーの職を得る傾向にあった[10]。このように、アメリカだけでなくヨーロッパでも人々は移動をしていた[11]。ドイツでは1880年代までに、人口の約半数が誕生地以外の場所に住んでいた。すなわち、19世紀初めは、ドイツ人はアメリカよりヨーロッパの南東部や東部に移住しがちであり、同世紀後半にはドイツが、工場が拡大されるにつれて多くのポーランド人などの外国人労働者を受け入れた。ドイツ人がアメリカへ移住する動きは、大西洋航海とともに始まった（または終わった）のではない。アメリカへのドイツ系移民は、地方から都市への移住の一部であった。つまり、多くはブレーメンやハンブルクに行ってそこに移り住み、また、そうした都市の港をアメリカへの中継点として使った[12]。同様に、囲い込みを逃れた多くのアイルランド人は、グラスゴー、リヴァプール、ロンドン、そしてイギリス北部の産業都市に向かった。多くはその地にとどまる一方、また、そこからカナダやアメリカに移住していった者もいた。カナダに行った多くは、モントリオールを入港地として使い、最終的にはアメリカに落ち着いた。経済的理由を持つ移民に当てはまることは、反体制活動家にも当てはまる。ヨーロッパ諸国は失敗に終わった1848年の自由主義革命から生じた初期の政治難民のほとんどに対して、最初の行き先と住居を与えていたのである[13]。

人々の流れは、ニューヨークやフィラデルフィアそしてボストンの各港で止まることはなかった。アイルランド人は東部都市にとどまる傾向にあったが、それらの都市間を移動した。たとえば、貧困層ほど一時的に滞在する無産階級となった。同様に一時滞在者となったのは運河労働者であり、彼らは遠く南部まで行き、白人プランターや黒人奴隷たちの社会の中で人夫として働いた。それができたのは、奴隷をそのような危険な職場で失うにはあまりにもったいないと考えられていたからであった。アイルランド系移民は労働集団として契約して鉄道敷設のため西に向かい、中国人は東に向けて大陸横断鉄道建設という壮大な事業に加わった[14]。ノルウェイ人などのスカンジナヴィアから来た人々は、一般的にはとくに中西部の農地を求めたが、ドイツ人はしばしばアイルランド人とノルウェイ人の中間の立場をとり、南北戦争前の西部のシンシナティやシカゴなどの新都市建設に貢献した。彼らはそこで住み続け成功したのであった。

しかしながら、移民は社会的移動とは異なる。シュウェルはフランスとアメリカの社会的移動のレベルを対比し相違を示したが、それによるとフランスでの移民のほうが上昇移動を控える伝統的な階級意識があった。アメリカのフロンティアにおける資産取得や職業上の移動の比率は東部やヨーロッパよりも高かった[15]。しかし、このように社会的移動性の概念を提起する研究は、検討すべき範囲をあまりに狭め過ぎて、アメリカ例外主義を再度持ち出してしまいがちになる。近年の歴史家や社会科学者の研究動向によると、アメリカへの移民は社会的移動を求める個人的な意思に従って移動したが、その一方で、彼らのほとんどは自らの家族や共同体のことを常に念頭に置いていた。そして、社会的移動が達成された限りにおいて、その達成は、他の何よりも、労働と生殖のためのものである家族としての絆を反映するものに他ならなかったのである[16]。いずれにしても、移民の多くは西部には行かなかった。それは経済的に行けなかったか、もしくはアイルランド人の場合のように母国での過去の経験によって、思い止まったかのいずれかである。彼らにとって、社会的移動は、産業経済の範囲内で生じる必要があった。

未熟練労働者の賃金は技術が反映する部分が少ないためヨーロッパと比べて相対的に高く、それがアメリカへ貧困移民を引きつけた。しかし、エドワード・ペッセンによると、富の分配はヨーロッパと同様に不平等であった。南北戦争後、数多くの熟練を要する仕事が拡大しつつあった産業経済の中で増える一方、その同じ産業的発展が同時に前産業的技術を持つ職人を閉め出した。成功への階段を上れるだけの幸運な人たちにとっても、一世代内の階層上昇というよりは、ブルーカラーの仕事からホワイトカラーの仕事への世代を超えての変化のほうが標準的だった。「貧乏から金持ち」へは稀なことであった。スティーヴン・サーンストロムによるニューベリーポートについての古典的研究によると、ほとんどのアイルランド人には小さな資産を得ることぐらいしかできなかった。ただし、そのことは、物的資産を持って人生を始めることに役立った。[17] 社会階層について国際比較した最近の社会学研究によれば、貧困層が現状からの脱却を図る可能性は、現実には、今日では北欧やドイツよりもアメリカのほうが低いが、移動が可能な無階級社会としてのイメージがアメリカの自己認識の重要な一部として続いている。[18]「セルフ・メイド・マン」という神話は歴史家から非難されたものの生き残り、19世紀アメリカ社会における階級構造の存在にもかかわらず、その神話は確実に受け入れられた。また、アメリカ人評論家も、ヨーロッパ人評論家も、アメリカを大いなる機会の国として描く傾向があり、これが移民を引きつけたのであった。母国への手紙や物質的豊かさの物語や成功の証を持って帰国する移民が、前述の地理的移動性のパターン同様に、このアメリカ例外主義を強化したのであった。しかし、「永続的な集団《パーシステント・グループ》」――しばしばアメリカ生まれの上品な中産階級の人々を指す――は、その存在ゆえに、上昇志向の社会的移動性意識を誇張した表現であった。また、移動した人々の中で、ヨーロッパ系移民の多くは社会的な上昇や下降の比率を測れるほど長くいかなる地にも滞在しなかったのである。[19] こうした人々の中には、同化できなかった人々が含まれ、彼らは母国に帰る潜在性を常に持つ集団であり、またカナダやメキシコなどの他の目的地へ移動する可能性のある人々であった。

移民の同化と帰還

アメリカ社会への同化が移民のトランスナショナルな過程を妨げたが、しかし、その同化は一様ではなく、決して動かしがたいものでもなかった。たしかに、イギリス生まれの移民はもっともよく溶け込んだ。英語が話せることと、そして、ほとんどのアイルランド系の人々を除いて、彼らのプロテスタント信仰がスムーズな同化への重要な手段となった。しかしながら、それ以外の集団は、まさに外国語を話すという明白な理由のみならず、集団で移住しそのまま滞在したことでも、同化にはずっと長い時間がかかった。たとえば、農村出身のスウェーデン人やノルウェイ人はしばしば南北戦争前に中西部に定住していたが、彼らの後に来るフィンランド人同様に、こうした居住地で自分たちの母語を話し、自分たちの文化を保持した。公有地の販売はアメリカ市民にのみ割り当てられていたので、1862年のホームステッド法はアメリカ市民になるよう移民に強い動機を提供したが、多くの移民は外国籍のままでいた。たとえば、進取の気質を持つスウェーデン人の間では、多数が市民権の申請に20年も待った[20]。産業国家アメリカの誕生とフロンティアの終焉にともない、同化とアメリカ国籍取得への動機は、実際のところ1880年以降には低下したのである。1908年から1914年の間には外国生まれの男性成人の57％しかアメリカ国民にならず、工場で働く労働者ではその数は「極端に」少なかった[21]。

地方に住む移民と同じく都会に住む移民も、互助組織や教会など独自の施設をつくり、自分たちの宗教的・文化的な祝祭をアメリカに持ち込んだ。カトリック教徒のアイルランド人は親戚に送金し、彼らは、もっと合理的で市場志向の行動が個人的に財政上の階層上昇を求めさせたような時期に、大きな犠牲を払って大聖堂や教会の設立に貢献した。彼らはお金を次世代の教育的向上に注ぐよりも、家の購入を選択し、そして彼らはアメリカで終身農民という地位を次世代にも再生した。これによって保有資産額の上昇は生じたが、しかしながら、それは社会的移動性の上昇を保証するものではなく、むしろ部分的にはその結果、社会的上昇の速度はゆっくりとしたものになった。ポーランド人、リトアニア人、そしてスラブ人のような1880年以降の新移民集団は、疑似民族的な施設としてエスニックな教会を設立することによって、母国の場合より（異国の地での）民族的共同体により心情的に結びついた。しかしその過程は、カトリック教会内で各民族集団の間で、大きな対立を引き起こした。これに対して、ヨーロッパでは、彼らは家族や村落の明確な一員としてとどまっていたのであるが[22]。

移住先の社会では、心の移住は身体の移住と調和していなかった。移民の中にはアメリカに住んではいたもののアメリカの一部にはなりきれていない者もいたが、これは19世紀においては目新しい現象ではなかった。最たる例にメノー派がおり、彼らは再洗礼教徒のことで、16世紀の宗教改革の産物であった。多くは18世紀に迫害のため未来のアメリカになる土地にやってきたのに対して、その他はロシアに行った。しかし、1870年代にはそこから追放され、彼らも最終的にはアメリカやカナダに向かった。また、彼らの一部は、その後、第一次世界大戦中に弾圧から逃れるため、アメリカ西部のイギリス系の人々の農場からメキシコに移住した者もいた。このように繰り返し人口移動が起こったのは、メノー派の主たる忠誠心が国民国家にではなく、自分たちの宗教集団に向けられていたからである。彼らは平和主義者であり、ある者はプロシアやロシアを離れて兵役を逃れ、アメリカにいた者は南北戦争や第一次世界大戦中に軍隊に加わらなかったので、周りの社会の怒りを買うことになった。メノー派は独自の哲学上の目的論と終末論を持っていた。国民国家から距離を置くこの伝統は1920年代までには変化し始めたが、彼らの精神世界は別の歴史の中でつくられ、自分たちの英雄や宗教的殉教者がいた。それはちょうど、ユダヤ人やアイルランド人のディアスポラが、違いはあるものの比較的似た形で持っていたものと同じであった。勤勉な農民であったため農村社会では経済的にある程度成功することができたメノー派は、このように何世代もトランスナショナルなアイデンティティを保持したのである[23]。

同化しなかった極端な例は、本国に帰った人たちである。移民研究はとくにこの問題を無視してきたが、19世紀の観察者は無視しなかった。チャールズ・ディケンズは、1842年にニューヨークから同船した何百人もの本国への帰還者を三等船室で見つけ、その中には、3カ月間滞在した者もいれば、数日間だけの者もいた。多くは極貧で「乗船していた他人からもらった食べ物で生きていた」[24]。1860年代と1870年代には、必要とされない中国人がアメリカ西海岸にいて、たびたび偏見によって追放されてアメリカを離れ始め、1880年以後は、本国に帰る人たちの波は景気が低下するごとに起きた。比較的うまく同化した立派な中産階級の移民の源としばしば考えられたスウェーデンの場合、本国への帰還者は平均約18%であったが、1890年代の不況時代には23・5%にもなった[25]。しかし、帰国が一般的であったのは、とくにバルカン半島や地中海移民の場合であり、帰国した彼らはアメリカの新しいファッションや労働慣習とともに物質的豊かさについての話を持ち帰った。ギリシア系アメリカ人帰還者は故郷の村では目立ったが、彼ら自身が変化し、そして出身地の社会を変えた。しかしながら、異文化間の因果関係は一般的に理解されている以上に複雑であった。帰還者は完全なアメリカ人とはなっておらず、外国臭さのステレオタイプを強調された形で受け入れられたのである。帰還移民はこの異国情緒的立場を利用したので、彼らがアメリカ化した者たちであるとの誤解を強める結果となった[26]。

当然ながら、帰国者の比率は、時代、集団、そして移住の本来の動機によっても異なる。19世紀前半の帰国者は入国者の10％しか占めておらず、不規則で困難な船舶輸送形態がとくに貧しい人たちの帰国を難しくしたが、南北戦争後はその状況が変わった。[27] 一般的にいえば、改善され安価になった大西洋横断輸送によって、1870年以後の労働力の流れは、「渡り鳥」移民——夏期や数年間をアメリカで働き、自分たちの村に、たぶん豊かになって帰る人たち——の大部分を占めた。イタリア人石工は、ニューヨークのエリートたちの大邸宅を6月に建て、寒くなる北米の気候で屋外労働が停滞する12月には家族のもとに帰ることができた。1880年から1914年にはアメリカに移民した全体の約35％が帰国したが、多くはその後に再度移住している。他の主たる要因には、政治的・経済的な抑圧がある。ユダヤ人のわずか5％しか帰国していないが、これはロシア帝国やオーストリア・ハンガリー帝国の反ユダヤ主義の反映である。アイルランド人も永久的に帰国した者はほとんどいないが、彼らにとってトラウマになった飢饉の経験が帰国を望まない理由であった。対照的に、1880年代から1914年の時代には一部のバルカン半島諸国民の中にはその89％が、そしてギリシア人の46％までが帰国している。[28] 帰国したスウェーデン人の研究によれば、こうした人たちは、独身で頑丈な体を持ち技能レベルが低く、比較的短期間しか滞在しなかった男性でありがちであった。この場合、識字能力やアメリカ人との結婚がアメリカに永久的に残ることを決定する重要な指標になり、本国に帰りやすかったのは身軽な若き独身男性たちであった。彼らにとって、帰国は「大西洋を越えた労働移動の一段階」であったのである。[29]

本国への帰還というこの局面は1914年に終わったが、実際、第一次世界大戦がこの章で議論した移民パターンの多くを変えた。戦争は、ヨーロッパから北米への移民の一般的な外への流れを止めたのとまったく同じく、1915年から1919年の間に起こった帰国移民の流れを止めた。ヨーロッパでの戦争とそれがアメリカ産業にもたらした結果として、工場は新たに安価な肉体労働者の供給源を探さなくてはならなくなり、彼らは綿花畑で働くアフリカ系アメリカ人やメキシコ系アメリカ人を引き寄せたが、こうした新しいパターンは、それまでにない柔軟で多様な人的資本の国際的流れの一環であった。南部黒人の場合、それは北部都市への「国内」移動であったが、そのことは、アメリカ国内での移動がトランスナショナルな移動の循環といかにかかわりがあったかを示している。

移民排斥と移民のアイデンティティ

その一方で、移民を受け入れる社会内の力が各民族集団のアイデンティティを強化することになる。同化の欠如は、偏見、差別、そして政治的な「移民排斥運動《ネイティヴィズム》」によって助長され、その中でアメリカ生まれの人々のアイデンティティが形成され、そして移民は奇妙な習慣ゆえ非難された。偏見はとくに、移民の飲酒、安息日を守らないこと、そして、カトリックの慣習に向けられた。後者にかかわる忠誠心――ローマとワシントンのそれぞれに対する忠誠心――の潜在的にトランスナショナルな葛藤は重要であった。アメリカ人を結束させていたものは各移民の出身地もしくは彼らの故国の文化的伝統ではなく、アメリカ市民としてのアイデンティティであったので、アメリカ生まれのプロテスタントはカトリックとその学校を国家の安定に対する脅威とみなした。しかしながら、彼らがこのような反応において依拠したのは、自らつくり上げたアメリカ人としてのアイデンティティではなく、イギリス人やプロテスタント系アイルランド人の先祖が持っていた反カトリック信仰の伝統であった。反カトリック信仰は決してアメリカ人固有の衝動ではなかったが、当時ではプロテスタント信仰による国家アイデンティティを急いでつくり上げるうえで、単なる移民の数の多さからくる恐れと結びついたのである。アメリカ生まれの人々は、学校を国家意識――個人の自由に対するプロテスタントの考えに基づく国家意識――を教え込む場所とみなし、この宗教的伝統にとって、カトリック教会による教育への介入は深刻な脅威となった。1840年代と1850年代には移民排斥主義者によるノー・ナッシング運動が、あまり効果はなかったものの、移民の入国、それより重要なアメリカでの移民の選挙権を制限し、このトランスナショナルな影響に対して永久的な障壁を立てようとした。しかし、労働力の必要性があまりに高いがゆえ、アメリカ人の移民に対する態度は矛盾したままであった。すなわち、移民の労働力は必要であったが、彼らが持ち込む文化は望まれなかったということである。[30]

宗教よりも人種が、アメリカ人としてのアイデンティティを定義するうえで、その障壁を打ち立てる有力な方法になる。アイルランド人移民が、この過程を例証した。彼らのほとんどはローマ・カトリック教徒ではあったが、すぐにアメリカ共和主義や白人種による覇権と自らを同一視した。1840年代から1860年代には、アメリカ生まれの人々から見ると、アイルランド人カトリック教徒は社会階層の底辺にいたが、日雇い労働をめぐって自由黒人の実質的な競争相手となり、肌の色と、黒人より高い社会階層の一員としての政治活動によって彼らは黒人と違いをつけたいと望んだ。そして、南北戦争では奴隷の自由のために戦えという要請に憤り、1863年ニューヨークにおける徴兵暴動では、それに参加したアイルランド人の集団が自らの深刻な感情を露呈した。[31] しかし、このような白人性《ホワイトネス》は明らかな表徴として、アフリカ系アメリカ人だけでなく、大平洋岸の中国人に対しても定義づける必要があった。1870年代までにアイルランド系アメリカ人はカリフォルニアの労働者階級の中で強い立場を持ち、サンフランシスコのデニス・カーニーの指導の下、自分たちの仕事を脅かす中国人に対して人種攻撃の先頭に立った。[32] その過程と類似しているのは、オーストラリアにおいてアイルランド人が、労働者の権利擁護、労働組合、そしてナショナリズムと自らを同一化させた状況であり、その中で中国人が最終的にオーストラリアから追放されることになったのである。アメリカ人にとって、中国人は文化的・人種的特徴から外国人に見え、麻薬を吸い、伝統的な中国服を着用し、民族居住区内で生活する傾向によって目立つ標的になった。その結果、彼らに対する攻撃は過激になり、労働者階級をはるかに超えて広がり、道徳家たちは、中国人の慣習が自分たち中産階級の家族に与える影響を嘆いた。しかし他の移民もまたアメリカ生まれの中産階級を悩ませ、1887年創立されたアメリカ防衛同盟（APA）は、南欧からの移民の殺到を抑えようとした。この移民の波には、初めてスラブ人やユダヤ人のようなそれまでとは明らかに異なるとされる大量の移民が含まれていた。当時の社会進化論では、こうした移民は劣等な人々であり、彼らの人種的・知的特徴が、エドワード・ロスなどの未熟な社会学者や常軌を逸した人種理論家によって綿密に調査された。[33] 中国人、日本人などの非白人系移民によるその後も続く可能性のある脅威を意識して、APAはそれまで以上の強力な入国統制を推し進め始めた。こうした傾向に対して、アメリカ人経営者の経済的ニーズがそれとは相反する目的を生み出し、それを解決する必要が出てきた。移民への寛容を求めて『ノース・アメリカン・レヴュー』誌のようなまじめなエリート向け雑誌の中で、もっとも精力的にロビー活動をしたのは政治意識があり知的なビジネス界の代表者たちであった。もし移民が来るのであれば、同化しとどまることを望むとしたが、しかし、移民の多くはとどまらなかった。その明白な理由の一つは、人種差別があったからであった。

「人の移動」の多様性

移住と帰還のパターン全体がヨーロッパに与えた影響は多大なものであったが、その影響は不明瞭である。1820年から1920年にかけて約6000万人の人口流出がヨーロッパ人口の増加率を低下させたが、その増加率は受け入れ国のものよりはるかに低く、実際はアメリカの3分の1であった。その人口の推移は、アメリカが第一次世界大戦前の世界経済で経済的支配力を達成することを助長した。移住した人々は若く、活動的な労働者であり、こうした進取の気概を持つ人たちの流出は、ヨーロッパ、後には、中国、日本そしてラテンアメリカにとって人的資源の重大な損失となった。たとえば、スウェーデン社会の最貧困階層は19世紀半ばには移民せず、むしろ彼らよりも少し高い「向上心のある」階層が移民していった。しかし、送り出す国は、余剰人口を失ったにすぎないのである。彼らは、アメリカがヨーロッパ市場を安い農産物であふれさせたまさにその理由のため、合理化が必要となった農村産業で働いていた人々であった（農村人口のアメリカへの移動は、この意味で、1840年以降、より高い生産性を持つ西部の農業との競争を避けるため、北東部の都市に移動させられたニューイングランドの農民の場合と似ていた）。ヨーロッパの人たちがじっとしていることができず移民しても、ギリシア人やイタリア人の場合のように、移民せずに残った人々は、移民した人々から貧しい農村への定期送金という別な形で恩恵を受けたであろう。さらに、本国に帰国した人たちはお金を自分たちの村々に持ち帰り、たとえば、ハンガリー人のように、アメリカ様式の買い物や小売り業の方法を導入するなどの文化的変化を本国にもたらした[34]。第一次世界大戦時までに約20人に1人のイタリア人がアメリカに一定期間住んだ経験があり、ノルウェイのある地域によっては全男性の4分の1までが同様の経験をしていた。米国移民委員会が1907年にヨーロッパを旅行した際、委員たちは、非常に多くの人が英語を話し、「アメリカへの特別な感情」を持っていることを知った[35]。しかしながら、アメリカが人々を引きつける影響力は、ヨーロッパと比べると中国（そして日本）に対しては小さかった。というのは、中国の人口はヨーロッパより多かったうえに、アメリカへのアジア系移民は中国の国境を越えた移民の中のごく少数派であったからである。

アメリカ生まれの人々に関しては、比較的少ない人数しかこのトランスナショナルな移動の時代の民族流出には加わらなかった。この事実は、イギリス帝国内の白人「移住者」社会、そして、同様にもう一つの大国であるフランス国民にも共有されているものだった。イギリス帝国のように、アメリカは主に移民を受け入れる側であって、出す側ではなかったのである。ヨーロッパ社会を豊かにするために大西洋を東に移動したアメリカ人はビジネスマンや文化的エリート層であった。たとえば、1860年代のナポレオン第二帝政時代のパリがアメリカ人にとって人気があったが、親英派アメリカ人の態度がよく示されたのは、名士のジェニー・ジェローム——ウィンストン・チャーチル伯爵の母親になる——が1874年に実行したように、ヨーロッパ貴族に嫁ぐという大西洋を越えた花嫁現象である[36]。これに似て、社会改革派の中には、クエーカー教徒のロバート・ピアソール・スミスとハンナ・ウィッタル・スミスの家族のように、イギリスで上流中産階級に嫁ぐことになった者もいた（この家族の一人の娘は、不幸にも哲学者のバートランド・ラッセルと結婚した）。彼らクエーカー教徒の組織は、いずれにしても、実際上、大洋を越える存在であった。彼らの社会身分の対極において、カナダへの逃亡奴隷がもう一つの逆移住の事例である[37]。アメリカ革命期の忠誠派の移動のように、これは疑似政治難民による移住であった。これと異なる後の事例に、1896年以降に人民党の政治的敗北と高い鉄道料金に対する農民の反対運動に呼応して北緯49度線を越えて北のカナダに向かった大平原諸州の農民の例がある。カナダ政府から西部にある土地を安くまたは無料で提供されたとき、100万人を超える人々がアメリカを離れた。ただし、伝えられるところによると、こうした農民の多くは帰化しなかったヨーロッパ人移民であった。土地の存在と経済的成功が結びついて、それがほとんどのアメリカ生まれの人々をアメリカにとどめることになった[38]。

最後に、移住を強要させられた人々もいた。ここでも比較の視点が重要である。イギリス領西インド諸島では、1830年代に奴隷制廃止によってアジアからの年期契約奉公の労働者に頼る度合いが増えるが、このような労働者はカリブ海だけでなく太平洋諸島においても主な特徴であった。それに対して、アメリカでは1865年以後、安価な自由労働が広まった。なぜアメリカでは年期契約奉公労働が求められなかったのだろうか。たしかに、この制度が実際に使用された例外が一部あった。たとえば、入国してくる中国人売春婦は、砂糖プランテーションにおいて集団労働で働く目的で連れてこられ、ハワイに入ってくる中国人や日本人と同様に強制された移民とみなすことができよう。しかし、アメリカでは強制労働の主要な形態が奴隷であった。1865年のアメリカ奴隷制廃止と再建の時代には元奴隷が日雇い労働のような労働力になったことは、農産物生産経済の大部分にとって年期契約奉公労働はまったく必要ないことを意味した。しかし、同じ理由で、アメリカ南部での分益小作農と借地農による非常に規制された形態での自由の出現は、北部での労働力不足がないことをその前提としており、ヨーロッパからの移民がその穴を埋めていた。再建の時代終焉後のアメリカ特有の人種階層システムと思われたことが、予測のつかない国際的な労働力供給に影響を受けていた。このように、南部の人種制度は、他のすべての制度と同様に、グローバルに「つながっていた」。奴隷制にかかわる不本意な移民に遡るそのテーマは、次章で別個に扱う。

第5章　不本意な移民とディアスポラの夢

奴隷制の経験が、新国家アメリカを他の諸国と結びつけるもっとも明白な方法の一つであった。奴隷制は労働力を供給することによって綿花生産を促進させ、世界の主たる産業経済の中でも卓越した製造業であるイギリスの繊維産業を活気づかせた。1810年に100万人であった奴隷は南北戦争前夜までには400万人近くにまでなっていたが、彼らはアフリカから輸送されたか、より一般的にいえばアフリカ人の子孫であった。ヨーロッパ人貿易業者によって、西アフリカのみならずアンゴラや遠くはマダガスカルから連れてこられた18世紀の奴隷制のこれら「不本意な移民」は、コロンブスの時代からアフリカで捕らえられ大西洋を船で輸送されたおよそ1000万人から1100万人の大規模なヨーロッパ貿易の一部であったのである。また、こうした大西洋を横断する貨物船は、大規模とはいえグローバルな奴隷市場の一部分であった。その奴隷市場は、東はオランダ領東インド諸島にまで広がっており、ヨーロッパ人はもとより、アフリカ人やアラブ人貿易業者も関与していた(1)。

旧来の歴史記述は、いったん奴隷貿易の時代が終わるとアメリカ奴隷制の国内史を強調するが、トランスナショナルな永続的影響を無視すべきでない。これらの影響が本章の中心テーマである。奴隷の宗教、反乱、抵抗、家族などの従来からのテーマについては非常に素晴らしい多くの研究がなされているが、そうしたものについても、アフリカ系アメリカ人が経験した独自の精神地図が彼らの行動と願望を表わし続けたディアスポラの文脈の中で（簡略に）記述される。奴隷が愛着を抱く地は、現地つまり奴隷が働く地と、比喩的かつ現実的にも自由のある地へと彼らを導く目に見えない絆のあるもう一つの地、これら両方であった。つまり、アメリカ国内とアメリカ国外の両方のことである。

奴隷貿易とアメリカ生まれの黒人奴隷

アメリカ独立革命の一つの結果に、１７８７～８８年の憲法制定の中で、さらに20年間奴隷貿易を容認するという暗黙の決定があった。アメリカは、１８０８年以降アフリカ奴隷貿易にアメリカ人がかかわることを禁止し、続いてイギリスも自国民の関与を禁止する行動に出たが、１８０８年以前には禁止していなかったので、実質的にその後もアフリカ人の流入を許すことになった。歴史家フィリップ・カーティンは以前の概算を修正し、１７８７年の憲法制定会議から20年間の輸入奴隷数を９万２０００人としたが、これはあまりに低い数字であるかもしれない。アラン・クリコフは１７８２年から１８１０年にサウスカロライナ、ジョージアそしてメキシコ湾沿岸における輸入奴隷総数を11万３０００人とし、もう一つ別の概算では奴隷貿易が再開された１８０３年には、サウスカロライナだけでも５万人近くが連れてこられたとされている。[2] しかし、その人数がどれほどのものであっても、奴隷貿易は、１７９０年代に栄え始めた綿花産業の拡大支援を狙ってなされたものであり、それはちょうど、奴隷制廃止が初めて議論された直後のことであった。アフリカやカリブ海からの奴隷貿易が終わっても、奴隷の多くが20年から40年後も生存することになるので、アメリカにおけるアフリカ人ディアスポラのトランスナショナルな影響は、南北戦争前まで続くことになった。歴史家アイラ・バーリンによれば、これは、ミシシッピ下流域やカロライナの低地地帯における１７８６年以後の「再アフリカ化《リアフリカナイジング》」の一因となった。すなわち、１７９０年にはアフリカ生まれは奴隷の10分の１であったが、１８１０年には５分の１に上昇し、たとえば編み髪のようなアフリカ的なものがアメリカ生まれの黒人の間に再び織り込まれた。[3] １７９１年のハイチ革命は、革命戦士の流入への恐れからカリブ海奴隷貿易の停止につながったが、カリブ海域におけるアフリカ人ディアスポラや、それについての知識は残った。ハイチの経験は、とくに奴隷制を崩壊させるための重要な背景を形作ることになった。

しかしながら、奴隷貿易よりアメリカ生まれの黒人をつくることが、アメリカ奴隷制社会のその後の長い道程となった。１８０８年までに約60万人のアフリカ人が、アメリカとなる国に運ばれており、その後にカリブ海やアフリカ生まれの数多くの奴隷——ある概算によればおそらく5万人に及ぶ——が、不法入国していたかもしれないが、奴隷人口は圧倒的にアメリカ生まれであった。純粋に物理的な視点からいえば、奴隷人口は北米で増え、アメリカのアフリカ系人口はヨーロッパ人によって新世界に持ち込まれた6％にすぎなかったが、１８２５年までにその人数はアメリカス〔南北アメリカ〕におけるアフリカ系アメリカ人全体の約36％を占めるようになっていた。明らかに、アメリカの奴隷は他地域と比べてより良い状況の中で生き、次世代をつくった。このことが、奴隷制の寛大な形態によるものかどうかは疑問のあるところだが、より高い生存率は、意図的に慈悲的になった農園主によるとすべきではない。むしろ、タバコ栽培が、カリブ海の砂糖プランテーションで要求されるほどの過酷な肉体労働を必要としなかったからと見るべきである。奴隷人口の大幅な増加は、より望ましい男女比率によるものであり、またタバコ農園主が、可能な場合は、アフリカ生まれの女性やアフリカ系アメリカ人女性をカリブ海やブラジルよりも高い割合で購入したこととも関係している。そして、人的資源をほぼ「ただで」増やせるという彼らの産業にとっての恩恵が、出産を促進させたのであった。アメリカでの家族生活は、このように、たとえばジャマイカもしくはキューバの場合よりも必ずしも安定していたとはいえないが、実現の可能性が高くなっていた。ヴァージニアやメリーランドの海岸低地帯では、１７５０年代以前にすでにアフリカ系アメリカ人の家族や社会がアメリカ生まれの者によるものになっていたのに対して、19世紀初めのブラジルやカリブ海地域では、奴隷は砂糖産業のきつい労働条件から早死が続き、新しいアフリカ人を注入することで代替していた。同様に、19世紀初めに同じく砂糖生産地である北米のルイジアナではこの自然人口増加が起こらなかったことが、上記の議論の妥当性を強めている。(4)

アメリカ国内の生き残ったアフリカ人についての議論は、メルヴィル・ハースコヴィッツの先駆的研究から始まったが、決して納得のいくものにはなりそうにない。たしかに、植民地時代のサウスカロライナやルイジアナのような奴隷がもっとも多く連れてこられ、アフリカ人奴隷の密度の高い地域では、方言や踊りそして音楽がアフリカのリズムや表現を含んでいた。ブードゥー教のような慣習が、ハイチほどではないがこれらの地域で生き残った。奴隷社会の工芸品にもアフリカの影響の痕跡が数多く残されている。サウスカロライナのシー・アイランド地区の籠編みは西アフリカのものと類似し、一方、ルイジアナの太鼓や奴隷が建てた小屋は、アフリカの母国のパターンと非常に似ている。しかし、これらの「残存物」を実証できても、それらが一般的パターンとはならない。アフリカ人たちは徐々にアメリカ化されていったが、彼らにとってアメリカでの経験と世界における自分たちの位置づけを示す精神「地図」は微妙に異なっていた。彼らの文化は融合したもの、つまり、それは積極的につくり出されたアフリカ系アメリカ人の経験であった。このことは、彼らの経験を「アメリカ的」でもなく「アフリカ的」でもない、トランスナショナルなものにした事実であった。さらに、数多くのアフリカ人の親族集団や部族の子孫は、当初はアフリカ人としての特有な貢献をしていたが、奴隷化の過程で混じり合い、本当の意味で異文化混合を醸し出すことになった。

解放された奴隷のアフリカ帰還

プランターに解放された奴隷をアフリカに送還させることを目的として1816年末に設立されたアメリカ植民協会は、北部の自由州――独立革命後に奴隷が解放されるかもしくは最終的な解放への道を踏み出していた――にいた少数のアフリカ系エリートたちの間では、疑いの目で見られていた。植民協会の事業は、人種主義に深く染まり、はっきりと意見を述べる奴隷や元奴隷を、今や文化が異なる土地に移したり送り込んだりして、人種的に異なる潜在的に危険な分子をアメリカ社会から排除しようとした。しかし、結果的にはほとんどのそうした奴隷は動こうとしないことがわかった。この事業の初期に送られたほとんどが実際は自由黒人であったという事実は、人種主義者の目に見えない意図が、その事業の中にあったことを示唆している。しかしながら、彼らが植民化の発想やその可能性を示す事例を引き出したのは、1816年に少数のアフリカ系アメリカ人をシエラレオーネに連れて行き定住させたアフリカ系インド人貿易業者でありクエーカー教徒でもあったポール・カフィーの功績からであった[5]。

1821年末に植民協会はリベリアのモンロビアに定住地を設けて、西アフリカの海岸に拠点を置くことができた。そして、他のいくつかの定住地も、アメリカの事実上の保護監督下でその近接地域にまもなくつくられた。この植民化の考えはアメリカの奴隷制に特有なことではなく、その運動は、イギリス人アボリショニスト〔奴隷制廃止論者〕の試みを模倣していた。その試みとは、1787年以降にイギリスの自由黒人とアメリカ独立革命から逃れてきたアフリカ系アメリカ人をフリータウン植民地（後のシエラレオーネ）へ船で運ぶことから始まり、解放奴隷のための避難所を設けたことである。こうして、独立革命時にイギリス側につき、そしてノヴァスコシアに移り住んでいた約1200人が、シエラレオーネに移住しそこで人生を終えたのである[6]。

独立革命後に北部で解放されたアフリカ系アメリカ人の中には、早くも1810年代にはアメリカ以外で新たな住みかを求め始めた者もいたが、初期の運動は、西インド諸島もしくは中米に彼らを移住させることに集中した。独立国家ハイチがこうした関心の的になったが、それが黒人には刺激になった。植民協会の入植地が統合されて1847年にリベリア共和国となり独立して初めて、アフリカへの関心が高まり始めた。イギリスやフランス政府はこの新しい国家を承認したが、アメリカは南部諸州が反対したので認めなかった。その2年後にアボリショニストのヘンリー・ハイランド・ガーネットは、リベリアはもはや植民協会の慰みものとは考えないと宣言し、そして西アフリカにおける経済開発の明るい未来を予測した。ヨーロッパの探検家がかつての「暗黒」大陸を切り拓いたという話や、宣教師の伝道活動によって、アフリカへの関心はさらに高まった。イギリス人女性シャーロット・タッカーの『アベオクタ、または熱帯における日の出——ヨルバ族への伝道の起源と進展についての概略』が1853年に出版されたのに続いて、1857年に白人のアメリカ人宣教師トマス・ジェファソン・ボーエンの『中央アフリカ』が出された。また、1857年に出版されたのは、デーヴィッド・リヴィングストンによる影響力のある『アフリカ探検記』であった。このように、アボリショニストのアフリカへの関心は、宣教師や探検家によるこの大陸への帝国主義の原型となるような侵略に中心を置く、大西洋を越えたより大きな思想的発見の一部であったのは明らかである。[7]

1851年のトロントでの会議から始まる一連の北米における移住のための会議は、移住を支援することを目的としていたが、最初は会議での具体的な議論が西半球にあてられていて、カナダやハイチが主な対象であった。[8]初期の運動指導者はカリブ海への計画を真剣に考えていたが、1857年以降、その数年前から出され始めた西アフリカに関する資料が知的刺激となり、代替地としてアフリカを主張し始める者が出た。このことが、1859〜60年にかけて実施されたピッツバーグ出身の自由黒人マーティン・デレイニとフィラデルフィアのロバート・キャンベルによる西アフリカへの先駆的な探検使節へとつながった。この二人は熱のこもった言葉でその可能性をしっかりと報告した。彼らの探検の目的は、アフリカの非衛生的な風土についての懸念を取り去ることと、第3章で述べた反奴隷制のための自由農産物購入運動の一環としてアフリカ経済開発を促進することであったが、それは、ヨーロッパ経済からアメリカ綿花への依存を取り除くためであった。アフリカ人は西アフリカで、綿花をもっと上手にそしてもっと安く生産できなかっただろうか。安い土地はあっただろうし、ヨーロッパ市場にも近く、奴隷による反乱や、アメリカの北部と南部の諸州間に常に存在していた政治的不安定といった険悪な可能性を避けることもできただろう。このように、デレイニは、黒人の自負心と自治、そして人種としての向上のための経済的基盤の必要性を強調したのである。デレイニは、元奴隷にとっての行先を西インドにする、という考えに以前はかかわりを持っていたが、アフリカの再生に中心を置く黒人ナショナリズムの形成に根本的に賛成していた。これはアフリカ系アメリカ人の暮らしの中で繰り返し出されるテーマとなった。これは、アメリカ植民協会の場合のように白人の温情主義に基づくというより、黒人による黒人のための運動であった。[9]

アフリカ系アメリカ人はアメリカを離れたかったのだろうか。たしかにアメリカは彼らにとっては快適な場所ではなかった。ジャクソニアン・デモクラシー〔ジャクソン民主主義〕が広がっても、トクヴィルが述べたように、黒人にとっては快いものではなかった。北部諸州にはカースト制度のようなものが存在し、その中で184

0年代までに人種差別がきつくなっていた。黒人が差別されずに投票できたのはわずか5つの（ニューイングランドにある）州だけであり、6番目のニューヨーク州では人種によって制限された厳しい資産資格に直面したが、それに対して、いわゆる貧乏白人の投票はほとんど規制を受けることがなかった[10]。どちらかというと、奴隷制廃止に比較的傾いていたニューイングランドなどの北東部の学校でさえ、1850年代までに人種隔離されるようになり、アフリカ系アメリカ人はこの民主主義社会に受け入れられているとは感じられなかった。奴隷制の悪と同じほど大きく、北部の人種差別は黒人のナショナリズムの高揚に勇気を与えトランスナショナルな忠誠心を駆り立てた。

しかしながら、移住のために積極的に動くことを選択したのは黒人のごく少数だけであった。どの程度かを測ることは難しいが、この移住に対して予測できる支援には限界があった。それは、この問題に関する意見が流動的であり、またアメリカ国内や国際社会の状況に影響されるためであった。北部にいた自由黒人エリートや北部の反奴隷制を唱える改革者の間で、1850年代には意見が対立していた。フレデリック・ダグラスとデレイニは激しく敵対し、前者はこの問題をアメリカ国内における自由の目的や可能性から気をそらすものとみなした[11]。さらに、デレイニの計画案がより大きくなった奴隷社会において常識的であったかどうかも疑わしい。しかし、アフリカ系アメリカ人が国を出なかった理由を、彼らがアメリカを積極的に是認していたとか、アフリカの母なる地への感情的もしくは知的親近感の欠如の表われと読み取ってはならない。

アフリカ人のディアスポラ

自由を求める移住は、アフリカ人ディアスポラ全体の中の一現象であったし、このトランスナショナルな社会での意見の複雑な流布を反映したものであった。ブラジルのような社会では、アメリカにおいてよりも自由黒人がより日常的にアフリカに移住していたように思われている。そのような移住パターンの断片的な歴史に基づいて、アメリカ生まれのアフリカ人の人口動態がアフリカについての記憶と関心を薄めたので、アフリカとアメリカの結びつきは脆弱なものであったと結論づける者もいた。カール・デグラーの解釈では、ブラジル人元奴隷のアフリカへの移住は、ブラジルの奴隷貿易がアメリカの場合より長期にわたって存在していたがゆえに、アフリカとの経済関係などが同じくアメリカの場合より強固なものであったという事実を反映していた[12]。この問題は、研究者がもっと関心を持って取り組む必要があり、比較研究には役に立つテーマとなるだろう。しかしながら、アフリカとブラジルに関する結びつきから、どのような意味を我々が引き出すべきかについては、はっきりしない。ブラジルの人口は、アメリカよりもはるかに多くの人種混合と自由黒人の要素を含んでいて、自由の身になれば容易に移動でき、また遠くへ移住できる経済的・法的な身分を得ることができた。自由黒人にとって経済進出の機会も多く、よって外国貿易にかかわる機会もアメリカより多かったのかもしれない。さらにブラジルはアフリカにも近く、それが貿易を促進させた。しかし重要な点は、何人の黒人がアフリカに戻ったかではなく、アフリカ系アメリカ人にとって、彼らの現実世界と同様に精神世界がカリブ海とアフリカを含む環大西洋世界のディアスポラの一部であったか否かである。アメリカの黒人にとってアフリカの遺産は、何よりもインスピレーションが浮かぶ場である。移住先と移住の可能性は、アメリカ国内の状況と出国の機会によって変化したが、移住の有無にかかわらずアメリカの黒人は、自らの特質を示す文化的な指標として「アフリカ人性《アフリカンネス》」というトランスナショナルな感覚を育て続けていくことになる。

いかなる移住に際しても存在したものは、イデオロギー的にアメリカに反対とか、逆にアメリカへの愛着ではなく、現実的な問題、たとえば家族の絆や気候そして熱帯病への恐れであった。デレイニとキャンベルは、黄熱病の克服方法について多くの時間を読者への説明に使ったが、そうしたのは、西アフリカに定住する黒人がこの地に移住した白人と同じように簡単に死亡したからであった。さらに、植民化計画が、現地人の反発に遭ったことが文書により十分に裏づけられている。リベリアは正式にはアメリカの植民地にならなかったが、アメリカ海軍の保護によって初めて国を樹立させ安全が確保されている状態であり、現地住民は移住者の流入に対して抵抗を続けた。その他、アフリカ系アメリカ人のほとんどが奴隷のままでいたので、本国に引き揚げるか否かについて自分たちの決定ができないという非力さに、懸念が集中した。彼らにとって、アメリカを離れることはもちろん、南部を出ることさえ難しい行為であり、幸運で例外的な人たちだけが成功したのであった。

ほとんどの奴隷にとって、アフリカの記憶は、家族の伝承、習慣、伝説、そしておそらく噂も含めて、それらの一部として、その大陸への移動よりも重要であった。この意味で、アフリカは、常に知的な関心や祖先が存在する地としてアメリカ社会の底流にあった。生涯において自由黒人だったデレイニが、その点について示唆を与えてくれる。デーヴィッド・ブライトによれば、デレイニは「自分のアフリカ祖先について、たとえば祖父の一人がマンディンガン語族の王子で、もう一人はゴラ村の村長であったことを、知って育った」[13]。しかし、南部にとどまっていた奴隷には、白人による監視と数のうえでの優越性（奴隷は、ほとんどの地域で全人口の5分の1か3分の1であった）という現実が、彼らが逃避、ましてや反乱を起こすことを難しくさせていた。プランターの権威や経済的な優位性を破壊しようとする日常的な抵抗はあったが、ブラジルやカリブ海における規模の反抗はほとんどなかった。アフリカ系アメリカ人奴隷は逃げ出そうと試みることはできたが、ほとんど成功しなかった。1810年から1860年の間に約5万人の奴隷が永久に逃亡したと考えられているが、一時的にはもっと多くが逃亡している。個人的また身体的能力が逃亡を容易にさせる要因となったが、若者、独身者そして男性というのが永久に逃亡した人たちの主な素顔であった。しかしながら、そのようなケースでも、とくに1850年逃亡奴隷法の通過後は、「プランターは北部まで追跡することが可能となった。実は、多くの「逃亡」奴隷は北には行かずに、家族を求めて自分のプランテーションの周囲をぶらついた。奴隷の大多数は逃亡できる強靭な体を持っていたが、自分たちの所有者のプランテーションからまったく離れることなくとどまった。彼らがそこを離れなかったのは農園主が好きであったからではなく、自分たちの家族を愛していたからであった。親族の結びつきを著しく破壊するような方法で売られることがあり、そして、たびたび、それが実際に行われたという事実にもかかわらず、多世代にわたり拡大家族であった奴隷家族は、永続的な制度であった。しかし、奴隷制が損なわれない限り、その家族制度が奴隷を奴隷制に縛りつけたのである。[14]

1819年から1821年にかけてアメリカがスペイン領東フロリダを奪った後は、逃亡奴隷にとって重要な避難場所が失われた。しかしながら、1840年代まで先住民のセミノール族と一緒に住んでアメリカ軍に対して戦った逃亡奴隷もいれば、奴隷制を廃止したメキシコに逃れた者もいた。しかし、カナダが、そのほとんどが元奴隷であった少なくとも2万人の主な避難地であり、彼らはそこへ定住のため逃れ、多くはオンタリオ州のチャタムの町近くに住んだ。その中には、1850年代に「地下鉄道」で黒人をカナダに誘導して自由にする運動によって、伝説的地位を得たアボリショニスト、ハリエット・タブマンがいた。こうした難民は、アフリカ移住の心情の基盤となり、アメリカを自由のない国だとしてこの国を認めない運動に加わるようアメリカに残った自由黒人の多数に促した。移住の提唱者ジェームズ・ホーリー牧師は自分と同じアフリカ系アメリカ人に対して、カナダへ「絶えまない潮流となって群がり」、「この罪深き国の上で不吉な黒雲となってたなびく」よう訴えた[15]。

移住は、「黒い大西洋《ブラック・アトランティック》」という概念に対して人々の関心を集めた[16]。アメリカを離れることは、ただ国内議論によってのみ影響を受けたものではないし、アメリカからアフリカに向けて直接に行われたものでもない。このようなトランスナショナルな交流と影響の回路には、アフリカ、アフリカ系アメリカ人、カリブ人、イギリス人アボリショニストとカナダ人がいた。アフリカに帰る取り組みは、とくにイギリス人のアボリショニストから支援を受けた。デレイニは自分の計画のため、1860年にロンドンで立ち上げたアフリカ救援協会から自らの計画のための基金を集め、また彼の同伴の旅行者キャンベルは、イギリス領西インド諸島の出身であった。このように、アフリカ帰還運動は、決してアメリカのみがつくったものではなく、より大きな規模のディアスポラの成果であった。「黒い大西洋」という思想は我々の視野を広めてはくれるが、イギリス領ではないカリブ海地域やラテンアメリカを除外してまで、英国圏との関係に焦点を当て過ぎるべきではない。黒人共和国ハイチへの強い関心をとくに忘れられてはならない。そこへの移住は、次のような考えに基づいていた。すなわち、アフリカ系アメリカ人による西半球での居住地は、新世界における北米の支配に対する彼らのより積極的な挑戦となり、アメリカに近接しているため奴隷反乱や移住を助長させるであろう。しかし、リベリアにおけるのと同様に、ハイチへの定住が始められたものの、数千人の黒人しか引き寄せられなかった。[17]

黒人のアメリカ帰国と国内での移住

1861年のアメリカ南北戦争勃発が、最初は移住計画を刺激し、すぐに北部が自由黒人にともなわれて移住する可能性のある逃亡奴隷を引き寄せる磁石となった。また、ハイチの移民局を通してハイチに植民する大きな試みが、それにかかわる黒人と同様に白人のアボリショニストによって始まった。そして、南部の反対が取り除かれ連邦政府がリベリアを独立国家として認めたため、アフリカが移住先として浮かび上がった。だが、1862年にリンカン大統領が自由黒人の指導者をワシントンに呼び、パナマとハイチ[18]に植民地を建設しようとしたが、ほとんど参加する者がいなかった。1863年1月1日に奴隷解放宣言が戦略として出されると、移住への関心は相当に低下した。デレイニはすでに1861年にイギリスから帰国していて、1862年以後は戦争に協力し、最終的には黒人連隊の指揮をとった。今や黒人はアメリカ国内で自分たちの自由のために戦争をするようになったのである。1863年以降はプランテーションから逃れていた奴隷も同じくアフリカに行くことにほとんど興味を示さず、連邦軍に加わる――合計18万6000人が入隊した――ことによって、南部打倒のために戦うことを選択した。1865年の終戦とともに、黒人復員兵と元奴隷は、自分たちが何世代もただ働きした土地の所有権を獲得すべきだと次第に主張するようになった。南部のこれらの土地は、今や彼らの場所であり、ここに、アフリカ系アメリカ人の全家族のために「40エーカーとラバ1頭」を求める嘆願が行われた。そうした態度は、奴隷制廃止以降の時代への期待に基づいていた。そして、再建の時代の初めに黒人にとって幸福であった時代には、アボリショニストもまた移住に焦点を当てなくなり、デレイニのような人々は、もはや集団移住にはかかわらなくなった。

アメリカにおける人種ヒエラルキーに対する憤りにもかかわらず、移住推進者たちは国を離れることに相反する態度をとるようになっただけではなかった。彼らが外国に行ったときには、アメリカの価値観を持って行き、アフリカ人やハイチ人とは異なることを意識した。英語を話す者として、また、福音主義の宗教が力の重要な源である、ほとんどアメリカでつくられるようになったアフリカ系アメリカ文化の産物として、彼らは赴いた場所をキリスト教化し、改革し、近代化しようとした。しかし、このことが、新しい土地への順応を難しくし、多くの移住者がこの理由でアメリカに帰ってきたが、それはアフリカからだけでなく、カトリックやブードゥー教に代表されるアフリカの宗教が住民を黒人プロテスタントから遠ざけていたハイチの場合もそうであった。このように、移住推進者は新しい国家を探し求める単なるイデオロギーに染まってしまう人たちではなかった。彼らは「仲立ちをする」存在であり、アメリカ文化とアフリカ系アメリカ人文化双方の文化間交渉をしたように、真にトランスナショナルな存在であった[19]。

移住地の変更と同様に移住者の帰国によって、黒人の意見が揺れ動くのはアメリカ人としての権利を得るための闘いにおける戦術ではないかという疑問が生じた。こうした中で、黒人のアボリショニストは現実主義者であり、どこにおいても自分たちの人種のために機会を最大限に増やそうとした。南北戦争後、黒人の自由は非常に制限されたものであることがわかると、植民への新たな試みが始まった。クー・クラックス・クランの恐怖と再建政策の失敗に呼応して、南部の黒人は再度移住し始めたが、そこにはそれまでにない行き先の転換があり、そのとき最初に移住の焦点が当てられたのは、アメリカ国内であった。「集団移住者たち」と呼ばれ、不満を持つ元奴隷たちは住んでいた地域ごとでカンザスに移住し、1862年のホームステッド法により無償で土地を得た[20]。

以上のように、遠い海外にある地も、国内にある地も同様に、現世における集団救済を求める抑圧された人々のための移住地として機能した。移住推進者はこうしたイメージを、聖書や、イスラエルの民がエジプトの奴隷制からカナーンの地へ救出される話から得た。また、彼らの願望と夢は、アフリカ系アメリカ人がモーセの脱出についての聖書物語を祝福した奴隷歌にも反映されていた。このように、天国、カンザス、アフリカ、ハイチそしてカナダなどすべてが、約束の地への脱出のための地点としての役割を果たしたのである。カンザス定住は入植者にとっては厳しく落胆する経験となったが、これは黒人が新たな故国を求めた最後のものとはならなかった。

1890年代以降は、アメリカ北部が事実上の黒人移住者の主な目的地となった。というのは、綿花ゾウムシの影響と同様に農産物価格の低下、奴隷制に代わる分益小作農そして借地農業が重なって影響した結果、南部の綿花農業が停滞したためである。しかし、アフリカ系アメリカ人の祖先の地としてのアフリカとともに、アフリカ帰還運動も文化遺産の一部として残った。1870年代には、「リベリア熱」がとくに貧困者や放浪者たちの間で起こった。裕福な黒人や黒人票に依存した政治家たちは、国内にとどまり闘う傾向にあった。ネル・ペインターが述べたように、深南部の一部では、「リベリア熱とカンザス熱が同じ土地」で類似の組織的性格を持って広がった[21]。また、共和党の急進派による再建が失敗し、西部フロンティアにいた黒人の経済的繁栄の望みが打ち砕かれて、アフリカへの関心が再度高まった。1890年代になると、ヘンリー・ターナー司教は、アフリカ帰還運動が、再建の時代以降に選挙権を剝奪され土地を持たない貧しいアフリカ系アメリカ人にとって、経済的苦境を救う唯一の方法であると主張した[22]。アメリカにおける平等主義の約束に対する信頼が薄らいだ結果、再び1920年代にアフリカ系アメリカ人のアイデンティティと自己の向上は、移住レトリックに触発された新たな祖国の模索へとつながり、こうした黒人ナショナリズムはヨーロッパ列強による帝国主義の文脈の中で再度生まれることになった[23]。

第6章　人種的・民族的フロンティア

トランスナショナルな場としてのフロンティア

事例その1……フランシス・スローカムは、1778年にペンシルヴェニアのワイオミング渓谷でデラウェア族インディアンに捕らわれ、このインディアンの一家族の養子となり、亡くなったばかりのその家族の娘の名をつけられた。こうして彼女は、跡形もなく白人社会から消えたのであった。フランシスの生みの母親は、一生嘆き悲しみ、1807年の臨終の場で生き残った子どもたちに、妹を探し出し家に連れ帰るよう託した。兄弟たちは、引き続き彼女を捜索したが、彼らの知らぬ間に、フランシスは、マイアミ族インディアンの一人と1794年に結婚していた。多くの誤った消息情報の後、家族は1837年に彼女と連絡がとれた。しかし、インディアナ州のスローカム家が位置する村で涙の再会を果したが、長い間行方不明であった妹は、白人社会に戻ろうとはしなかった。現地におけるマイアミ族の切迫した運命にもかかわらず、彼女は、自分のインディアン家族と生活する道を選択した。「彼らは、森を出ては生きていけないのです」とフランシスが産んだ混血の娘は、自分の家族のことを語った(1)。歴史家チャールズ・セラーズによれば、犠牲者がインディアン社会にとどまることを選択するインディアン捕囚の事例は、フロンティアの貧しい白人やインディアンとの混血にとって、インディアン社会が市場経済の変動の外に位置しているため、魅力的であったことを示唆するものであった。たしかに、インディアン社会は、白人を寄せつけないとともに魅惑するものであったのかもしれない(2)。インディアンと白人の関係は、建国期には単なる二項対立構図より、もっと複雑であった。

事例その2……1812年戦争における「レッド・スティック」といわれたクリーク族の村における悲惨な大虐殺現場で、アンドルー・ジャクソン率いる襲撃隊は、1813年11月3日、母親の死体と一緒に横たわるインディアンの赤ん坊を発見した。たぶん、ジャクソン自身が孤児であったからだけではなく、ジャクソンがインディアンにきわめて温情主義的でもあったため、リンコヤと呼ばれたその男の子を養子にした。その少し前の冷酷な殺戮は、この寛大さによって今や釣り合いがとれた。リンコヤは白人社会に同化し、インディアンの仲間に対して、白人文明の長所の手本を示すことができた。リンコヤは、ナッシュヴィルのジャクソンの大邸宅に戻った。彼は、白人社会で教育の機会を得て、子どものいなかったジャクソンから、実の子どものように扱われた。[3]だが、彼が、インディアンであることを意識させられたことは疑いのないところである。フロンティアのインディアンの存在や、ジャクソンの軍事的・政治的行動が、そうさせたからである。リンコヤは欧米風の生活様式に順応できず、不幸にも中間的な人間のままで生き、1828年に肺炎で死亡した。彼は、おそらくジャクソンの温情主義が持つ両面性を感じていたであろう。[4]

このような話は、トランスナショナルなアメリカ史が持つ主要なテーマを明らかにしている。すなわち、同化や同化の拒否、そして北米大陸でのヨーロッパ人と先住民の間の錯綜した関係と、悲劇的な結果をたびたびもたらした異文化関係である。こうした事例はインディアン部族にかかわるものであるが、フロンティアは、ヨーロッパ人が居住していた境界地域でもあった。国家神話や多くの歴史書の中で、フロンティアはアメリカ国内の歴史として見られているが、フレデリック・ジャクソン・ターナーなど以前の歴史家にとっては、それは事実ではない。彼らは、西部を国際的な外交と経済的交流がなされた場所として理解していた。また、今日の18世紀研究では、北米のイギリス植民地は、毛皮交易や政治同盟に基づく接触領域を本来備えているような、より大きな帝国の一部であったと解釈する傾向がある。これに対して、19世紀への理解はそうではないが、しかしフロンティアは、19世紀を通じて少なくとも南北戦争まではトランスナショナルなままであり続けた。第一に、フロンティアは、とくにメキシコやイギリスのようないくつかの独立国家とかかわっていた。さらに、フロンティアは、自分たちを独立したものと考えるインディアン部族と関係していた——ただし、アメリカ政府は次第にそれに同意しなくなってはいたが。このように、境界地域は、外交における政治関係や戦争における軍事関係とかかわりを持った。しかしながら、本書にとっては、フロンティアの境界地域全体への文化的影響がもっとも重要な点である。性的接触は、トランスナショナルな活動と権力関係が見られる重要な場であり、そのための接点であった[5]。性的関係とその禁止の両方の実施を通して、アメリカ人は自らのアイデンティティをつくり上げたが、そのアイデンティティは、異文化交流の証拠について、それを具体的に示すと同時に、それを隠すことにもなった。

異人種間の混交

このテーマに関連するものに異人種間の混交がある。この人種混交は、多くの記述によれば、アメリカのほうがスペインやフランスの場合よりも少なかった。それはイギリスの排他的なプロテスタントと比べて、フランスやスペインのカトリックのほうが文化的に寛容であったことが、たぶん一つの要因であったであろう。もう一つの要因は、人口動態である。イギリスのピューリタンは、植民地時代に家族単位で移住する傾向にあり、インディアンやアフリカ系アメリカ人と性的関係を持つ差し迫った理由がなく、また、イギリス系社会の男女比率は、比較的同じであった。対照的に、ポルトガル人、フランス人、スペイン人の場合は、女性を男性と同じ比率で送ることをしなかったため、ヨーロッパ人男性にとって女性の数が圧倒的に少ない状況になり、誘惑に負けた。その結果、混血の社会が誕生し、それと同時に、多彩な肌の色の人間に対する複雑で多様な見方も発達した[6]。

アメリカの人種混交に関する文献のほとんどが、白人支配社会とアフリカ系アメリカ人奴隷や解放奴隷との間の関係を扱っている。実際、「人種混交」という言葉は、奴隷の解放とともに人種接触が問題となった１８６３年まではなかった。だからといって、南北戦争前に性的・人種的な不安がなかったことを意味せず、それまではそれほど生物学的でない用語、すなわち人種的「融合」という用語が適用された。黒人と白人の性的接触が、奴隷制反対派の毒々しい記述によって多分に誇張されたことを、南部プランテーションの人口動態に関する研究が示している。それによると、奴隷制反対派は、南部を巨大な売春宿として説明し、そこではプランターは絶対的な力を持ち、いつでも性的関係が意のままになった。このような誇張された説明は別として、人種はたしかに混じり合い、そうした人種混交は、ときとして複雑であった。ニューオーリンズでは、法律により、黒人の血が、それぞれ2分の1の者、4分の1の者、そして8分の1の者といった複雑な人種的格付けを認められていた。これは、南部における自由黒人の一様ではない身分的地位の実例であり、この町のスペイン文化やフランス文化内にすでに存在していた法的、慣習的な取り決めを継承したその一部であった。しかしながら、まだ血筋が身分と経済的成功の可能性を決定し、南北間の争いが増大するに従い、諸州は自由黒人により厳しい規制をかけ、効率的に人種隔離をした。(7) アメリカ社会は、一般的に、一滴血統主義が人種主義の勃興にともなって生じ、黒人との結婚から生まれた子どもを非白人という卑しい分化されない身分に置いた。19世紀初めまでのこのような白人と黒人の性的関係は、ヨーロッパによる植民地の遺産やアフリカから連れてこられた奴隷とヨーロッパ系アメリカ人との関係とは別に、厳密にはトランスナショナルなものではなく、アメリカ国内での異文化的なものであり、インディアンと白人との関係はこれとは違ったものであった。

白人と先住民との境界線はしっかりと引かれており、異人種間結婚禁止法は先住民も対象となることがあった。フランシス・スローカムの場合のように、インディアンが若い白人女性や子どもを連れ去るたびにヒステリックな状況が起きたが、このような状況は、とくに、イギリス人子孫を再生産する女性の出産と養育の力に代表される文明を野蛮性が圧倒してしまうのではないかという恐怖心から生じた。インディアン捕虜体験物語は、事実とフィクションを混ぜて書き、人種に絡んだおぞましさを表現する煽情的な作品の中の重要なジャンルになった。白人は、なぜ白人女性が「野蛮性」を選択するのか理解できなかっただけであった。

こうした不安にもかかわらず、フロンティアにおけるインディアン—白人関係の現実は、黒人奴隷—白人関係よりはるかに柔軟であった。19世紀末フロンティアでの異人種間の結びつきは、知られていないわけでは決してなかったが、交易の促進と白人女性との出会いがないことが、そのような性的接触を誘引する主な二つの要因であった。毛皮商人とわな猟師のフロンティアでの孤独な生活が、インディアンとの親密な接触をもたらしたのであった。とくに、18世紀の五大湖地域における人々の異文化間接触は顕著であった。ミシシッピ川上流域で毛皮を求めていたフランス人は、カナダで行ったように、交易の一環として、インディアン女性との同棲や結婚をした。自分たち独自の文化を持つことになった混血人種であるメティ族の人々は、異人種間接触がもたらした結果であった。こうしてアメリカが1803年にルイジアナ購入をしたとき、混血の人々――彼ら同士で結婚した人々、またそれより少ないが、インディアンと結婚した人々――の住む領土をアメリカは引き継いだ。しかし、同じ状況にあったイギリス生まれの人々も異文化混交に加わることができた。五大湖地域についていえば、パトリック・ユングは、「イギリス人男性は、フランス系カナダ人ほど頻繁にインディアンと結婚することはなかった、といういつまでも続く歴史上の神話があるが、それは、ただ単に、イギリス人の数が少なかったからである。五大湖地域に行ったイギリス人やスコットランド人男性も、結婚慣習は、フランス系カナダ人と一般的には同じであった」と説明する。[8] 同じように、アメリカ南東部でも毛皮商人やわな猟師とインディアンとの間には緊密な関係があり、チェロキー族の多くは、そのような結びつきの産物であり、チェロキー語のアルファベット考案者セコイアは、白人の父親を持つ一人であった。[9]

こうした出来事は、白人の対黒人関係と比較できるものではない。アフリカ系アメリカ人とインディアンとでは、扱われ方に明らかな違いがあったからである。インディアンに関係した異人間結婚についての諸法が存在した地域でさえ、それほど厳しく適用されることはなかった。パトリック・ウルフが説明するように、人種とは厳格な範疇ではなく、社会的に構築されたものであった。[10] トマス・ジェファソンが奴隷であったサリー・ヘミングズと関係した例がもっとも有名であるが、黒人と白人でさえ、違法な結合を通して性的に交わったのである。[11] しかしながら、黒人女性は、イギリス系アメリカ人社会ではプランターの性の奴隷にしかなりえなかったので、公然と関係を持つことや、結婚することは非難の的となった。

インディアンの同化・排除と、彼らの抵抗

インディアンとの場合は、状況がまったく異なっていた。実際、ジェファソンのような人物は、インディアンを白人と融合させることを先住民の文化的同化の一環として、公式に提案した。そこでは、インディアンはアメリカの環境から生まれたものとされ、ジェファソンがアフリカ系アメリカ人に対して抱いたような否定的な見方はほとんどされていなかった。他の点において、インディアンの野蛮性が白人へもたらした退化させる影響については認める必要があるかもしれない。がしかし、ジェファソンは、この点について、フランス人公爵ビュフォンの発言を非難した。よく知られているように、『ヴァージニア覚書』（1784年）の中で、未来の大統領はアフリカ系アメリカ人を人種的に劣ると当然ながら考えたが、対照的に、インディアンは尊敬に値するとした。「彼らは、抜群の雄弁であなたを驚かし、自らの存在意義を述べるでしょう。それに対し、黒人が単純な会話レベル以上の思考を披瀝した例をいまだかって知らない」[12]。インディアンは、軍事同盟や政治的陰謀を企てることができたし、頑強な敵としても知られていた。彼らは自由であったのに対して、奴隷は自分たちの自由を放棄した者たちであった。しかしながら、インディアンは安定した共和制にとっては脅威であり、文字どおり遺伝子が消滅するところにまで交配を通して同化させる必要がある。こうした論理が、ジェファソンの考えや建国期の政策の背後にはあった。それは、権謀術数的なまでの残酷さであったが、通常の意味での人種主義ではなかった。人種主義であるためには、インディアンを生物学的に平等ではないと位置づける必要があった[13]。インディアンとの戦いにおける有名な戦士であり1830年代の厳しいインディアン政策の立案者であったアンドルー・ジャクソン自身は、インディアンを冷酷に無視する一方、インディアンが完全に白人のまねをする限りにおいて、人道的愛情を示すこともできた。前述のリンコヤの場合が、この事実を物語っている。

同化とは、除去とか根絶の対立概念ではなく、小農場や所有的個人主義に基づく同質的な文明がもたらすのと同じ結果を達成することを目的とした一つの方法であった。諸州に対する積極的な擁護や党派的な支持とは別に、

ジャクソンの政策はジェファソンの政策と見事に一致しているように思えるが、しかし、そのレトリックの背後にある白人とインディアンの権力関係は18世紀から変わっていた。この変化によって、人種の再構築論から、白人とインディアンは別だという人種的アイデンティティへと徐々に至った。ヨーロッパ系アメリカ人の異人種間結婚への関心が毛皮交易につながったが、19世紀初めにその交易が低下すると、異人種間結婚も低下した。このように、それを白人社会のために規制する政策は、政治経済的な変化と符号するものであり、その変化の例として領土拡張を見ると、そこには二つの段階があった。まず、異人種間結婚が容認された――ある場合には奨励された――17世紀と18世紀における交易経済が第一段階。そして、第二段階に白人支配とインディアンの排除が目的とされた19世紀の農業経済があった。後者の段階で、土地を確保する方法として同化主義の政策が前面に出されたが、この政策には、インディアンが白人のやり方を採り入れなければ完全に排除するという考えが追加されていた。パトリック・ウルフは、明晰な分析によって次のようにいっている。「交易中心から土地中心の植民地形態への重要な転換は、人種混交に関する言説に転換をもたらすであろう。こうして、入植者による植民のみを行うやり方の出現によって、人種混交は、もはや異文化間の政治同盟を保証するものでなくなっている点が重要である」(14)。その結果、人種主義的態度が硬化していった。

インディアンは、増大する白人の存在にさまざまな形で反応した。一つの戦術は、抵抗することであった。クリーク族、ショーニー族などの多くの種族は植民地時代からアメリカ人と戦ってきていたが、生き残るために次第に宗教上の統合戦略をとった。1809年から1813年の北西部における、ショーニー族の予言者テカムセによる再活性化運動は、白人の信仰とインディアンの伝統的信仰を、インディアンの呪術師のもとで融合させた。その運動は、クリーク族を、平和共存派と戦闘派――同化に抵抗しインディアンの敵側に協力したインディアンとも戦い、白人を攻撃したレッド・スティックとして知られた――に分裂させた。クリーク族もショーニー族も、1812年戦争で敗北したが、他のインディアン部族の中では、散発的な反乱が1832年のブラック・ホーク戦争まで続いた。広大な土地の割譲はインディアン部族が抵抗するたびに起こり、そのパターンが、徐々に中西部にいた他の諸部族に服従する必要性を納得させることになった。イギリスの影響力が取り除かれると、ヨーロッパ諸国と同盟を結んで戦う能力はもはや残っていなかった。

1820年代までは戦争や条約が原因で領土を喪失したにもかかわらず、南東部諸州の白人とインディアンは、近接地域で生活を続けていたが、このときに陸地綿の種を使用した綿花生産に適した新たな土地を求める圧力が高まった。インディアンが、不動産用語で、事実上の「白人」となった場所を除いて、同化はもはや受け入れられないものとなっていた。そのため、南東部の残った土地からインディアンを排除し、この土地をミシシッピ川以西のインディアン・テリトリーの中の場所と交換する政策に拍車がかけられたが、当地のインディアンには相談されることなく事が進められ、彼らにとって、新しい地域であてがわれた土地はそれまでの彼らの土地とは大いに異なったものであった(15)。

チェロキー族などの同化と、その意味

チェロキー族の例は大変有名であるが、類似した結末が、西部地域の領土拡張に順応したチョクトー族など他の南部部族に対してももたらされた。ある意味で、チェロキー族は同化の見本であった。キリスト教と西洋文明の装いを身につけ、彼らは、長い周期で輪作する混交農業や、狩猟採集からヨーロッパ式の定住農業へと転換した。1800年以降、彼らは綿花生産をするために、黒人奴隷を売買したり使用さえ始めた。これは、白人支配の南部の「文明」とみなされた一部として、彼らを位置づけるものであった。また、チェロキー族は、プロテスタント宣教師の助力を得て学校を建て、アルファベット標記を確立し、新聞を発行した。しかし、部族の指導者は、西洋式への適応を部族国家の再活性化プロセスであり、降伏ではないと見ていた。1808年、彼らはチェロキー国家評議会を設立し、1827年には成文憲法を起草している。こうした深まる自文化への自信と、インディアンの土地を搾取しようとするジョージア州の農民の欲望とが対立した。この対立が激化したのは、金鉱石がチェロキー族の領地内で発見され、金を求める者たちがその土地に流れ込んできた1820年代末であった。

まさにこの時点で、土地の経済的需要が、「国」境を越えた政治的また司法上の問題と絡んできた。それがインディアン―白人関係における法的な特色であったが、そうした関係はインディアンの視点から見てまぎれもなくトランスナショナルなものであった。条約を作成する際に一部反映されまた奨励された慣習であったが、部族は、自分たちを国家として認識していた。というのは、インディアンは、憲法上は条約を通してしか土地を割譲できず、そしてインディアンは「外交の対象」となっていたからであった。[16] ヨーロッパ諸国に承認されたアメリカの境界内においてさえ、国家の地位を主張する部族も出て、これが法的に変則的な状況をつくり出した。早くも1820年代には、連邦最高裁判所首席判事ジョン・マーシャルは、インディアンのことを「従属民」や「被征服民」とし、インディアンは、「特異な人々として安全に統治されうるもの」と述べ、同化主義者が持つレトリックと実際の政策の間の曖昧な感情を代弁した。[17] アメリカ連邦最高裁判所は、「チェロキー国家対ジョージア州事件」判決（1831年）において、チェロキー族は完全に独立しているという主張を却下した。マーシャルは、判決の中で次のように述べている。「彼らは、より正しくいえば、国内の従属国家と称されるのかもしれない。チェロキー族の意思とは関係なく我々が権利を主張している領土を彼らは占拠しているが、所有に関する我々の権利は、彼らの所有権が終了した時点で効力を持つことになる。その一方で、彼らは未青年の状態にあり、彼らのアメリカとの関係は被後見人と後見人との関係のようなものだ」。

チェロキー族の政治的立場は、南部のいわゆる「文明化された」他の諸部族のように、ソ連時代のバルト諸国の立場と似ているように思われる。それは、帝国の広大な領地内に取り込まれ、小さくて未熟な自称「国民国家」であったからである。しかし、多民族帝国として存続するとか、ましてや繁栄するという概念を、アメリカは許さず、むしろ、南部諸州に対してその後は連邦政府に対して投げかけるチェロキー族の挑戦を取り除くために、国家権力をあからさまに使用した。1829年に大統領に就任したジャクソンは、ジョージア州の領地獲得に対して州側につき、チェロキー族を自分の意思に従わせた。「ウースター対ジョージア州事件」判決（1832年）で連邦最高裁は、インディアン寄りのキリスト教宣教師がインディアン領土に入ることを許さないジョージア州法を却下したものの、ジャクソンは、その裁定を実行せず拒否した。その代わりに、彼は強権的なニューエコタ条約を推し進め、チェロキー族を立ち退かせた（1835年）。その条約に署名するかどうかで部族指導者の間で意見が割れ、その後、反抗的なチェロキー族のミシシッピ川以西の土地への強制立ち退きが実施され、割譲された土地は分割販売された。この貴重な土地の獲得は、インディアンの立ち退きを保証し、立ち退きは白人とインディアンとの社会的・人種的距離を拡大させた。

こうした白人とインディアンとの広がる隔たりは、インディアンを立ち退かせたい実利的・経済的な理由を持つフロンティア入植者に限定されるものではなかった。その傾向は、また植民地化の過程とはずいぶんかけ離れた領域にも見ることができた。この問題は、アメリカ海外伝道協会理事会〔通称アメリカン・ボード〕からチェロキー族に派遣されたプロテスタント宣教師の場合に表面化したのである。宣教師たちは、キリスト的愛をインディアンに惜しみなく与え、諸州ならびに凶暴な白人からインディアンを保護した。こうした宣教師の一人であるサミュエル・ウースター牧師は、インディアンのために、チェロキー郡でのジョージア州法の施行に反対した。こうした人々への伝道は神の意志であったが、チェロキー族が花嫁相手として宣教師家族の白人女性を求めるに至って、慈悲は驚愕に変わった。1824年に若きチェロキー学生エリアス・ブーディノット（バック・ワティ）は、コネティカット州コーンウォールにある海外伝道のための学校で勉強していたが、白人女性ハリエット・ゴールドと恋に陥り、彼女にプロポーズをした。結婚を望む二人は、かたくなになってきていた人種感情の怒りをまともに受けた。ゴールドの家族や多くの住民が、結婚を思いとどまらせようとしたが、うまくいかなかった。結婚した二人の人形が呪われて焼かれ、その結果、この宣教師養成学校は閉鎖された。ニューイングランドの宣教師や支援者は、インディアンの宗教的・政治的・経済的苦境に同情的であったかもしれないが、彼らは、白人社会の人種感情の趨勢を暴露した。コネティカット社会は、そのような結婚は白人女性を「黄褐」の「インディアン女」にする方法だとして非難した。[18] 西部でも同様に、1830年代や1840年代に、「五大湖地域に流れ込んだ多くの大西洋岸地域出身のイギリス系アメリカ人は、人種混交や人種間結婚に対して非常に否定的な考えを持っていた」と、別の著者は述べている。メティ族の場合、もし、ほんの少量のインディアンの血しか入っていなければ「白人」というラベルを貼られ、「大量の血を持つ場合にはインディアン」という型に次第にはめられた。当然ながら、メティ族の多くは、イギリス系アメリカ人社会に同化するより、自分たちのインディアン部族グループに加わった[19]。

このような慣習は、まだ科学的には明確な人種的感情に固まっておらず、むしろインディアンの野蛮性対白人の文明という二項対立に基づいていた。19世紀半ばまでに人種に対する態度が、対黒人の場合には決定的になっていたし、これが後にインディアンと白人の関係にも影響を与えたが、このことは、弱小人種は適者生存の争いに対処できないとする理論が登場した後において、とくにそうであった。マーシャルは、インディアン部族を1830年代には従属国家として扱っていたが、1870年以降、連邦最高裁の裁定に基づくアメリカの法律は、彼らとの条約交渉を禁止し、アメリカ国内の従属国家という専門用語を完全に破棄した。インディアン―白人関係は、もはやトランスナショナルなものとしてほとんど見ることができなくなった。この時期を境にして、連邦政府は、インディアンを国家の被保護者としてあからさまに扱い、残った「野蛮な」インディアンを保留地に移すことを中心とした政策を進めた。思想の変化と大衆文化が、そうした政策転換を後押しした。1880年代までに、ほとんどの白人のアメリカ人は、先住民を社会進化論によって補強された「消えゆくインディアン」として見た。そして、バッファロー・ビルのワイルド・ウェスト・ショーに見られるように、余興やサーカスの中で、インディアンを恐いものとしてではなく、むしろ面白おかしく扱うようになった。南北戦争後、善意のある改革者は、新たな熱意を持ってインディアン社会への圧力に対応するため、モホンク湖畔会議を通して残りのインディアン部族を環境に適応させようとした。この会議は、文明化と繁栄への鍵として、部族の土地の放棄を提唱するものであった。その結果が、1887年のインディアン一般土地割当法（ドーズ法）であり、それはインディアン世帯主一人当たり160エーカーを付与するというものであった。余剰地の売却をはじめ、残存する部族（もとは狩猟採集民族）に対する農作業に至るまで、西部のインディアンは、残された先祖の土地の約3分の

2を失った。[20]

メキシコ戦争とヒスパニックの伝統

フロンティアでの人種混交は、アメリカの西漸運動とメキシコの衝突によってさらに複雑になった。1820年代に、アメリカの綿花栽培農民と彼らの奴隷はメキシコ領テキサスに流れ込んだ。そこに引きつけられた要因はメキシコ政府による土地売却であったが、彼らはすぐに、強権的な政策を推し進めるメキシコ政府のやり方に不満をおぼえた。その政策の中には、自由労働国家とみなされた国への奴隷の連行を阻止する政策も含まれていた。1836年のテキサス共和国の形成につながったメキシコ政府への反乱は、短期間に終わった。アメリカ国内の奴隷制擁護派は、テキサスの利害関係と結びついて、1845年に達成されるテキサス併合のための政治運動を生み出した。その間、民主党は、ジャクソンの弟子ジェームズ・ポークの下で、「明白な運命《マニフェスト・デスティニー》」という考えを背景にしたアメリカ領土拡張を綱領として、1844年の大統領選挙に勝利した。[21]

まさに明白な運命という言葉が最初に使われたのは1845年であったが、それ以前に、その言葉のテーマは、言語道断に、また厚かましくも、また恥ずかしげもなく、アメリカによる領土拡張の大半を支え、太平洋に向けて西漸し、北米大陸を支配することはアメリカの神意による権利であるとした。この過程を説明する場合、アメリカの歴史家は、しばしば奴隷制についての国内議論に焦点を当て、フロンティア拡張と領土拡大という外に向けたダイナミックな推進の重要さの第一義性を前提としてきた。たしかに、これらは重要な要素ではあったが、強硬路線のポーク政権は、戦争であろうと外交であろうとメキシコ北部の併合をしっかりと視界に入れていた。だが、多国間的・双方向的文脈を忘れてはならない。テキサスが州として編入されると、アメリカは、1846年から1848年のメキシコ戦争を起こすことになる国境問題を引き継いだ。こうして、その戦争は、国外に住むアメリカ人奴隷所有者がつくり出した政治的不安定さの遺産となった。国際的陰謀がこれに加わって、ことを複雑にした。すなわち、テキサスがメキシコから独立したとき、イギリスは、この未熟な共和国へ融資を行い、それがいらだちと疑惑をアメリカ政府に抱かせることになった。こうした「ヨーロッパ人の侵入」の可能性は、ヨーロッパによるアメリカ大陸支配の運命を明白にした[22]。その過程は、ある程度、アフリカにおいて後にヨーロッパ列強が行った拡張を思い出させるものであった[23]。すなわち、アフリカでは貿易商人や宣教師の活動が、現地の利害関係や争いの原因をつくり、それが最終的には列強をアフリカに導くことになった。ヨーロッパ列強は自国の優位を失うまいと、悪循環を繰り返しながら争った。テキサス共和国へのヨーロッパによる「干渉傾向」は、「アメリカの増大する経済的・政治的野望への怖れが、その主な原因」と主張する専門家もいる[24]。アフリカのように、当地の住民間での対立もまた、外からの侵入の機会をつくった。すなわち、南西部の広い地域がコマンチ族によって政治支配されていたが、彼らは、ヨーロッパ人のもたらした馬術を採り入れた襲撃と交易を基本とした経済を実践することによって、メキシコの権威を弱体化させ、現地のヒスパニック住民の居住地を激減させた。そしてコマンチ族の行動は、旱魃の発生とその結果としての彼らの存在感の後退で、アメリカ人が入り込める権力の空白地帯をつくり出したと考えることができる[25]。

非常に多くの政治家や新聞記者は、ポーク政権に対して、メキシコ全体を1848年のメキシコ戦争の終結時に併合するように強く促したが、賢明な指導者の考えが勝った。これ以上に領土の拡張主義的な方法をとれば、奴隷制の将来との関係についてより激しい反論が起こることはもちろんのこと、文化的な消化不良を明らかに生み出したであろう。グアダルーペ・イダルゴ条約では、メキシコ国内で人々がまばらにしか居住しない地域だけがその所有者を変えた。またその条約によって、カリフォルニアとそこの金鉱の支配権をアメリカにもたらすことになったが、この領土分割は、アメリカが取得した領地内において非イギリス系人口が社会的地位の低いままにとどまることも意味した。多文化への寛容性よりも人口上の優位が目的であったが、それは、ジェファソンがルイジアナ購入に際して提唱した政策に、合致するものであったのである。それでも、現地には、こうした境界地方に根強い多文化的アイデンティティがあり、アメリカ西部ではまさにどこにでも、雑然とした人種・民族的な混合が存在した。カリフォルニア獲得は、1850年には連邦政府に外国生まれの人口が最多（23％）の州をもたらすことになったが、これは、ヒスパニックの影響とゴールドラッシュに引き寄せられた外国人の流入の結果である。1860年代には、国籍の異なる多くの外国人をカリフォルニアの牧場や小麦農場で見ることができ、カリフォルニアなどの南西部諸州は、ヒスパニックの遺産に大きく影響を受けた。ニューメキシコ州のリオグランデ川沿いの郡はとくにそうであり、そこには15万人のメキシコ系カトリック教徒が住んでいた。その多くは必要性から新しい政府に協力することにしたが、こうしたヒスパニックはアメリカに同化せず、またそうすることも奨励されなかった。

侵略と領土維持を正当化する方法として、アメリカ人はメキシコ人を、民族的に異なり、かつ劣等な「他者」として扱った。メキシコ人は、怠惰で「下劣で不誠実」であると見られていた。歴史家トマス・イエタラによれば、「野蛮な」インディアンにとってとまったく同じように、アメリカ人はメキシコ人を、文明の道から排除しなければならない野蛮人とみくびっていた。イリノイ州選出の下院議員オーランド・フィックリンがいうには、メキシコには、「(現地の) 人々の自由に対して絶えまない戦争をしかけ」「結託した金持ち貴族とともに、腐敗した聖職者」がいた[26]。しかし、そうした現地の人々自身が、アメリカ人の判断によれば、「野蛮で残酷」であった。アメリカは、この地域を民族的に支配するため、最終的にはイギリス系入植者の流入に基づく事実上の生存圏(レーベンスラウム) 政策をとったが、この人口動態上の解決策がすぐに効果を出したというわけではなかった。ニューメキシコとアリゾナの領土は現地の住民が同化されないままの状態が続き、そして彼らが同化されない限りアメリカはこの地域を州と認めようとしなかった。事実、これらの領土には、30年以上にも及ぶヒスパニックやメスティーソそしてカトリックの伝統があったため、アメリカ政府にとって信頼できない疑似植民地であり、1912年まで州にはならなかった。しかし、そのときになって初めてフロンティアは終焉したといわれるが、そうであろうか。ちょうどその時期にヒスパニック移民が増え始め、文化混交は続いたのである。そしてメキシコの遺産は生き残った。

第7章　アメリカの内戦とその世界史的意味

アメリカ文化における南北戦争の地位は揺るぎないものであり、このことは、その名称と、アメリカ人の記憶にある南北戦争の重要性に表われている。すなわち、南北戦争を意味する大文字の「内戦」という表現自体が国内紛争であったことを表わしているし、一方、南部人好みの呼称「諸州間の戦争」や「南部独立戦争」は、南北戦争が二つの独立国になる可能性のあった地域同士の闘争であったことを暗示している。この「内戦」という独特の表現自体が、ごく普通に議論されるときには「アメリカの」という言葉が上につかないことからわかるように、また別の意味でアメリカ人のちょっとした偏狭さを露呈している。アメリカでの議論では、「アメリカの」という言葉が上につかないのが当然だと受け取られているのに対して、イギリスやロシアでの内戦には、地名が必要なのである。南北戦争研究の豊富さもまた、問題を複雑にしている。他の国の血みどろの内戦は歴史のページを雑然と埋めてきただけであるが、我々はこの国の同胞同士の戦争についてははるかに多くを知っている。こうした偏狭さは、南北戦争の規模の巨大さを反映している。死者62万人という大変な数字は、人口に占める死傷者の割合でいえば、それまでのアメリカの他のすべての戦争を凌駕しており、アメリカ人の記憶における重要な地位を、端的ではあるが正確に物語る。同胞同士が、隣人同士が殺し合ったと、感傷的な伝承は続き、その恐ろしい悲劇性は否定できない。しかし、死傷者の数では、南北戦争は特別ではない。第一次世界大戦時の軍の死傷者は負けず劣らず多かったし、また2000万人が死亡したとされている同時代の太平天国の乱（1851～64年）の前では、南北戦争はかすんでしまう[1]。

南北戦争とトランスナショナルな関係

（1）戦争と軍事的な面

南北戦争が特別だと誤解したのは、アメリカ人だけではない。当時の外国人もそうであり、ヨーロッパ人の中には南北戦争をアメリカ民主主義の愚かさの例だとみなした者もいた[2]。しかし、南北戦争は、大西洋をまたいだ、あるいはそれ以外のトランスナショナルなつながりを表わしていた。国外の出来事が、文字どおり戦争を「引き起こした」わけではない。しかし、北大西洋世界の急速な工業化が生み出した圧力が、そのような経済の需要を満たす資源の獲得競争を通じて、戦争勃発の大きな原因となったのである。紛争の核心にあったのは、西部への膨張のトランスナショナルな性格であって、奴隷制の道徳的邪悪さではなかった。メキシコ戦争、およびアメリカが1848年に獲得した領土が、南北間の緊張を悪化させたのである。新たなフロンティア地域で優位を占めることになるのは、奴隷と綿花プランターなのか、それとも自由農民なのか。アメリカ西部への急激な膨張というきわめて不安定な言説がいったん収まると、他のトランスナショナルな圧力が明白になった。すなわち、南部の反乱は、ヨーロッパの製造業にとっての南部の原料の重要性を拠り所にしていたし、またイギリスが、中立を保つかあるいは南部連合を新国家として認めるだろうという想定が、拠り所となっていた。「綿花の荷揚げ量が世界最大の港であるリヴァプールは明らかに、南部連合自身を除けば世界でもっとも南部連合寄りであった」。フランスでも、綿花商人や製造業者が南部の反乱者たちを承認するよう「ナポレオンに請願した」[3]。政治的に、または軍事面で、イギリスやフランスが南部を支援する可能性があったために、エイブラハム・リンカン政権にとっては、外交が重要なものとなった。戦争の初期には大西洋両岸間の軋轢は大変なもので、アメリカ北部の海軍が、イギリス船において南部連合の外交使節を捕らえた1861年のトレント号事件で、イギリスの中立性はひどく損なわれた。もっとも、リンカンはイギリスとの対決を避けて、外交使節を釈放したのだが[4]。外交努力は、民間機関であるアメリカ公衆衛生委員会によって補う必要があった。同委員会は、捕虜の扱いなどの道徳的行為に関しては北部のほうが優れていることを強調するために、イギリスやフランスに支部を設けた[5]。

そのような努力にもかかわらず、外国での南部連合への共感は綿製造業者に限られてはいなかった。カナダのイギリス領では、イギリスの中立をめぐる米英間の論争に反応して、アメリカによるカナダ侵略の恐怖が大きくなった。また、カナダでは、たしかにアボリショニスト〔奴隷制廃止論者〕をかくまったという事実はあったものの、南北戦争に関する世論は割れていた。それは、一つにはカナダが、1863年のアメリカの奴隷解放宣言までは、南部の連邦離脱を阻止しようとする北部の道徳的目的をはっきりと理解できなかったからである[6]。この立場は、イギリス国内の多くの人々にとってもおおむね同じであった[7]。イギリス人にとっては、アメリカ北部の船舶を襲撃するのに南部連合が使用する船を秘密裏に建造することは局外中立の違反であり、南北戦争後のアラバマ号事件における交渉で高い代償を支払うことになった。しかし南部連合による襲撃に対する支持は、南部に対する一定の敬愛の情があったことを表わしている。大西洋でのアラバマ号の戦果は、戦後の賠償請求事件の名称のもととなったが、南北戦争は地球の反対側にいた人々にもかかわりを持った。南部連合の襲撃艇シェナンドー号はグラスゴーで購入され、公海上で戦艦に改造されたもので、世界中を航行し、1865年1月25日、オーストラリアのメルボルンに入港して、現地の植民地政府に絶大な歓迎を受けた。メルボルンの若い女性たちが青みがかった灰色の軍服を着た水兵たちと食事をしたり、ダンスを踊ったりした。シェナンドー号は植民地の人々から水や食料の補給を受け、修理をほどこされた。艦長は、地元のアメリカ人住民や後に冒険を求めることになる人々の間から、数十人の追加の水兵を募った。シェナンドー号は、戦争が1865年4月には終わっていたことを8月になって知るまで、北太平洋で無防備なアメリカ北部の捕鯨船を20隻以上沈め続けた[8]。

軍事的観点から見れば、南北戦争は、1914～18年のヨーロッパでの大戦の際に、「総力戦」として認識されることになる多くの戦争の前兆となった。たとえば、ウィリアム・T・シャーマン将軍がジョージア州で焦土行軍を行ったように、土地の民間人全体に対して戦争を遂行することは、総動員戦争のジャンルに入る[9]。工業化時代の技術もまた、初めてこの戦争に用いられた。「アメリカ体制」の先駆けとなった銃火器工場が、連邦軍のためにライフルを濫造し、全般的に、北部は、兵士用ブーツなどの支給品や武器の製造で、圧倒的に優位に立っていた。電信により迅速な指令伝達が可能になり、また、鉄道が補給品、大砲、そして兵員を運んだ。戦闘に加わった装甲艦や最初の潜水艦は、当時の軍事戦略上はそれほどの重要性はなかったものの、海洋戦争の未来をかいま見させた。気球を利用した航空偵察さえ現われた。武器の新たな開発、とくに銃身内部に溝を彫ったライフルは、旧式のマスケット銃の射程が100メートルだったのに比べると、射程500メートルを超え殺傷能力の高い正確な射的の武器だった。

しかし、技術革新だといわれたこれらのうちの多くは、前例のないものではなかった。ヨーロッパ人はすでに銃身内部に溝を彫ったライフルを発明していたし、それにも増して、最初の近代的戦争といわれる南北戦争には、ヨーロッパの軍事知識を参考にした、もっと伝統的な戦争の要素があった。軍服などのヨーロッパ式戦争に見られた外見上の軍装だけが南北戦争当時のアメリカ軍が模倣したものではなく、南北戦争初期の戦術も、アントワーヌ・アンリ・ジョミニのフランス式軍事戦術ハンドブックからとったものであった。その戦術はナポレオン戦争での体験を反映していて、その中には、隊伍を組んで敵の正面に向かって進軍し、それぞれの列が発砲してから後ろに下がるという旧式の武器の力を最大にする作戦が含まれていた。驚愕するほどの戦死者数に直面して軍は戦術を変え、その一つの結果は塹壕戦であった。それすらもまったく新規な作戦ではなく、クリミア戦争ではすでに塹壕が使用されていた。それでも、アール・J・ヘスが、1864年のコールド・ハーバーの戦いを「第一次世界大戦の不吉な前兆」と呼んでいることは、正しい。その戦いでは、「近代的武器で武装し洗練された塹壕システムで守られた固い決意の軍隊に対し、大軍で正面攻撃がかけられた[10]」。

しかしながら、火力量や死傷者数に関する南北戦争の軍事面での教訓は、ヨーロッパのほとんどの戦略家たちからたちまちのうちに忘れられた。イギリスの指導者層の一部のように、その教訓を実際に理解した人々は、「この戦争がもたらす破壊の凄まじさに驚愕した」。そして彼らは、その凄まじさが「民主社会が生み出す志願兵からなる軍隊の限界」、とくに、「統率力と規律の欠如」の結果であると確信し、民主主義とそれがもたらす意味の両方を避けたいと願った[11]。しかし、1870～71年の普仏戦争〔プロイセン・フランス戦争〕でプロイセンがフランスにたちまちのうちに勝利したことで、塹壕戦、軍事的膠着、そして産業および民間人の動員が持つ意義が曖昧となり、その代わり、普仏戦争が戦争の水準点になった。当時ヨーロッパに何人かいたアメリカの戦略家たちでさえ、プロイセンの攻撃の速度と効率に感心した。フィリップ・シェリダン将軍は、その光景をプロイセン軍の総司令部という安全な場所から視察したのだ。もっとも、アメリカでは、国民国家の誇りと、アメリカの地理的・戦略的状況が異なるという意識が流布しており、プロイセンの軍事戦略改革を全面的に採用するまでには至らなかった[12]。

（2）戦争の政治的・経済的な面

長期的に見て南北戦争の軍事的側面よりはるかに重要だったのは、国家の再編であった。アメリカのナショナリズムという意識が、不可分の一国家としての連邦国家を中心に強固になった。南部の敗北によって、憲法の枠組みにおける権力のバランスは、州政府から連邦政府に傾いた。この権力構造の変化は、近代化しつつある世界における中央集権化傾向と軌を一にしていた。すなわち、1850～70年代は、アメリカばかりでなく、ヨーロッパでも日本でもナショナルな統合の時期であり、イタリア王国とドイツ帝国の創設は1871年までに完成していたし、古代天皇制国家の再生とその近代化を狙った明治維新も同様であった。カナダは1867年に連邦制とイギリス連邦内の自治領の地位を確立したが、それは南北戦争への反応という面もあった。その結果、アメリカと北米のイギリス領諸地域との緊張が高まり、それらのイギリス領がアメリカによる併合圧力にいかに脆弱であるかが現われていた。アメリカと同様にヨーロッパでも、戦争は政治権力の集中をもたらした。戦争を通じてアメリカが近代産業国家として誕生したことと、ヨーロッパ諸国が国民国家群に移行したことは、一過性の類似現象を超えている。エイブラハム・リンカンとオットー・フォン・ビスマルクはともに、鉄と血で国家を統合した人物といえるのだ[13]。

とはいえ、リンカンの穏健でリベラルなナショナリズムとゲティスバーグ演説での「自由の新たな誕生」の宣言は、プロイセンの保守的で権威主義的なナショナリズムとは、その目的が大きく異なっていた。第一次世界大戦開始時に至ってもドイツ帝国には、真に民主的な政府どころか、実質的な代議制度もなかった。そのうえ、アメリカにおいて国民国家の成長は、驚くほど制約を受けたままであった。再建の時代およびその後の時代に、連邦制度の影響は、北部のやり方を押しつけられることに対する南部の抵抗の影響とともに、多大なものであった。「政府のバネ」が弱く[14]、自由放任主義が優勢であったので、真の意味で強い中央集権的権力が存在しえなかったのである。このことは、再建政策に明瞭に示されていた。南部の元奴隷たちの地位を強化し、彼らに土地を提供するのに必要な連邦政府の巨額の投資は実現しなかった。その代わり、彼らの地位の向上は、リベラルな革命の名にふさわしく、市民的権利と政治的権利に限られていた。この限定的な地位向上でさえ、1870年代半ば以降、軍による南部占領が終わり、白人至上主義に身を捧げ、「南部の地位の回復」を目指す南部諸州の政府が権力を取り戻すと、巻き返しの憂き目にあった。ナショナルな政治統合が達成され、憲法修正第14条を通じて介入主義的な連邦政府の潜在性が準備された一方で、州権論がしつこく主張され、南北戦争の意味について論争があったことは、ドイツに比べれば、アメリカが中央集権度の弱い国家だったことを際立たせている。

南北戦争の軍事面での結果と同じくらい重要な側面は、戦争がアメリカ経済に与えた直接の影響、つまり綿花貿易の停止とそれがイギリス経済と世界経済に与えた影響であった。綿花商人が南部寄りの政策のためにロビー活動を行っていた一方で、アボリショニストは戦前から行っていた南部に代わる綿花供給源の拡大を目指し、戦争の結果、綿花栽培はエジプト、西アフリカ、ブラジル、そしてインドで行われるようになった。南北戦争後に南部が綿花栽培の主導的な地位を回復するにつれて一部の地域に対する需要が低下したが、その一方で綿花生産の性格があらゆる地域で変わってしまい、綿花供給源は世界規模で多様化し、またトランスナショナルな年期契約奉公労働の利用が、奴隷制への依存にとって代わった。スヴェン・ベッカートが述べるように、エジプト、インド、そしてブラジルの綿花は1883年までに「ヨーロッパ大陸の綿花市場の31%を占めるようになっており、

1860年の市場占有率の2倍を少し超えていた」[15]。綿花生産のグローバル経済の変化はアメリカ国内の綿花プランターの立場を弱め、戦後に北部が南部に対して要求した政治的譲歩をめぐる闘争でプランターの影響力を削いだ。「王者たる綿花《キング・コットン》」と南部という言葉は、その後再び同義語となることはなかった。綿花生産地域の変化は、グローバルな諸変化の原動力になった。イギリス領インドでは食糧生産よりは灌漑と輸出作物生産により多くの土地を使わなければならなくなったし、トルキスタンでの綿花栽培は、中央アジアにおけるロシアの帝国主義的野心の地固めをした。

南北戦争はまた、第2章で説明したグローバルな財政上のネットワークを混乱させた。メキシコ戦争の戦費はイギリスからの借款でまかなったものの、1861~65年まで、アメリカ財務省は十分な国際借款が得られなかった。ヨーロッパの貸し手は北部の不安定な財政状態に鑑みて、アメリカへの貸し付けはあまりにリスクが大きいと考えたからである。連邦政府は国内資金に頼らざるをえなくなり、それは、増税と紙幣の増刷――紙幣の裏が緑色であることからグリーンバック紙幣として知られるドル紙幣の増刷――を招き、そのためにインフレ率が上がったが、増大した国債の90％はアメリカ人が所有していた。その長期的な結果は、アメリカの財政が国際的に強化されたことだった。アメリカの投資銀行は外国債を含む公債の売買を引き受け、1863年にニューヨーク証券取引所がウォール街に移転したが、それはアメリカの財政的地位を象徴する出来事であった。アメリカ財務省は1871~73年までイギリスからの低利の借款を通じて、それまでの借款の多くを弁済したが、そうしているうちに後の時代の大西洋経済における財政的優位の基礎が築かれた[16]。

外国における南北戦争の直接的な政治的影響は、国内よりも少なかった。戦争中、アメリカの国際的な地位はかなり低下し、南部が連邦離脱に成功していたら、その地位は永久に低下したままであったろう。北部は、南部分離主義者との戦いに集中する必要があったため、1864年にメキシコ皇帝マキシミリアンとしてハプスブルク家の一員を就任させたナポレオン三世によるフランスの干渉に抵抗できず、モンロー主義が脅威にさらされた観があった。シュワード国務長官は介入したがったけれども、リンカン大統領は、北部がすでに抱えきれないほどの問題を抱えていると裁定を下した。南北戦争が終わってしまうと、ナポレオンの企みは、その滑稽なうぬぼれぶりを露呈した。彼は1867年、不運な皇帝を、怒ったメキシコ人の手で処刑されるがままにせざるをえず、南北戦争の終結は西半球でのフランスの野望を事実上終わらせた。フランスは戦争が終わる前に、好機到来とばかり、最後の試みを行ったのである。

南北戦争は、1865年の連邦軍の規模やそれを支える経済資源の蓄積を考えれば、アメリカの国力を国際社会へ向けて発揮する転換点になっていたかもしれない。しかし、軍はただ一つの目的だけに動員され、南部の敗北後ほとんどの兵士は戦争に飽き飽きしていたのでさっさと家に帰された。帰されずに残っていた軍はすべて、インディアン最前線での治安維持活動か、アフリカ系アメリカ人に平等な地位を与えることを受け入れない白人の南部を占領することのいずれかに集中しなければならなかった。1865年の終戦直後は、アメリカの国力を国際社会へ向けることにほとんど関心が払われなかったが、それは、国内の政治的分裂が大き過ぎて、どんな合意も期待できなかったからである。しかし国家膨張の提唱は続いた。1867年のシュワードによるアラスカ買収は、彼が1850年代に始めた大陸征服戦略の一部で、カナダがアメリカ領にはさみ撃ちされ、アメリカの手に落ちることをもくろんでいた[17]。ザカリア・チャンドラー上院議員などの併合夢想家たちは、アラバマ号事件の解決のお返しにイギリスがカナダを割譲することを望んでいたし、一方でシュワード国務長官とグラント大統領は、パナマ地域でいかなる地峡運河が試みられても、そこへのアクセスを確保するために、サント・ドミンゴの獲得を提唱した。これらの試みはどれも実現しなかった。アラバマ号事件は割譲ではなく金銭補償という昔からの方法で決着を見たし、アンドルー・ジョンソン政権とグラント政権の内部問題、議会と大統領の間の競合関係、そして併合に対するカナダの反対が、新たな領土を獲得するという途方もない希望の息の根を止めた。

再建の時代とトランスナショナルなつながり

南部の政治的・社会的な再建の時代（1865〜77年）は、それ自体、歴史的に見て内向きの時代である。

歴史家は再建の時代をアメリカ独特のものだと考えている。奴隷制が廃止された場所で、奴隷制廃止勢力が、旧プランターたちの政治的・経済的な力をあれだけうまく削ぐことができたところは他にはない。ピーター・コルチンは「再建の時代はアメリカ史上前例がなかったばかりか、外国にも、同様の事例はなかったのである」と述べている。アメリカ以外のところでは、元奴隷主とその同盟者が解放された奴隷の政治的運命を決めたのに対して、アメリカの黒人は、「彼らの目標と統一国家の目標が一致していた珍しい政治的力関係の恩恵を受けて」いた。[18] アボリショニストたちは比較の対象となりうる奴隷解放後の社会から教訓を引き出していたけれども、エリック・フォーナーによると、労働力不足のおかげでアフリカ系アメリカ人は、植民地の支配者が年季契約奉公人を導入できた西インド諸島の元奴隷たちに比べると有利な交渉ができた。また、西インド諸島の元奴隷たちのほうが交渉力に乏しく、小作農を続けたのであった。アメリカでは「奴隷解放後の社会の歴史において、再建の時代の特異性」が目立っていたとフォーナーは述べる。[19] スティーヴン・ハーンは、南部では、プロイセンの地主エリート層とラインラント地方の実業家を結びつける保守的な「鉄とライ麦の同盟」に相当する現象は起きなかったと主張している。[20] 再建は、本質的に南部プランターをアメリカの権力構造から追放したのであった。

　草の根レベルでは、解放黒人は、南北戦争直後の国際問題などどうでもよかった。「40エーカーとラバ1頭」、つまり土地と農耕の手段が手に入るだろうか。選挙権や市民的権利が得られるだろうか。白人に怯えずに自由に暮らせるだろうか。そういうことが問題であった。北部の視点からは、南部の処罰も中心的課題であった。しかし、南部に対して寛容な対処を好んだアンドルー・ジョンソン大統領の不手際な政策の結果、共和党が多数を占めた議会が再建の主導権を握った。共和党が、敗北した南部連合を軍政下に置いたおかげで、議会は1867年以降の短期間、南部に急進的な再建政府を強制することができた。黒人自身がこのような庇護の下、統一国家内での地位向上を求めたので、戦前に高まりつつあった南部脱出の気持ちはすぐには復活しなかった。元奴隷たちはたいてい、アメリカ人とみなされることを望んだ。レオン・リトワックの明言によれば、黒人は、「ラテンアメリカやカリブ海の自分たちより不運な同胞」と比べれば、自分たちのほうが恵まれていると考えた。ラテン系の元奴隷たちは共和制の伝統と白人文明の指導を欠いているので、自分たちより遅れているとアフリカ系アメリカ人たちは思っていたのだ。[21]

しかし、アメリカの不完全な革命でさえ、国際舞台に波及する結果を生まないわけにはいかない。再建もまたしかり。トランスナショナルな影響の一つは、敗者の国外移住である。南北戦争後の奴隷制の終焉に嫌気がさして、恐れを抱いた南部連合軍の従軍者が国外に脱出した。南部連合軍高官ジューダ・ベンジャミンはイギリスへ移住したが、はるばる日本まで行った者もいた。もっとありふれた事例は、奴隷所有者がラテンアメリカにプランテーションの生活様式を再現しようとしたことである。南部連合のマシュー・モーリー提督は、長年にわたってラテンアメリカに利害関係を有しており、(申しわけ程度の)賃金を払えば「労働者」を輸入できるという約束で2000名の南部連合の元兵士をメキシコに誘致する手助けをした。しかし、南部人が皆、国家を捨てようなどと考えたとはとうていいえない。南部連合の著名な指導者ロバート・E・リー将軍は、メキシコの事業に参加を求めるモーリーの懇願を拒絶した。[22] アメリカ・メキシコ国境の南側に新たな形態の囚人労働を設けようという試みは、メキシコ共和国の復活とマキシミリアン皇帝の失脚で崩壊し、ほとんどの国外移住者はアメリカへ戻った。[23] ダニエル・サザランドの計算では、実際に、1868年までに国外移住者の80%が帰国したという。[24] しかし、ラテンアメリカにとどまった人々もいる。ブラジルに移住した南部連合軍の従軍者は、ヴィラ・アメリカーナのような定住村をつくり、彼らの子孫は一世紀を経てからも依然として南部の遺風を祝い、街の旗には南部連合のシンボルを使用していた。[25]

これまでの研究は、このようなトランスナショナルなつながりを軽視している。というのは、それらの研究は、比較することに狙いがあり、一つの国の奴隷解放が他の国の奴隷解放に与えた影響を、考えようとはしないからである。アメリカでの奴隷解放は、世界史上最大の事例としてブラジルやキューバで残存していた奴隷制の命運を左右しないわけにはいかなかった。奴隷解放はキューバでは1886年まで、ブラジルでは1888年まで完全には実現しなかったが、解放のプロセスは1860年代には十分に始まっていて、キューバに最後の奴隷が輸入されたのは１８６６年であることが知られている。[26] １８６０年代初め、キューバの砂糖プランテーションで歌われていたと伝えられる歌は次のとおりだった。

前進せよ、リンカン、前進せよ。
汝こそ、我らの希望。[27]

このように、アメリカの奴隷解放はキューバの奴隷制を弱体化させたが、しかし皮肉なことに、アメリカ人が１８７０年代にキューバで奴隷という財産を所有し続けた。その行為は１８６５年以降はアメリカでは禁じられたが、グラント大統領がそのような行為を禁止する法の制定を求めたにもかかわらず、議会はこうした偽善的行為を防げなかった。最終的な奴隷解放はいくつかの段階を経て行われたが、それには、キューバ人自身の努力とスペインにおける奴隷制廃止の世論が必要であった。

奴隷制の終焉は、世界の労働形態がさまざまな形態の不自由労働から自由労働へと、徐々に、そして不均等に移行していく中で、さまざまな解放計画と同時期に進行した。カール・マルクスと当時出現しつつあった社会主義運動は、アメリカの奴隷解放とロシアの農奴解放、ヨーロッパの労働者階級の抵抗運動による動揺、そして１８５７年のインドでの反乱のようなアジアの動乱との「同時代」性に気づくようになる。これらは、クリストファー・ベイリーが述べるように、サバルタン〔従属的な諸集団〕階級の反乱の兆候と解釈できるが、マルクスは最終的に、「アジア人」の抵抗とヨーロッパ人の抵抗を異なる範疇に入れた。[28] しかし、たとえアジアとヨーロッパの関係が希薄であったとしても、ヨーロッパにおける労働者階級解放の事例との関係が深かった。イギリスのジョン・ブライトと自由党のウィリアム・Ｅ・グラッドストン首相は、アメリカの奴隷解放闘争を、南北戦争がもたらした大きな文脈に置いて考えた。すなわち、二人は、「アメリカの奴隷解放」と、１８６７年と１８８４年の改革法で実現した「イギリスの農業労働者と都市労働者に対する選挙権付与」との間に類似性を認めたのである[29]。1861年のロシアの農奴解放もまた、おおむね奴隷制廃止の議論と同時代の出来事である。たしかに、ロシアの農奴に与えられた自由に政治的権利は含まれなかったが、しかしアメリカの元奴隷も再建後は、そのような権利を保持していたわけではなかった。南北戦争をアメリカ例外主義が正しいという証拠に用いたい人々は、戦争のユニークな結果、つまり、自由の新たな誕生と奴隷制や人種的不平等の終焉という結果を指摘する。しかしながら、こうした感情はリンカンのゲティスバーグ演説で見事に表現されていて、十分な肉づけのある現実というよりもむしろ、気高い理想にとどまっていた。

再建のトランスナショナルな側面は、もっと長期的な視点でとらえるといっそう明らかになる。アフリカ系アメリカ人は自由を得たとはいえ、それでもやはり獲得した市民的権利の多くはその後、1880年代と1890年代に剥奪されたというのが事実である。1896年の「プレッシー対ファーガソン事件」判決で連邦最高裁判所は、「分離すれども平等」の施設という条件が満たせれば、州政府による人種隔離が合憲であると宣言した。判決はルイジアナ州鉄道に適用されたけれども、「分離すれども平等」の原則は1950年代まで市民権法を支配し続けた。同時に、保守的な白人至上主義の州政府は、識字テストなどの口実を使ってアフリカ系アメリカ人の選挙権を奪い続けた。ルイジアナ州の1896年と1904年の有権者数を比較してみるといい。極端な識字法や人頭税が適用される以前は有権者が13万人もいたけれども、8年後には1342人しか選挙登録をしなかった。8年前と比べると、100分の1未満に減少したのである[30]。

この市民的権利への合法的攻撃は、社会進化論と、1880年代に加速したアフリカにおけるヨーロッパの公式の植民地主義の勃興という国際的文脈の中で起こっている。再建そのものは1877年に正式に終了していた。この時期にはまた、イギリス帝国の他地域からの非白人移民の流入を管理するために、南アフリカのナタールのような場所に識字テスト（1897年）が導入されつつあったが、歴史家はこれまでそういう事実にほとんど気づいていないし、ましてやその意味の探求などしたことがない[31]。また、議会が1882年中国人排斥法により中国人労働者の入国を禁ずることによって、アジア系アメリカ人の習慣や行動に関するカリフォルニア人の偏見におもねたことを思い起こされたい。それは市民的権利事件の諸判決のちょうど1年前で、このときに連邦最高裁の判決文を書いたのは南部人ではなく北部人で、民間人による差別的行動を法廷が止めることはできないという裁定を下した(32)。1883年の市民的権利事件の諸判決は、中国人排斥法と同時期であるだけでなく、同時代の他の植民地社会でアジア系移民の流入を阻止する試みと軌を一にしており(33)、再建に対する反革命の前提条件は、ヨーロッパの諸帝国において非白人を管理しようとする白人の同時代の運動であった。当時の白人は非白人種の人口に脅威を感じていて、ヨーロッパ系アメリカ人の出生率の低下が人種的自殺につながるかもしれないと恐れていたのである。後に大統領となるセオドア・ローズヴェルトも1890年代にそう感じていて、白人種の戦略的地位を考察するに当たって、オーストラリア人の人種主義者にして社会進化論者チャールズ・H・ピアソンの著作に影響を受けていた(34)。アフリカの非白人種を支配することによって、アメリカ北部と南部の白人は識字テストを通じた人種抑圧が自然秩序の一部だと考えることができた。この見解では、アメリカの黒人を抑圧することは、正当な形態の国内における植民地主義で、世界を政治的に支配するアングロサクソン系のグローバルな運動の一環であった。1898年以降にアメリカが植民地を獲得したせいで、それまではアフリカ系アメリカ人の権利を見捨てることに疑問を感じたかもしれない共和党内の帝国主義を支持する北部人政治家たちは、南部がアフリカ系アメリカ人の選挙権を剝奪するのを批判できなくなった(35)。

国内でも世界の広い舞台でも、この抑圧的権力を行使するために、アメリカは、戦争で多大な代償を払って確認した国家統合だけでなく、強力な国家機構を必要としたが、それは南北戦争では達成できなかった。戦争後の国家は妥協の産物で、残存する国内の分裂や強化された地域ごとのアイデンティティを抱えた諸勢力の均衡の上に成り立っていた。強力な国家がどのように発達したかは、第9章で論じる。この国民国家の展開は、19世紀と20世紀初めの全体を一括して扱うことによってのみ明らかになりうる。そこで、時代を遡って、いっそう広い歴史的文脈でアメリカを見なければならないが、時代を前後に行ったり来たりしなければならない。強力な国家を創造する闘争は、第一次世界大戦までは完結しないことになる。南北戦争がなしえなかったことを、戦争の国際的要請、そして外国での安全保障と軍事紛争が達成したのである。

第8章　文化はどのように旅したか
——海外渡航の時代、1865〜1914年頃

南北戦争後の10年間にはいくつかの潮流が同時に起こったが、しかしそれらは互いに相反するものであった。連邦分裂の可能性やヨーロッパによるメキシコへの干渉という圧力から解放されて、アメリカは先住民の強制移住を完遂し、西部への移住を進めた。社会の関心は内陸開発に向かい、19世紀末までにアメリカは国内市場を大きく発展させ、鉄道への投資は海上輸送への投資をはるかに凌駕した。こうして、拡大する国家としての地理的範囲は画されたのである。そして、1867年のアラスカ買収を除いて1898年まで海外領土がアメリカ領土に追加されることはなく、その間に、1801〜1848年までに獲得された西部の領土は次々と州として連邦に加入した。しかし同時に、1860〜1880年代は、ビジネス、旅行、社会改革、文化の各側面において増えつつあった海外との交流の原型のようなものが生まれる時代でもあった。この時代は、北米大陸内に目を向ける大陸主義の時代としてとらえる従来の叙述にもかかわらず、アメリカのトランスナショナルな状況や関係に関心が払われなかった時代ではない。むしろ、この時代のアメリカ人は、1890年代以降より明白になるアメリカのグローバルな拡大のための原型をつくる準備をしていたのである。

いずれにしても、これらの現象は文化の到達する範囲を中心に展開した。通常、20世紀をアメリカ大衆文化が地球上に遍在するようになった時代として考えるが、そうなる過程は決して新しいものではなかった。アメリカ文化のトランスナショナルな影響は、アンテベラム期〔南北戦争前の時期〕の数十年間に本格化し、戦争後の1865年以降には、相互関係性を重要な特色として増大したのである。すなわち、アメリカ人が自分たちの思想

を他者に押しつけるのと同じくらいに、外国人が自らの文化を輸出させるためにアメリカ人を招いたのである。アメリカ人が世界の舞台で自らの文化的な技術を示すことができたのは、ヨーロッパ列強の強大化と西洋文明による非西洋世界の人々への経済的影響を、アメリカが利用することができたからに他ならない。とくに重要なのは、イギリス人の海外移住であった。アメリカ文化の海外への伝達は、アンテベラム期における無限の成長というアメリカ人の夢に基づき、そしてイギリス帝国内での人々の接触や帝国の基盤を利用することによって、単に大西洋世界のみならず、地球規模で行われたのである。

海外旅行の時代

文化の拡大の大部分は、旅行の経験を中心に展開した。20世紀末にテレビや映画がアメリカ文化を世界に伝達したが、19世紀にはアメリカ人自身の存在が非常に重要であった。アメリカ文化は、世界中でのアメリカ人の移動と密接に結びついていたのである。旅行は多くの集団によって始められ、海外に出かけたアメリカ人は多種多様な活動に従事したが、彼らすべてに共通することは、「旅行」そのものにかかわり、そして海外での経験について頻繁に述べている点である。したがって、あえていうならば、旅行と観光を本章の出発点にしなければならない。旅行は、アメリカ人が他の場所に文化的にいかに浸透したかを示すものとして非常に重要であるだけでなく、旅行者が手紙を書き記し旅行書を出版したことが、アメリカ人にとって自己を定義することにつながった。これら旅行者から、アメリカ国民は外国についての知識を得、そして海外との文化的な相互関係をつくる機会が生じ、それが常にアメリカ人のトランスナショナルな経験の一部となっていたのである。

アメリカ人が旅行したのには多くの理由があった。宣教師、ビジネスマン、社会改革者、牧師、創造的な芸術家、政府関係者、そして団体に属する女性たち、これらすべての人々が旅行者になったのである。非常に注目すべきは、ビジネスマン、社会改革者など、表向きには特定の経済的、宗教的、社会・政治的な目標を達成するために異国の地を旅行した人々が、彼らが遭遇した土地や人々について、きわめて鮮明に記述しているということである。彼らの作品や経験が属するジャンルは、社会的・政治的改革の分野であるのと同様に、旅行の分野でもあった。たとえば、牧師フランシス・クラーク――もっとも大規模でもっとも影響力のあるキリスト教組織の一つキリスト教連合共励会の創設者であり指導者――は、彼の宗教活動についての叙述に、外国旅行についての数多くの生き生きとした話を入れて味付けしている。彼は豪華な題目の著作『我が世界一周旅行――インド、中国、日本、オーストラリア、ニュージーランド、エジプト、パレスチナ……スペインを通る4万マイル1年間の旅についての挿絵入り記録』を1897年に書いた。彼はその中で、各地の習慣、土地、人々について、各々同等の意気込みで描写した。彼が宗教的に近づきがたいインドのような場所でさえ、「素晴らしい異教信仰」の地として分類している。[1]ビジネスの旅行者は、たしかに、お金を儲けることに集中する傾向にあった。ジョージ・フランシス・トレインは1850～70年代までにアジアとヨーロッパを広範囲に旅行し、「原住民たちとの間で利益を得る関係を育む方法について常に述べている」。[2]しかし、旅をして回るアメリカ人技師や、後に大統領になるハーバート・フーヴァー――1895年から1908年の間に7回世界一周をした――と同様に、トレインもまた、自分が訪問した土地について生き生きとした詳細な描写をしたのである。[3]

アメリカ人の海外旅行は、進歩した大洋航海や安価になった船賃という現実的な事柄に基づいており、それは19世紀前半から始まり南北戦争末期に加速された。アメリカに来た移民たちは安価な大西洋航海によって恩恵を受け、このことはまったく同様に海外のアメリカ人旅行者たちにも当てはまったが、ただしそれは異なる方法においてであった。大西洋を横断した最初の蒸気船のシリウス号やグレート・ウェスタン号が1838年にロンドンからニューヨークに到着したものの、南北戦争まではほとんど航海は帆船によっており、その後1860～1900年になって船舶会社による競争と技術が結びつき、特別二等船室の片道運賃が半額に値下がりして100ドルまたはそれ以下になった。[4]しかし、アメリカ人旅行者にとっての特別な恩恵は、以上のような移民にとってのものとはかなり異なった。旅行が盛んになったのは、蒸気船航海による規則正しい運航、気楽さ、帆船よりも快適で数多い客室、そして、大洋航海と陸上交通に同時性を持たせたことによってであった。蒸気船は時刻表と電信によって鉄道と連結されて、大西洋の両岸における旅行網を拡大した。ヨーロッパ大陸内では、鉄道線路が1870〜1914年の間に3倍になり、アメリカ人はこの大陸を広く旅することができるようになった。大洋航海の観光旅行は、当時アメリカ政府が唯一統計をとることができた旅行であるが、以上のような変化や外国の地の魅力の結果、1860〜1900年の間に4倍に上昇した。メキシコやカナダへの観光旅行はすでにある程度は重要になっていたと思われるが、当時その統計は記録されていなかったので比較はできない。しかし、大洋航海による海外観光旅行は、アメリカの人口のわりには少なかったものの、1885年に初めてその数が10万人に達した。アメリカ人旅行者は、少数の文化的エリートの一部であり[5]、そのような旅行は経済にも敏感に影響を受けたので、経済状況により著しく変動し、1890年代初めの不況期には落ち込んだ。しかし、この旅行者の集団は、アメリカ文化の輸出にとって、その人数とは不釣合いなほど重要であった。国内にいるアメリカ人にとっては、これらの旅行経験の重要さは、旅行者が帰国して世論に与える波及効果と、彼らが国内の読者層に旅先から送ってくる話の中に存在したからである。

アメリカ観光旅行の歴史は、この時期にもっとも往来の多いヨーロッパとの間の旅行に、ほぼ完全に焦点が当てられた。マーク・トウェインは大西洋を越えた多くの作家や舞台俳優の一人であったが、その中には約20回もイギリスを訪れたクラーク牧師のような聖職者も含まれていた。社会改革者、実業家、そして裕福な名士たちにとっては、大西洋横断はごく普通のことであった。しかし、増えたのはヨーロッパへの旅行だけではなかった。アメリカ人の特質であったか否かはわからないが、アメリカ人はヨーロッパだけではなく世界を旅したのである。マーク・トウェインは、『サンフランシスコ・アルタ・カリフォルニア』紙の通信記者の身分で、自らの仕事の一環としてクエーカー・シティ号に乗って聖地イェルサレムを訪れたときに、その客船は、ヨーロッパと、そして中東の両方を見ることを願っていたアメリカ人たちであふれていた。『赤毛布外遊記』（1869年）は、その成果である。聖地への旅行は、国家の聖書的な起源の探究として容易に理解されたし、またその感情的な訴えは福音主義的な国民にとって決して驚くべきものではなかった。というのは、彼の亡くなる数年前のことであるが、影響力を持った敬虔な福音主義伝道者ドワイト・ムーディが、１８９２年に「主キリストがこの世での生涯を送った場所」を訪問することを訴えていたからである。禁酒主義運動家のメソディスト牧師フランシス・ウィラードもパレスチナを訪れたが、彼は記念品売りのいるイェルサレムの下品さに失望した⑹。

海外旅行のグローバル化

これら以上に意外であり研究の不十分な点は、１８７０年代以降アメリカ人による真にグローバルな旅行の広がりであった。太平洋横断旅行が、１８６７年にアメリカから横浜（後に、その運行は中国まで延長）への政府の郵便事業の補助金で運行する蒸気船の定期航路開設によって以前よりも容易になり、１８９８年までに六隻の蒸気船が「満杯の旅客を乗せて」太平洋を運行するようになった⑺。横浜・サンフランシスコ間の旅行は、１８８６年には22日間かかっていたのであるが、１８９８年までに12日間もかからなくなった。19世紀末のこの間に、多くの著述家がニュージーランドやオーストラリアに旅行したが、彼らは、１８７５年に始まったハワイ経由での定期船の運行を利用したのである。ヘンリー・デマレスト・ロイドもその一人であった。これらの航路や国際電信網によって、１８７０年代までに、早くも世界一周旅行という偉業が可能となった。前述のトレインは、当時の世評によれば１８７０年に80日間で世界一周旅行をし、ジュール・ヴェルヌの有名な小説の登場人物フィニアス・フォッグのモデルを提供した⑻。トウェインやクラークが地球を回ると、多くの人がそれに続き、女性も加わったが、それは家族の一員としてだけではなく、彼女たち自身も単身で旅をしたのである。エリザベス・コクラン・シーマン（ペンネームを用いて書いたが）はニューヨークを拠点にするジャーナリストで、その著書『ネリー・ブライの本――72日間世界一周⑼』は１８９０年の駆け足の世界一周を記録したもので、ジュール・ヴェルヌが男性を想定して書いたものと比べ、女性が上手に世界旅行できることを証明しようとした。「彼女の作品は、ジョゼフ・ピューリッツァーの『ニューヨーク・ワールド』紙で発表され、彼女は一時的ではあったが、すぐに有名人になった⑽」。この偉業に与えられた評判にもかかわらず、婦人キリスト教禁酒連盟（ＷＣＴＵ）の代表メアリー・レヴィットは、ブライが旅立つ数年前に、アメリカ人女性たちが単独で世界一周の旅をできたことをすでに示していた。彼女は、1884年に始めた先駆的で壮大な旅行を成し遂げていたのである。実際、WCTUは1880年代に、世界一周を行う宣教師、すなわち禁酒のための使節という部門を設け、彼女たちが遊説旅行をして禁酒運動の巡回説教師として行動した。もっとも、レヴィット自身は記録破りの旅行をすることはなかった。彼女の後に続いたWCTUの宣教師たちは、訪れた国々で禁酒団体を組織する必要性を感じ、そのために長期にわたって努力を要する運動が必然的に進展することになった。その間を通して彼女たちは、自らの旅や出会った人々についての話をアメリカに送った。換言すれば、宣教師たちも、他の旅行者たちと同様に、より広い世界に関する知識への渇望を示し、その知識をアメリカにいる人々のもとに送ったのである(11)。

この旅行の一つの顕著な特色は、まさに女性の役割であった。アメリカのエリート女性たちは、外国旅行に多大なエネルギーを注いでおり、この傾向はすでに南北戦争前にたどることができる。文芸評論家で超絶主義者のマーガレット・フラーはヨーロッパ文化を求めて旅をし、その後に急進的なフラーは「青年アメリカ《ヤング・アメリカ》」運動に加わり、1848年にローマでの自由主義運動の支援に全力を注いだ。しかし彼女は典型的な例ではなく、アンテベラム期に一般的であったのは、いわゆるヨーロッパ巡遊旅行の伝統であった。アメリカの大西洋沿岸諸都市の上層階級は、18世紀ヨーロッパの伝統を模倣して、娘たち、ときには息子たちをヨーロッパ文化の源流に送ってその文化を吸収させようとした。1860~70年代に、この巡遊旅行はより大衆化された形態で続いた。後に禁酒運動家になるフランシス・ウィラードは、ヨーロッパで1868~70年の間過ごし、中東、イギリス、フランスとともに、ロシア、トルコ、ギリシア、エジプトの異国の土地を、裕福な友人ケイト・ジャクソンと一緒に旅した。ウィラードは、この旅を「人生で最高の喜びの一つ」と記した(12)。

この現象は興味深いことであったが、好奇心が強く活発なアメリカ人女性たちの役割は、1870年以降にアメリカ人が行った旅行のグローバルな側面をすべて語っているわけではなかった。その側面の重要な一つは、精力的な生活――原初的なもの、異国風のもの、そして野生的なものを見出す探求――を経験しようとする衝動がアメリカ人の特定の階層の間で明らかに生じたことである。自らの土地が文明化しつつあるのを感じたアメリカ人たちは、自然状態に、そして人間の進化の初期段階と推定された状態に、戻る強い傾向を示したのである。このことによって彼らは、踏みならした道から離れた遠い土地に旅することに駆られたのである。皮肉なことに、ヨーロッパの王族や貴族も原初的なものを求めるこの衝動を共有していた。ロデリック・ナッシュが指摘するように、「1870年になっても、アメリカのフロンティアへの自然観賞ツアーの旅行客は、ほとんどが外国人のままであった」[13]。アメリカの観光旅行の多くは、ヨーロッパ人のそれと同じ衝動と合致したのである。アメリカでもっとも有名な自然保護運動家ジョン・ミュアは、ヨセミテ渓谷に自然の完全さと霊的な完全さを見出したが、1903~04年に世界を旅して、世界中で自然が消滅しつつあることを危惧した。ナイル川を上流まで旅し、オーストラリアの巨木、ニュージーランドの町ロトルアにある熱くて悪臭を放つ泥温泉、ハワイの樹木が青々と茂るダイヤモンドヘッドに感嘆した。しかし、ミュアの旅は比較的に穏やかなものであった。彼は自然の土地を遠くから見、また、たびたび、植物園で採集した樹木のサンプルを通して観察した。旅行者たちの中には、そうでない者もいた。テディ・ローズヴェルトは、1909~10年、狩猟旅行のためにイギリス領東アフリカに行った。この旅行には、200人からなる猟師、皮加工人、荷物運搬業者、銃の担ぎ人、テント張り人が含まれていた。ローズヴェルトと彼の息子は、野生生物を撃ったり保護したりして、3000以上ものそれらの標本をワシントンに送った。ローズヴェルトが行ったような精力的な旅行は、当時の男らしさの観念と強く同一視された。

グローバルな旅行への関心が生じた他の理由は、アメリカによる海外での戦略的・経済的な活動の多くがヨーロッパを中心に行われなくなったという事実である。宣教師たちが中国、アフリカ、中東、東南アジア、インドに行き、彼らがアメリカに送った報告書は、伝道関係の雑誌に載せられ、珍しいものや異国風なものへの欲求を刺激した[14]。海軍の役割も、忘れてはならない。当時のアメリカ人は、遠く離れたアメリカ海軍の艦隊の功績についての話を聞くことになる。ホイッグ党の論客カルヴィン・コルトンの弟ウォルター・コルトンは、1831~32年に地中海にいたアメリカ海軍の従軍牧師であり、彼は海軍での経験を通じて旅行熱にとり憑かれ、『マデイラ諸島、リスボン、そして地中海における船と海岸』のような旅行作品を通じて、その情熱を伝えようとした[15]。カリフォルニアの併合もまた、西に向かう地平線を広げるうえで刺激的な影響を与えることになる。カリフォルニアは19世紀末に、鉄道によって促進されたアメリカの観光旅行の目的地になったが、太平洋とアジアの探索に向けて刺激的な展望も開くことになる。たとえば、マーク・トウェインにとって、カリフォルニアは１８６６年にサンドウィッチ諸島〔ハワイ諸島の旧名〕への旅の出発点となり、このときに『サクラメント・ユニオン』紙の通信記者として4カ月の旅をした。そして、帰国するとすぐに、その経験について講演をし、自らの旅行話がいかに人気になりうるかを知ることになる。

国際的な旅行に関しては、裕福なアメリカ人が海外に向かったということだけではなく、旅行の双方向性の一環として、外国人もまたアメリカに旅したのである。１９１９年以降になって統計数字が明らかになるので、それまでに何人の外国人が来たかは不明であるが、自らの旅行経験について述べた書物から判断できる顕著な諸例がある。トクヴィル、ブライスからキプリングまで、19世紀を通じて、著名な相当数のヨーロッパ人がアメリカを訪れており、ある者は社会制度に興味を持ち、ある者は損なわれていないアメリカの自然を崇拝するようになった。ヨーロッパ人によるアメリカについての話は１８３０年代以降に増え始め、その後は、チャールズ・ディケンズやアンソニー・トロロープのような著名人が目立つようになる。ハリエット・マーティノーはアメリカ旅行について、１８３７年の『アメリカの社会』をはじめ2冊の本を完成した[16]。南北戦争後は、ヨーロッパ以外の人々による先駆的なアメリカ旅行がなされた。その旅行者の一人、インドにおける女性と子どもの権利活動家であったマラータ族のパンディター・ラマバーイーは、１８８６～８８年の間に旅行し、その距離は3万マイルに及んだ。１８８９年に彼女は、『アメリカ合衆国の人々』をマラーティー語で出版した。他の南アジア人の中では、ヒンズー教の聖人ゴパルラオ・ジョシが高い身分の妻と一緒に１８８４～８６年にアメリカを旅行してインド文化の優秀さについて述べたが、それに対して、ベンガル人宗教家ヴィヴェーカーナンダは１８９３年にシカゴ万国博覧会を訪れ、ラマバーイーと宗教と女性の地位について論じ合った[17]。以上の旅行は双方向的なプロセスではあったが、アメリカに来る外国人と外国に行くアメリカ人とのバランスは不均等で、初めて記録がとられた1920年代において、アメリカへの外国人旅行者は、外国へ行くアメリカ人旅行者の3分の1か2分の1であった。これは、アメリカが他国よりも大きな経済的繁栄を有したことを示すのみならず、「旧世界」のヨーロッパとその向こうにある異国情緒の世界の両者が、アメリカ人に対して持つ明らかな魅力をも映し出す事実であった[18]。

海外旅行とナショナル・アイデンティティの強化

旅行は、必ずしも、アメリカ人の視野を広げることにはならなかったのは確かである。というのは、一つには、旅行はそれを行ったアメリカのエリートに対して、彼らがアメリカ人としていかに多くのことを共有しているかを示すことになり、そしてまた、そのことはアメリカのナショナル・アイデンティティを強化しうるものであったからである。予備知識に影響を与えられたか否かは別として、彼らは、訪れた世界を、欧米的な知の在り方を優先する文化的枠組みの中に吸収した。したがってこの分野に関する文献の大部分は、ポスト植民地主義研究の理論的な視点の範囲内からこれらの旅行をとらえ[19]、そして批評家は、ヨーロッパ人が植民地の他者に対して主観的な自己を構築しているとして非難している[20]。アメリカ人旅行者をとくに研究する専門家から見れば、アメリカ人女性旅行者も（男性旅行者と同様に）、このヨーロッパ人の言説を共有していた。しかし、世界のこの「他者化」において、アメリカ例外主義を強調することは、事を複雑にする。というのは、アメリカ人は、ヨーロッパ、非ヨーロッパ世界、アメリカという三角形の関係の中にあったからであり、彼らは旅行やそれに基づいて書かれた書簡および書物を通じて、部分的にはその海外旅行によって、自らのナショナル・アイデンティティを形成した。たしかに、文学研究者メアリー・シュライバーのいうように、女性たちが故国に手紙を書くとき、外国を古い過去、そしてアメリカを未来の顔と見ていた。彼女たちは、「世界をアメリカのイメージでつくり直そうと考え、それは、白人、プロテスタント、中産階級の価値観をイメージすることを意味した[21]」。彼女たちの旅行は、したがって、「アメリカと外国についてと同じくらい、アメリカ例外主義とアメリカの誇張した物語について語るものであった[22]」。しかし、以上のことに対して、実際は、アメリカ人は外国人を型にはめるときに、これ以上に複雑に考えた。一つには、彼らの思考の枠組みは、共和政体の最高度の国アメリカから、次にヨーロッパ文明、そして東洋的な未開社会、さらにまったくの原始生活という文明の階層に分類する中で、それぞれの国家と国民の間で大きく差異を設けた。この枠組みの中で、女性と宗教を取り巻く諸問題が大きく浮上したときに、ヨーロッパ、とくにアメリカのプロテスタントを、カトリックあるいは東欧のギリシア正教よりも高い文明の形態であるということを念頭に置いていたのである[23]。

さらに、主たる問題は、上記のような旅行者の思想的な思い込みではなく、彼らの観察の皮相さであり、それは他の諸国の旅行者たちにも共通した特徴であった。旅行者は必然的に表層的な知識を取り上げるものであり、彼らの経験は、1911～12年に世界規模での女性参政権運動を目的にしたキャリー・チャップマン・キャットの旅行の場合のように、ガイドブックから集めた知識を表わすことがあった。急いだ旅行は、外国の人々に同情を感じることがほとんどないという点で、偏見に基づくことになるものがあった。したがって、ネリー・ブライの、機知にとんだ世界旅行の非常に人気のあった物語には、「日本における120時間」というような章が含まれていたのである[24]。他の多くの旅行者たちと同様に、彼女は、怠慢で哀れで不潔なアジアと、進歩的な自国を比較した。香港での慌しい旅の間、彼女は、「二つの奇妙で不潔な寺院を訪れたが、その一つは華美な祭壇を持つ簡素で小さなものであった。そこに至る石段には、病と不潔さを持ちさまざまな姿形をした物乞いたちがあふれていた。彼らは非常に不快であったので、同情を誘うのでなく、吐き気を起こさせる点で成功しているだけである」。当時の旅行記の分野に属するものは、世界の中産階級の女性が、ヨーロッパにおいてさえ、アメリカの女性たちと比べて制限された生活を送っていることを示すものであった[25]。このような旅行者の観察の皮相さは、当時の洞察力のある人たちによって指摘されていた。マーガレット・フラーは、同国人の見方を次のようにいってのけた。「アメリカ人は多くの点で、外国から来る者に対して無知になっている。その理由は、自らの持つ粗野な印象に高い評価を与えているからである」[26]。

他の資料からアメリカ人が入手できた地理的な情報も、外国の諸文化に関する彼らの知識の不十分な描写を壊すことはできなかった。ある歴史家によると、『ナショナル・ジオグラフィック』誌は、「世界と、その住民に対するアメリカ人の印象や、それらを知る科学的な冒険心をつくるうえで権威ある力」となった。全米地理協会は1880年代には科学者たちの集団によって構成されていたが、しかし、この組織は上記の人気があった雑誌のための道具になってしまい、雑誌の発行部数の約5分の4が、あらゆるタイプの産業資本家、実業家、専門職のような人々に送られた。この雑誌にとって、アメリカは産業、科学的驚異、そして未来を象徴し、それに対して、ヨーロッパとアジアは、人間を「自然な」風景や過去と一体化するものを代表していた。また、その内容には、多文化的なアメリカやトランスナショナルな遭遇について、またそれらを示唆するものについては何ら含まれていなかった[27]。

しかしながら、19世紀アメリカの中産階級の旅行者たちが外国の人々への表面的な認識しか持たなかったとはいえ、彼ら旅行者の話や地理に関する本におけるアメリカ人の明らかな傲慢さや黙殺の姿勢を詳述するポスト植民地主義の理論家は、手厳し過ぎるかもしれない。むしろ、旅行者の態度はしばしば矛盾するものであり、外国の人々に好意的であるとともに軽蔑的でもあった。とくに、女性たちの著作には、文化の枠を超えて存在しうるジェンダー上の類似性についての自覚があった。たとえば、WCTUの世界中を巡る宣教師たちは、西洋が優越するという考えはどうも間違っているということを認識していた。そして、これらの女性たちは、ジェンダー間の従属関係に内在する人類共通のありようを見抜き、また、異国の地にある人種的抑圧については、同時にそこに人類共通の愛が存在することを意識することによって、その抑圧を和らげて読者に伝えようとした。『我々の世界一周旅行』の著者ハリエット・クラークとその夫フランシスのそれぞれの印象は著しく異なっていた。男女が一緒に旅行しても、ハリエットは冒頭で次のように述べている。「我々は異なる眼鏡を通じて見がちである。男性のほうがより明白な洞察力とより広い視野を持っているかもしれないが、しかし、女性のほうが女性であるがゆえに、より多くの時間的な余裕と機会を持つ場合もあり、より広い視野には欠けるが、少なからず興味深い些細な事柄に気づくであろう」。「世界を巡る旅行をするために、自らの家庭を捨てた」女性は、「異国の地での家庭生活に好意的にならざるをえなかった」とハリエットは打ち明けている。こういう視点から、彼女は虐げられた同性の人々に対して、優越感をともなってはいたものの共感的になっていた。クラーク夫妻の対比的な見解は、ヒンズー教徒の幼い花嫁の描写にもっとも明確に表われている。ハリエットは、「私の心は、インドの未開の女性や無知な子どもを助けるうえで役に立つようにと、声を出して泣き叫んでいる」。それに対して、夫フランシスは、それほど悩んでいるように見えない。インドでの結婚式は、「非常に華やかな行事」であり、「この旧い世界は他の国においてと同様に」、「多くの夫婦の喜び」があると考えることは楽しいことであると述べていた。幼児結婚が生む影響について触れることはせず、むしろ、見合い結婚という旧い慣習を成就する「縁結びの介添え」は、フランシスによれば、「開かれた、名誉ある、公に認められた職業」であった[28]。

旅行者たちの反応はこのように非常にジェンダー化されていたが、しかしそのことで、男性たちが、自らが遭遇した文化についての彼らなりの複雑な説明をすることを妨げられたわけではない。マーク・トウェインの『赤毛布外遊記』のような旅行本は、ポスト植民地主義の観点からすると、「旧世界」を腐敗、過去の栄誉、劣等感の世界として描いたものと解釈することができる[29]。がしかし、トウェインは、外国の素晴らしさについて理解していなかったわけではなく[30]、むしろ、「大声で下品に話し、がさつに笑う」アメリカ人たちの行動を非難し、あるときは、不快なアメリカ人は自分が預言者バラムのロバの直系の子孫であるとはいわないと断言した[31]。こうしたアメリカ文化への穏やかな非難にもかかわらず、『赤毛布外遊記』は猛烈な勢いで売れ、新聞に載せる題材として成功した。トウェインはまた、彼の旅行話の中にアメリカ人の人種偏見について非常に困惑させるような証拠を入れて、アメリカ人は十分に文明化されていないことを暗に述べている。たとえば、「ヴェニスでは、黒人は白人と同様に立派な人間であるとみなされている[32]」。

旅行本と外国への知識

旅行が与えた衝撃がいかに貴重であっても、ほとんどのアメリカ人にとって、その旅行は代理的なものであり、彼らは直接の接触によってではなく、大量の旅行本を通して外来のものを経験したのである。このように19世紀には旅行関係の著作は、一つのジャンルとして爆発的に出版された。これらの著作やエッセイは、旅行を刺激するものであると同時に、旅行に対するアメリカ人の反応を示すものでもあったが、その理由は、旅行者が異国の知識への渇望に対して、自らの経験を語りまたその渇望を利用しようとしたからであった。1830年から1900年までの間に出版された1765冊のうち、1440冊は1860年以降に出た[33]。この頂点に驚異的な数の定期刊行物があり、それらのいくつかは、純然たる旅行本ではなかった。社会改革者が書いた表向きには政治的トピックについての観察──たとえば、『アトランティック・マンスリー』誌上のヘンリー・D・ロイドによるニュージーランドについての話──は、その土地についてと同じほどに多く、思想や社会改革の実践についても書いたものであった。ロイドの話は、地震や侵入生物種に触れ、自然環境に言及していた。これらの擬似的な旅行本は、本物の旅行本と同じように成功することになった。クラークによるキリスト教の教会を設けるための世界一周旅行に関する本は、すぐに5万部を超えて売れ、将来の旅行の補助として再投資できるほど十分なお金を稼いだ[34]。外の世界への大きな興味は、アフリカでの伝道を推進する宣教師の雑誌の役割にも示された。当時「暗黒大陸」と呼ばれた土地への強い興味は、ヘンリー・モートン・スタンリーの生涯に反映されていた。アメリカの新聞読者は、1871年の彼のアフリカへの旅行の話、それに続くアフリカ探検、牧師デーヴィッド・リヴィングストンとの出会いに関する劇的な話をむさぼり読んだのである[35]。

これらと同程度の関心は、外国文化へのアメリカ人の広範囲な観察にも見出せる。文学史家ハワード・マンフォード・ジョーンズによると、アンテベラム期の旅行本に書かれた注釈は、「好戦的、自己防衛的、宣伝目的のものであったが、その背景には、当時、戦陣を張ったアメリカ人作家たちが、共和国、民主主義、プロテスタントのキリスト教にとっての有害な影響を払いのけようとしたからである」。しかし、この空威張りの態度は1870年までに衰退し、『アトランティック・マンスリー』誌のような雑誌は、「驚くほど多様な旅行文、外国の傑作や作家たちについての批評」そして外国の政治に関する討論を掲載した。それ以前の旅行本が「説教的、しばしば攻撃的なほどプロテスタント的、そして反君主的」であったのに対して、1870年頃以降のものは、ジョーンズによると、「恩着せがましさやけんか腰の態度は、以前と比べると少なくなっていた」。以前よりは多くのコスモポリタニズムが、少なくとも教育を受けた階層の間にあったが、それが芸術やデザインにも表現された。その結果、たとえば、1880年代までに日本的なものの流行が広まり、この流行〔ジャポニスム〕はクロード・モネの作品を通じてヨーロッパ絵画に与えた日本の影響によって、ヨーロッパでも明らかになった。フィラデルフィアでの東洋美術展（1876年）やシカゴ万国博覧会（1893年）が関心を呼び起こし、その一方で、非西洋的な題目を呼び物にしたオペラやオペレッタが流行った。『ミカド』が1885年に「驚異的な連続公演」を行った[36]。この熱狂の多くは、もちろん、植民地主義的な思考、非西洋世界に対する固定観念を永続させるものであるとして、非難することができるであろう。がしかし、重要な点は、旅行が海外への興味を創造するのに役立ったということである。裕福な旅行者たちは、海外から家具や芸術作品を持ち帰り、そして流行をつくった。以上、旅行が推進した知識は不均等で歪められた点はあったが、ある程度までは、双方向的なものであり続けたのである。

宣教師たちの海外渡航

伝道的、宗教的な社会改革運動の影響もまた、トランスナショナルであった。海外にいるアメリカのプロテスタント宣教師の人数は1899年に3478名であったが、海外のイギリス人宣教師数は依然としてこれ以上の数の5393名であった。この事実は、アメリカの福音主義の到達範囲に関するアメリカ例外主義的な（誤った）憶測を前にして消えてしまうが、実際に、1870年以降はアメリカ人の存在が公表され、かつその数が急増した地域を見出すことができるのである。メソディスト派は、インド（1856年）と中国（1885年）で伝道拠点を建設していたが、これらの地域で活動を拡大したのは、南北戦争後であり、また、彼らが日本（1872年）と韓国（1885年）へと伝道を拡張したのにともなってであった。この間、会衆派のアメリカ海外伝道協会理事会〔通称アメリカン・ボード〕はサンドウィッチ諸島や中東で優勢になり、この宗派は、植民地主義的な思考と千年王国思想の両方に感化された宣教師たちにとって催眠術をかけるような魅力を持った。また、オスマントルコ帝国領内の主にギリシア正教やカトリックの地域で広まった伝道活動は、1820年代に行われて失敗した初期の改宗活動の後を受けて、文化的なギャップを埋めるために土地の環境に順応し、たとえば、1866年設立のベイルート・アメリカン大学という先駆的なものを含めて、教育制度の近代化を切り拓いた。[37] そして、アメリカ国内では、全米の宣教師団体が海外事業を支持するために教会員を動員した。特定の宗派に属さない「アメリカ婦人一致外国伝道協会」（1861年）が活動し始めたときから、独身の女性宣教師が、インドやアジアにおいて社会から隔離され奥まったところにあるゼナーナと呼ばれた婦人部屋で伝道活動をするために派遣された。

しかしながら、アメリカ独自の影響を与えたのは、特定の宗派に属さないキリスト教の道徳主義的な改革団体によってであった。アメリカ伝道活動の真の盛り上がりは、外国伝道志願学生運動（SVM）が1886年に設立されたときから生まれた。これは、千年王国運動の感情のほとばしりであり、福音主義者の一団が大学に行って、伝道活動のために訓練を受けることを誓約する学生を募集した。この組織は、一世代で世界を福音主義化するという切迫した衝撃的なスローガンを掲げて、1920年までにアメリカの宣教師の半数を海外に向けて提供したが、[38] 同時にSVMは、新たな改革の手法——とくに、官僚機構的な組織、寄金集め、機能特化、非宗派主義——を実施した革新的な組織の一つであった。これらすべては従来の運動に対する革新的な概念を含み、そのために、この組織は海外では論争を呼び国内では既存の秩序にとって破壊的なものになったが、これらと同じ特色によって固有の改革熱を求めた海外の人々の間で人気のあるものになった。キリスト教青年会（YMCA）やWCTUのような民間団体はアメリカの文化的拡大の代表であり　その擁護的存在であった。それぞれの場合において、アメリカ人は非アメリカ人集団と協調して働き、これらの集団を使ってアメリカの思想とアメリカの組織の姿を伝えようとした。つまり、アメリカ人はイギリス帝国の中でネットワークをつくり、この帝国内で影響力のある思想を拡大したのである。この改革の影響は南北戦争以前から始まったが、１８７０年代から大きく広がった。

禁酒運動は、その活動の範囲が主として大西洋世界であったのをやめて、その目標をグローバルに置いた。完全禁酒主義の運動は１８３０年代半ばのイギリスで開始されたが、それを広めることにもっとも成功したのは、ジョン・Ｂ・ゴフという雄弁家のアメリカ人であり、彼が19世紀イギリスで禁酒について講演するための地方巡回運動の中心人物になり、飲酒により生じた悲惨な貧困状態から再起した話などについて語った。禁酒を行うという誓約は、酒瓶の誘惑への彼の対応を語ることではあったが、その話と結びついたのは、禁酒の行動に影響を与えるために法律を使うアメリカ人社会改革者たちの運動であった。南北戦争後、巡回の後援者たちを通じて禁酒思想の輸出が加速された。男女の運動家たちによる「良きテンプル騎士団の独立組織」は、１８５２年にニューヨークで最初に支部が結成された禁酒運動団体であるが、１８６０～７０年代にイギリスとスカンジナヴィア諸国を通じてよく知られるようになった。[39] １８７４年に設立されたＷＣＴＵは、その直後の１８７６年から国際的な活動とかかわるようになり、世界ＷＣＴＵが１８８４年に設立された。このＷＣＴＵは40カ国以上に発展し、その会員数は、全体で１９２０年代までに75万人を超えた。その活動は、宗教的、道徳的な運動と同様に女性参政権のような世俗的な運動も推進した。[40]

禁酒運動がアメリカ人改革者とアメリカ人以外の改革者との双方向的な関係の要素を含んでいたように、ＹＭＣＡもまた宗教的慈善における双方向的な関係を物語っていた。１８４４年、宗教復興運動の高まるロンドンで、ジョージ・ウィリアムズによって設立されたＹＭＣＡはアメリカ人に影響を与え、その後まもなくしてアメリカに伝えられ、中産階級のプロテスタントの間で広まった。[41] １８６６年にアメリカ人は、この組織の補完的なキリスト教女子青年会（ＹＷＣＡ）も導入し、それはイギリスにおける19世紀半ばの女性の祈禱集会にその起源を遡るものであった。１８８０年代までに、ＳＶＭと結びついた信仰復興運動の新たな盛り上がりが、アメリカのＹ

ＭＣＡを海外――インド、中国、日本など――に拡大する動機とエネルギーを創造した。やがて女性もこの偉業をまねて、１８９４年に英米の女性たちは共同で世界ＹＷＣＡを設立した。[42] 裕福な企業家ジョン・Ｄ・ロックフェラーや百貨店業界の大事業家ジョン・ワナメーカーのような人物から寄金援助を受け、アメリカのＹＭＣＡはアジアに積極的に出かけ、アメリカによる各植民地の要衝に本部を設置するための野心的なプログラムを開始した。この拡大では、本来のイギリスのモデルをアメリカのＹＭＣＡに順応させ、イギリスのＹＭＣＡが敬虔であったのに対して、アメリカのＹＭＣＡは南北戦争後、積極的に福音主義的になった。また、アメリカのＹＭＣＡは官僚機構的な統一性を追求したのに対して、イギリスのＹＭＣＡは各組織の多様性を受け入れた。この分裂が競争を生み、イギリスのＹＭＣＡは職員をインドに送り込むうえで当面努力したが、[43] １８９０年代までにアメリカのＹＭＣＡは植民地内で地域およびその国のＹＭＣＡを組織することに専念した。現地人をＹＭＣＡの幹部に入れたことは、南アジアや中国での植民地ナショナリズムや経済的近代化にあえて身をさらすことになった。

ＹＭＣＡは宗教と同様に社会改革を推進し、中国では、若い近代的な改革を進める学生リーダーたちをＹＭＣＡに引き寄せ、１９１１年の辛亥革命に「その規模に不釣り合いな範囲と評価」と歴史家たちが呼ぶものを得て、１９０７年までに中国大陸の８つの都市に支部のようなものを設けた。ＹＭＣＡの成長は、西洋化の導入の問題に対する彼らの「漸進的な」アプローチによって支えられていた。その価値は「中国の伝統的な価値観」に類似するものであったが、しかし、ＹＭＣＡは中国の近代化主義者たちに訴える原動力を含んでおり、「学校教育を開始し、アヘン取り締まり運動を計画し、飢饉の救済をほどこし、海外の中国人学生を支援し、青少年活動を組織する」うえで、リーダーシップを握った。ＹＭＣＡは、「近代的な商人や、新しく学生になった社会階層の人々」の間に存在した利益団体と連携した。[44] この組織は、また、とくにジョン・モットのようなＹＭＣＡのリーダーの世界一周旅行が象徴するアメリカのグローバルな目標と一致していた。中西部アイオワ州の農家の出身であったモットは、各国の大統領、国王、カトリックの大司教たちと親しく付き合う政治家のような人物になった。

彼は、ＹＭＣＡとＳＶＭの活動で何回も世界を回り、そして最終的に、世界教会一致運動の普及に対する貢献が認められ、１９４６年にノーベル平和賞を受賞した。

道徳的社会改革者たちとアメリカ文化の伝達

ＹＭＣＡとそれが掲げた社会的指針の例が示すように、キリスト教福音主義に鼓舞された道徳的な社会改革者たちは、単一の争点に絞った運動を超えて進んだ。すなわち、彼らは広い意味でのアメリカ文化も同様に伝えたのである。20世紀における海外でのアメリカ文化の浸透を代表するものといえばコカコーラやハリウッドであるが、１９１４年以前には文化的な輸出物は高尚なものが多かった。すなわち、プロテスタントの信仰復興運動や宗派上の改革は、アメリカ人が国際的に普及した大衆文化の重要な一部であった。アンテベラム期の宗教は、１８３０～４０年代にチャールズ・グランドソン・フィニーによって始められた大西洋を越えた信仰復興運動形態を打ち立て、フィービ・パーマーは、１８５９年に客間での礼拝集会をイギリスに持ち込み、夫とともに4年間に「長期にわたる信仰復興運動」を展開した。「何千人もの人々が、博士と彼の妻の訴えに耳を傾けることによって信仰を新たにした」と同時代の人物が述べている[45]。このアメリカでの宗教的革新の強い訴えは南北戦争後、ドワイト・ムーディや彼に同伴した歌手兼オルガン奏者アイラ・サンキーの仕事とともに受け継がれた。１８７２年にイギリスへ下見旅行をした後、ムーディとサンキーは、二人とも「演劇的な才能があり[46]」、１８７３年６月にリヴァプールに上陸し、その後2年間イギリス中を旅して、「魔法にかけるような」人気のある集会を催した。１８８１年、そして再び１８９１年と１８９２年に、さらなる歓呼に応えてイギリスに戻ってきた。彼らのような福音主義者たちはアメリカの信仰復興運動のダイナミックなエネルギー、とくに、個人の回心体験と近代的なメディアを用いる組織化の方法に中心を置くきわめて革新的な形態の宗教的熱狂を輸出していたのである[47]。

しかし、この運動に関して、ほとんど注目されていないアイロニーがあったことを押さえておくべきであろう。19世紀のアメリカの信仰復興運動は、植民地世界を通じてイスラム教内での宗教的復興の出現と並行していたということである。[48] キリスト教の革新は、アメリカで起きた市場革命と、１８３３年までにニューイングランドで完成した政教分離との特異な相互作用によって、生まれたものであった。さらに、信仰復興運動は、移民と都市化に対する文化的な分裂が頂点に達する１９２０年代まで、アメリカにおいてリベラルな近代主義と保守的な原理主義に分裂はしなかった。これに対して、イスラム世界では、上記キリスト教での運動と並行した宗教運動が19世紀初めに拡大したが、それは、西洋の経済的な浸透――１８７０年代までに、インド、東南アジア、そしてアフリカが、ヨーロッパ列強によって支配下に置かれ帝国主義的な分割に覆われるという趨勢――の結果であった。そして、イスラム教の影響がサハラ砂漠以南まで拡大したが、この背景の一つには、この宗教が境界地域において政治的に切迫した状況に対応したということがあり、同時に、世俗化や前述のような西洋世界の拡張による外部からの脅威の原因もあった。[49] 当時において、イギリスやアメリカのようなキリスト教の国では二つの宗教文化の衝突は生じていなかったが、こうして、21世紀初めに起こる対立にとっての基盤は敷かれることになる。[50]

表面的にはアメリカとイスラム教での信仰復興運動はかけ離れていたが、しかしそのことは、両者が相互に影響を与えなかったということではない。キリスト教福音主義を信仰するアメリカ人は、イスラム教を絶対論者であり野蛮な宗教であるとしてそれを認めなかった。しかし、ティモシー・マーが論じるように、福音主義者たちは、19世紀においてイスラム教に対する東洋趣味的な見方を用いて、過度の飲酒習慣や奴隷制に異議を申し立て、アメリカ人自身が自負する道徳的な優越感には欠陥があると、アメリカ人に対して非難した。[51] このような相互的な影響は、仏教やヒンズー教の信仰復興運動と西洋との相互作用の場合においても見られる伝道によってトランスナショナルな文化交流を起こしたのである。また、キリスト教宣教師の活動は、ヨーロッパ列強の支配地の境界において宗教的・文化的な変化に対応するものであり、そのときに彼らは、現地の環境に適応することなくして非キリスト教世界に大きな影響を及ぼすことの難しさに直面した。[52] それで、当時ビルマの野外労働者を援助する宣教師が共同で活動する必要性から、アメリカのバプティスト派は、もっとも初期の宣教師全体の代表者会議を１８１４年に設立するようになった。さらには、キリスト教徒には、教義においてまたは宗派が異なっているという非キリスト教からの非難の結果、1860年代に始まったアメリカの宗派合同の伝道活動の発展が見られた。これと同時に、伝道活動の経験と戦術は、大都市圏において貧民地区訪問のための組織化をする団体や、世俗化した都市無産階層への奉仕のための活動方法に適用しうるものであった[53]。アメリカ人にとって、外国での伝道活動は、アメリカ国内での移民に対する活動の確立のための運動を刺激することになったのである。

19世紀のアメリカでは、急速な社会変化と政教分離にともなうキリスト教宗派間での競争のゆえに、多様な宗教的熱狂が生まれた。信仰の自由に関する彼らの権利にともなって、アメリカ人がとりうる選択肢は、主な宗派の信仰復興運動家の枠を超えて拡大した。モルモン教、安息日再臨派、キリスト教科学の各宗派が台頭し、海外で特殊なキリスト教の活動を定着させた。モルモン教は、この宗派のアメリカ西部での居住地のために、イギリスの工場都市やスウェーデンの村落から改宗者を集めた。同様に重要な興味深い団体は安息日再臨派であり、この組織は、1840年代半ばにキリストの再臨を期待したが成功しなかったミラー派を母体として結成され、菜食主義や、健康を霊魂の改革と結びつけるようなアンテベラム期の宗教的熱狂を代表していた。カリスマ的なリーダーであったエレン・ホワイトは、子ども本位の教育改革、禁酒運動、徴兵制反対運動を擁護した。彼女は、夫の死後、1885~87年にヨーロッパを「広く」旅し、1891年から10年間オーストラリアに住んだ。彼女は、直感から、地球の反対側のオーストラリアが再臨派の宣託に十分な準備が整っていることを悟った。その後、ヨーロッパで行ったのと同様に、救護院や病院を建て、オーストラリアでもっとも重要な朝食用シリアル食品製造業者の一つであるサナトリウム健康食品会社を生む旺盛な社会運動を行った[54]。

これらの宗教的・社会改革的な活動が与えた影響は対象によって異なったが、英語を母語にする人々が移住していくことにおいてその活動は成功した。その理由は、プロテスタントのキリスト教や産業革命とともに出現した中産階級文化のゆえであったが、彼らが共有したヴィクトリア朝的な風潮の中で、禁酒やその他の個人主義的な改革が隆盛したからである[55]。しかし、これと同じ文化的な説明が次のことを意味する場合もあった。道徳的・社会的な改革運動はヨーロッパにおいてよりもアメリカにおいて、より多くの成功をした。この背景には、アメリカのほうが中産階級の文化支配がより堅固で、労働運動はヨーロッパより分裂していたからであり、これに対して、ヨーロッパでは、とくに1890年代以降、社会主義の組織化と労働者階級および職能別の組合活動の発展が、アメリカ人改革者が説く自助思想に代わるものを提供したからである。たしかに、自己の向上という考えがイギリスおよびその植民地における中産階級の女性に訴えかけたが、しかしアメリカ文化の規範を伝える女性団体の能力でさえ、階級の分断によって、そしてとくに第一次世界大戦がもたらす混乱によって、弱体化した[56]。

これらの分裂していくプロセスとそれに対する中産階級の反応は、実は、アメリカ文学作品の魅力を形成することにもなる。奴隷制の邪悪についてハリエット・ビーチャー・ストウが1852年に書いた小説『アンクル・トムの小屋』は、19世紀において外国に広められたもっとも有名な文学作品であるが、ヨーロッパ人とイギリス帝国内の人々に対して、その魅力は1920年代まで続いた。しかしながら、この小説の秘密は、南北戦争において法律上は解決される奴隷制や奴隷制廃止についての論争にのみあるのではなく、この小説が家族構造や中産階級的価値観の存続について警告を発したその方法にもあったのである。残酷な奴隷商人によって家族生活が引き裂かれる奴隷に対して表明された感情移入の背後には、欧米世界での移民の流入や急速な産業化と都市化の過程によって、家族に対してなされた圧力があったことを認めることができる。こうした中にあってなお、この小説の宗教性が読者をもっとも魅了したのは、その中産階級的家族や小市民的な願望であった。

アメリカ大衆文化における外国からの影響と外国への輸出

アメリカ文化のあらゆる点で、外国からの影響があったことを忘れてはならない[57]。リチャード・ペルスが後の時代について論じているように、アメリカは、「社会の娯楽や好みの形成者であるのと同じくらい、外国の思想や芸術の影響の吸収者」であった。事実、アメリカ文化を「これほど多くの場所でこれほど長くこれほど人気のあるもの」にしたのは、これらの「外国からの影響」であった。アメリカ文化が「世界中に拡大した」のは、ペルスがいうように、「慣習的に」「外国の生活様式と思想」を吸収し統合し再輸出したからであった。アメリカ人たちは、ジェニー・リンドの歌を聞くために群れをなして熱心に集まり、彼女は、アメリカの興行師P・T・バーナムによって1850年に大西洋を越えてアメリカに運ばれてきた「スウェーデン人の美声の歌手」であった。シェークスピアは19世紀のアメリカで人気のある娯楽であり、その巡回劇団の俳優の中にサラ・ベルナールがいたが、彼女はフランスの女優で、アメリカへの8回の訪問で、『リア王』の末娘コーディリア役が有名になった。同様に、イギリスからは、ギルバート&サリバン・オペラがニューヨークで公演し、その中には『ピナフォア』(1878年)も含まれ、ブロードウェイの興業師にとって大当たりになった[58]。ちょうどアメリカ人福音主義者たちが海外に出かけたように、民衆宗教においては、アメリカは外国人ペテン師にとって母国となった。スコットランド生まれのジョン・アレクサンダー・ダウイーは1888年にオーストラリアからアメリカに来て信仰療法を説き、アルコールとタバコに対して厳しい禁止を訴えた。聖書による彼の万人救済論哲学はシカゴで多くの信者を集め、この都市で彼は人口が7500人ものザイオン市を建設したが、これは、「近代アメリカ史において最大でもっとも雄大に着想されたユートピア共同体に位置する」冒険的な試みであった。彼が自らが預言者エリヤの最後の化身であると大胆にも公言したときに嘲りを受けたにもかかわらず、「預言者ダウイー」は、1907年に亡くなるまで、スキャンダルと経済的に無能力の状態になって自らの独裁的な支配を混乱させながら、精神的に不安定な人々を欺き続けた[59]。

アメリカ人が関心を示した多くの外国文化のように、アメリカ文化の外国への伝達も、インテリ向きよりも大衆的なもののほうにより強く重心を置いていた。アンテベラム期においてさえ、アメリカの民衆娯楽はイギリスやフランスで人々を魅了した。サーカス興行主バーナムは、1844年と1846年のイギリス巡業で成功し、画家のジョージ・キャトリンは1840年にアメリカ先住民についての講演をするためにイギリスに行った。キャトリンは、自らの旅行を財政的に可能にするために、先住民の決まった出し物を講演に組み入れなければならなかったが、そこでは、インディアンたちが彼のテーマの実例として踊りと歌を演じた[60]。

アメリカ人は、このような一流の民族誌的な展示とともにベースボールも輸出しようとした。シカゴ・ホワイト・ソックスの選手をしたこともあるベースボール用品会社の創立者アルバート・スポールディングは、ベースボールを単に国民的な娯楽ではなく、世界的なものにするための「宣教師」と自称した活動を行った。「アメリカの国技」という言葉の発明者であったスポールディングは、1874年にハリー・ライトによる公開試合をするためにイギリス旅行に参加し、それから1888~89年に、彼自身が率いる公開試合の選手の一団を連れて世界中を回った。これは、衛星テレビ放送がバスケットボールをグローバルに人気のあるものにした1世紀も前のことであった。[61]彼らはピラミッドを背にした記憶に残るような絵に描かれたが、しかしながら、このオールスター選手たちの旅行が、アメリカの文化的・経済的な拡大の主な対象として目指したのは、中東ではなく太平洋であった。1898年以後は、アメリカが占領したフィリピン、キューバ、プエルトリコも、当地でこのゲームを流行らせた。

しかし、19世紀アメリカのショービジネスの輸出においてもっともよく知られたものを提供したのはバッファロー・ビル（ウィリアム・F・コーディ）であり、ヨーロッパで貴族と同様に労働者階級も対象にした彼の公演は、カスター将軍の最後の戦いを再演する多くのアメリカ先住民の戦士であふれていた。アメリカのワイルド・ウェスト・ショーは、そのテーマがヨーロッパ文明と野蛮との間の遭遇に根ざしていたので、トランスナショナルな魅力を持ったのである。ジョイ・キャヤソンが指摘したように、バッファロー・ビルは、「白人による文明化した権威の下に置かれた異国趣味的な他者の住む野生世界の例」を提供したのである。ヨーロッパ人は、アメリカ東部の都市住民とまったく同様に、アメリカ西部の異国風なものに興味を持ったのである。「外国人観客の情熱」によって、バッファロー・ビルは、「個人的な武勇」の思想と結びついた「世界的な有名人」になったのである。[62]社会改革者、宣教師、実業家、芸術家などアメリカ文化の提供者たちによる海外への影響は、「世界的な規模」ではあったが、一様なものであるとはまったくいいがたかった。そこには、階級と伝統が影響を与えたからである。ヨーロッパにおいて、アメリカ文化の輸出に影響を受けたのは主に大衆であり、そのことに関して、最初にそしてもっとも悩んだのはエリート層であった。ここに反米感情のルーツがあった。反米感情は19世紀においてアメリカ民主主義とヨーロッパへのその輸入に対する嫌悪として始まったが、この感情は、アメリカの大衆消費文化がヨーロッパに導入される20世紀に入るまでに、労働者階級へのアメリカの影響力に対する広範な敵対意識となっていた。1920年代まで足並みが揃わなかったヨーロッパの急進主義運動や労働運動――19世紀の先達者たちはアメリカ民主主義を賞賛したが――は、資本主義の支配に抵抗するアメリカ人をいまだ賞賛しつつも、今や、アメリカの金権政治とその経済的伸張を非難するようになったのである。アメリカ文化についてのこの矛盾する姿勢はすでに以前から明らかであったが、その理由はアメリカ大衆文化が映画やフォードT型車のはるか前から浸透していたからである。19世紀ヨーロッパにおけるアメリカの受容は、アメリカ文化の新しさへの密かな好感と、伝統を破壊するものとしての批判、という両方を含んでいたのである。[63]

海外でのアメリカ文化の受容

バッファロー・ビルの場合のように、アメリカ文化の影響は、文化によってまた国によって異なっていた。予想どおり、イギリス人はバッファロー・ビルをアングロサクソン民族の拡大の一部と考えて好感を示し、イタリア人（そしてスペイン人）は、自らを「世界最大のカウボーイ」と公言するアメリカ人を「大言壮語する人間」とみなし、ドイツ人はコーディのロマン主義的な自然観に同化した。[64] 同様に、ベースボールの拡大も、その在り方は不均等で問題の多いものであった。スポールディングは、1874年にイギリス人に対してクリケットに代えてベースボールをやるように説得しようとしたができなかった。オーストラリア人は、スポールディングが訪れた1889年にベースボールの試合に群れをなして集まったが、クリケットが依然としてこの国では優勢であった。人々はこのゲームへの純粋な好奇心から見にきたこともあったが、見世物的な雰囲気のために来たという理由もあった。メルボルン〔のゲームのときに行われた見世物〕で、落下傘降下の草分けの「バーソロミュー教授」という人物が気球から飛び降りて負傷はしたが、観客はその演技に魅了された。オーストラリア人は、1897年にアメリカの国技であるこのスポーツをするためにアメリカに行ったが、アメリカ人チームと試合することはできずにこの旅行は失敗し、またオーストラリアにおいてこのゲームはその後も続けられはしたものの衰退していった[65]。他の地域では、たとえば日本、朝鮮では非常に流行し、大学教師、ＹＭＣＡ、宣教師、これらの国々を訪れるアメリカ水兵たちによって広められた。１９１１年の回想において、スポールディングは、フィリピンの領有した島々においてベースボールがアメリカ国旗の後に続いて伝わったことに喜んだ。このように、アメリカ文化の輸入は、東アジアにおいてと同様に、地政学に影響を与えた地域では明らかに容易に進んだ[66]。

受容する側の文化は興味を抱いたものを選択的に採り入れ、アメリカの文化遺産を再解釈した。ワイルド・ウェスト・ショーの魅力は、異国風の点にあって、とくに「アメリカ的な内容」にあったのではなかった。ヨーロッパにおいて、このショーは複数の見世物の寄せ集めであり、イギリスのブラッドフォードでは、観衆は、コサックやアラブ人旗手たちの大胆不適な乗馬の腕前で歓待され、アメリカ先住民たちはショーが終わっても残留し、その後に演じられる余興に参加して、世界の珍しいものや不思議なものの見世物の中に混じった[67]。ベースボールに関しても、その意味は微妙に変化した。スポールディングは、たとえばフィリピンなどの領有した島々では審判の扱いが違うといったように、そのゲームのやり方がアメリカと異なっていても、その地のベースボールを認めたのである[68]。

バッファロー・ビルの場合が示すように、とりわけ外国人はアメリカを直接経験する前にアメリカのイメージを創造していた。アメリカ的なものに魅了されるのは、アメリカ例外主義についてのヨーロッパ人のなせる結果であり、アメリカ文化の実態に触れることからはほど遠いものであった。たとえば、１８６０年という早い時期に、タバコなどのアメリカ製品の「広告」は、「寓話的な女性像、それは、はっきりとしたインディアンの顔立ちをして、鳥の羽をつけ、星条旗に身を包まれたコロンビア〔女性擬人化したアメリカ〕の一類型」のイメージに依拠していた[69]。狂騒の１９２０年代になるはるか以前に、商業は、「アメリカ的な夢の寓話的な像を借用した」が、その中で、「ヨーロッパ人は想像上の西部を平凡な商品の世界」に結びつけることができた[70]。このアメリカ西部を夢の空間と解釈した例に、ドイツ人作家カール・マイの作品がある。彼は、１８７０年代以降、１９０８

年まではアメリカに足を一歩も踏み入れることなくカウボーイ小説を書いた。アメリカ訪問のときでさえ、西部には行かなかった。彼の西部劇作品はアメリカでは当時知られていなかったが、ドイツではミリオンセラーになり、彼のファンの中には若き日のアインシュタインやヒトラーがいた。今日では、このようなヨーロッパ人の熱狂はマカロニ・ウェスタンへと変化した。[71] マイは、はっきりとドイツ的見方で書き、彼の描くヒーローは、アメリカ生まれの白人ではなく、ヴィネトウという勇敢なインディアンと年老いたシャッターハンドというドイツ生まれのフロンティアに生きる人であった。批評家たちは、ここにドイツ的なロマン主義を見出したが、興味深いことには、彼の作品は多くの言語に翻訳され、それによって、アメリカ文化はドイツ文化を通じて、複雑なトランスナショナルな流通システムの中で、遠くは中国まで伝わった。以上のように、ヨーロッパ人にとって、アメリカ西部は、少なくとも部分的には、勇敢さと騎士道精神という古い概念を繰り返すという強い衝動を表明するのに理想的な手段であったが、アメリカはこれ以外の文化的な刺激も提供したのである。[72]

外国人が想像したアメリカに対する顕著なテーマは、人種に重点を置くものであった。いくつかのアメリカ商品の輸出、とくにタバコの場合においては、アメリカ南部の熱帯性についてのより幅広いイメージと同様に、奴隷制と黒人文化礼賛の両方が目立って表われた。結局、タバコは南北戦争後においても、多くの人々にとって非常に美化された南部文化の産物であった。そして、この文化の魅力は衰えることなく、むしろ涙を誘う郷愁になり、あるいは、ヨーロッパ人によるアフリカ大陸の植民地化がなされたときの帝国主義者の人種的優越感という形をとった。人種主義に対するこの海外での受容を示す例は、黒人と白人によるミンストレル・ショーが大人気になったことである。ネイト・ソールズベリーは芸人たちを連れて1830年代にヨーロッパに行き、また黒人に扮した芸人たちの他のグループ「エチオピアのセレナード歌手たち」は、1846年にロンドンの満員の劇場で公演した。[73] 1850年代までに、この黒人に扮した芸人たちのミンストレル・ショーは、彼らアメリカ人の芸人たちがカリフォルニアからニュージーランド、オーストラリアへと旅をすることによって、ヨーロッパを越えて拡大した。オーストラリアでは、当時のゴールドラッシュの状況を活かして、満員の観客の前で演じた。18

65年以後は、イギリスに基盤を置くエドウィン・クリスティのミンストレルが、イギリス帝国内でこの分野の演芸における人気を広げた[74]。

黒人と白人からなるミンストレルのイメージは、歌って踊る幸福で素朴なアフリカ系アメリカ人を戯画化したものをともなったが、それは、もう一つ別のテーマ――文化の輸出者たちが海外に運んだこれに相反するイメージ――を代表するものでもあった。1848年に旅するミンストレル・ショーは、アフリカ系アメリカ人アボリショニスト〔奴隷制廃止論者〕フレデリック・ダグラスによる奴隷制の邪悪についての真剣な議論を行う運動と競い合い、またある程度それを蝕むこともあった。しかしながら、深南部の伝説である歌う偽の「黒んぼ」に対抗して、アボリショニストたちは、ニューハンプシャー州の人気歌手グループで、道徳的に健全な白人アボリショニスト歌手ハチンソン家の兄弟姉妹たちをイギリスに送ったが、それは、1838年にイギリス人ジョージ・トンプソンがアメリカを訪問しているときであった[75]。

企業家たちの海外渡航とアメリカ文化の輸出

(1) 実業家たちの場合

文化のトランスナショナルな交流には以上のような事実があったが、19世紀末までに、ある特定の分野では、交流は一方通行的なものになった。ヨーロッパ人たちは、実業界における「アメリカの侵入」について論じ始めた。このテーマに関して類似のタイトルをつけた3冊の本が1901~02年にかけて現われた。イギリス人はスポーツと文化の分野でのアメリカ人の成功を嘆いたが、彼らが恐れたことは、ほとんどがビジネス上の競争に関してであった。アメリカ人の商業活動は国内でその機会を持っていたが、海外でも至る所で行われた。たとえば、南アフリカでのイギリス人のビジネス・ネットワークを活用して、彼らは企業家としての才能を提供したが、運輸が彼らのお家芸であった。アメリカ人実業家たちは海外へ行って、蒸気船の航海路を指図し、鉄道を敷き、そして駅馬車会社を経営した。通常、彼らは多くの資本よりはむしろ「技術と才能」をもたらした[76]。ニューヨーク生まれのW・H・ウェッブは１８７０～９０年代に、太平洋横断の蒸気船による運輸を発展させた。フリーマン・コッブは、マサチューセッツ州出身であったが、ゴールドラッシュ時代にカリフォルニアから、西部開拓時代の駅馬車による急送便会社であるウェルズ・ファーゴで働いた経験のある他の３人のアメリカ人とともに、オーストラリアに渡り、非常に成功を収めることになるアメリア人経営の駅馬車会社の一つを設立した。その後に、彼は１８７８年に亡くなる前に、南アフリカで「豪華」な駅馬車会社を経営した。[77] 派手な企業家であり社会改革者エリザベス・ケイディ・スタントンの友人であったG・F・トレインは、１８６０年代初めにイギリスで初めて、「馬が引く鉄道」を導入した。[78] トレイン自身のように気まぐれな計画を任された人物もいたが、アメリカ西部での輸送を発展させた人物たちの実際の経験は、イギリスよりも土地が広く気候が厳しい南アフリカでも十分に役立った。

アメリカの実業家たちは、良いか悪いか、また偶然的か意図的かを問わず、多様な理由から海外に行った。彼らはしばしば単に旅行者として行動し始め、途中でビジネスの機会を見出すことがあった。ときには、ハワイや中国でのように、彼らのビジネスは、キリスト教伝道活動関連のものから生じた副産物であった。なかには、元海軍関係の人物や、宣教師の子どもであった者もいた。企業家の中には、本物の実業家もいれば、怪しげなセールスマンにすぎない者もいた。実際、アメリカの特許医薬品の調達者たちは、１８５０～９０年代まで環太平洋地域の金鉱地に広がっていった。ときには、海外での機会によって若者は国内での失敗を取り戻すことができたが、それは、不思議なことに、国内のアメリカの同時代人たちの業績を模倣し、またこれらの人々と、交易と金融の点で緊密に結びついた仕事を通じてであった。そのような中に、ニューイングランド生まれのヘンリー・メグズがおり、彼は１８５４年にスキャンダルのために、ゴールドラッシュ時代のカリフォルニアを脱した。メグズは、イギリスの貿易業者や銀行家たちとともに、南米におけるヨーロッパ人の投資を推進した数多くのアメリカ人実業家の一人であった。贋金づくりでペテン師であったメグズは、チリに再び姿を現わし、その後、ペルーで鉄道を建設することになった。この人物は、「アメリカのピサロ」として知られるようになり、中国人苦力《クーリー》を雇って、アメリカ大陸中でもっとも困難な山岳地帯を横断する鉄道を建設した。メグズは、また、スプリングフィールド銃をボリビア政府に売ったり、さらには、南米海岸の沖合いに存在した広範に及ぶグアノ〔糞化石〕の鉱床を獲得し、それを肥料として輸出した。メグズの生涯は、彼の度を越した企業家としての行動や頑強な個人主義、そして腐敗や不正な経営管理という点において、1870年代における多くのアメリカの鉄道会社経営者のものに似ていた。しかも、それにともなったのは、1200キロ以上に及ぶアンデス山脈鉄道の建設のための費用であり、それは、ペルー政府の国庫をロンドン金融市場からの熟慮を欠いた莫大な借款の中に巻き込むことになるお金であった。1877年に、メグズは、法的訴訟から抜け出せないまま南米への亡命者として亡くなったが、カリフォルニアへの忠誠は保ち続け、アメリカでは支持者を得ていた。「カリフォルニア人会」というグループが1875年にニューヨークで彼のために祝賀会を催し、チリとペルーで「文明を教える偉大な存在である鉄道と蒸気機関車を導入した」ことを賞賛し、「彼の行動力と冒険心」に祝杯を挙げた。[79]

(2) 技術者たちの場合

アメリカの企業家は、農業面での技術や専門知識の輸出においても積極的であった。アメリカ西部での技術改善の経験が、輸送の場合とまったく同じように、アメリカ人の海外での事業に有利に働いた。これは、治水灌漑の実践において例証された。カナダからの移民技術者ジョージ・チェイフィは、カリフォルニア州オンタリオ市を、進歩した灌漑技術、灌漑会社への融資、そして土地の徹底した再分割に基づき計画された「コロニー」として開発した。農業専門学校や禁酒運動のような道徳上および市民生活上の改良のための制度づくりもまた、都市計画において絶対必要な部分であった。規定された植樹計画や幾何学的な道路設計に基づき、環境に配慮した美的価値観は、理想的な都市計画地域のイメージを生み出し、中産階級的な秩序と進歩の意識を伝えるものであった。まったくの経済的あるいは技術的な進歩というよりはむしろ、この計画は、当時の大衆文化や理想的な庭園風景のイメージを綿密に反映したものであった。この都市を訪問したオーストラリアの政治家たちはこの業績を素晴らしいものであると強調し、1887年に、オーストラリア内陸部の乾燥地帯の開発を念願していたヴィクトリア朝時代の植民地政府は、チェイフィに対して、土地の提供を約束して、彼を誘った。こうして彼は、オーストラリアのミルジューラにある「コロニー」で果樹農園の灌漑をするためにマレー川から水を汲み上げる特許ポンプを含む特殊な機械を導入した。彼の投機的な事業は、1890年代半ばまでに財産管理を受ける状態に陥ったが、彼が開発したミルジューラの町と果樹産業は、オーストラリアの主たる灌漑地域の中心として今日まで残ったのである。

その間、アメリカの技術者――そのほとんどがカリフォルニアから集められた――は、オーストラリアの金鉱に群れをなして到来し、また彼らは南アフリカにも行き、当地の鉱山業において顕著な存在となった。後者の場合、彼らは、乾燥したアメリカ西部で開発した専門的知識をウィットウォーターズランド金鉱地帯のために水を供給することに適用した。これらの技術者の中には、カリフォルニア州の初代土木技官ウィリアム・ハモンド・ホールと彼の従弟ジョン・H・ハモンドがいた。二人は、1890年代に、いずれもダイヤモンドと金のイギリス国籍の各鉱山会社で働いたアメリカ人の一集団に属しており、彼らは、水と同様に、鉱山技師の技術も提供したのである。[80] ハーバート・フーヴァーもまた、いくつかの場所で同じような役割を果たすことになり、1897～98年オーストラリア西部などの鉱山で働き、その後に中国で一定期間の仕事に就いた。1912年までに彼は世界中で鉱山の利権を求め、その仕事によってきわめて裕福になった。[81] また彼は、他の鉱山技師と同様に、イギリス資本主義の拡大する支配力を利用した。カリフォルニア州の鉱山技師たちによって始められた企業であるロンドン調査会社は「資本と専門的技術を輸出する重要な機関としての役割を果たした」[82]。この会社は、アメリカの慣行である「鉱業に関する経済的保証をイギリス市場に」導入し、また、メキシコ、ベネズエラ、アラスカ、南アフリカにある鉱山へのイギリスの融資を確保し、そして国際的に活動する諸企業との提携を結んだ。また、この企業は、技術者をグローバルな規模で供給した。[83] フーヴァーの報告によると、他国よりも実用的で広範なアメリカの技術訓練のゆえに、1900年までに1000人以上のアメリカ人技師がイギリス帝国に存在し、

「トップの地位を占めて」いた[84]。しかしながら、この集団を他の集団と区別したものは、単により良い技術訓練ではなくて、「アメリカ人が、技師の仕事の一部として管理職的な仕事を導入したことを通じて」この職業を転換させたその方法であった。南アフリカのアメリカ人技師の多くは、セシル・ローズの経営する会社で働いていたが、やがて、ジェームソン侵攻事件の大失策、そしてその後のイギリス帝国主義とボーア戦争に対する住民の激しい抗議の中に巻き込まれることになった。中国でも同様に、アメリカ人実業家は、1900年の義和団事件の残虐行為の中で高揚した反外国人感情により身の危険に脅えた[85]。

これらのアメリカ人技師たちは、単なる専門的な技術者ではなく、彼らはアメリカ文化の輸出も行った。フーヴァーは、中国でのアメリカ人宣教師たちの活動を賞賛し、アジアとイギリス帝国の諸地域にも同様に、経済的そして文化的な近代化をもたらすことを願った。フーヴァーは、1915〜16年に書いた若い時期の話の中で、極東における貿易と開発の機会に重点を置いたグローバルな進展の可能性を非常に熱心に語った[86]。ジェシカ・タイシュの研究によれば、同様に南アフリカでも、アメリカ人技師は、「進歩の道具」をもたらしたが、しかしカリフォルニアのフロンティアでの技師たち自身の経験とはかけ離れていった。南アフリカでは「活気の横溢する鉱山業による経済がアメリカの技術的な刺激の下で生じたが、「農業は未発達のままであった」」。これらの鉱山技師たちが楽観的に推進した資本主義的近代化は、「公正で繁栄した社会」を生まず、その代わりに、「イギリスの帝国主義的な目標と巨大な鉱山会社の役割を促進したのである[87]」。アメリカ人は依然としてイギリス帝国の範囲内で働き、彼ら自身による主導権をいまだ確立していなかった。

トレインやウェッブのような人物の行ったトランスナショナルな事業、チェイフィのような技師、メグズのような詐欺師の実業家は、ヨーロッパ周辺で新たに開発された地域の新産業に共通していた個人主義的な形態の資本主義を代表するものであった。ある意味で、これらの企業家たちは、アメリカのフロンティアでの状況を再現したのである。彼らは組織化された社会を逃れたが、彼らの逃避は無駄に終わることになる。生産の組織化やその製造・販売という縦の統合をともなうアメリカ企業の発展によって、これらの先駆的な企業家は1890年代までに隅に追いやられてしまうのである[88]。国内での市場を発展させた後は、アメリカの企業は、利益をもたらす事業の新たな市場を得るための手段として、その国際的な拡大の目的に、これらの技術を適用しようとした。タバコの場合が典型的であった。1870年代、1880年代にイギリス帝国を通じて販売代理人を送り、または支店やめ多様な企業家たちは、ヴァージニア州リッチモンドのキャメロン兄弟社やT・C・ウィリアムズをはじめ多様な企業家たちは、1870年代、1880年代にイギリス帝国を通じて販売代理人を送り、または支店や関連会社を設立した。自らの利害を代表させるために遠方の港にいる親類の者を使う場合もあったが、しかし1890年代に、ジェームズ・B・デュークがアメリカのタバコ産業を一独占企業に統合したことにより、世界の多くの地域の利権を共有する英米の企業連合が出現し、世界のタバコ産業は分割され、その結果、独立した企業やその取引関係の会社は締め出された[89]。

アメリカのビジネスはグローバルな合併のレベルに成長し、巨万の利益が上がったものの、脆弱であったその輸出実績は改善されねばならなかった。厖大な量のアメリカの消費物資がすでにイギリス帝国内の市場に流入していたが、しかし、それ以外の地域では、貿易障壁が商業の発展を抑制した。アメリカは、政治的に孤立した政策を修正し、外交政策を経済的拡張と協調によって密接に接近させる必要があった。ここに政治の援助を受けて、とくに世紀転換期の政府による門戸開放政策の採用を通じて、通商の拡大を進めるアメリカの推進力の起源があった。また、ここに、アメリカの公式の帝国主義の開始があった。この転換の一因は、1865年以降の長期間に海外に旅行しまたは居住したアメリカ人の、多様ではあるが至る所での活動であった。

海外居住者たち

以上に述べた集団の中で、注目されず研究もほとんどされていないのが、海外居住者である。南北戦争後、それまで以上のアメリカ人が、単に海外に旅行することよりも、海外に居住するようになった。かつての南部連合の人々が戦争後に一時的に南部を出るとか、黒人の小集団が1878年以降アフリカにより良い生活を探すことを再開したことなどだけでなく、作家ヘンリー・ジェームズのような知識人もまた１８７０年代にイギリスに定住するようになった。親英家のジェームズは最終的には１９１５年にイギリス国民になり、また芸術家メアリー・カサットのような人物は19世紀末の画家たちのメッカであるフランスに移住した。それほど知られていないのは、宣教師やビジネスマンたちであり、彼らは、トルコ、インド、そして太平洋諸島の遠隔地で、海外生活の人生を終えた。[90] 海外移住者の中には、アメリカの商社員や、太平洋を越えたゴールドラッシュの後に居残った者、捕鯨船の乗組員、船を転々と移る船員たち、そして、おそらく仕事の機会やロマンスが手伝って、そこに住む楽しみを見出す者もいたであろう。彼らは、ほとんど目につかない人々であったが、彼らの置かれた地位が、アメリカ国務省や連邦議会を騒がせることがあった。たとえば、アメリカの海外居住者は、アメリカの国力や政府がどの程度に国民の利益を保護するかの問題を提起した。いくつかの国において、アメリカは、イギリスのように、完全な治外法権、すなわち、外国に居住していても自国民に裁判をほどこす権利を主張するのに成功した。宣教師、無頼漢も同様にこの特別な地位を利用したが、あくまでも治外法権の目的は、主としてアメリカの通商の円滑な拡大を促進することであった。19世紀にアメリカは全体で13の治外法権の条約を、トルコ（１８３０年）、トンガ（１８８６年）、そしてもっともよく知られている中国（１８４４年）と結んだ。[91]

多くの場合、アメリカの海外でのビジネスは、領事の活動を軸としていた。たとえ、この地位が政治的後援による任命であっても、１８６５年から１９１３年までほとんどの時期を通じて共和党体制が続いたことが、政治的な理由で辞任することなく一つの地位に相当長くとどまる機会を与えた。さらには、十分な領事職給与と就職斡旋サービスが欠けていたことが、自らのビジネスと政府の任務を混同した人々に仕事を与えることを促した。このように任命された人の中には、多くの外国籍の者や、長期にわたる海外居住のアメリカ人が含まれていた。[92] 政治的後援による任命の中には、ジョージ・シュワードの例があった。当時の国務長官の甥に当たるこの人物は１８６２年に上海領事の地位に就き、21歳から15年間それにとどまり、その間に行った怪しい商取引で評判になった。彼はまた、法的な訓練なしに、また大学卒の資格がないにもかかわらず、治外法権の問題を裁定しなければならなかった。この人物よりも言語道断な例は、有力政治家ベンジャミン・バトラーの甥ジョージ・バトラーであった。この人物は、エジプトで、賄賂とセクシーな現地人女性への好みで「放縦な評判」をつくった。このような事例は決して稀なことではなく、例外的に公にされただけのことであった。実業家の領事は、一時的に居住する土地の性的および道徳的な誘惑に負ける放縦な連中とみなされることがしばしばあったのである。フィリピン在住の監督派牧師チャールズ・ブレントは、20世紀初めに極東を広く旅行し、政府に対して、領事職の「恥辱」を正すように訴えた。こうしたことは、1924年のロジャーズ法の成立までは適正に機能せず、この法律によって露骨で非効率的な政治的地位の追求に代わって、業績による任命の制度がつくられた(93)。

領事や実業家たちの活動はアメリカの境界の定義に関する問題を例証するものであったが、それは、海外のアメリカ人居住者が自らをアメリカ的な知的空間の住人であるとしばしば思っていたからである。アメリカに来る移民が、青年期のそして祖国の文化を保持することはまったく異常ではなかったように、海外のアメリカ人もそれと異ならなかった。19世紀において7月4日の儀式は海外居住者が多い場所ではどこでも催され、そしてこれらは、経済的・民主的な意味でのアメリカの達成を、共和国への美辞麗句と大量のアルコールで祝った。これらはまた、ビジネス上の接触がなされた機会でもあった。ときには、アメリカ人による度が過ぎた愛国主義的な行動が、この国に対する外国人の典型的な認識をつくり、そして、それは、大げさなアメリカの物質的な成功に関する賛美と反米感情の両方を促す可能性を持っていた(94)。

これよりも深刻な問題は、アメリカ人が海外で広範囲に存在することによって、この国は伝統的な孤立主義が禁じていた海外関与に巻き込まれたことである。19世紀において、政府は、南米や極東の国々に干渉し圧力を加えたが、それは通常、当地の自国民の権利を尊重するためであった。もっとも極端な例として、アメリカ海軍は、1830年代にインドネシアのアチェの沿岸を、1871年には朝鮮を、それぞれ爆撃し、そして1885年にアメリカはパナマに軍を上陸させたが、これらの行為は、現地のアメリカ人の財産を保護するためであった。1890年代、スペインの植民地支配に対するキューバ人による革命がアメリカ人の財産と生命を脅かしたとき、治外法権は、急を要するものとなった。このようにアメリカ人による国境を越えての文化的・経済的な拡大が、外交上、政治上、そして軍事上の諸問題をつくり出し、そのことがこの国を公式の帝国主義の瀬戸際まで導き、また同時に国民国家としてこの国を強化したのである。

第9章　革新主義時代における国民国家の建設
――トランスナショナルな文脈の中で

従来、歴史家は、アメリカのナショナリズムを軽視するか、あるいは問題にならないもの、そしてヨーロッパのナショナリズムとは根本的に異なるものとみなしてきた。この両者の大きな相違は、アメリカ例外主義思想から導かれるナショナリズムが諸々の概念に与える影響を反映している。しかし、この理解にとって不都合なことは、どの国家も自らを特異なものととらえてきたという事実である。また、最近の歴史家たちは、国民国家の発展を単に自明のものと受け入れるよりもむしろ、その形成の偶然性を強調している[1]。したがって、我々は、アメリカのナショナリズムの再解釈においては、ナショナリズムの成長と国家の成長との間に、区別を設けなければならない。概略的にいうと、19世紀アメリカは、国家としては連邦制度のゆえに比較的弱かったが、共和主義思想に基づくナショナリズムは強かった。これとは対照的に、ヨーロッパのナショナリズムは、中央集権国家の成立に向かう傾向があり、知識人は神話的な国家の過去を明らかにしようとした。しかし、両者のこのような相違にもかかわらず、これら二つの地域のナショナリズムは、19世紀末においてヨーロッパでの国民国家の統合と帝国主義の台頭によって収斂していく。

南北戦争は国家形成における変化をもたらし、連邦軍の復員軍人の恩給に関する問題は大規模な官僚機構を生み出したが、現代アメリカ国家は、革新主義時代に始まり、何十年間もかけて徐々に付加的に建設された。国家構造は、どの国でもそうであるように、決して「完成」されたものではなく、アメリカの場合、権力が分散した従来からの諸制度をもとにしながら、計画性なくつくられたのである。この分野における既存の諸研究は、国内の要因に、また19世紀末に出現した特殊な形状の国家構造の地域的、政治的、そして行政的な源に、焦点を当ててきた[2]。しかし、ナショナリズムと国家構造を融合した国民国家の成長は、1880年代から始まる資源と政治的影響をめぐる国際的な競争と偶然に一致し、また移民などのトランスナショナルな経済的・文化的な圧力に対応するものであった。本章では、まず南北戦争以前のナショナリズムの遺産について簡略に考察した後で、アメリカが国家としてトランスナショナルに形成されたその方法に、的確に焦点を当てたい[3]。

南北戦争以前におけるナショナリズムの遺産

独立革命後に、民衆の間でのナショナリズムが発展し、多様なアメリカのシンボルが国家のアイデンティティを伝えるようになった。なかでも、ワシントン特別区は、1800年に連邦政府が設計されてこの地に位置するようになると、国家の究極的な象徴になる。この都市の配置は、暗黙の壮大な自己主張を示すものであった。フランス人ピエール・ランファンの都市設計は、幾何学的な正確さを特色とする立派な大通りを描き、イギリス生まれの建築家ベンジャミン・ラトローブは、優雅な古代ギリシア・ローマ風の建築を監督した。この大々的な構想は、ヨーロッパの大規模な首都、とくにルイ・ナポレン下のパリやドイツのベルリンの19世紀における修築に先んじるものであった。しかし、国家の首都の華麗さは、ランファンの時代のはるか後の時代まで気づかれないままであり、ワシントンはアンテベラム期〔南北戦争前の時期〕の初めは厳格な意味では記念碑的な都市ではなかった。たとえば、国家の英雄たちを記憶するための近代的な発想が建築様式に顕著に表わされたのは、1847年のワシントン記念碑の建立が初めてであった。しかし、1850年代になってもワシントンは、熱病と劣悪な下水道施設に悩まされる洗練されていない都市であり、国民にとって重要な場所ではなく、今日とは異なり訪問する人はほとんどいなかった。ナショナリズムは、この都市からではなく、全米における地方の名士と広範な民衆たちによる、組織的ではないが共同した活動から発展したのである。

ナショナリズムの実践は地域的なものであり、それには長所と短所の両方があった。小さな町や村での7月4

日の祝祭は、定期市、酔って豚を捕まえるゲーム、楽隊、丸太乗り競争が呼び物であったが、これらより重要なことは、演説家たちが繰り返し独立革命の歴史を語ることであった。選挙の論戦は民主主義の真の光景を再現するものであった。というのは、市民たちが、候補者の話を聞くためだけでなく、意識していたか否かは別として、(白人男性の)国民が投票できる国家を祝福するためにも、集まってきたからである。[4] 学校の校舎は、教科書の中で示される愛国的な歴史を通じて、ナショナリズムの感情をつくるための重要な源泉としての役割を果たした。国旗は国民に彼らが共有するアイデンティティの象徴を与え、「星条旗」が1812年戦争時にフランシス・スコット・キーにより国歌として作詞されて、この象徴を強化した。[5] これとともに重要なことは、市民社会の諸制度、とくに法律関係の制度であった。連邦最高裁判所首席判事ジョン・マーシャルは、「マーベリ対マディソン事件」判決を通じて違憲立法審査権の原則を確立した。ただし、連邦議会での議決が無効とされるのは、1857年のドレッド・スコット判決を待たねばならなかった。また、国家的な法律の裁定機関としての裁判所の利用が強調されたが、法律が市民にかかわるのは、この時期には連邦裁判所ではなく州裁判所を通じてであり、最高裁判所への上訴は稀であった。

アメリカのナショナリズムを連想するものは、7月4日独立記念日演説の数多くの原典や、連邦議会の論争について今も鮮明に残る生々しい記録——この中には、1858年にイリノイ州選出の上院議員選挙におけるリンカン-ダグラス論争が含まれる——から、我々に伝えられている。このときに、かなりの地域の人々によって熱心に支持された民主主義に対する民衆の関心は、80%にまで及ぶ投票率の高さ(現代アメリカの基準からすれば)に反映されていた。しかし、民衆のナショナリズムのこうした強さ、すなわち、その地域主義は、民衆の忠誠心を、一地域内での厳しい分裂や地域間対立の影響にさらすことになった。ロバート・リーは、南北戦争時に、ヴァージニア州の決断によって、どちらの側を支持するかを決めたらしい。リーが繰り返しいった、「私は、まず、ヴァージニア人であり、その次に、アメリカ人である」という表現は、ごく一般的になった。「この場合の」アメリカという用語は、多くの南部人がとった立場——諸州は自主的に連邦に属しており、州の主権は条件付きで放棄しているにすぎない――から法律用語として生まれたものであるが、したがって、この立場によれば、統治の契約に対する彼らの承諾は取り除くことができるものであった。北部においてさえ、連邦権力よりも個々の州の諸制度のほうが強く、それが地域主義的な感情を強化した。南北戦争の志願兵は、「ニューヨーク」や「マサチューセッツ」などの州の連隊に従軍したのであって、それは、リー将軍が南部連合のためにヴァージニア州の北部地域の軍隊を率いたのとまったく同じことであった。国旗はあったが、州の旗が、個々人の忠誠を得るために競い合った。おそらくもっとも極端な例として、アメリカは国境警備政策において外国に統一した姿勢を示さなかったことが挙げられるが、その一例として、州発行のパスポートが１８５６年まで法的効力を有するものであり、市民権は各州の法律から生じていた。ただし、この立場は人種上のマイノリティには不都合なものであった[6]。以上のことから、アメリカにおけるナショナリズムの出現にもかかわらず、国民の忠誠は多様で分散していたと結論づけなければならない。ジョン・ハイアムの次の指摘は納得がいくものである。独立建国期には「弱体ではあるが、しかし民衆による国家は、分断し異なる民族集団からなる社会を緩やかに結びつけており」、そして「文化的なナショナリズムは、単一国家の国民であるという深い民衆意識という意味においては、ほとんど存在しなかった[7]」。

　１８６１年の南部諸州による連邦離脱の以前に、連邦権力に挑戦したいくつかの先例があった。ウィスキー反乱（１７９４年）、連邦権力に対するケンタッキー決議とヴァージニア決議（１７９８年）、１８１２年戦争中に戦局が行き詰まったときにニューイングランドの少数派フェデラリストたちが戦争に抗議したハートフォード会議（１８１４年）、もっと重要なこととして、南部が輸入しなければならなかった加工品などの品目に対する連邦関税を、サウスカロライナ州が拒否した際の無効宣言をめぐる論争（１８２８〜３３年）があった。こうした中、ジャクソン政権は軍事力行使の準備をして威嚇しなければならなかったが、南部に対して連邦の経済政策における主な譲歩がなされるという形で妥協が生まれた。

　南北戦争は、アメリカ社会における元奴隷の地位については十分に解決しなかったが、連邦離脱の問題は実際に解決した。連邦分裂はありえないというリンカンの主張は、戦争中に普及し、そして国家の統合は、１８６８年の連邦議会で可決された憲法修正第14条によって裏打ちされた。この憲法修正第14条は、修正第13条（１８６５年）によって自由を得たアフリカ系アメリカ人奴隷に市民権を与えただけでなく、初めてアメリカ人としての市民的権利を規定した。そしてもっとも重要なことは、この憲法修正第14条は、連邦政府に、州の意に反してこれらの諸権利を行使する権力を与えたことである。このことは、南北戦争以前の時期――合衆国憲法の権利章典が、個人の自由に対する連邦政府の権力を抑制していた――の状況を逆転させた。アメリカ革命では権力の中央集権化が恐れられていたが、今や、中央政府には基本的な市民権を行使するための権力が必要であることが認められた。しかし、政治権力の均衡があって初めてそのような行使が許されたのであるが、それには、南北戦争に勝利した連邦の政党である共和党の支配の下に、南部がとどまっている限りという条件があった。言い換えると、この政治状況は、再建の時代の連邦軍による南部の占領に依拠していたのである。歴史地理学者ドナルド・マインニグが指摘するように、南部は、事実上、「植民地」状態になっていたが、この占領軍は永久的に南部に居続けることはできなかった[8]。というのは、１８７０年以降に、連邦政府の権力は、南部人の抵抗によってだけではなく、次第に自由放任にされ保守化していく連邦最高裁判所によっても骨抜きにされたからである。１８８３年までに、憲法修正第14条の施行は、法的な裁定――クラブなどの私的な制度ではなくて、政府の制度のみが、「平等保護《イコール・プロテクション》」の条項に従うものであるとする――によって、その土台を崩されていく。他方で、１８８６年までに「人」を保護するための憲法修正の行使が「法人」にまで拡大され、こうして、連邦最高裁判所は憲法修正の目的の焦点を移行させた。ビジネスを規制する州議会の権力は弱体化し、企業が繁栄するところでは自由放任の無人地帯がつくられたのである。

　メキシコ領を獲得する１８４０年代からの西部への領土拡大も、また、自然地理的諸条件や諸々の経済的利害によって生み出された遠心的な力を回復させた。西部における距離は長大なものであり、西部の各州同士が非常に離れているので、標語、旗、歌によって、また州設立のための地域だけの祝祭によってさえも、地域的アイデンティティを発展させた。住民たちは開拓者団体や歴史協会を通じて地域や州の歴史の意義を培ったので、たとえば、カリフォルニアでは、国祭日に準じる日をめぐって、州の合衆国編入記念日が7月4日独立記念日と競い合った。[9] 経済もまた地域的中心の感情を強く駆り立てた。アメリカ西部の農民たちは、グレンジャー運動（農業擁護者会）を通じて、彼らの人生に決定的に影響を与えるように思われたワシントンやニューヨークの経済的な有力者たちに抗議した。彼らは、鉄道や銀行による支配に苛立ち、こうした遠方にいる権力と闘うために州による規制を利用するための運動を起こしたが、しかし、州による規制は州を越えた商業権力によって阻止された。やはり、ワシントンを変える必要があった。1890年代までに、人民党員たちは、大統領職の地位を狙い、全国の交通運輸に対する連邦の支配を導入することを目指した。これは、より強い権力を持った州の初期の主張であったが、しかし、地域的分断を最終的に克服したのは、草の根の抗議運動でなければ、ロバート・ウィービーの『秩序の探求』が論じた中央集権化する経済的・政治的な勢力でもなかった。[10] それよりもむしろ、アメリカに対する対外的な脅威が広がったことがあり、国民国家はトランスナショナルに形成されたのである。

国民国家のトランスナショナルな形成

アメリカは外からの軍事的な敵に直面して初めて、より強力な国家の出現のために必要な条件が整った。20世紀の大きな戦争がこの変化に影響を与えたが、国民国家の成長は、1898年の米西戦争において予期されていた。アメリカはいくつかの植民地を獲得し、フィリピンに占領軍を置き、そして政治家たちは台頭する列強を意識して海外での軍事基地を求めた。木造船にとって代わって近代的な艦隊が開発されるのは1880年代からであり、1880年代から1914年までの間に、アメリカは自国の艦隊を世界第14位から第3位の地位にまで増強した。米西戦争によって露呈された不備に直接対応する中で、陸軍長官エルヒュー・ルートは軍隊の実質的な改革を導入し、その中には、参謀総長を通じての統制の合理化、陸軍大学校や参謀本部の創設が含まれていた。合衆国憲法下でのアメリカの伝統は常備軍に反対するものであったが、今や、「効果的な軍事体制の要として拡大しうる正規軍」へと、その焦点は移行した。ルートは、「近代的な戦争の諸要件に対応できる国家権力の道具に、アメリカの軍隊をつくり直す」ための対策をとり始めた(11)。

これと同時期に、社会および道徳の改革者たちは、前例がないほどに、国民の生活に連邦政府が関与することを支持した。アメリカという国家は、国民生活を軍事的に管轄するのと同様に、道徳的にも介入することになる。最初に州レベルで導入されたのは、妊娠中絶反対の法律、避妊具そして禁酒に関するものであり、それらは中産階級的で厳格なプロテスタントの倫理を強化した。しかし、経済規制の場合と同様に、州にまたがる勢力が地域社会を守るための州による運動を弱体化させ、連邦による規制の必要性を明らかにした。このことは、まず、1873年に可決された猥褻なものを郵便で運搬することを防ぐためのカムストック法で表わされた。売春反対の運動は、「不道徳な」目的で女性を州際取引することを起訴するためのマン法の連邦レベルでの可決(1910年)に至った。1850年代の北部諸州での主たる社会現象であった禁酒運動が、とくに1893年の反酒場連盟の結成後に、再び復活した。1890年のウィルソン法の可決から1913年のウェッブ-ケニヨン法までを通じて、諸州は酒類の持ち込みから地域社会を守るために、連邦法を行使することを求めた。しかし禁酒運動家もまた同時に、より広範な全国的な禁酒運動のための支持を次第に獲得する方策として、この制度を使おうとした(12)。

1880年から1917年までの時期は、積極的な統制を行う改革志向の国家を発展させる協調した試みがなされた時期でもある。1880年代にリベラルおよびラディカルな改革者と組合運動家の多くは、反急進主義による弾圧の教訓を学んでいたので、革命の手段に代わるものとして、労働者を組み込んだ新たな国家を漸進的な改良を通じて発展させようとした(13)。こうして革新主義運動として知られる社会改革が緩やかに結合した運動が1890年代の不況に対応して発展し、最初に州および都市の政治において実現した。すなわち、革新主義運動は民衆に根ざしたものに訴えかけたので、市街交通の料金引き上げ、都市行政の腐敗、都市の公害、労働者の搾取のような地域的な問題から生まれた。現代のキリスト教社会主義に相当する福音主義を説くオハイオ州トレド市長サミュエル・ジョーンズ（「黄金律」のジョーンズ）のような派手な改革者もいたが、こうしたもの以外の動きがあった。すなわち、こうした改革者の訴え以外に、十分な経済的規制の骨組みをつくれないことが、国家の効率性の改善を要求することにつながり、そして１９００年以降に革新主義運動が全国に波及するにつれて、ビジネスおよび企業と政府の協力関係は増大した。このように革新主義運動は社会正義と国家の効率性の両方を求めたが、実は、この運動は国内における固有のエネルギーのみに基づいていたのでなく、国際的な社会改革運動の言説によっても影響を受けていたのである。

一般的にいえば、革新主義時代がアメリカ国内での産業化と都市化の進展に対応する以上のものであったと、歴史家が認めたのは最近のことである。すなわち、それは国家の社会構造を国際的状況の中で強化しようとするアメリカの試みの一環であったということである。とくに、ダニエル・ロジャーズの研究によって、ヨーロッパによる刺激がアメリカの革新主義の発展に及ぼした重要性に気づくようになった。アメリカは、社会的・経済的な改革の多くの分野で遅れていたのであり、たとえば、アメリカは労働災害の比率のきわめて高い国であったにもかかわらず、労働者災害補償保険の給付の遅れが指摘されていた。社会保険の分野においては、それまでの経済を近代化するうえで先頭に立っていたのはドイツであった。アメリカ人もまた、災害補償計画を発展させ始めたが、そこには、労働災害率の上昇によるコストを抑えようとする特別な関心があった。しかし、国家を強化するためには国際的な取り組み、すなわち国家のトランスナショナルな生成が、革新主義にとって必要不可欠であると認識されるようになった。セオドア・ローズヴェルトは１９０８年に次のように述べている。「労働災害に関するヨーロッパで開催された国際会議で、雇用者責任の法律制定において、諸国家の中でアメリカがもっとも遅れている国として挙げられることは屈辱的なことである」[14]。災害補償制度をつくるうえで、そのモデルとするために、アメリカの改革者はイギリスとドイツの両国に依存したのである。

女性の改革者は、多くの州ですでに開始されていた母親年金制度を、第一次世界大戦前に採択することを訴えて、福祉国家の発展に貢献した。そのような制度が、スウェーデンの女性解放論者エレン・ケイに影響を受けたヨーロッパの母子福祉の優れた例に依存していたことについては、今まで過小評価されてきた。たしかに、歴史家たちは他国の社会改革に目を向けたこともあったが、しかし、ほとんどは、トランスナショナルな関係よりはむしろ国家間の相違の比較を強調してきた[15]。このトランスナショナルな関係は、「大西洋を越える」として概念化しうるものであるが、しかし革新主義を海外から借用する形態は、大西洋のみというよりもグローバルなものであった。たとえば、カリフォルニア州で導入されたアメリカの労働者災害補償制度もニュージーランドから「借用」したものであった[16]。実際、多様な思想が、オーストラリアとニュージーランドからアメリカの革新主義思想に浸透した。改革者ヘンリー・ロイドは、『ニューエスト・イングランド』誌で、ニュージーランドの民主主義が「今日、世間の話題」になっていると書き、産業仲裁制度を通じて労使間の争いを解決する中に妙案を探した[17]。ピーター・コールマンは、ニュージーランドのアメリカの改革への影響に焦点を当てることによって、革新主義思想の国際的な循環があったことを論証した。たとえば、カリフォルニア州の治水事業推進者ウィリアム・スマイスのような改革者が、「アメリカのニュージーランド化」の必要性を訴えていたことを明らかにした[18]。また同様な関心から、オーストラリア社会民主主義における労働運動が、経済学者ヴィクター・クラークのような学者のみならず社会改革者によっても研究され、そして選挙における無記名投票方式である「オーストラリア」方式がアメリカで広く採用された[19]。あまり知られていないのは、エルウッド・ミードの活動を通じて治水灌漑の政策や目的においても、オーストラリアの影響があったことである。1902年の全国干拓法は、電力、農業、洪水調節に求められたダム建設や水量配分における連邦政府の役割についての、早い時期の重要な尺度となった。これらの活動が、西部の住民生活への連邦政府による介入の主な側面となった。革新主義者ミード――連邦政府の土地改良局局長に就いてこの仕事を続けることになる（1924～36年）――が、1907～15年にオーストラリアでのヴィクトリア川給水局長としての仕事で成果を残し、全国の水調整の推進者となった。彼は、オーストラリアで連邦制度下にある諸州間での非効率的な競争を経験したので、帰国すると灌漑規制と水供給問題において全国的な協力体制を推進した。彼はまた、狭い農地しかない地域に対して援助をするために社会主義的な制度の必要性を力説し、安価な小規模の土地を供給するという従来からの政策ではなく、農民に対する国家からの援助を与えようとした。前述のロジャーズは、ミードの影響を「農業地域に対する明確な新しい枠組みを形づくる」一部であると述べている[20]。ただし、この場合は、厳密にいえば、大西洋間の相互交流ではなく、グローバルな相互関係を示すものであった。アメリカの灌漑政策は、オーストラリアのみならずイギリス領インドの経験にも基づいており、グローバルな相互的影響を含むものであった。ミードは、パレスチナ、オーストラリア、南アフリカで、ちょうど彼がこれらの場所で自らの経験から学んだように、これらの地域で灌漑政策への助言をほどこす専門家としてかかわっていたのである[21]。

１９００年以降、ビジネスや金融に対する規制も発展し、国家組織を強化した。独占を抑制する要求が、連邦レベルでの改革への移行に拍車をかけたが、この背景には、各州政府が、これら巨大な経済の連合体と効果的に闘うことができなかったからである。１９１２年までに、革新主義の改革者や政治家たちは、より強力な連邦国家の建設を懸命に推し進めるようになり、そして、ウィルソンの民主党に、あらゆる政党の革新主義者たちが訴えた金融制度の主な変革を履行する改革構想を持つ政党を見出した。１９１４年設置の連邦取引委員会は企業を規制し、１９１３年成立の連邦準備法は、南北戦争以降初めての連邦政府による銀行法になり、また、１８３０年代以来、銀行業への連邦による真の規制を導入する最初になった。連邦政府の権力は前進しつつあり、こうした移行は、１９１３年の所得税の導入においても示された。この施策は当初ほとんど収入を上げなかったが、これによって民主党は関税（主たる代替的な収入源）を下げることができ、そして所得税という着実かつ適切な収入の流れをつくり上げ、これは第一次世界大戦中に必要不可欠なものになった。米西戦争後、陸海軍の拡大の必要性が政府の既存の歳入制度の不備を明らかにして以来、改革者と政治家たちは、税の分野における連邦政府の強大な権力を求めた。法人税は１９０９年にすでに導入されており、関税収入が１９１４年以降に戦時の通商禁止により落ち込んだので、連邦議会は段階的に所得税率を上げていった[22]。こうして、連邦国家のより強固な財政的な基盤がついに敷かれた。

しかし、第一次世界大戦前夜、盛んになった革新主義運動は、同時代のヨーロッパにおける運動の成果と同様な国家構造を生まなかった。連邦準備法は、各地域における加盟銀行の独立性を保つ連邦準備法の例が示すように、中央集権力を限定したからである。アメリカの革新主義運動の特色の一つは、改革者たちが、アメリカ社会固有の目的に合うように、多くの国々から取捨選択して思想を借用したその方法から生まれた点にある。彼らは、どの国をも理想として描かず、多くの社会改革思想を輸入しなければならなかったそのこと自体が、19世紀の頑強な個人主義を克服することを目的にした改革の取り組みにおいて、オーストラリアとヨーロッパの両者に遅れていたことを示唆している。アメリカの国家としての成長は未完成のままであったのである。アメリカ生まれの社会改革者と都市部の移民の両者から構成されたアメリカ社会党――1912年の大統領選挙では最初の独自候補を出し、一般投票の6%を獲得した――の出現にもかかわらず、生産手段の国有化は、重大な国民的議題にはならなかった。国家による経済規制は第一次世界大戦中に一時的に頂点に達したが、戦争遂行を目的とした国家による規制のための機関や団体からなる巨大組織は、大戦後にほとんどが縮小された。1930年代になって初めて、連邦国家の大規模な発展が再開されたが、そのときでさえ、アメリカ自由連盟やニューディール政策に対する反対者たちによる活動が行われたことが、いかに多くのアメリカ人が大きな政府に疑念を持っていたかを物語っていた。

国境の厳格化と強大な政府

(1) 移民に対する国民の不満

革新主義時代に国家権力が増大したのは、社会民主主義だけによるものではなかった。それまで他のいかなるものよりも見落とされてきたのは、国家の自己定義が、物質的利益への執着を通じた経済的なものによるのではなく、文化的なものによるものであったという点である。人民党の台頭と革新主義改革の時代は、国籍と市民権の概念が変えられた時代でもあり、そこではアメリカの文化的アイデンティティを印すものが、それまで以上に厳格に定義された。それ以前はほとんど存在しなかったような境界が、アメリカ人としての地位を明確にするに当たって厳しくなったのである。

移民の流入と彼らに対する国民の不満は、それまで以上に国境を厳しくし、より強大な政府をつくることに拍車をかけた。たとえば、アメリカに対して国際的な圧力が増大した結果として、国境での新たな統制がなされ、移民の排斥は単に移民史の問題だけではなく、国家の定義と、不要な人々に対する制限によってこの定義を押し通すのに必要であった国家の官僚機構の問題でもあった。移民排斥政策の開始は19世紀末まで遡ることができるが、そのとき、中国系移民の社会慣習と彼らに仕事を奪われることに対して抗議するカリフォルニア州の住民を、連邦議会が寛大に処したのである。この中国系移民は1882年にはほとんど排除されたものの、その後も諸州は他の移民に対する制限をしなければならなかった。しかし1891年になって初めて、連邦政府が国境の本格的な統制を行い、連邦議会は当初は10年ごとに更新する法律で中国人労働者の入国を禁じていたが、1902年に、移民全般に対する恐怖感が高まると、彼らを永久的に閉め出す法律がつくられ、日系移民への制限も、1907～08年のいわゆる日米紳士協約によって、それに追加された。

同時期に、アメリカ人はヨーロッパからの移民に対する新たな障壁について議論しなければならなかった。1880年以降に北部と中西部への東欧・南欧移民の大量流入は、経済的混乱をともない多くの社会的不満を生じさせ、それに呼応した労働者はビジネス界の抵抗や政府の圧力に集団で立ち向かおうとした。さらには、多くのアメリカ人は、新たなヨーロッパからの移民が無政府主義などの急進的な政治思想を伝えるのではないか恐れた。南北戦争前の移民は労働者の暴力を持ち込み悪化させたが、移民のこの段階は、国際的な社会主義運動の出現およびヨーロッパでの広範な産業化以前のことであった。それに対して、1880年代以後の移民は異なった。彼らは、実際には保守的な農民であることがしばしばであったが、ヨーロッパで広がる無政府主義や社会主義への関心に影響を受けているとか、また新たに生まれた労働者、人民主義者、そして無政府主義者らの各政党に刺激を受けているのではないか、という心配が広がった。海外からテロリスト的戦術を持ち込む移民の暴力にさらされる機会が増えることへの不安は、１８８6年5月シカゴでのヘイマーケット広場の爆破による大騒動で強調された。デモ中の労働者の群集の中で爆発が起こり、警官を含む12名が死亡した。８名の「外国生まれの無政府主義者」[23]が有罪になったが、検察によれば、彼らが有罪になったのは、爆弾を投げたことを証明できたからではなく、爆発を彼らが煽動したと考えられたからであった。裁判所が死刑判決を下したため、労働者による国際的な運動が引き起こされた。急進主義に対してこの国家が後押しする弾圧は目新しいものではなかったが、１８８６年以降増加した。

急進主義に対する警告は、労働者の要求に対するビジネス界や政府の阻止がかたくなになる以上のものを生んだ。それは、たとえば、レーバー・デーの休日のように、労働者に対する象徴的な譲歩を生む運動を刺激した。移民が大洋を越えて往来する移動は、実業家や彼らを代弁する州政治家の気持ちの中に、増大しつつある国際的な労働者階級という亡霊を浮揚させた。この結果として生じた闘いは、産業上のものであると同時に思想的なものでもあった。移民の急進主義者は、ヘイマーケット広場事件と同じ時期に、国際的な労働者の団結の表現として、メー・デーの祝祭も提唱した。事件のほんの数日前にシカゴで最初に開かれたこの行事は、メー・デーという日を無政府主義や共産主義と結びつけ、１８８9年にパリで第二インターナショナルが結成されると、会議の出席者たちは、5月1日を１８９０年以降、国際的に使用することを定めた[24]。その一方で、１８８2年にニューヨークで労働組合員たちは、9月のレーバー・デーにデモを行って祝っていた。１８８6年以後、メー・デーの儀式は、ヘイマーケット広場事件を記念し無政府主義を刺激するものとして奉られるのではないかと、反急進主義者たちは恐れた。それゆえ、政治家は、外国の伝統ではなくアメリカの伝統に一致した労働者によるアメリカ社会への貢献を祝うための運動を支持した。ヘイマーケット広場事件後に、クリーヴランド大統領は、１８８7年に別の日を支持することを提議した。すでに半数の州は制定していたが、連邦議会は、１８８7年に、9月第1週に連邦による労働者の休日を設ける法律を可決した。ビジネス界は多くの州でレーバー・デーに反対し続けたが、労働者たちは、この「法的に認可された」祝祭を支持するアメリカ労働総同盟（ＡＦＬ）とともに、アメリカという国民国家に組み入れられていったのである。[25]

これらの複雑な動きにもかかわらず、外国人への恐怖感は続き、それは、移民のさらなる制限を通じて、政治制度に「アメリカ的」価値観を浸透させることを再主張する要求につながった。1880年代に蘇った移民排斥主義と緊密に結びついて、反カトリック感情が復活し、この新たな移民排斥主義がアメリカ防衛同盟（APA）と移民制限同盟を生じさせた。南北戦争従軍者の在郷軍人会やアメリカ革命の娘たち・アメリカ革命の息子たちという団体のような愛国主義的団体や退役軍人による多様な組織が力を強め、「国家統制主義者的な国家忠誠」を提起した。[26] 1890年代には、反移民団体が、さまざまな理由から移民の排除を迫ったが、「無政府主義者や政府を武力または暴力によって転覆すること」や「政府関係者を暗殺すること」を「信条とする人々」という範疇は、[27] 1901年にレオン・チョルゴシュがマッキンリー大統領を暗殺するまでは、移民制限の条件に加えられていなかった。移民が無政府主義者であるか否かを問わず、放浪し財産のない数多くの人々の生活様式は、さらなる政治的な懸念を生んだ。新たな移民たちは、国民国家の一員になるのか、あるいはそうさせることができるのか。1907年に連邦議会によって任命されたディリンガム委員会はヨーロッパからの移民の忠誠心と存在価値に疑問を投げかけたが、その理由は、非常に多くの新参者がアメリカ国内に根を下ろそうとしないように思われたからであった。彼らは、そうせずに、トランスナショナルな移住者として移動し、国籍を取得しなかった。[28] 連邦議会は、20世紀初めの20年間に移民法にいくつかの補足的制限を加えたが、この時期の歴代の大統領たちは、ヨーロッパからの貧民階層をすべて排除する提案には反対し続けた。タフト、ウィルソン、クリーヴランドの各大統領は、すべて入国時の識字テストを拒否権で否認した。移民排斥団体の存在にもかかわらず、移民への関心が一進一退したのは、ビジネス界は安価な労働力で利益を得ており、移民制限は、移民が自らの家族の移住を推進したいと望む都市部では不人気であったからである。1890年代に最初に提案されていた識字テストが、1917年になって初めて議会で承認された。しかし、このときまでに第一次世界大戦後における移民の優先順位に関する再編のための準備が整いつつあった。[29]

このように国境を強固にすることを示すものとして、パスポートの使用があった。これは国際的な潮流であり、1900年以降、アメリカはパスポートの規制を強調する多くの国家の一つになっていた。19世紀、移民は多様な書類を携えて到着したが、パスポートとして認められるようなものは持っておらず、アメリカ人も、海外に行った場合、パスポートを所有していなかった。当時は海外に行く人数は少なかったので、アメリカ政府は1905年以前に発行していたパスポートの数について統計を公表することはしていなかった。しかしやがて、いくつかの国々がそれまでよりも厳格な国境統制をするようになるが、その理由の一つは、アメリカに入国する移民の数や類型へのアメリカ側の関心の結果から生じていた。無政府主義者、社会主義者、短期滞在者の移民に対するアメリカ人の不安に対応して、イタリア（とそれ以外のいくつかの国家）は、自国民がアメリカとの行き来をしやすいようにするために、1901年以降にパスポートを導入し始めた。

第一次世界大戦は、1900年頃から始まったパスポート制度をトランスナショナルな規模で完成させ、ヨーロッパとアメリカ大陸間の横断にそれまで以上の厳格な境界をもたらした。海外からの国家安全保障への脅威によって国内から国家を定義するようになり、その結果アメリカという国家が、いかにトランスナショナルな圧力によって形成されたかを、あらためて明らかにすることになった。ジョン・トーピー著『パスポートの発明』は、いかにパスポートが「一つの重要な役割」を果たすようになったかを強調しているが、メキシコ国境に関しては、その管理は効果がない状況が続いた。1915年の行政命令は、「アメリカから外国に向かうすべての人間は、出国前にアメリカの役人により査証を受けたパスポートを所持する」ことを求めた。1916年5月に出された法律は、戦時における「公共の安全に反するアメリカからの出国またアメリカへの入国」を停止させ、1915年の大統領行政命令に法的実効力を与えた。[30]

(2) 検疫の強化

革新主義時代に強固な国境管理の姿勢をとらせた別の要因は、環境であった。19世紀末におけるコレラや黄熱病の蔓延は、進歩した交通運輸によって、またアジア・アフリカの人々に対する帝国主義による支配拡大の結果として生じ、これに対して連邦議会は検疫法を強化した。州の中にはすでに何十年間も外国人旅行者に対して独自の健康検査をしているところがあり、連邦による最初の検疫法は1878年にまで遡るが、それがただちに各州独自の規制を止めたわけではなかった。海外からのコレラの到来によって、連邦政府は、1890年代により厳格な検疫要件を課したが、しかし依然として、これらの検査は、州によって（ときには、それぞれ異なる方法で）執行されていた[31]。最終的に検疫政策が中央集権化されたのは第一次世界大戦の結果であり、また、戦争による人々の頻繁な移動がそれをもたらしたのである。病気は、軍隊による大規模な展開とその密接な接触によって、それまで以上に容易にまた急速に伝染した。実際、1918～19年のスペイン風邪は、世界中で少なくとも2000万人の、アメリカ国内で60万人以上の死亡を引き起こし、伝染病に対する警戒を強めた。アメリカの公衆衛生当局は病人の隔離を呼びかけ、1921年までにすべての隔離施設が連邦の管理下に置かれた。この一方で、伝染病に対してだけでなく身障者に対するものでもあった健康への関心は、移民政策と結びついていた。1891年移民法は、「性的感染を含む嫌悪を起こさせる伝染性の病気を患う者」の入国を拒否し、そして連邦政府の役人に病的障害のある者を排除する法的権限を与えるものであった[32]。これらの健康への関心は、移民排斥主義や政治的な要素を持っていたことは明白であった。移民への不安は、身体的苦痛の伝染やモラルの伝染に対する不安とも結合したのである。

革新主義時代には、病原菌やモラルと同様に、植物の輸入においても連邦権力が拡大された。ここでも再び、自由放任と州の権力が19世紀を通じて支配したが、個々の州、とくにカリフォルニア州は、州際間通商を明らかに妨げるものであっても、植物を管理する独自の先駆的な検疫法令を導入していた。連邦政府関係者は、そのような分裂した政策は、とくに昆虫の輸入において国家の利益にとって危険であるとみなした。連邦農務省昆虫局は、1904年に部局として再組織されてカリフォルニア州政府関係者と衝突したが、同州の州園芸委員会は、望まれない動植物種を抑制する「益」虫を海外から導入して害虫と闘わせるという環太平洋地域での経験に基づいていた。生物の抑制における初期のこうした活動は、連邦当局にとって当惑するものであった。カリフォルニア州が害虫抑制のために州を越えた協力をすでに行っている事実に直面したことに加えて、国際的なレベルで昆虫学が進歩したという意識が高まって、科学者たちは全国的な植物検疫政策を発展させた。１８９０年代以降のヨーロッパからのマイマイガや、ほぼ同時期においてメキシコから到来した南部のワタミハナゾウムシの問題が、植物や昆虫の輸入に関する連邦レベルでの規制を行うための活動を強めた。そして１９１２年の植物検疫法が、これらの諸問題を連邦の監督下に置くことになった[33]。

ナショナリズムの成長とトランスナショナルな言説

（1）自然の国有化

以上のような移民と科学の面での政策において強化された国境が、国民の間でのナショナリズムの成長を補完することになった。ナショナリズムは、決してアメリカで新たに生まれた現象ではないが、アメリカという国家と明らかに同一視されるようになった。国家による国境管理が、国家の特色とアメリカ例外主義に対する自負を助長したのである。国民を国家と結びつける重要な規制の発展の一つは、自然の国有化であった。アメリカ人は自らの自然を他と異なり優れたものと考えるのが常であったが、アメリカの自然は19世紀末以前には完全に国家のものとは定義されなかった。たしかに、フロンティアの物質的な豊かさが、アメリカ例外主義の観念の基礎にあり、また、絵画はしばしばアメリカ西部の豊かさと「明白な運命」を結びつけたが、これらの絵画は、アメリカ大陸の自然とアメリカ国家の自然との間の区別をはっきりとつけなかった。従来は、豊かな自然という考えは、19世紀以前にヨーロッパ人探検家によって、イギリス領植民地だけでなくアメリカ大陸全体に適用されていたが、その自然の価値は、黄金、熱帯の果物のようなこの地域以外で発見された他の貴重な項目と比較すると、不十分なものとみなされていた。19世紀半ばでさえ、フレデリック・チャーチの描いた絵画は、アマゾン川を描いた作品において、新世界の自然環境の豊かさに対する大らかな評価を表わしていた。この視点は、これらの地域を開発する企業家の計画と、また、西半球全体を取り込む「明白な運命」の野心的な理解の仕方と一致した。小宇宙のレベルでは、アメリカの代表的な自然哲学者が自然界を超越した神により選ばれたものとして理解した。自然は国家全体と同様に特定の場所にも根ざし、そして、ヘンリー・デーヴィッド・ソローの『ウォールデン』にあるように、神の創造物が内在しているものは至る所で見出しうることをあらゆるものが示していた[34]。アメリカの偶像としてのヨセミテ渓谷の評価は、ジョン・ミュア――彼がスコットランド生まれであることはしばしば忘られている――によって知れ渡ったことから少なからず生じていた。ミュアの感受性は、生まれ故郷の岩だらけの雄大さから生まれたが、それがアメリカの西部に適用されたのである。ほとんどのアメリカ人が、よく手入れされた農場や庭園の風景を好んだ時代に、ミュアは花崗岩を賞賛することができたのである[35]。

自然は国家の一部にはまだなっておらず、しかも自然の国有化は、前述した広いトランスナショナルな伝統からつくられなければならなかった。自然に対する連邦の規制の開始は、国有公園の創設を通じてなされ、その最初は連邦議会がイエローストーンを国立公園として保存する法律を制定した1872年に遡るが、アメリカの国家的アイデンティティを鮮明にする探求の一環として国立公園創設の動きが拡大したのは、1890年代であった。この時期は、まさに、アメリカのナショナリズムの広範な刷新が始まった時期であった。自然の空間のこの国有化は、1906年セオドア・ローズヴェルト政権下での国定記念物に関する法制化により加速化され、1916年には国立公園局が全国の公園を統合した。アメリカの自然保護への関心と密接に結びついていたのは、原野との初期の闘いが終わり自然がなくなるという不安であり、また、ヨーロッパからの新たな移民がアメリカの開拓者の価値観を欠き、何らかの形で環境危機の一因となっているという心配であった[36]。有名な動物学者でニューヨーク市のブロンクス動物園長のウィリアム・T・ホーナデーは、野鳥の消滅に関して警告を発した。「南欧の下層階級に属するすべての人間は、我が国の野生生物にとって危険な脅威である。……イタリア人は増加し続けている[37]」。国家のアイデンティティと伝統的な野生生物が消滅するかもしれないという危機感――道理は通らないが、当時気づかれていた認識――に呼応して、公園の中での自然の管理がアメリカ例外主義思想を強調した。イエローストーンは世界で最初に「国立公園」として指定された地区であり、植民地下のアフリカ、オーストラリア、そしてカナダで、アメリカの「国立公園」の例は、しばしば模倣された[38]。

革新主義時代はまた、それまで200年間なされてきた森林の激しい破壊を抑制する試みを開始する時期でもあった。1898年、森林学者ギフォード・ピンショーが森林部部長に任命されたことと、1905年に連邦農務省森林局が発足したことが示すように、アメリカの自然保護政策は、国家の効率性や強力な権限を持つ政府という革新主義の概念に結びつくようになった。ピンショーは、連邦保護林という名称を「国有林」に変え、この政策は、森林をその使用からの保護を意味するのみならず、自然の遺産とその保全に対して国家のプライドに焦点を当てることも意味したのである[39]。

革新主義による自然保護というきわめて国家的なこの政策は、実は、ヨーロッパ列強による植民地化の影響から生じた国際的な感覚の産物であった。主なヨーロッパ列強の戦略家は、世界規模での資源欠乏を恐れていたが、セオドア・ローズヴェルトは地球上の森林資源と、それが国力と国家の効率性に対して持つ意味について深く関心を持つようになったが、そのことは、1908年に彼が全米国土保全委員会の設置をしたことに反映された。この組織は、国家間で高まった経済競争の世界への対策として、アメリカの自然資源について調査し始めた。この委員会は自然保護論者の自然資源利用に関する議論の正しさを証明するために活動し、それは、それまでの数年間の議論の頂点を印すものであった。ジョージ・パーキンス・マーシュによる古典的作品『人間と自然』(1864年)は、人間による生物種への広範な影響に対するアメリカ人の最初の関心の書であったが、マーシュは長くイタリア駐在公使を務め、彼の作品はヨーロッパでの自然破壊についての自らの観察の影響を受けていたのである。1876年に、森林の消失率とその再生のための最善策を調査する人物にフランクリン・ハフが任命されたことは、森林政策の進歩に向けての連邦政府による最初の動きであったが、ハフはこの問題を研究するためにヨーロッパに行き、そうすることによってアメリカ政策に対するヨーロッパの影響を強めた。アメリカの森林学者の先駆者たちのほとんどはドイツ生まれかドイツで訓練を受けた人々であり、彼らは、自然資源を国家が管理する責任についての概念を持ち帰った[40]。そして、1886年には、ドイツ生まれのバーナード・フェルノウが、初代の林野庁長官になった。アメリカでの国家による自然保護の実践と管理は、資源に対する取り組みに関するこのようなトランスナショナルな言説状況の中で発展していったのである[41]。その目的は、初期のフロンティアの自然の豊かさから生じた特権的で優位なアメリカの立場を維持することであった。

(2) 愛国的な儀式

アメリカ固有の自然に対する自負は、他の面におけるナショナリズムを補完することになった。国家としての新たな儀式は、その国家による支援でない場合が多かったが、それらは、やがて、国家の諸々のシンボルに統合された。それらの愛国主義は「組織化する社会」の中の諸制度によって市民社会の中で広められ、国民の間で基盤を得た[42]。この主たる例は、「忠誠の誓い」の儀式であり、1892年に、バプティスト派牧師フランシス・ベラミーは、コロンブス・デーの400周年を祝う「公立学校のための誓約」を著わしたが、これは、労働争議、急進主義、そして反移民運動による騒動の只中にあって、社会の保守的な転換を生み、全国の教育委員会を通じて拡大した[43]。国家的記念物の創設と、それを取り囲んで開催される公的な祝賀儀式も、同様に急増した[44]。南北戦争はアメリカを感情的に分断したが、1890年代までにアメリカ人は再統合し始めた。再建の終了は、奴隷制が廃止されたからには、アフリカ系アメリカ人のために闘う価値はないというコンセンサスを白人の間で生んだ。国家は米西戦争時代に和解し、そのときに北部と南部の両地域の人々がともに外敵と戦って国家に尽くし、そしてアジアにおける小さな褐色の肌をした兄弟たちの国家の獲得をもくろんだ。南北の協調は、1901年に南部連合の戦死者たちをアーリントン国立墓地に収容することによって印され、この国家的な和解の出来事は、「共通の大義名分に南北両地域から軍隊を出すことになった」米西戦争が果たした役割に直接起因した[45]。アーリントン国立墓地の記念円形劇場(1913年に認可)の開設によって、国家による戦争の死者の栄誉を讃える国家的な記念建造物の中心的存在が定められた。最終的に1920年にその除幕式が行われ、続いて翌1921年には無名戦没者が葬られたが、それは、アメリカ人が戦った諸戦争を中心に国家を象徴的に統合させる出来事であった。全米中の諸都市における各地域社会が、国家の戦争による死者のための独自の記念物を建設する中で、このテーマは各地域の特性と合わさって演じられた[46]。

革新主義時代に、全国的に重要な意味を持つ新たな愛国的な歌が、新聞雑誌そして1910～20年代には映画とラジオが可能にした全米に行き渡る通信手段の進歩を通じて、広範囲に広まった。1893年にキャサリン・リー・ベイツが「うるわしのアメリカ」という愛国歌をそれまでのものに加えたことは、時期的に見て重要であった。すなわち、この歌が作詞されたのは、移民の増加の時期であり、反カトリックのAPAが影響力を持ち、そして労働争議が広まった時代であったことは、多くを物語るものがあった。APAは、1890年代にこの歌が最初に広まった中西部や、ミシシッピ川上流域において始まり、これらの地域でもっとも強くなったのである。「うるわしのアメリカ」は、ナショナリズムと風景の占有を統合した。国家と国民は、愛国的な文化遺産を尊敬することにおいて互いに接近していったのであった。

国家構造は、1917年までに国家の統合に向けて大いに成長したが、しかし、他の国々の国家構造と同じではなかった。アメリカの場合、歴史における特色があり、またその発展が断片的であったからである。たとえば、連邦と州の各権力は、禁酒統制に関する制度的かつ政治的な権限の分割のような問題で言い争い、また移民政策は論争を呼ぶ問題であり続けた。国境は、戦争以外は他の何によっても封鎖されなかったが、その理由は、移民政策が移民支持者と移民制限主義者グループとの間での不安定な妥協の産物であったからである。後者の移民制限主義者が不満であったのは、好ましくないとみなされた人々、たとえばスラブ人やユダヤ人が効果的に排除されていなかったことである。実際、1917年の識字テストは、イディッシュ語を含めてどのような言語でも受けることができた[47]。

第一次世界大戦は、一時的ではあれ、国家権力を非常に増大させた。ドイツ的なものへの激高した敵意や、外国人を根絶しアメリカ的な理念を推進する試みが広まった。その一つの結果は、国家を連邦権力の延長と同一視する戦争宣伝を通じて、連邦国家の愛国主義的な側面が強化されることになったことであり、もう一つは、安全保障を司る存在としての国家管理体制の可能性に焦点が当てられるようになったことである。1917年スパイ法と1918年治安法が、連邦政府に対して、戦時中の反対意見を抑えるために特別な政治権力を与えた。これらすべておよびそれ以上の問題が将来に横たわることになったが、しかし、その将来は単に偶然によってつくられたものではなかった。というのは、連邦政府による権力政治《パワー・ポリティクス》へのそれまで以上の深い関与が戦争に先んじて起こっていたし、またそれまでよりも権限を持つ国家が、世界に対して国家の増大する関心がつくり出すすべてに対処するようになるまで、大きくなっていたこともあったからである。とりわけ、アメリカの公式の帝国主義の外に向かう躍進は、複雑な諸関係を紡ぎ、そしてアメリカを戦争の入り口にまで持っていったのである。

第10章　無自覚な帝国

帝国とは、人類の文明の中で、もっともトランスナショナルで、一般的な諸相の一つである。イギリスから独立はしていても、19世紀のアメリカは、帝国の歴史から逃れることはできなかった。公式、非公式を問わず、アメリカという国家は植民地を獲得し、領土を併合し、他の地域を事実上支配した。しかしアメリカ帝国は、いわゆる帝国とは異なる要素や曖昧な部分を見せた。それは、その歴史の大部分を通じて、帝国としての明白な表示から目をそらせるために、帝国への反対を公言してはばからず、またそうするための物理的環境に非常に恵まれていた国にはありがちなことであった。すなわち、アメリカが19世紀に帝国になったとしても、その正確な国境は決定しがたく、歴史的に国境線は柔軟で、簡単に越えられ、また始終変化した。文化的にも経済的にも拡大しようとする国内の圧力の結果、これらの「境界線」は移動した。とはいうものの、アメリカ帝国を他の土地への純然たる非公式な商業的浸透の過程と描かないことが大事である。本章の焦点は、単に、ウィリアム・アプルマン・ウィリアムズとウィリアムズ学派の研究遺産を受け継いだ文献によく見られる「膨張」に当てられているのではない。この学派は、貿易のための経済的・イデオロギー的動機、およびすべての国家の市場に平等な参加を確保するという門戸開放政策が、決定的に重要と見る[1]。しかし帝国は、多国間的かつ相互的である。帝国のあり方は、単なる外へ向かっての突進というよりも、膨張や文化的交流とともに、支配の仕方にもかかわるのである。帝国の獲得は、国内の文化や政治に影響を与えるもので、それを本章で考察する。その方法は、帝国の支配に関する分析である。すなわち、大陸的領土の状況がいかにしてアメリカ帝国の系譜と構造を曖昧にしたか、帝国の促進における人種理論の役割を含めて国際的な帝国主義がアメリカにいかなる影響を与えたか、そして、とくに重要な点として、アメリカの経済的豊かさが世界中に広まったアメリカの国力増大にどのような影響を与えたか、である。

大陸での膨張から海外への膨張へ

従来しばしば無視されてきた一つの面は、大陸国家アメリカ内でアメリカが獲得した領土の地位である。アメリカは1898年までは公式の植民地を持たなかったものの、大陸にまたがる帝国としては、それよりもずっと以前から存在していた。アメリカの植民地慣行が誕生したのは、ルイジアナ購入、とくにメキシコ割譲から米西戦争までを通じて獲得した領土においてであった。しかし、この歴史的体験に示されている「大陸」での膨張と「海外」への膨張との継続性が、十分に強調されてこなかった。だから、フィリピン人は、アメリカ政府が市民としてではなく従属民として支配した最初の民ではなかったことや、アラスカは1867年に獲得されたが、1912年までは準州政府が確立されなかったことが認識されてこなかった。アラスカの場合、獲得した領土に住んでいたヨーロッパ民族の人々があまりに少なく、行政区域として編入されないままであったからだ。北緯49度線以南でも、よく似た経緯があった。1870年以降、アメリカ・インディアンは同化しない限り、国民国家の保護を受けるだけの存在であった。これらの事例一つ一つで、人種が明らかに帝国と密接に関連するようになった。すなわち、州として加入を認められた自治領としてアメリカの共和国に参加できるのはヨーロッパ民族の人々だけであったが、そういう場合でも、議会や行政府は共和国の参加者を区別して扱った。たとえば、ニューメキシコは1912年まで国家への編入を許されなかったが、それは本質的にヒスパニック系とカトリック系の住民が多過ぎたからであり、また、正式には準州であったニューメキシコは、準州政府があったとはいえ、実質的に植民地のままであった。そして、ニューメキシコは、拡大する鉱山業を抱えていながら、東部諸州の経済植民地であるとともに、トランスナショナルな首都でもあった。(2)

大陸のフロンティアではまた、後の時代に海外の植民地的領土を取り締まるために使われる戦略や戦術が生まれた。アメリカ陸軍は、１８７０年代に大平原でインディアン保留地を防衛し、インディアン戦争を行うことを通じて、反乱部族を鎮圧する技術を学び、その技術は１８９８年以降、フィリピンでそのまま実践された[3]。また、米比戦争に従軍した30人の将軍のうち、ネルソン・マイルズを含む26人と、多くの兵士たちがアメリカのフロンティアで従軍していたし、その一部は、１８９０年のウーンディッド・ニーの戦いで、年老いた戦士や女や子どもの虐殺を体験していた。そのときのノウハウを、彼らはフィリピンで用いたのだった[4]。

大陸帝国は有益な体験を提供したばかりでなく、植民地を国民国家に同化し編入するという帝国固有の口実を、アメリカ帝国主義に与えた。この点でアメリカ国家は、帝国と完全に重なっていた。実際に、目下論じている「帝国」には、19世紀には悪い意味はなく、ジェファソン流の「自由の帝国」論の下で、共和国政府の拡大する領域に対する統治を意味していたが、しかしこの見解は、先住民に対して西洋の衝撃によってもたらされた暴力と人口動態的な結果を無視していた。１８７０年以降、次第に帝国という言葉が多くの非白人に対する少数のヨーロッパ諸国の支配を意味するようになると、帝国のイメージは悪化し始めた。そして、帝国には、権力の基本的な不平等があったことに加えて、植民地となりうる国外の従属民は、アメリカ・インディアンと違って、簡単に追い払ったり、周辺化したりすることができないという不都合な事実があった。また、帝国という言葉が与える不愉快な感じは大陸国家アメリカ内部では消したり閉じ込めたりすることができても、ヨーロッパ諸国の拡張モデルに従って海外に領土を獲得した場合は、それは無理であった。

イギリスとアメリカの名士たちはますます連携を深め、その連携は、ちょうど同時期に、それぞれの国が公式の帝国へ機能的に移行するのを支援した。すなわち、アメリカの改革論者、実業家、そして宣教師はすでにイギリス帝国所領内で活動していて、保護や輸送の便宜をイギリス領に頼っていた。英米の金融界指導者層と名士たちは、大西洋をまたいだ婚姻関係を通じて結合を始めていた。さらに、人々の大移動の一環として南欧移民がアメリカに流入してきたことが、アングロサクソン系の人々の優位性を維持する必要性を痛感させた。アメリカの名士たちは、独立革命の学術的再解釈にも支えられ、アングロサクソン人種の遺産が、大西洋をまたいで、また実際にイギリス連邦自治領で共有されていることを強調した。19世紀初めとは違って、このアングロサクソン系の支配は世界中に広がり、北米ばかりでなく、オーストラレーシア〔オーストラリア、ニュージーランド、およびその付近の南太平洋諸島の総称〕や南アフリカでも人種的リーダーシップを提供するために、英語を話す白人移住者社会の植民地を形成した。表われていた徴候は、イギリスが、その帝国内で、（白人の）植民地独立を受け入れるようになっていたことである。こうした文脈の中で、英米の和解が社会進化論の教義に支えられ、思想的にまた政治的に進行した。海軍戦略家アルフレッド・T・マハンや会衆派牧師ジョサイア・ストロングなどの評論家が、このような見解を広めた。彼らによれば、次第にアメリカ人が主導権を発揮するようになったキリスト教とアングロサクソン主義が、まさに文明の頂点を形成したというのである。(5) 二人のうちどちらも１８９８年以前に大規模な領土獲得を明確に支持はしなかったものの、アングロサクソン系が人口で優位に立つことが、「世界の将来における支配的影響力」のもっとも重要な要因だと、ストロングは信じた。「どんな形の」優位かは、いまだ「明確ではなかった」けれども。一方、マハンはアングロサクソン系の力を見せつけるために「最後の手段」として軍事力が必要かもしれないとは理解していたが、１８９８年までは従属民族を支配するよりは、船の給炭所や港の使用権を獲得するという考え方に集中していた。(6)

　１８９０年代までに、アメリカはもはや、アメリカの事実上の植民地主義を、「国内の」明白な運命《マニフェスト・デスティニー》というお題目の下にとどめておけなくなっていた。部分的には、アメリカ帝国の軌跡は他の帝国主義国家と似ていた。つまり、他の帝国に脅威を感じたことが、他国に先んじての領土獲得につながったのである。このように、ヨーロッパの帝国主義が、ますますアメリカの帝国に対する態度を浸食していった。政治指導者層や評論家たちが公式の帝国を望むと望まざるとにかかわらず、彼らはアメリカ文明を世界に広げたいという野心を抱いたからである。ヨーロッパとアメリカの帝国主義は、グローバルな輸送手段の拡大と資本主義的生産様式の普及にともない、密接につながるようになった。１８７０年以降、ヨーロッパ列強は、アフリカ、東南アジア、そして太平洋を分割し、中国では租借権を勝ち取った。アフガニスタンは、中央アジアで南下政策をとっていたロシアと、現在のパキンスタンであるインド北西部辺境地帯に地歩を固めつつあったイギリスとの緩衝地帯のままであった。日本は軍事力を誇示し、１８９５年の日清戦争後に台湾を獲得して、帝国主義が西洋だけの現象ではないことを示した。帝国主義は、厳密な意味で経済的要請であったのと同程度に、地球規模での流行現象でもあったのである。威信の誇示が動機でフランスは、フランスらしさと文明の名の下にサハラ砂漠の砂を奪取したし、またインドシナ半島のジャングルに支配権を拡大した。ドイツは、統一国家として遅れてやってきたことが列強の権力闘争で不利に働いたと感じ、遅ればせながら自国の海軍力を世界に認めさせることを求め、衰退しつつあったオスマン帝国に政治的・経済的影響力を振るうとともに、太平洋や東西アフリカに、名ばかりの植民地を求めた。イングランドのジョン・A・ホブソンのような政治経済学者は、こうした現象に、世界支配を目指す経済闘争の出現を見た。後にウラジミール・レーニンは、独自の工夫をこらして金融帝国主義を資本主義の最終段階と表現した。

１８９０年代以降アメリカは、このような世界の舞台にますます参入するようになり、ときには過度に帝国主義的な国家と角突き合わせ、またときには協力した。アメリカが力の外交を通じて、萌芽段階のアメリカの偉大さを強めるために、世界の他地域にもっと積極的にかかわる必要があると、政治指導者層が警告していたことの中に、一部の歴史家はコスモポリタニズムの勃興を見た[7]。この姿勢は１９０１年以降のセオドア・ローズヴェルトの大統領期にもっとも顕著になる。ただ、ローズヴェルトは強い姿勢を示したが、それは１８９０年代からすでに目立っていた傾向を強調しただけのことだった。アメリカはラテンアメリカ、とくにカリブ海諸国にモンロー主義の名の下に干渉したが、アメリカの経済利益の増大が強い姿勢を生んだのだ。対外政策の新たな基準点が、１８９５年のイギリス領とベネズエラの境界紛争の際に設定された。国務長官リチャード・オルニーはラテンアメリカが事実上アメリカの勢力圏であると宣言し、イギリス領ギアナとベネズエラとの境界線設定を監督する権利を留保した。ラテンアメリカへの影響力の拡張は、１９０３年にコロンビアのパナマ地区でローズヴェルト政権が戦艦を派遣し地域反乱を支援して工作したときのやり方で、強引に進められた。この事例ではアメリカは、砲艦外交と威嚇というイギリスがつくった伝統を踏襲したのである。支配権を振るいたいという野心は今や、アメリカ人ビジネスマンやその他の国民の安全を保護するという範囲を超えた。アメリカはパナマの独立を達成したばかりでなく、パナマ運河建設のための運河地帯まで行政管理下に収めたのである。パナマ運河は１９１４年の開通以後、アメリカの戦略に潜在的恩恵をもたらすことになる。運河のおかげでアメリカは、二大洋海軍を手に入れ、それを潜在的にグローバルな軍事力に育てることになる。この結果は、スエズ運河ルートを活用したイギリスの利益に倣ったものだが、実際にはアメリカの運河地帯支配のほうが、イギリスのスエズ運河活用よりももっと直接的な力の行使であった。

この要所にある運河の支配に、実質的な公式の帝国主義が加わったのである。１８９８年には、アメリカは自前の植民地所領を取り揃え、世界的な帝国主義の最終段階と考えられる段階に自らも加わっていた。短期間に終結した米西戦争の結果、海外帝国を手に入れたのだ。１８９５年以降激化する一方のキューバ人の反乱を抑えるときのスペイン人の残虐行為にアメリカ人が感じた人道的怒りと、１８９８年2月にハバナ湾で戦艦メイン号が沈められたことに触発された戦争は、戦力不均衡のため7月3日までに、時代遅れのスペイン海軍の全面的敗北で終わった。終わってみるとアメリカは、グアムやプエルトリコばかりでなく、キューバやマニラまで占領していた。

これらの戦果を、アメリカはどのように扱ったらいいのか。マッキンリー大統領は、これらの所領を文明の名で保持すべきかどうかを思案し、通説では神に祈ったという。ラドヤード・キプリングなどのヨーロッパ人は、アメリカはイギリスとともに白人の責務を負うべきだと強く促した。アメリカの軍事・政治戦略家たちは、帝国主義列強に加わることには明らかに抵抗があったが、マニラとグアムが提供する太平洋の基地は重宝した。同様に、海軍力増強の訴えは、１８９０年代の不況の後に東アジアに市場を求める動きを後押しした。当時の中国がアメリカ製品の市場としては、ちっぽけなものだったことは問題ではなかった。中国市場という夢は、中国におけるアメリカの商業が行われ始めた18世紀末まで遡る昔からの強力な夢だった。主たる動機がビジネスであれ、神の使命であれ――マッキンリー大統領は政治的にはプラグマティストでも、敬虔なメソディスト派であることを公言していた――その結果は同じで、アメリカは、フィリピン全土をドイツや他のいかなる帝国列強の手に渡すよりもむしろ自分の手に納めることにし、またキューバを保護領にした。キューバは1903年に一応「解放」されたが、その後、アメリカの政治的・経済的な支配下にとどまり、またグアンタナモ湾は1934年に更新された条約上の権利によってアメリカの軍事基地になった。同じ頃、サンドウィッチ諸島〔ハワイ諸島の旧名〕に対するアメリカの影響力は、1876年の互恵（貿易）条約以降に増大した。同諸島の製糖産業関係者の圧力が、当時はまだ独立国だった同諸島を1898年にアメリカが併合することを後押しした。サモアでもほぼ同じ頃に、20年にわたるイギリス、ドイツ、アメリカという列強同士の競合関係が、三カ国によるサモア分割で決着した。ここでもまた、太平洋の海軍基地がアメリカの戦略的・通商的潜在力を高めていたという利点が、植民地獲得決定に大きくかかわっていた。アメリカは、明らかに世界の大国になっていた。

反植民地的伝統とアメリカ帝国主義の特質

こうした植民地獲得は、植民地に反対して生まれた国家に対してさまざまな問題を突きつけた。アメリカが、世界と政治的に直接かかわろうとするとき、それがヨーロッパの帝国の行動や反民主的な政策に関係することになる場合には、反植民地的イデオロギーが邪魔してきた。デーヴィッド・レイノルズが述べたように、アメリカは「強烈な反帝国主義的イデオロギー」を発達させていたのだ(8)。この反帝国的伝統のもとを訪ねれば、イギリスの帝国主義的支配に対するアメリカの1776年の反乱に遡ることができる（「代表なければ課税なし」を想起されたい）。そして、建国初期の頃は、西半球においてヨーロッパ帝国支配に抗して起こった革命に支持を表明し、1823年のモンロー主義には、西半球へのヨーロッパ諸帝国の介入を防ぐ意図があった。そのために、アメリカのフィリピン獲得と、その後フィリピンが独立を求めて勃発した血なまぐさい反乱戦争で、この反植民地伝統に疑問符がつき、アメリカ人の間で賛否両論が激しく闘わされたのである。アルバート・ベヴァリッジ上院議員のような帝国主義者は、アメリカは新たな大帝国としての自らの役割を認めるべきだと率直に主張したばかりでなく、ルイジアナ購入とアラスカ買収の前例を参考にして、アメリカには非の打ち所のない帝国の血統があると唱えたのであった。歴史家フレデリック・ジャクソン・ターナーは、アメリカが「建国期の初めから」植民地の歴史と政策を持っていたが、「それらは『州境を越える移住民』とか『領土編成』という言い回しのもとに隠されてきたのだ」と述べた(9)。それでも、反帝国主義者ばかりでなく、より広く一般大衆までが、あまりにも帝国主義を受け入れ過ぎた。したがってたとえば、上院議員の中には、グローバルな帝国主義と西半球における帝国主義を区別しようとして、プエルトリコ併合は認めても、フィリピン併合は認めないという者もいた。しかしいったんそれらの併合が既成事実化すると、論点は現地人の統治の仕方に移ってしまった。政治家や政府や、植民地役人らは、アメリカとヨーロッパの植民地主義を区別することにより、帝国に関する世論の分裂を克服しようとした。帝国といっても、アメリカ帝国の場合は慈悲深くて開明的なのだと、まもなく彼らは再び強調するようになった。そのような主張は、フィリピンに自治を与えることになるのだが、少なくとも1913年まではアメリカの政策立案者は、フィリピン独立の明確な目的など真剣に考えなかった(10)。

こうした反植民地的伝統のためにアメリカは、植民地局のような役所を設けなかった。その主要領土を「島嶼所領」と呼び、島嶼局を通じて聞こえの良い管理を行った。従属民を抱えていることに、口には出せないばつの悪さがあったのである。1901年、連邦最高裁は、これらの人々を、アメリカが市民としてではなく従属民として支配することを合憲だと裁定した。こうして、フィリピン、グアム、そしてプエルトリコは、「国内的な意味でアメリカにとっての外国」となり、国家の完全な一部でなく、明らかにアメリカの領土となったのである(11)。1898年に獲得した属領の地位をめぐる決定に当たって、一部異論はあったものの人種的な妥協がよく行われた。帝国主義者はフィリピン人を手助けの必要な褐色の肌の弟分とみなしたが、南部の人種主義者は、白人でない連中をこれ以上市民として取り込むべきでないと激しく批判した。いずれの主張においても、新たに獲得した領土はハワイを除いて正式な準州として取り込まれず、そしてこれら領土に白人人口が増えることはありえないことのように見えた。熱帯地域は原住民よりも、ヨーロッパ系アメリカ人にとって、不健康な土地だと考えられた。国内の自由の帝国建設に寄与した先住民族の人口激減とは、反対の事態が起こりかねなかった。ヨーロッパ出身者が人口で原住民を圧倒することができない以上、これらの領土は原住民の完全同化には向かないと考えられたのである。

このようにヨーロッパの帝国とは明らかに事情が違っていたにもかかわらず、アメリカ人は新たな領土の管理にヨーロッパの植民地体験を参考にした。植民地の役人などのアメリカ人有力者は、公衆衛生政策、農業慣行、本国・植民地間の植物交換の詳細に関するヒントを求めて、また薬物管理を見学するために、ビルマ、シンガポール、エジプトなどの場所を訪れた。歴史家ローラ・ブリッグズが指摘するように、売春婦の医学的規制はヨーロッパ諸帝国中でごく普通に行われ、フィリピンで最初に採用されたこの制度は、「決して例外ではなかった」[12]。アイデアの借用はサモアでも明らかで、サモア領はアメリカ海軍の支配下に置かれた。植民地の役人は次々に入れ替わったので、現地のアメリカ人責任者は、アメリカ、ドイツ、イギリスの3つの帝国政府の管理下に置かれたサモア群島で、ドイツとイギリスがつくった前例を参考にする傾向があった。また、アメリカ海軍の司令官らは「植民地政策立案の基盤となるお手本」をドイツ領サモアで見出した[13]。しかし、フィリピンにいたアメリカ人の中にはこの程度で満足せず、もっと大規模な植民地建設を提唱する人もいた。彼らは、イギリスのエジプト総領事クローマー伯爵の著作などイギリス帝国主義の文献を渉猟し、自分たちの仕事をラドヤード・キプリングと同じように考えた。これらの人々の中には、フィリピン聖公会主教チャールズ・ブレント、フィリピン総督W・キャメロン・フォーブズ、そしてレオナルド・ウッド将軍を含む現地在住のビジネスマン、植民地役人、宣教師、軍人がいた。植民地主義支持派は、アメリカ聖公会やモロ族地位向上支援委員会を通じて、アメリカのフィリピン圧力団体と接触があった。彼らはまた、共和党、とくに共和党内のチャールズ・エバンズ・ヒューズ支持派とは、1916年にヒューズが大統領選に出馬した時期につながりがあった。フォーブズやブレントなどの人々は、フィリピン独立は時期尚早と確信し、セオドア・ローズヴェルトとウィリアム・ハワード・タフトの両政権と協力し、また政権内部でフィリピン諸島をアメリカの支配下にとどめるように工作した。フィリピン領事支持派の考えでは、フィリピン人は実に原始的で野蛮な人々で、人種、宗教、および経済の発達段階の点でまとまりを欠いており、どう見ても彼らは近い将来独立できるような器ではなかった。

それでもアメリカ人の役人たちは、反植民地的批判を和らげ罪の意識を軽くし、彼らの帝国は他とは違うのだということを二つの点で示したかった。一つは、植民地の近代化の努力を通じてである。そのために植民地当局はフィリピンに広範な学校教育を導入し、熱帯病と闘うために公衆衛生改革を実施した。マラリア、コレラ、黄熱病などの疫病の蔓延を防ぐ対策がとられたが、それらは、陸軍の公衆衛生専門家ウォルター・リードとウィリアム・G・ゴーガスがキューバとパナマで行った仕事を通じて、他のアメリカ領土でも採用された。黄熱病と闘ったゴーガスは、「世界最高の公衆衛生専門家とみなされる」ほどまでに、パナマ地峡地帯での死亡率を低下させた。それくらい評判になったので、1913年、南アフリカのトランスバール鉱山会議所は、「鉱山労働者の肺炎を研究するために」彼を招いた。[14] この帝国主義的な近代化事業は、アメリカ固有の現象だと主張されてきた。[15] しかし、この近代化事業は、南アフリカへのゴーガスの招聘が示すように、ヨーロッパ諸帝国内のより広範な近代化事業の一環なのである。マラリア病原菌の担体を発見したのはアメリカ人ではなく、イギリス領インドの軍医ロナルド・ロスであったし、熱帯病の征圧に関する情報交換の多くは、ヨーロッパ列強間で行われたのだ。世界的なコレラ蔓延の後、1892年に国際公衆衛生大会が開かれたし、またその後2、3年のうちに国際公衆衛生局がパリに設けられた。[16] ゴーガス自身が、アメリカの公式代表としてエジプト医学大会に参加し、「スエズ運河建設で知られるようになった」公衆衛生問題に詳しくなった。もっとも、これらの問題は、パナマで体験したものとは大いに異なっていたのだが。[17] アメリカ人は衛生問題には積極果敢であったが、対照的にインドのイギリス人は原住民のための行動には腰が重かった。しかし、植民地経営の第一の目標は、従属民をあえて救済する前に自分たちを熱帯病から守ることだった。アメリカの植民地公衆衛生官ヴィクター・ハイザーの証言は、植民地での最優先事項が、新たな領土でアメリカの役人と軍を保護することだったことを裏づけている。[18] アメリカ人は新しい公衆衛生政策の実施にはより熱心であったものの、ゴーガス自身が、彼の上司はパナマでのコスト削減に努力し、彼に十分な財政支援をしなかったと、不満を述べていたのである。[19]そのうえ、公衆衛生政策は単なる医学的介入にとどまらず、現地住民の実質的支配となっており、フィリピンの場合はとくにそうであった。[20]また、道路やダムを建設したり、科学的林業を育成したりして、伝統的社会を変えようとしたのも、アメリカだけではなかった。インドでは、多くのインフラが整備されたが、それは自給自足農家の境遇を改善するというよりは、輸出産業育成に向けられたものだった。

ライバルであるヨーロッパの帝国との違いを打ち出そうとアメリカが躍起になっていた二つ目の点は、道徳改革であり、そのアヘン政策はたちまち注目を集めるようになった。フィリピンのアメリカ人宣教師たちは、中国人のアヘン吸引をキリスト教伝道を妨げる容認できない悪習と宣言した。1903年、マニラのアメリカ政府当局がアヘン販売を許諾し、輸入を容認しようと提案したとき、宣教師たちは抗議の声を上げ、首都ワシントンでの効果的なロビー活動を通じて、アヘン政策を変更させた。輸入・専売に代わる政策を模索するために設置されたアヘン委員会は、極東を回って調査を行い、純粋な医学的使用に限定するよう勧告し、やがてこの禁止策がアジア地域での政策の基本となった。アメリカ政府は、アヘン禁止を打ち出すことが中国政府に味方することになるため、東南アジア全域でのアヘン禁止に利点を見出した。キリスト教伝道の教育を受けた新世代の中国人は、中国を近代化するのと同時に、イギリスによるアヘン輸入を含めた西洋の影響を排除する中国独自の行動を強化することを夢見ていた。この線に沿って中国政府が自国の改革に取り組むのを、アメリカは支援した。近代化する中国がアヘン問題と正面から取り組むなら、門戸開放政策の下での自由貿易相手国によりふさわしく、アメリカにとって中国支援は経済的利益になるかもしれない。アジア地域のアメリカ人宣教師たちは、アヘンを用いなくなればまっとうな輸入品にもっと資金が回せるのだと力説した。このように、自由貿易と道徳向上は相互補強関係になった。[21]アメリカ政府は、また、アメリカ流の帝国を正当化することになるという理由からも、アヘン禁止政策などの道徳政策を支持したのであろう。アン・フォスターが述べるように、「1909年までにはアメリカ人は、他の植民地帝国と比べて、アメリカのフィリピン支配は道徳的に優れているというレトリックを気分良く使用した。その根拠は単に、アメリカだけが金の儲かるアヘン取引を自発的にやめたというばかりではなかった」[22]。宣教師たちは、アヘン問題に加えて、1902年以降アメリカがもう一つの道徳問題ととらえていたアルコールに関しても、太平洋諸島への輸入を制限していたことを挙げて、アメリカは他のヨーロッパ諸国とは違うのだと強調していた。

道徳的な帝国主義による国内への影響

帝国主義のこのような道徳的な企ては、国内にも相互作用的な影響を与えたが、その点を歴史家は見逃してきた。極東の島嶼所領であるフィリピンは、宣教師、教会の機関誌、幻灯機を使ったスライド・ショー、そして1904年のセントルイス万国博覧会のような博覧会を通じて、国内に影響を与えた。万国博覧会は、アメリカの植民地主義が非ヨーロッパ人に対する善意の自立支援になっていると、アメリカ政府が主張する主たる手段であった。しかし、そのようなメディア受けする行事がもたらす効果とは、アメリカ属領への理解を深めるというよりは、従属民に関する知識の量を増やすことであった。セントルイス万国博覧会では、異国趣味が支配的で、フィリピン・パビリオンでは目を丸くして見つめる中西部の人々のために、全裸に近いフィリピン原住民が性的興味をそそるように展示されていた。パビリオンは、世界を文明化するアメリカの責務を強調し、アジアに対する好奇心をかき立て、そして近年のアメリカの残虐行為を正当化した[23]。しかし、そのようなイメージや国内への衝撃は一様ではなかった。万国博覧会の意義をめぐって論争があったし、また着実なヨーロッパ的進歩というイメージは、フィリピン人に同情的な集団からは異を唱えられ、また、博覧会そのものの見せ物的な雰囲気のために損なわれていた[24]。政府関係者は、やがて博覧会を露骨な帝国主義宣伝工作に使うことを控え始めた。とはいえ、1915年の汎太平洋博覧会に見られたように、彼らは相変わらずこれらの行事を、アメリカの交易拡大と技術的優越を自賛するために利用した[25]。

帝国支持派に目を転じれば、帝国による野蛮人の向上支援という美徳を主張したのは、政府だけではないといえる。一般庶民はある程度の熱意を持って白人の責務を主張したのであり、この点を歴史家たちは十全に把握してこなかった。ＹＭＣＡのような青年組織はフィリピンにおけるアメリカの指導を支持していたし、１９０９年の『青年の友』などの青年向け出版物は「アメリカの拡大」を大いに喜び、マニラ陥落に関して年1回掲載する男の子たちが語る記事を載せた(26)。『ナショナル・ジオグラフィック』誌は１８９８年以降、前例がないほど会員数が増加し、フィリピン獲得は、獲得した属領とそこに住む「野蛮な」人々の見せ物的な写真付きの主要記事になった。アメリカの植民地が本国に与えた衝撃はこのように、単に政府による「やらせ」的行事を通じてだけでなく、大衆文化を通じても国内にはね返ってきたのである(27)。

帝国というのは、国内の政治姿勢に影響したばかりでなく、実際の政策にも影響を与えた。すなわち、植民地支配と軍事行動によって明らかになった海外の領土における諸問題を解消するために、アメリカ軍隊内の薬物使用、飲酒、そして性交渉に関する改革が必要になった。そして、これらの変革が、植民地支配によって得た道徳的取り締まりの教訓を本国に持ち込む機会を、改革論者に提供したのである。アルコールに関する帝国的姿勢や慣行を国内政策に転用しようとする動きは、米西戦争や、とくにフィリピンでの戦争に対する改革諸団体の反応から生まれた。アメリカが他国を占領するということは、駐留する兵力が増強され、軍事行動がもっと目立つようになるということであったが、こうした軍事行動は、アメリカの政策立案者が標榜する文明化の使命とは食い違った。貿易の可能性や白人の責務が盛んに語られたわりには、批判されたとおり１９０2年まではアメリカ文化の輸出は主に兵士だけだったし、フィリピンからの輸入は主に死体と棺桶だったと評論家は主張した。道徳改革を唱える人々は、アメリカの帝国は他と同じではいけない、道徳的で高潔でなくてはならないと主張した。たとえば、フィリピンのアメリカ軍簡易食堂で陸軍関係者が酒を飲むことに、反対する運動が起こった。酒の飲み過ぎが原因で病気になったり、死亡したり、戦闘力が落ちたりするといわれたし、また酔っぱらった兵士は原住民の悪いお手本になった。米西戦争勃発直後に、婦人キリスト教禁酒連盟（ＷＣＴＵ）は、軍の簡易食堂で酒の販売を禁止する法律の制定に成功した。WCTUや教会は、マニラやその近郊で何の制約もなく営業していたアメリカ式の酒場をフィリピン政府が閉鎖することを望んだが、この要求については部分的にしか実現しなかった。

こうした活発な運動の一つの影響は、帝国の責任についての懸念を和らげ、国内で帝国を支持する姿勢を支援したことであった。WCTUは、「アメリカ政府当局の監督と認可の下で」アルコール飲料産業が繁栄していた「フィリピンで、非人道的な状況を正すために改革論者に」何ができるか模索していた[28]。軍簡易食堂での飲酒問題への取り組みは、帝国主義的企てについての福音主義的な関心を発する――その企てを浄化し立派な道徳目標を提供する――という点で、役立った。WCTUはかくして、帝国の正当化に貢献した。禁酒論争には、国際社会での模範を示すという含みや、国際舞台での指導力を発揮するために他の帝国よりも優れた道徳性を示す必要性などの論点があった。その結果、WCTUは（半ば無意識のうちに）軍事占領担当者と協力関係を築くことになった。その機関誌『ユニオン・シグナル』誌は、一般会員の中に平和主義者や反帝国主義者が多かったために大っぴらに帝国主義を支持したがらなかったものの、今や実質的にフィリピン統治当局を支持していた。ただし、その支持は、統治行為が「野蛮人を文明化」できるならばという条件付きであったが。とはいえ、WCTUは帝国という存在をすんなりとは受け入れられず、反帝国主義者とは相通じるものが十分にあったので、アメリカの政策を完全に認めることは決してできなかった。WCTUの会長リリアン・スティーヴンズは、キューバの永続的占領に反対し、キューバやフィリピンでの人道的努力が特別利益団体によって損なわれがちであると批判した[29]。このように、道徳的な帝国主義は運動理論としては不安定で、公式の植民地主義を支持することもあれば、批判することもあった。

帝国の獲得についての不安な気持ちには、また別の側面、つまり外国の思想や慣行と接触した結果起こるかもしれない道徳的堕落を、アメリカがどうやって避けられるかという問題があり、本国への帝国主義の思わぬ反響はこの点で重要だった。WCTUは、外国での禁酒政策の実験を行い、それを国内に持ち込むために、アメリカ人兵士の行動に関する罪の意識を利用することができた。フィリピンのアメリカ軍から酒を一掃するために、禁酒運動勢力は、アメリカ軍のすべての軍簡易食堂から飲酒を追放する必要性を強調した。1907年までのどの時点をとっても、アメリカ軍連隊の約半分が植民地の前哨基地に配置されていたので、フィリピンのアメリカ軍から酒を追放するなら、アメリカ軍全体での取り組みが肝要だというのは簡単にわかることだった[30]。このように公式の帝国主義の影響の一つは、国内の道徳改革主義者の気を引き締めたこと、つまり外国で発生した堕落から生まれたと考えられる不道徳を取り除いて、アメリカ社会を浄化する努力を刺激したことであった。

WCTUはアメリカの他のほとんどの禁酒組織と同様に、この頃までには全米規模の禁酒運動に結集し始めたが、それは、国内において必然的なことではなかった。というのは、実際に、飲酒撲滅を求める改革論者は1890年代にはすでに飲酒問題を議論していたのであるが、若者が海外派兵で堕落しうるということがわかって、国内での禁酒運動に弾みをつけたからである。具体的にいえば、フィリピンの軍簡易食堂での飲酒対策は、小さな禁酒法案をこつこつと積み重ねていくという実験の隠れ蓑であった。1900年以降は反酒場連盟とその支援者は、次第にこのやり方をとるようになった。その結果、アメリカ社会に不安定要素がもたらされた。それは、禁酒運動勢力が全米規模の禁酒という世論を二分するような目標を掲げたからであり、その目標自体が純粋にアメリカ国内の状況を反映したものではなかったからである。

フィリピン占領にはもう一つ、帝国の望まぬ副産物があった。現地人との性交渉の恐れと、その結果起こる性病と人種混交の危険性である。WCTUは、派兵されているアメリカ人兵士の健康と安全のためにフィリピンで軍医が行っている売春婦の公的な検査に反対して、純潔運動の中心的役割を担っていた。WCTUは、アメリカ帝国の場合においては、売春を公認していたイギリスのインド統治のように道徳的な汚れを抱えてはならないと考えていた。WCTUのロビイストは入手した売春婦検査公式ガイドをうまく使い、軍を困った立場に立たせ、陸軍長官エリヒュー・ルートのもとには、激しい調子の嘆願書、書簡、個人的訪問が殺到した。ルートは政策を転換し、売春婦検査を禁止し、フィリピン人売春婦の公的規制はこうして中止された。ただ、非公式には、陸軍は依然として、疑わしい女性の健康状態について軍医が報告することを許していた。アルコール販売と同じく、売春も根絶を目指す改革論者の思いどおりにはならなかった。しかしアメリカの植民地支配の道徳的例外主義は、主張された。WCTUは、そのために、ある改革論者が述べたように、アメリカ国旗を「極東で、清廉の象徴として役立つ」ようにするために、その国旗から汚点を取り除く必要性を強調した[31]。

植民地の処遇とアメリカ帝国主義

宣教師や改革論者が帝国の存在に居心地の悪さを感じていたことが、アメリカ帝国を特色づけていた。道徳的な点と並んで、もう一つの特徴は、ヨーロッパの帝国と比べると簡単に植民地の独立を約束した点である。しかしこの特徴は誇張すべきではないし、単にアメリカの反植民地伝統の産物であると考えるべきでもない。フィリピン人が早い時期に自治政府を確立できる保証などなかったし、また独立に向けた政策は政党ごとに一様ではなかった。独立に向けた動きの中でアメリカの善意よりも重要だったのは、植民地における抗議と武力抵抗であった。アメリカ国内では反帝国主義者が帝国と共和政治は相容れないと訴えたが、効果はなかった。ボストンのマグワンプ、社会主義者、知識人などの人々が、南部の人種主義者、西部の民主党員、日和見主義の民主党員と一緒に寄せ集め集団に加わって、植民地獲得に反対した[32]。しかし、1900年の大統領選挙での民主党候補者で反帝国主義者ウィリアム・ジェニングズ・ブライアンの敗北により、アメリカ国内の反植民地運動の政治的影響は一時的になくなった。これに対して、フィリピンでは、アメリカ政府はもっと激しくて長期的な植民地反対運動に直面した。米西戦争の際のフィリピン独立宣言をアメリカが認めるのを拒絶した後、エミリオ・アギナルドの指導の下、抵抗運動が起こった。その鎮圧には時間がかかり、また多くの生命が失われた。アメリカ、フィリピンの双方とも残虐行為を行った。約12万6000人のアメリカ人部隊が従軍し、その兵士たちは植民地主義の異文化「交流」の現実世界を、不本意ながら味わうことになった。アメリカ人兵士約4000人が死に、1万6000人のフィリピン人戦闘員が戦死し、20万人ものフィリピン人民間人が命を落とした。1902年までに、アメリカは戦争終結を宣言したが、たとえ理屈のうえで作戦は完了しても、戦闘はその後数年にわたって続いた。

このようなフィリピン人の抵抗は、アメリカの財政的・軍事的目標の達成に負担となり、また反植民地国家という自己イメージを損ねたために、帝国的冒険行為を抑制する働きをした。そのために、アメリカ政府は、アメリカがフィリピンに無制限にかかわるわけではないことを示す方策を導入する必要があり、１９０７年には、諮問的な性格が強く、統治当局に管理されてはいたが、憲法制定会議がすでに召集されていた。

フィリピン人、およびアメリカ国内の彼らの支援者たちによる帝国への抵抗は、イギリスやフランスとは著しく異なるアメリカの政治制度を通じて、いっそう推進力を得た。たとえば、植民地官僚のポストは、アメリカ本土の準州の場合と同じく政治的任命であった。植民地官僚には、植民地支配の継続を要求したり、現地の統治機構に適切な数の人員を要求したりする実質的な権限がなく、また、帝国主義の問題に関して政党政治から超然としていられる権力もなかった。フィリピンの統治官僚で、後の陸軍長官ウィリアム・ハワード・タフトは、長期にわたるフィリピンの保護監督の地位にあったけれども、セオドア・ローズヴェルト大統領後の１９０８年大統領選挙に立候補する機会を狙っていた。このように、大統領選挙はアメリカ帝国に4年周期のサイクルを与えていて、植民地における自治の達成度を示すのに猛烈な努力が4年ごとに行われなければならなかった。そのうえ、民主党党員の間には反帝国主義が依然としてくすぶっており、植民地支持ロビーの影響力は、１９１３年にウッドロー・ウィルソンが大統領に就任すると、大きく低下した。ウィルソンの民主党が政権の座に就くと、フィリピン独立支持派の新総督フランシス・ハリソンがマニラに赴任し、１９１６年ジョーンズ法により、行政事務の「フィリピン化」を通じて自治への路線が敷かれた。ジョーンズ法は、完全公選制のフィリピン上下両院を設置したが、これは、イギリスがインドの非植民地化に真剣に取り組む前のことであった。アメリカの反植民地的姿勢は、公式の植民地体制を維持しなかったキューバの事例で、信用を得ていたのである。１９０２年プラット修正条項の下でキューバが一応の自由を勝ち取ったことは、反植民地主義者の勝利であった[33]。一方、ハワイは、准州として編入されたので、植民地の要件は満たさなかった。ただし、ハワイが州として編入されるのは、１９５９年のことであった。州昇格が遅れた理由の一つは、日本からのプランテーション労働者の流入で、ハワイ諸島が太平洋で勢力を拡大しつつあった日本の人質になると思われたことであった[34]。

アメリカ政府は一部の植民地を独立させる方向に動いた一方で、他の植民地、とくにプエルトリコなどには、異なる道を用意した。つまり政治的地位の不明確な状態で、独立にも州昇格にも向かわない道である。1900年フォラカー法は、プエルトリコを国家編入なしの准州と規定していたが、この不明確な地位のために、アメリカとプエルトリコ人ナショナリストの間に緊張が生まれた。プエルトリコは本質的に植民地のままであったが、1920年代までには、アメリカ本土との緊密で増大する経済的・人的結びつきの強い植民地になっていた。その頃までにプエルトリコ人はアメリカへの入国許可を得られるようになっており、アメリカで稼いだ金を親戚に送金することができた。そうした状況では、プエルトリコ独立がアメリカには認めがたいものになっていたのと同程度に、それに代わる州昇格もプエルトリコ人ナショナリストには受け入れがたいものになっていた。プエルトリコは実質的に買収されていたも同然で、アメリカとの関係維持は、経済的にあまりに重要になっていた。アメリカは、プエルトリコ人に親米的態度を教え込むために、きわめて同化主義的な社会・教育政策を採用した[35]。しかしこの政策が成功したのは、一つには、早くも1900年からプエルトリコ人の政治派閥の中にアメリカに協力する勢力がいたからである。かくして、同化についての教化と政治的な協力が連結した。しかしアメリカの支配に対する抵抗と反発は半端ではなく、そのピークは1930年代で、暴力と経済的不満が顕著になった。アメリカはフィリピンに自由を提供したまさにこの時期に、プエルトリコの独立を容認しようとはしなかったのである。その理由は、パナマ運河への航路を防衛し、海軍基地を提供する潜在力がプエルトリコにあったからである。サモアやグアムと同様に、プエルトリコには潜在的に戦略的価値があったのだ。

このようなプエルトリコの特異な地位から、寛大だと主張されたフィリピンに対するアメリカの姿勢がよく理解できる。アメリカがフィリピンに事実上の自治と独立を約束したのは、一つには、フィリピン領有直後の抵抗があまりに強かったからであり、フィリピン人人口があまりに多過ぎて同化が不可能だったからであり、さらに、第二次世界大戦であまりにはっきりと確認されたように、1930年代までにはフィリピン諸島が日本の拡張主義と侵略に、ただただ脆弱になっていたからである。そのうえ、1935年から10年後に独立を約束することにより、アメリカは自国の砂糖大根などの農作物と厳しく競合していたフィリピンの農業を支援する必要がなくなるからであった。キューバの場合も同じ事情であった。キューバはアメリカに近過ぎるので、領有すれば、アフリカ系キューバ人移民が事実上自由に流入するかもしれないという事情があった。キューバは戦略上も、それほど重要ではなかった。プエルトリコのほうがもっと効率良く、もっと手軽にカリブ海に基地を提供していたからである。

世界中どこでもアメリカ帝国の支配の要諦は、上記のように人種主義と地政学であって、反植民地主義ではなかった。アメリカがどの程度の力を行使するかは地政学的戦略で決まり、アメリカと属領がどのように新たな関係を展開するかは、人種という要素が決定した。公式の支配か、非公式の支配か、あるいは領土編入かは、植民地候補地の人種構成、および領土としての編入がアメリカに与える人種的脅威によって決まった。この人種的排外主義やイデオロギーという点では、アメリカも他のいくつかの帝国も同じであった。

「ソフト・パワー」とアメリカ帝国主義

領土獲得は、土地取得の栄光とは無縁であったアメリカの戦略にとっては古典的な手法であった。植民地の前哨基地は、海軍力による通商拡大と安全保障という目的を達成する手段にすぎなかった。有力な海軍力戦略家で歴史家だったアルフレッド・マハンは、この目的を達成する方法を理解していた。自著『歴史に及ぼした海軍力の影響』でマハンは、イギリスの優れた海軍力がいかに軍事的に直接役立ったかばかりでなく、世界の通商においても、どのようにイギリスを優位に立たせたかを研究した。1890年代までにはイギリスは単独で世界の統治はできないようになっており、英米の海軍力を合わせることが必要だとマハンは信じていた[36]。したがって彼は、海軍増強、カリブ海の事実上の支配、そしてパナマ運河建設を強く求めた。彼の主張は、強い海軍と帝国主義的政策を求めるワシントン政界の有力者たちの支持を獲得したし、そうでない場合でも、有力者たちの主張と同じ内容だった。それらの有力者の中には、1897年に海軍次官となり1900年には副大統領候補となって当選するセオドア・ローズヴェルトの他に、マサチューセッツ州のヘンリー・カボット・ロッジ上院議員、インディアナ州のアルバート・べヴァリッジ上院議員などがいた。彼らのような人々が、共和党内の外交指導者層を形成していて、帝国の建設に携わったのである。

この帝国の構造に組み込まれたのが、アメリカの交易と外国への投資の機会を増やすという政策であった。1899年のジョン・ヘイ国務長官による門戸開放書簡は、中国の不可侵性と最恵国原則に基づく平等な市場参入の権利を強く求めた。ヘイの立場はアメリカ外交の柱の一つとなったが、それはもともとイギリスの政策であった。対外拡張政策のもう一つの柱は、いわゆるドル外交だった。アメリカの銀行は、法制度に促されてラテンアメリカ諸国に投資し、あたかも政府機関のように、中央銀行制度や金本位制通貨安定策などの財政政策を通じて投資先の地元経済の再編を行った。この政策はまさに、第二次世界大戦後の国際通貨基金（IMF）の先駆けであった。[37]アメリカはこのような国家の財政力を使って、ラテンアメリカと東アジアで交易上および政治的な利益の増進をはかった。また、アメリカ政府は、モンロー主義のローズヴェルト系論を使って、ラテンアメリカへの介入の度合いをすでに強めており、1905年のこのローズヴェルト系論により、アメリカは西半球世界の政府間金融取引の取締官となっていた。

キリスト教伝道と道徳的改革の議会ロビー活動は、このようなアメリカの戦略的目標という現実政治（リアル・ポリティク）の枠内で機能してきた。たしかに、この道徳的活動は、世界の覇権を求めるヨーロッパの闘争の舞台で影響力と譲歩を獲得するために、他の帝国にまさるアメリカ式の反植民地主義的覇権を主張するのに役立った。しかし、経済と軍事力というハード・パワー政策は、さまざまな価値観の独特の組み合わせという点でも、道徳的影響力と文化的覇権という「ソフト・パワー」と密接に結びついていた。ハード・パワー政策の立案者も、道徳改革の提唱者も、考え方は似ていてお互いに影響を与え合っていた。ソフト・パワーとは、政治学者が冷戦以後の世界を描くのに考え出した造語であるが、決して新しいものではないのだ。[38]

アメリカの膨張主義の動機に、宗教と「文明」流布の思想がいかに重要であったかは、十分に理解されていない。アメリカの帝国主義には、福音主義的道徳改革の強い響きがあり、それはフィリピン獲得についてのマッキンリー大統領の敬虔な見解に公式に表われている。アメリカの政策立案者に対する福音主義的影響は、歴史家が再調査するだけの価値が十分にある。すぐに思い浮かぶ帝国建設の立て役者は、セオドア・ローズヴェルトや厳しく現実を見つめていたマハンらであるが、彼らは戦略的見解ばかりでなく、徹底的に宗教的な考え方を持っていた。次の事実はほとんど知られていない。マハンは、アメリカ聖公会の伝道委員会の理事を10年間務めており、1901年にはセオドア・ローズヴェルトに対して、「ヨーロッパ列強はヨーロッパの交易ばかりでなく、ヨーロッパの思想にも、容易にそして完全に非ヨーロッパ世界への自由な参入」を認めることが重要であると話していた[39]。そして、マハンもローズヴェルトも、キリスト教文明の普及に当たって、国際関係における武力の行使を認めていた。神は「我々の内部で心ゆくまで働いてくださる力」だとマハンは述べた。彼は、1910年にエディンバラで行われた世界宣教会議の参加者の一人だった。同会議のアメリカ顧問団団長セス・ローを通じてマハンは、会議の審議に大きな影響を与えた[40]。彼はまた1909年に礼拝書を出版し、その主張の一部は、イギリス人の人種的膨張が、イスラエルのカナン進出と同様に、（アメリカ）「インディアン」からアメリカの領土を取り戻し、その領土を世界救済という独特の使命にとっておくために、神によって許されてきたというものであった[41]。フィリピン併合のような出来事は、「東アジアをキリスト教圏に組み込むための神の戦略」とみなされていた。マハンは通商とキリスト教を接合して、中国が「高次の理想」を身につけずして、ヨーロッパの物質的富を手に入れることの危険性を予見した。「ヨーロッパではそのような理想が、単なる物理的な国力をうまく抑制してきたのだ」と[42]。東洋と西洋の衝突を回避できる手段は、「アメリカの国力を拡張し、それを補完するキリスト教文明を広めること」だけだと、マハンはいうのである[43]。

1913年から1919年にかけて、この新しい国力の形は、反帝国主義の血統を受け継ぐウィルソン大統領の外交政策の下で次第に明らかになった。ジョン・モット（YMCAと学生ボランティア運動の巡回指導者）などの伝道師の友人で長老派の道徳家であったウィルソンは、国際主義を通じた一種の文化ヘゲモニーとして、アメリカの国益を規定する方向に、アメリカの外交をさらに推し進めた。アメリカ人伝道師とウィルソンはよく似た哲学を共有していたが、そのことは、彼がケベック族インディアンへの伝道を行っていた聖職者の息子だったことを考えれば、不思議なことではない。キリスト教と明白な運命はアメリカ例外主義を強化すると同時に、アメリカ人に帝国を受け入れさせた。しかし有力な形で出現することになったのは、公式の帝国ではなかった。

豊かさと大量消費のアメリカ帝国

1898年から1902年にかけての帝国主義の発露はアメリカの国力を反映してはいたが、国力の源ではなかった。このことを理解するには、公式の、あるいは非公式の帝国主義に関する経済的説明を超えるものが必要であり、アメリカの経済力の上昇が持つ意味を、グローバルな政治・文化の中で政治的事実としてよく理解しなければならない。そうするためには帝国主義というテーマを、離れたところから客観的に眺め、アメリカの国内経済の観点から考察しなければならない。すなわち、アメリカの経済・政治のグローバルな強さの秘密は、前世紀の大陸開発期につくられ、この時代以来の国内資産は、実業界や政府が世界規模で政治的影響ばかりでなく経済力までも行使しうる場を提供した。また、アメリカの経済力は、国内でも外国でも大変な文化的魅力を持った。外国で急速に増大するアメリカの影響力や国益は、逆に、これまで論じてきた公式の帝国主義にアメリカがいかにして引き込まれたかを説明している。このように、アメリカの経済的・生態学的な「足跡」はすでに広範囲に拡大しており、他の国々にも、またアメリカ人にも甚大な影響をもたらしたのである。

アメリカの国力に付随するもっとも重要なものは、物質的豊かさであった。土地と、そこから得られる富は、アメリカがなぜ、どのように、多くの産物を自給できたかを部分的に説明している。アメリカは19世紀には食料とエネルギー源のほとんどを自給できており、実際にアメリカは、小麦、綿花、そしてトウモロコシの主たる輸出国で、1920代年に至るまでヨーロッパにとって重要な穀物を供給した。同様に重要なことは、工業の発達に必要な主たる資源である木材、石炭、鉄、そして多くの貴重な鉱物資源などがすべて、アメリカ国内でふんだんに見つかったことである。たとえば樹木に関しては、1900年にはアメリカよりも供給量が多かったのはロシアだけであった。このような自給自足の要素は、国際的な労働力と資本の注入ならびに輸送手段の改善と相まって、アメリカ経済の成長に役立った。アメリカは広大な国内の産業に供給する天然資源を持っていたばかりではなく、当時の他の工業化する諸国の経済には見られないほど資源を集中的に利用する過程において、1870年代から1920年代にかけての工業化のために、これらの資源は効率よく利用されたのであった[44]。

しかしながら、資源が豊富なこと自体が、アメリカ人のどん欲な目を外の世界に向けさせた。森林、大草原、水、そして土壌がもともと豊かだったために、アメリカ帝国は広大だという感覚が生まれた。しかし現実は、土地に対する労働力不足の作用の結果、フロンティアの状況が次第に資源欠乏状態を招くようになった。このように、土地などの資源の豊富さの一つの結果は、浪費の文化だった。警戒すべきことに、年間一人当たりの木材消費量は、フランスやイギリスや、他の工業国の10倍を超えていた。全米国土保全委員会が1909年に結論を出したように、「天然資源が豊富で人口が少ない国では未来のことを考えず、自然がふんだんに提供してきたものをむやみやたらに使うことに全精力が注がれることは、歴史がはっきりと示したとおりである」[45]。労働力と資源のジレンマは農業にとくによく表われていた。農地を簡単につくるために森林は切り倒されるのではなく、労働力不足のために焼かれてきた。また鉄道線路の近くで木材が手軽に切り出せたので、森林は線路の枕木、橋、機関車の燃料の主たる供給源となってきた。木材は、家屋や家具や家庭の燃料としてもまた、贅沢に使われた。東部開拓者たちは、石のフェンスをつくらないで（農耕を可能にするために石を取り除く必要のあったニューイングランド地方は例外）、長持ちしないのに安価で簡単につくれる木の柵をつくった。いったん土地が開墾されると、農業経済を成長させ、穀物を豊かに供給するために貴重な土壌が使われた。ここでも、労働力不足のために土地が贅沢に使われ、また土壌の保全にはほとんど関心が払われなかった。それよりむしろ、次の耕作地に移動する前にてっとり早い収穫が行われた。小麦や綿花の生産量は当初は多かったが、人々が西部へ移動するにつれて、それまで住んでいた町では豊作の後には必然的に経済的利益にかげりが見えた。全米国土保全委員会が指摘したように、「新たな開拓地ではどこでも、土壌から継続的に作物を奪い取り、肥料などの手段で土壌に何かを返すということをしないのが習慣となってきた[46]」。

労働力不足の問題を克服するために、農民も工場経営者も機械類を導入する傾向があった。これは、機械を動かすための燃料がもっと必要になることを意味した。最初は19世紀に水力や木を燃やした火力、それから南北戦争以後はますます工場で化石燃料が必要となった。第一次世界大戦中に動力源の転換が論理的帰結に到達したときに、農場ではトラクターが大部分、馬にとって代わった。しかしアメリカは19世紀末には照明はすでに化石燃料に転換していたし、１９００年以後は自動車も化石燃料を用いていた。アメリカは適切な燃料を手に入れる点で、再び恵まれていた。１８５９年にはペンシルヴェニアで、それからニューヨークで、その後、１９００年までには、カリフォルニアやテキサスなどの州で石油が発見されたのである。ジョン・D・ロックフェラーのスタンダード石油会社の石油独占が出現し、全世界に原油を提供し、世界市場の70％を支配した。歴史家ハワード・ジンが論評するように、「石油は今や、海外に輸出される主要産品としては綿花に次ぐものであった[47]」。

そうこうしている間に、運輸会社や都市に流れ込んだ綿花や小麦からの利益は、フロンティア地域の資源を人工的な環境に組み込むように再編し、いわゆる「第二の自然」を開発するのに使われた[48]。しかし、19世紀末までには発達しつつあった消費者・都市経済は、国内では完全には調達しきれない天然資源と輸出市場の需要をつくり出し、そして、フレデリック・ジャクソン・ターナーはフロンティアの終焉を宣言した。しかし、第二次産業革命による大量生産で経済ゲームの賭け金が上がり、あらゆる矛盾をはらんだアメリカの豊かさの実現が新たな領域に入った。20世紀初期から製造業者たちは、都会の中産階級ばかりでなく大衆市場までをも対象として、消費材を以前より大量に生産しようと努めた。その手段は、広告、マーケティングに関する企業再編、そして一般にフォード方式として知られる製造過程の革命である。これらの変革の要にいたのは、ヘンリー・フォードであった。彼は、大部分が職人わざに頼っていた製造過程を、流れ作業の組み立てラインに置き換えた。かつては、熟練労働者が彼らの労働慣行をかなりの程度管理していたものだが、新方式では、組み立てチームに部品を提供するチェーン伝導で動く製造ラインを中心とした大規模製造過程が特徴となり、そこでは半熟練労働者たちは管理に特化した任務を行い、この製造過程は作業速度を上げ、生産性の大幅な向上を実現した。(49) 自動車の価格は急速に下落し、1920年代にはアメリカのモータリゼーションが実現した。これらの製造過程を採り入れたことの良い面は、資源は豊富だという昔からの発想が、大量生産組み立てラインが供給する消費者のための豊穣《ほうじょう》の角《つの》に転換されうることであった。フォードは彼の改善の秘密を隠さなかったので、他の製造業者たちがたちまちまねをした。フレデリック・ウィンスロー・テイラーの科学的管理法はすでに、作業慣行を計測し、特定作業にかかる最適時間を設定することを強調していたが、フォードの洞察力は、生産システム全体を変革するより大きな必要性に注がれていた。(50) 自動車王の考案した方式は従来のものよりも有効で、1914年から1929年まで中産階級の繁栄を支えた。アメリカの労働者は、退屈な反復作業を行い、労働組合には参加しないよう促されていたけれども、ヨーロッパの労働者よりも給料が高かった。(51)

この消費者志向社会の悪い面は、アメリカが経済的・生態的な足跡を世界に広げていったことである。アメリカは19世紀末にはすでに、いくつかの熱帯産品に対する需要の点で世界を圧倒していた。カリブ海地域、ハワイ(1898年以降)、そしてフィリピン諸島で砂糖の権益を持っていたし、中米に進出したアメリカの果物会社は、中米の一部を「バナナ共和国」に変えてしまっていた。アメリカは世界でただ一つのコーヒー市場ではなく、開発途上の植民地、ヨーロッパ大陸、そしてイスラム教世界でコーヒーが大量に消費されていたが、アメリカがすでに最大の消費者だった。1880年代までにはアメリカは、生産国が輸出するコーヒーの3分の1を超える量を、そして、1900年までには世界の輸出量のほぼ半分を消費していた。カフェインに対するこのような渇望は、森林や自給自足農園を輸出用換金作物に転換したので、南米の丘陵地帯にかなりの環境上の、また社会的な影響を与えた。アメリカ人コーヒー商人たちは、ジャワ・コーヒーの変動する供給量と価格のために損害を受け、東洋と何十年も交易を続けた後でジャワを見限り、ブラジルに目を向けた。(52) その一方で、放牧牛に対する関心がアメリカ西部から中米・南米に広がり、20世紀初期にはアメリカの林業業者が科学的管理の原則を通じて、フィリピンや中米の熱帯雨林の木を伐採し始めた。その後、１９２０年代に、アメリカが世界の自動車の90％を保有していたことは、マレーのゴム産業に対するかなりのタイヤ需要の依存を意味していた。もっとも、リベリアとオランダ領スマトラでは、ファイアストン社などのアメリカの企業が自動車産業の巨大な需要を満たすためのゴム農園を建設するのに広大な土地を買い占めたのであるが。ある歴史家が「飽くなき」と表現したこの欲望は[53]、間違いなく、アメリカ人だけに限られるものではなかった。このようにイギリス領インドの白人支配者層は、チーク材生産のためにアッサムの森林を切り拓き、インドの景観を茶農園に置き換えた。そのような変化は、ヨーロッパ列強が生物多様性を阻害する単一栽培を導入したので、はかりしれない重大性を持つ社会的・文化的変遷であった。しかしこの事実は、これら以上にアメリカの消費者が与えた広範な生態的・経済的影響の存在を否定するものではない。

世界を飲み込むアメリカ経済

アメリカ市場は巨大な蒸気船のようなもので、航行した後にできる強力な渦に小さな船を飲み込んでいった。ハワイやプエルトリコは両方とも、そのように飲み込まれた例であるが、巨大なアメリカの影響をもろに受けた主要な事例は、１８９０年代のキューバでの独立運動であった。アメリカ人は、キューバの砂糖農園と鉄道にかなりの投資を行っており、この経済権益はアメリカ政府もよく承知するところで、島で沸騰しつつある反乱に照らせば、懸念の一因であった。１８９６年にグローヴァー・クリーヴランド大統領が指摘したように、「３０００万ドルから５０００万ドルのアメリカ資本が、キューバ島のプランテーションや鉄道、鉱山等の事業に投資されている。１８８９年には約６４００万ドルに達していたアメリカ・キューバ間の貿易額が、１８９３年には約１億３００万ドルに増加した[54]」。さらに重要だったのは、キューバの産物に対するアメリカの需要の予期せぬ動向が、キューバ島での紛争にアメリカを直接引きずり込んだことである。すなわち、アメリカはキューバから大量の砂糖を輸入し、これがアメリカ国内の砂糖大根産業に打撃を与えた。それに対するアメリカの農業利益団体のロビー活動が効を奏し、砂糖の輸入関税が引き上げられた。キューバ経済は打撃を受け、その結果起こった経済的不満が引き金となって1895年にスペインの支配に対する反乱が新たな段階に達した[55]。スペインの状況が悪化し、激しい反乱鎮圧が長引くにつれて、アメリカ人は他のヨーロッパ列強の介入の余地が生まれる権力の真空を恐れた。またアメリカ人は、道徳的介入の必要性も訴えた。キューバに対するアメリカの金銭上の利害関係が、こうした懸念を支えた。アメリカへ逃亡したキューバ人が島の外国人財産に損害を与えたときにはアメリカの関与が取り沙汰されたからである。アメリカへ逃亡したキューバ人もいて、彼らはアメリカの支援を期待して介入を求めるロビー活動をアメリカ国内で行い、武器をキューバへ密輸入し、そして戦うためにキューバへ戻っていたのだ。クリーヴランド大統領が語ったように、アメリカ政府は「アメリカ市民を守るように絶えまなく要請」されており、また「人身や財産に与えられた損害に対する賠償を請求する」よう求められていた[56]。そこでアメリカは実際に介入したが、それは戦艦メイン号事件が戦争の引き金となってからのことだった。この出来事全体が、アメリカの「領域」が国家の事実上の境界線とともに、公式の境界線をはるかに超えて広がったことを表わしていた。国外でのアメリカの力の足跡は、国家を戦争に巻き込み、マッキンリー大統領が採用した公式の帝国主義という政策の一因になったのだった[57]。

1917年以前はアメリカの経済力の政治的・軍事的影響は限定的であったけれども、ラテンアメリカ、とくにメキシコではすでに重要であった。アメリカの投資家たちは、メキシコで鉄道を建設し、土地を取得し、石油などの資源産業を発達させたが、これらの経済権益とそのメキシコ政治への影響は、波乱の時代におけるメキシコ政府の不安定化の一因となった。その一例が、テキサス（石油）社である。アメリカ国内の保有地で原油生産が落ち込んだので、テキサス社はメキシコのタンピコに移転し、そこから同社の関与はアメリカの政治にまでその影響が及んだ。テキサス社はテキサス州民主党と強い結びつきがあり、1913年以降はウィルソン大統領の顧問であるテキサス州のエドワード・ハウス大佐を通じてホワイトハウスともつながりがあった。このような石油権益は、1910~1911年のメキシコ革命とその後の混乱から脅威を受けた。歴史家ジョン・メイスン・ハートによると、ウィルソンは、メキシコを安定させ、「石油、ゴム、銅、そして亜鉛」の戦略的権益を守るために武力侵攻を承認した[58]。ここでは、1914年におけるこのベラクルス侵攻に関しての錯綜する詳細は省く。保守派で軍の実力者ビクトリアーノ・ウエルタはメキシコ大統領を殺害し政権を掌握していた。一つにはこの理由で、そしてもう一つには、彼がアメリカに財政上の譲歩を与えるよりも、ヨーロッパに与えることを望んでいると考えられたために、ウィルソンはウエルタ政権を承認せず政権転覆を工作したが、その次の政権のほうがはるかに過激な政策、つまり外国からの経済進出に敵対的な政策を標榜することになり、両国の摩擦は、第一次世界大戦がアメリカの注意をそらすまで続いた。これは、アメリカが反民主的といわれる政策に反対し、道徳的根拠から外国の政権を承認しない事例の嚆矢となった。この不承認は、その後も続くことになる道徳的外交政策の前例となった。

ラテンアメリカ以外では、世界の国々はアメリカの政治力ではなく、経済力を体験した。20世紀の変わり目には、イギリスとその植民地は、アメリカの科学技術の増大する影響力を感じていた。1900年にアメリカの貿易の53%はイギリス帝国が相手であったが、それは不均衡貿易だった。アメリカがイギリス帝国向けの輸出から受け取る1ドルに対し、イギリスはアメリカ向け輸出から31セントを回収していにすぎなかった。イギリスへ集中豪雨的に輸入されたものは食糧ばかりでなく、鉄鋼や数多くの他の工業製品もあった。イギリスの地下鉄は最初はイギリスの建設会社が建設していたが、今やアメリカの技術で建設されたり、拡張されたり、またJ・P・モーガンの金融機関に資金提供を受けたりしていた。イギリスの新聞でさえ、アメリカの印刷機で刷られた。同時代の評論家フレデリック・マッケンジーは著書『アメリカの侵略者』の中で、その影響とヨーロッパ全土に起こりうる未来について次のように指摘した。「アメリカは武装兵士ではなく、工業製品を使ってヨーロッパを侵略した。侵略軍の指揮官は、産業界の巨頭や熟練の金融界指導者で、彼らによる征服は、マドリードからサンクトペテルブルクまで、すべての大衆の日常生活に深甚な影響を与えつつある[59]」。

この説明にはある種の誇張や人騒がせな部分があるが、一方で、外国へのアメリカの経済浸透は1920年代には着実に消費材へ向かっており、また1900年から1914年の時期に予期されていた他の経済的変化は、実際にはもっと大きなものになった。しかしながら、アメリカの膨張は、新たな領土の永続的獲得ではなく、新しい世界秩序を強化する経済・政治政策のほうを選んだのである。その新秩序を企画したのはウッドロー・ウィルソンで、メキシコの反民主的政権を非難する一方で、同時にメキシコでのアメリカのビジネスに関してはマキァヴェリ的な権謀術数的政策を追求した。1914年以降、彼は外国におけるアメリカの経済的利益と道徳的外交および他国のための民主主義の提唱を組み合わせることになる。この取り組みは、部分的には彼の宣教師的経歴とアメリカ文化の拡大経験に基づいていた。しかし、カリブ海を越えてアメリカの政治力を誇示するうえで何か経済利益以上のものを展開させるには、地殻変動的な変化が必要であった。それを提供したのが、ヨーロッパの戦争だった。

第11章　ウッドロー・ウィルソン時代の新たな世界秩序

1914年、大西洋沿岸は穏やかな夏であった。アトランタ・ブレーブスの前身ボストン・ブレーブスは、野球のワールド・シリーズに向かっていたし、アメリカ人の世界は外見上すべて順調のようであった。それにもかかわらず、1914年6月28日のサライェヴォで起きた狙撃事件の外交的・政治的衝撃が大西洋を越えて走った。たしかに、1914年8月の第一次世界大戦の勃発は、アメリカに直接の影響を与えず、結局のところ、アメリカはヨーロッパの権力政治《パワー・ポリティクス》には関与せずの姿勢を長くとり続けていた。ウィルソン大統領はただちに中立を宣言したが、興味あることに、彼が強調したのは、外国での紛争に巻き込まれないようにしたジョージ・ワシントンの指針ではなく、アメリカ人のトランスナショナルな状況に対する忠誠心であった。アメリカ国民は、その戦争の中で対立する多くの諸国から引き寄せられてきた人々であったので、必然的に無関与を実践しなければならなかった。(1) さもなければ国を分裂させてしまうことになるからだ。だが、国際的な通商に深く関係した貿易国であったがため、その戦争はアメリカに影響を与えることになった。まさにウィルソンが恐れたように、大戦は激しい対立をアメリカ社会内で引き起こしたが、それはアメリカ国家を強力なものにし、アメリカ例外主義の意識を強化するとともに、1919年以後の時代における新しい文化的、経済的、かつ政治的な膨張主義を強烈に前面に押し出すことになった。この拡張は、ヨーロッパとその他の世界とのつくり変えられた関係に基づいており、そしてウィルソンは、アメリカの新しい「国際主義」の宣言を通じてこの新たな影響の中心に立つことになった。(2)

アメリカはヨーロッパに対する政治的孤立から脱皮したが、第一次世界大戦の結果は矛盾したものとなる。アメリカの国際社会とのトランスナショナルな関係は、関与と関与に反対といった双方の性格を持ち、革新主義の時代の成果をもとに、さらに国境を強化していくといった一様ではないものになり、こうした形で国民国家アメリカはトランスナショナルに生み出され続けていった。戦時経験の結果、アメリカは、安全保障と経済的繁栄のためという名目で、トランスナショナルな影響を受けまいとして新たな政治的かつ通商上の障壁を設けた。同時に、世界大戦とその余波により、アメリカは市場と投資の拡大を求めて、政治的・経済的により大きな関与を持たざるをえなくなった。だが、その結果は、大恐慌により崩壊する1920年代の非常に不安定な新しい国際秩序であった。多くの点で、1920年代は、成長しつつも未完成なアメリカがヨーロッパにとって代わり始め、覇権主義の兆しを見せた時代であった。その覇権主義自体は、それ以前のアメリカ経験と戦時におけるアメリカの文化的な力に負うところが大きかった。（アメリカ主導の）トランスナショナルな組織における役割の増大や、公式的、およびイデオロギー的な反植民地主義、そして、アメリカのメディアなどの通信手段の拡大は、ポスト帝国主義のこの新しい秩序に向けられていた。同時に、国際勢力により、アメリカ人が自分たちの文化的・政治的な壁の背後に後ずさりする傾向も目立った。以上のように、アメリカの世紀という新たな国際秩序にとって、1920年代が持つ意味は、もう一つの世界大戦が起こるまで明らかにならなかった。

第一次世界大戦への参戦とアメリカ人のヨーロッパ直接体験

アメリカ社会に及ぼすヨーロッパでの戦争の影響は、交戦国として約3年後に参戦するかなり前から明らかであった。当初、経済面への影響は肯定的なものであり、その背景には、以下のことがあった。戦争が、数回の財政的危機にもかかわらず、1897年から1919年にわたる繁栄期を長期化させたこと。武器や食料を含むアメリカ産品へのヨーロッパの需要が急上昇したこと。戦争資金を融通するためイギリス人はニューヨークで多額の融資を受け、また、自分たちのアメリカ資産を売却せざるをえなかったこと。こうして、アメリカは、世界への貸与額より借入額が少ない、債権国に初めてなった。

もう一つの影響は、社会的に深い意味を持つ人口動態上の変化であった。アメリカス〔南北アメリカ〕へのヨーロッパ人の移民は、軍隊が若者を戦場に動員し、またUボートによって大洋横断が危険なものになったため、中断した。この移民の中断と戦需景気の結果、失業率は低下し、工場は安価な労働力を、地中海からではなくアメリカ南部やメキシコに求めた。労働力供給のこうした転換は、アメリカ人の人種関係の様相を変え、人種問題はもはや「南部」の課題として片づけることのできないものになった。多数のアフリカ系アメリカ人が北部都市に永久的に移り住み、白人は偏見と暴力でそれに応じた。1917年に、暴動がイースト・セントルイスなどの都市で起こり、また、1919年にはシカゴでよく知られた暴動が起こった。事実上の人種隔離が急激に地域の様子を変え、週を追って、シカゴのサウスサイド地区はその大部分が白人地区から黒人の地区に様変わりした。人種関係が悪化するにつれて、クー・クラックス・クランが復活したが、その復活は南北戦争の結末を人種的な文脈の中で描き、クランの団員を英雄扱いした1915年の映画『国民の創生』によっても助長された。その間、何万人ものメキシコ人が南西部諸州に流れ込み、アメリカ・メキシコ間鉄道が完成した1890年代に始まる人の動きに拍車をかけた。メキシコ人は、今や排斥された中国人や日本人にとって代わって農場で働き、また次第に都市に移動していった。以上のようにして、遠く離れたヨーロッパで起きた出来事がアメリカの人口動態のバランスを変え、1920年代以降に繰り返された人種的・民族的動揺の原因となった。

ウィルソン大統領は国家を中立に保とうとしたが、交戦していても、それらの国と通商をするのだというアメリカ人の強い主張と、ドイツのUボートの司令官のアメリカの船荷を攻撃するのだという同じような強い決意が、必然的にアメリカとドイツを戦争に突入させることになった。ヨーロッパ文化とアングロサクソン系の文明の重要な中核としてのドイツに対するアメリカ人エリートの同情心は、野蛮人に対する固定観念にとって代わられた。しかしながら、こうした説明にアメリカ社会はいまだ割れていた。すなわち、中西部のドイツ人子孫の意見は参戦に反対であり、社会主義者、フェミニスト、平和主義者、そして労働組合がその反対運動に加わった。ウィルソンは、イギリスの法による支配や議会制民主主義に賛同したのに対して、多くの若いアメリカ人は赤十字社やカナダ軍あるいはヨーロッパの祖国の軍隊に志願した。しかし、ウィルソンはそれでも中立主義原則の路線にとどまったが、ヨーロッパに対するアメリカ人の態度は、そのような戦争が起きたので、ヨーロッパを劣等視するようになった。

アメリカが参戦する前にアメリカ人がその戦争で命を落とし始めた。1915年、武装していないイギリスの遠洋定期船ルシタニア号への攻撃で、乗っていた128人のアメリカ人が死亡し、アメリカの世論に火をつけた。また同様に、ウィルソンを戦争に向かわせたのは、メキシコでのアメリカ支配を脅かす1917年1月のツィンメルマン覚書によるドイツの陰謀にもあった。大胆にも、これは、1846〜48年のメキシコ戦争後、アメリカ政府によって占領された広大な領地の返還を求めるメキシコの要求を、ドイツが支援することを申し出たものであった。この不手際な介入が、メキシコとのくすぶる国境の防衛問題、モンロー主義そしてヨーロッパでの戦争、これらを強力に混ぜ合わせ、世論に火をつけた。しかしながら、ドイツとの関係が崩壊するまで悪化するようになったのは、イギリスへの供給物資を抑えることに必死であったドイツによるアメリカ船舶への潜水艦攻撃が増えたからであった。1917年4月6日、アメリカ連邦議会は宣戦布告し、それまでのアメリカ史上で最大の軍事行動をとらせることになった。最終的に何百万人にもなる兵士の動員は、戦争の結末に与える影響と同じほど、国境を越えた深い文化的影響力を確実に与えるものであった(3)。

1918年夏にアメリカ軍の主要部隊が上陸するまで、アメリカは戦場に直接の影響を与えるものではなかった。ロシアの降伏によって東部戦線から解放されたドイツ軍は、1918年3月にはパリに侵攻するおそれがあった。しかし、彼らの進軍は止められ、新たに投入されたアメリカ部隊は、敵軍を断固ドイツ国境に向けて押し返す働きをした。アメリカは戦争に勝利してはいなかったが、協商国側の軍隊の士気と軍需品の面で決定的な役割を果たしていた。その間、4万人以上のアフリカ系アメリカ人兵士を含め200万人を超えるアメリカ人が、ヨーロッパに上陸していた。そして5万3000人のアメリカ兵が戦場で戦死し、その多くはフランスの戦争墓地に埋葬されたが、戦後、この墓地はアメリカの管理下に置かれ、拡大しつつあったアメリカの世界的役割による人的犠牲の辛い思い出として残った[4]。兵士は戦争で破壊されたヨーロッパの様子を見て、多くは落胆し幻滅して、アメリカの参戦目的についても懐疑的になって帰国した。ここでアメリカ人は感情的に孤立主義の時期に入ったが、概して、この戦争は、1941年以降までアメリカ人が経験することのないほど、ヨーロッパに対するもっとも広範囲な直接体験であり続けた。いかなる孤立主義の精神も、この戦争以後、確かなものとはなりえなかったのである。まもなく中産階級の旅行者は、ヨーロッパに群れをなして行き、アーネスト・ヘミングウェイ、ガートルード・スタイン、マックス・イーストマン、リンカン・ステフェンズなどの知識人は、アメリカがセックス、宗教、禁酒の是非について文化的に対立する新たな局面に入ると、低俗なアメリカの中産階級気質から逃れるためパリに向かった。「彼らがパリを見てしまった後は、どのようにしたら彼らを農場に括りつけていけるのだろうか」(1919年[5])という歌詞は、いずれにしてもおそらく正しいことであった。

国際主義の文脈におけるウィルソンの外交政策とその影響

ウィルソンは、アメリカの参戦が古い帝国主義的な敵対関係と同じものにならないようにと決意していた。彼は、自由貿易、穏健な改革そしてナショナリズムという19世紀アングロサクソン的伝統を継いだリベラルな人物であった。政治経済についての彼の見解は、ヴィクトリア朝時代の首相W・E・グラッドストンのものに近かった。ウィルソンはこうした進歩的な信念に基づき、その信念を、増大しつつあるアメリカの覇権や崩壊しつつある多民族の諸帝国という新しい世界状況に結びつけて、新たな外交政策を生み出そうとした。その結果が、1918年1月8日に表明された14カ条であった。保障された海洋の自由、軍備縮小、秘密外交の停止、民族の自決権などであり、これらがアメリカの高潔な大統領の道徳観念に基づく要求であった。

14カ条は高貴に見えたが、それが考案されるうえで、大変重要なのは、ウィルソンがボリシェヴィキ革命から感じ取った脅威であった。彼は、社会主義と革命に対する代替的な見解、すなわちリベラルな個人主義に基づく視点を表明した。このように理解し、14カ条を別個に見てはならない。それらは世界の舞台に向け、単にアメリカから出た考えというより、国際情勢の産物であり、アメリカの利害にかかわる現実政治（リアル・ポリティク）を示すものであった。ウィルソンが帝国主義を超越する新しい形態の国際関係を提案したのは、レーニンのように、戦争を帝国主義による敵対関係の産物とみなしていたからであった。アメリカ軍は、ロシア内戦における白軍（反共産主義者）を防衛するため、1918年に協商国側によるシベリア出兵に加わったが、それには理由がないわけではなかった。ただし、その目的は曖昧で、日本の現地での圧倒的な軍事力と、反共産主義者による反革命への失敗、という結果を示しただけであった。[6]ヴェルサイユ講和会議で、ウィルソンはヨーロッパ民族のために民族自決を唱道したが、彼のやり方は、異民族が多民族帝国内で混ざり合うことを許す古い伝統に逆行するものであり、むしろ、彼は比較的同質の民族国家を提唱したのであった。だが、実際は、戦後ヨーロッパの地図に引かれた線は、多くの異なる民族を必然的に一緒に混ぜ合わせたものになり、それがさらなる問題の原因となった。これが一つの問題であったが、もう一つの問題は、その向こうにある植民地世界にあった。

ウィルソンは、民族自決主義をヨーロッパ列強による支配下の諸民族にまで広げることができなかった。そうできなかったのは、ヨーロッパ列強の策謀が一部その原因であるが、彼はまた、非ヨーロッパ世界の社会発展やその人種性に対する自分自身の（人種主義的）見解のゆえに、民族自決主義思想の持つ論理的意味合いを抑えたのである。著名な知識人であったアフリカ系アメリカ人W・E・B・デュボイスは、パリでの汎アフリカ主義者会議を代表してウィルソンの側近に、アフリカの旧ドイツ領に自治政府を樹立するよう働きかける運動をした一人であった。妥協案として、ウィルソンは、西洋の民主主義国家やヴェルサイユに広まっていた思想の中から、一つの考えを採用した。それは、中東、アフリカ、太平洋で統治権が剥奪された領土に関して、日本、イギリス帝国、フランスなどの「委任統治領」を、独立というよりは国際連盟の監視下に置くというものであった。[7]ヴェルサイユ講和会議の合意にはないが、実際には、その合意は勝利した協商国側の列強を強化し、ドイツとオスマン帝国だけが植民地を失うことになった。この条約の不備について、ウィルソンの回答は、国際紛争を解決するために国際連盟を提唱することであったが、この考えはアメリカの社会改革的伝統に依拠していた。1870年代以来アメリカ人は国際的な仲裁制度を提案してきており、実際、数カ国の政府とアメリカ人を含む平和主義者のトランスナショナルな訴えによる外交努力の結果、ハーグ国際司法裁判所が1905年に設立された。しかし、ウィルソンは、上院と国民に対して、国際連盟を承認することも国際司法裁判所に参加することも承認させることができなかった。上院はとくに同盟関係に巻き込まれるという考えに反対し、そして国際連盟に賛成した民主党大統領候補者は、1920年の大統領選で敗北した。

ウォーレン・ハーディング新大統領は、彼の有名なごまかし表現の一つを使って、「平常への復帰」を約束したが、洗練されていないそのような表現は、現実をとらえきれていなかった。すなわち、アメリカは政治的な孤立主義ではなく、むしろ、一部の外交史家が、今日「アメリカ独自の国際主義」と呼ぶところに退いたのである(8)。太平洋に関しては、アメリカ政府は、1922年にワシントン条約につながった会議を開催し、列強の海軍力を規制した。さらに、アメリカの指導者たちは、国際連盟の却下にもかかわらず、新たな世界秩序を期待した。1920年代の共和党のカルヴィン・クーリッジ政権は、戦争を「非合法化」するため1928年のケロッグ－ブリアン条約を共同提案した。この協定は、今にして思えば理想主義的ではあったが、平和、民族自決、通商に対するアメリカの国際主義的コミットメントという文脈で見なければならない。このように国際主義は、アメリカによる輸出の機会を精力的に追求していく中で拡大されたのである。ハーバート・フーヴァーは、商務長官（1921～1928年）としてこのことに責任を持ち、政府が、ラテンアメリカをはじめ全世界で、アメリカの通商を発展させるためにできるだけ多くの情報とインセンティヴを製造業者に提供した(9)。

アメリカの対外的経済政策とその影響

アメリカは、1920年代に政治外交上ヨーロッパと関係していただけでなく、その経済的外交政策も、ヨーロッパに影響を与えた。戦後の卓越したアメリカ経済は、政府が戦債問題によってヨーロッパ外交に必然的に関係するようになることを意味した。アメリカは、自らと同盟していた諸国に対して負債の支払いを求め、そして、とくにフランスは、それらの財政を精算するためドイツに賠償金を要求した。ドイツは、1922年から1923年に、その支払いを履行しなかったので、フランスがルール地域を占拠すると、懲罰的で不公平な講話条約に対するドイツ民族主義者たちによる非難の基盤が形成された。アメリカは、こうした状況にほとんど責任ある行動をとらず、戦争負債の返済期限を延長させるドーズ案がこの状況を一部改善したにすぎなかった。また、アメリカの経済力は海外に及び、債券と通商の互恵関係の中に自国を巻き込んだが、しかし、それは平等な形ではなかった。その関係がいかに不平等なものになるかを、1920年代の関税政策が示していた。大幅な貿易黒字と経済的な繁栄にもかかわらず、連邦議会における保護貿易主義者の利害によって、1922年のフォードニー＝マッカンバー関税法が通過し、国内産業を外国との競争から保護する高率関税が可能になる一方、連邦議会で制定された諸立法が輸出を活気づけ、農民は自分たちの農産物を世界市場に出せるようロビー活動をした。門戸開放政策にもかかわらず、このように経済的拡張は現実的に矛盾を含み、互恵通商ではなく、アメリカ貿易にのみ都合のいいものであった。

このような諸外国を犠牲にしたアメリカ経済の国境を越えた拡張は、文化の領域でも目立った。アメリカ映画は、第一次世界大戦前には国際的には小さな存在であったが、フランスが1914年以降、映画以外のことに気を取られるようになると、大戦を契機にアメリカ国内の映画産業が結束し、国際市場でフランスとの競争に打ち勝った。商務省の援助によって、ハリウッドは1920年代末のトーキーが到来する以前に世界的評価を得た。映画産業は、映画公開の一括契約制度のような海外での談合的な営業活動を促進するウェッブ＝ポメリーン法によって助けられた。しかし、国内ではそれが禁止されたので、フランス映画はアメリカ国内で、そのような営業が許されなかった[10]。

ヨーロッパに勝利と和平をもたらすために介入した国家のモラル・パワーを豊かに持って、アメリカは戦後その諸制度の多くをヨーロッパに輸出するために、以前に行った運動を再開した[11]。大戦中にすでにアメリカ赤十字社やYMCAは、ヨーロッパで非常に積極的な活動をしていた。YMCAは、実質的に民主主義のアメリカ的な価値観を広めるという政治的役割を果たし、その結果、政府の戦争準備を行う機関となった。戦後、他の多くの組織もヨーロッパを変えることに着手し始めた。道徳主義の改革者は禁酒を拡大し、同時にアメリカを腐敗した外国の影響から守ろうとした。反アルコール世界連盟（WLAA）が1919年にワシントンに設立され、禁酒がもたらす恩恵についての情報を世界に広めた。アルコール類の販売を違憲とする憲法修正第18条の成立後に生まれたWLAAは、少しは功利主義的な目的を持っていた。すなわち、世界が禁酒すれば、外国の密輸業者からアメリカの禁酒運動を守りやすくなるであろうという考えがあった。しかしながら、WLAAは理想的側面も持っていた。それはウィルソンの国際主義と、戦後の世界をつくり直すという点で似ていた。それは根源において非常に福音主義的で、世界から飲酒の汚れを取り除くという動機において改革主義的であった。ロンドンの事務局を起点に、WLAAは最終的に一〇〇を超える国々で活動し、スウェーデン、ニュージーランド、インド、イギリスに講演者を送り込んで禁酒運動を展開した。WLAAは、数のうえでは多くの国に賛同者を得て禁酒をほぼ達成したが、フィンランドとアイスランドだけが完全な禁酒国となったにすぎなかった。しかしながら、この団体は文化的覇権主義の新たな形態の前兆となる。すなわち、そこでは海外の中産階級の人々がアメリカを経済的かつ社会的な近代化のモデルとして見つめ、ヨーロッパの禁酒運動家たちは、ヘンリー・フォードを経済的成功とビジネス効率を達成した人物として賞賛したからである[12]。

１９２０年代までに、アメリカのビジネスモデルは大量生産と大量消費となった。T型モデルを通してフォード社と一体化した組み立てラインによる大量生産が、アメリカはもちろん、ヨーロッパやイギリス帝国にもすぐに広がった。「フォード方式」として知られるものがカナダ、オーストラリア、ヨーロッパに設立された数々の有名なアメリカの製造会社の現地工場に導入された。ヨーロッパの自動車メーカーは、安価を求める競争に単に勝ち残るためだけの理由から、自社工場を「フォード化」せざるをえなかった[13]。アメリカの企業広告は、この参入方式に従い、その例として、顧客であるアメリカ企業のヨーロッパでの成功の後を受けて、グローバル企業になったJ・ウォルター・トンプソン社がある。フォード方式は、また小売業にも適用された。１９２０年代に、ウールワースはヨーロッパ中でさまざまな社会階層の顧客と軽減されたサービスに基づく安価な大量小売店を開いた。「T型モデルが庶民による移動性を代表」したように、ウールワースは安物均一店を代表したのである。[14]

ビジネス方式の拡大と道徳的・社会的改革という従来の方法を結ぶ点で、主となるものはロータリー・クラブであった。アメリカの「宣教師」は、プロテスタントや禁酒改革者ではもはやなく、実業家によって新たに生まれた運動が、社会奉仕と経済的な効率を融合し、アメリカのビジネス文化を海外で支配的になるように促進させた。1905年にシカゴで創立された実業家たちのためのクラブであるロータリーは、1920年代にアメリカ国内でその規模が4倍になり、そしてカナダ、ヨーロッパをはじめ世界中に支部を設立した。国際ロータリー・クラブは、ヨーロッパの実業家たちが戦後における自国の経済や社会を近代化させようと努力する重要な場となった。また、「社会奉仕の理想によって結ばれた実業家と専門職の人々の間での世界的な連帯を通して、友好と国際平和」を育てるために国際理解と協力を推進した。[15]

アメリカの新たな文化的覇権

アメリカを現代的なものと同一視する見方は社会生活にも及んだ。アメリカ映画と同様にジャズがヨーロッパで、そして、アジアでも人気になった。中国でもっともヨーロッパ化した都市である上海のような外国人居留地では、現代アメリカ文化、たとえば、ナイトクラブやジャズが1920年代に盛んになっていく様子が見られた。ヨーロッパでは、アメリカの文芸エリートたちが当地で存在したことと、第一次世界大戦中のアメリカ兵士に対する記憶がアメリカ文化の伝播に役立った。パリの前衛芸術家たちは「ホット・ジャズ」の虜になり、この新しい音楽形式を、現代性と慣習への抵抗と結びつけた。官能的でエロティックなアフリカ系アメリカ人ダンサーであったジョセフィン・ベイカーは、パリでスターとなった。このような海外における猥褻な娯楽と性の表出の融合は、1920年代のアメリカ都市文化である「情熱的な若さ」の文化が変形したものであった。それはアメリカ人と現代文化がほぼ融合したことを示唆する証であり、ヨーロッパで起きていたのは、単にアメリカ化ということだけではなく、同時に文化の現代化でもあった。

　１９２０年代末の視点から見れば、上記の新たな文化的拡張は、新たな世界秩序に貢献するように思えたが、イギリス、フランス、または戦前のロシアのような列強とは方法が異なっていた。アメリカの拡張の基礎をなしたものは、それらの国々とは異なり脱領土化された経済的・文化的な力であったからである。すなわちアメリカは純粋にナショナルな文化表現よりむしろ現代性と結びつけてとらえられ、共産主義者でさえ、伝統的階級社会構造を崩すためにアメリカ的な方式や制度を借用する好機を見出した。イタリア人共産主義者アントニオ・グラムシは、いかに大衆が文化と経済の現代化を受け入れ、貴族的支配に挑めるかについて書き、文化の変化がもたらす社会の大変動の中で、階級の流動化が生じると論じた。というのは、１９２０年代のソ連では、アメリカ映画は禁止されておらず、それどころかきわめて人気があった。というのは、ソ連の指導者はフォード方式をアメリカ帝国主義としてではなく、技術と進歩に基づく社会主義革命を助ける現代性の原動力と考えていたからである(16)。

　そうした期待は多くの人々にとって誘惑的であったが、アメリカによる新たな文化覇権主義は完全には達成されていなかった。ヨーロッパ人は興味をそそるアメリカの影響の諸側面を拾い上げ、それらを選択した。そしてアメリカの影響を、大戦以前のように、現代的なものの表現の一部として自分たちの文化に変えた。たとえば、フランスの前衛芸術家の間でのジャズへの熱狂は、ヨーロッパによる植民地体制の一環としての北および西アフリカへの長期にわたる興味と融合した。すなわち黒人文化賛美の流行は、モダニストやパリ市民が持つオリエンタリズムのようなものを反映した(17)。また、アメリカ文化の浸透に対する、あからさまなヨーロッパ人の抵抗も明らかに存在した。旧様式の文化的拡張と新しいフォード方式の大衆消費主義の両者はともに、対米批判に直面したのである。文化的な民族主義者は、とくに１９２０年代末以降に対米批判が生じるように考えたが、アメリカによる道徳的計画の多くは、それとは逆の理由でヨーロッパ人に疑われるようになった。それらは消費志向の時代と十分にかみ合わなかったのである。ヨーロッパの多くの国々は、スカンジナヴィアを除いて、禁酒主義者の運動に抵抗し、それは、アメリカ人自身が禁酒政策を放棄する前兆となった。実際、アメリカに密輸されたヨーロッパのワインは、スコットランドやカナダのウィスキー、そしてメキシコのテキーラとともに、国内の禁酒主義者の望みをぶち壊すことになった。まもなくしてアメリカの禁酒法は廃止され（1933年）、そして海外ではアルコール中毒に反対していたWLAAは消滅しかかった。その間、ヨーロッパの文化的保守主義者は新しいアメリカの禁酒運動だけでなく、彼らにとって宿敵であるアメリカの消費主義という自由放任の文化をも批判し、またアメリカ国内での文化的保守主義者が行ったと同様に、ジャズを道徳病の一種だとして非難した。1930年代にアメリカの制度へのヨーロッパ人の抵抗は、ドイツ人やフランス人が自国映画を救済しようとする試みにまで拡大し、ロータリーによる国際理解の運動は、独裁主義国家の出現に苦しんだ。ドイツでは、ロータリー・クラブがユダヤ人会員を退会させ、人種主義をとる政府に従うよう努めたにもかかわらず、ナチスはクラブを縮小させ、最終的には解体した[18]。イタリアのファシストは、不純な影響力を持つとされるユダヤ・アメリカ的なビジネス慣行を社会から排除する運動をした。ナチスは、ベルリンのウールワースに監視員を配置したので、現地のアメリカ企業の中には生き残るために建物の改装を行う会社も出た。しかし、アメリカの大企業は、賢明なやり方でドイツ市場に浸透していった。たとえば、オペルの場合のように、それがアメリカのゼネラル・モーターズ社（GM）の子会社であったとしても、ドイツ人は、自分の車がドイツの名称を付けていれば、それでよかった。GMもまた、フォード社のドイツ工場がドイツ国防軍のためにトラックを生産してもかまわなかった。

アメリカ企業は、もっと一般的な敵にも直面した。とくに貧困層と上流階級のそれぞれの伝統的な購買パターンや彼らのステータス・シンボルと闘わなくてはならなかったのである。フランス、イタリア、ドイツの消費者市場では、アメリカの安売り雑貨店は、小規模な小売店や階級意識に染まった伝統的な高級デパートが抵抗したためほんのわずかな比率しか占めていなかった。1930年代のチェーン店は小売りの総売上高がアメリカでは23％であったのに対して、イギリスでは7％、フランスではわずか1・3％であったのである[19]。ヨーロッパにおけるアメリカの影響への反発の一因となったのは、大恐慌における国際的な政治・経済の秩序の崩壊、すなわちアメリカおよびその他の国々による政策目標の失敗によって決定づけられていた一連の出来事であった。現代化の過程とアメリカ文化の影響力は抑制されたが、世界は二度と同じようにはならないものであった。大衆消費の展開がトランスナショナルな過程として完全に始まっていたからである。

大戦後の国内不和と、外国との関係

第一次世界大戦が与えたアメリカ国内への衝撃は、戦後のアメリカの拡大がヨーロッパ社会に与えたものと同じく、社会変動を推進していくうえで重要であった。外国に向けてアメリカは力を見せつけ、ヨーロッパ外交に絡んでいく必要があったが、その一方で、戦争による国内の影響は戦前からの社会的対立を強め、アメリカ例外主義の自己認識を再発火させた。戦争の国内的な意味は社会的不和やそれにともなう混乱の中にあったが、この国内的不和は国外と結びついていたのである。アメリカ共産党が1919年に結成される以前でさえ、多くのアメリカ人は、ボリシェヴィキによる権力奪取がアメリカ国内の社会主義と結びついていくと考えていたが、こうした見解は、ソ連自身の世界革命に対する当初の期待から明らかに確認されていた。この時代のアメリカの革新主義者、たとえば社会改革者のジェーン・アダムズは、ヨーロッパの革命的変動や、そのトランスナショナルな思想に反応を示して、社会主義と国際主義を支持し、戦争に反対した。[20]だが、革新主義者たちは、また、移民であふれたアメリカ都市の多文化性にも影響を受けた。アダムズは、シカゴのスラム街の移民について記し、コスモポリタン的な「エスニック集団の混じり合い」によって「国際秩序の明白かつ必要な土台がつくられている」と述べた。[21]しかし、改革者のコスモポリタン主義は、戦中戦後を通じて外国嫌いの多数派と正面衝突し、そして敗北することになる。

戦時中のアメリカ社会の状況は、戦争直前のアメリカがどうであったかを想起しなければ説明できない。アダムズの楽観的な見解に賛同したのは、はっきりものがいえる少数のイギリス系アメリカ人だけであった。移民の大量流入によって、見慣れぬ習慣、宗教、そして言語を持った何百万人もの人々がアメリカに運び込まれた。セルビア人、イタリア人、ユダヤ人、そしてロシア人はアメリカ社会に同化しなかったので、多数派のイギリス系アメリカ人には、彼らは脅威と映った。都市は移民と産業の影響を受けて成長し、地方の人たちの目には、ますます異質な場所となりつつあった。アメリカは、戦前において、再び厳しい階級闘争と経済変化に直面していたが、その状況は移民に絡むものであった。ストライキは日常的になり、労働組合が労働の場を超えて組織された。世界産業労働者組合（ＩＷＷ）（１９０５年結成）は、西部の炭坑夫、工場労働者、そして季節労働者の間で強力になったサンディカリズムに類似したものとして登場していた。

１９１７年にアメリカが参戦すると、これらの鬱積した圧力が激しくなった。労働者集団、社会主義者、そして移民らの一部が反目し合う中で、反戦運動への懸念は、老獪な政治家や自警団のような行動をとる市民集団によって、栓を抜かれて容易に流されてしまった。また、戦争によって戦前からの反移民感情が広まり、いわゆる心理的不安感から反ドイツ行動に集中するようになった。深刻な側面としては、当局がスパイの疑いのあるドイツ人を強制収容所に送り、戦争の原因について事実を歪曲した。喜劇的な面では、文化多元主義に対するアメリカ人の不安感が名称の変更につながり、たとえばザワークラウトが自由キャベツと表示されたりした。１９１７年11月にボリシェヴィキ革命が起きると、労働者と移民への懸念は、労働者階級による反戦運動に対する恐怖に容易に変わった。１９１８年3月にボリシェヴィキがブレスト・リトフスク条約においてドイツとの和平を訴えたことを想起してほしい。ロシア人は戦時中に同盟した国々との約束を破り、世界革命を求める社会主義者が今やロシアを指導するようになると、アメリカの政治家たちは外国人への敵意の矛先を、たとえばユージン・デブズや無政府主義者エマ・ゴールドマンら非愛国的と思われた社会主義者に対して向けた。戦争は、また、司法長官ミッチェル・パーマーのような野心的な人物に対して、１９１９年に反戦者を急襲し、「赤の恐怖《レッド・スケア》」を始める機会を与えた。その結果、１５００人の外国人が逮捕され２４９人がロシアに送還され、アメリカ生まれの反戦運動家も投獄された。[22]

外国からの脅威に対抗して、国家の特徴を再強調するための新たな諸制度がつくられた。１９１９年に復員兵によって結成されたアメリカ在郷軍人会は、反急進主義者による外国人嫌いを広めた。この団体は破壊活動に反対し、反ボリシェヴィキの宣伝を政府や社会に対して懸命に展開した。大戦はまた、愛国主義的なアメリカ史を生むような刺激を与え、アメリカ広報委員会（CPI）による戦争のための宣伝運動に歴史家も名を連ねた。大衆文化の中にも、アメリカを自己正当化する新たな雰囲気が顕在化した。軍歌は、独裁政治に対する民主主義のための聖戦に参加するアメリカ人を描いた。ジョージ・M・コーハンは、もっとも有名な軍歌「彼方へ」を書き、アメリカが旧きヨーロッパを救出に行く必要性を示唆した。「パーシングの十字軍」は、E・T・ポールによる軍隊行進曲であるが、楽譜の表紙はパーシング将軍と彼の兵士が一丸となって戦場に進軍するさまを描き、兵士たちは十字軍からとった十字架を盾に多く付けた二人の武装闘士にともなわれていた。[23]

戦争によってナショナリズムが強化され、それが宗教的なモラルと融合しただけでなく、戦争によって国家の果たす経済的役割が大きくなるという状況も生じ、以前には想像すらできなかった事業に対する議会の支持を得ることができた。経済全体を動員するのに役立つ諸政策、たとえば、鉄道局の下での鉄道の一時的国有化、軍隊や軍需品を輸送するための特別な商船を建造する政府船舶会社、そして燃料局によるエネルギー規制、これらすべて、いやそれ以上のことが可能となった。また、戦時中の政府機関の多くは実業家たちによるボランティアの仕事を活用したが、彼らは愛国的義務を果たす「(年俸1ドルという) 名目的俸給を受け取る政府職員」と呼ばれた。この政府と実業界との協力関係の樹立は、政府による経済への介入を行うことになるニューディール初期の政府機関の前触れとなった。しかし、この試験的に大きくなった政府は、戦後の政府支出削減の後に生じた1919年から1921年までの動員解除と不況期には、一時的にもとに戻されたのではあるが。[24]

大戦後における道徳的改革運動の国際性

国家の経済的・政治的な成長よりも重要なのは、道徳主義的改革が国家に注入されたことであった。改革者は国家との協力によってキリスト教組織が発展することを想定したが、それは国際的な意味を持つ動きであった。以前は国際的なことに焦点を当てていた改革者たちは、国家への忠誠心を高め、1920年代に彼らの活動は、アメリカの国力の増大とともに海外に向けられ、当時における文化の一方向的な拡大を生んだ。改革者たちは、過去には夢でしかなかった法案を議会で通過させるために、戦争を利用した。その最たる例が、禁酒法であった。反酒場連盟は、全米のほぼ半分の州を１９１７年までに禁酒させることに成功し、次に軍事状況を利用して、飲酒はドイツを支持することになると主張して、彼らの全米レベルの目標を達成した。主要な醸造所がドイツ名を持ち、居酒屋が移民に独占されていたので、改革者たちのメッセージは戦時中の外国嫌いを効果的に生み出した。さらに、ウィスキーに使用される穀物は、同盟した協商側の諸国の人々に対する食料供給による援助のために必要でもあった。戦時中の禁酒の訴えは強力なものであり、禁酒主義者は戦時動員の必要下での彼らの初期の成功を利用して、１９１９年に憲法修正案を通過させ、禁酒を永久的なものにし、その結果、アメリカは道徳国家としてつくり変えられつつあった。

協力関係は女性改革者と国家の間でも生まれた。戦前は、女性活動家は国家から疎外されていると感じていたし、多くは国際的な団体に引き寄せられていた。国際女性会議（メイ・ライト・シュウェルなどによって首都ワシントンで１８８８年に創立）、国際女性参政権協会（１９０２年）、世界婦人キリスト教禁酒同盟、そして平和諸団体が、アメリカ女性に参政権、戦争反対、そして男女平等について国際的結束を促進するための場を与えた。イギリスでの参政権運動の成果は、アメリカ人も模倣する価値があるとする者もいた(25)。しかし、参政権主義者は、国レベルで自分たちの運動への政治支援を得るため世界大戦を利用することができ、その結果、彼らは愛国主義者とより緊密に結びついた。すなわち、女性平和会議を１９１５年に立ち上げ、ヨーロッパに旅をしてヘンリー・フォードによる空想的な運動の一環として平和交渉をする女性もいたが、女性参政権運動に関係したほとんどは、自分たちの愛国的犠牲への報償として投票権を得る希望を持って戦争支持のために身を投じた。１９２０年に、彼女たちの運動は一つの成功を見た。第一次世界大戦後、シェパード＝タウナー法（１９２１年）によって初めて連邦児童福祉法案に対する母子政策運動のロビー活動が実った。こうして国家とフェミニストはより緊密に結びついたが、それは１９３０年代に加速する傾向であった。しかし、投票権が経済的平等をもたらすことはなかった。女性が好景気時に約100万の職に就き、一時的に戦争から恩恵を受けることがあったものの、戦後の雇用状況は以前より厳しくなった。女性は、依然として男性労働者に職を譲ることが期待されていたのであった。その結末が示すのは、戦争はあまりに短く、ジェンダーなどのアメリカ人の社会関係が改善されるところにまでには至らなかったということである。

大戦後の文化的対立および排他的政策と、トランスナショナルな状況

むしろ戦争によって、アメリカ社会の矛盾が、とくに禁酒、労働運動および過激主義の思想に関して激しくなった。1920年代初め、農民は西部諸州を通じて急進的な人民党を支持することで、農産物の低価格への不満を表わした。社会主義者は反戦感情を背景にして1920年の大統領選挙でいまだ多くの票を得ていた。戦争によって悪化したこの政治・経済的な矛盾が国内で1920年まで続いただけでなく、それらは国際的な反響も受けた。イタリア人移民の無政府主義者ニコラ・サッコとバルトロメオ・ヴァンゼッティがマサチューセッツ州で給料強奪と殺人の容疑で逮捕された事件では、彼らの裁判と有罪判決に対する急進的な反対運動が数年間続いた。死刑判決を受け、無罪を訴えた二人を支援するデモが、処刑が実施された1927年まで、遠くはロンドン、パリ、東京、シドニーでも行われた[26]。これはアメリカ労働者階級の一部を国際労働運動につなげる労働者の国際的な団結における重要な出来事であった。リベラル派も社会主義者と同様に、急進的な抗議運動に参加したが、こうした連携によってアメリカの社会改革派は困った状況に追い込まれ、それは平和運動に一番よく表われていた。つまり、女性は戦争の結果として投票権を受け取ったが、女性諸団体は、戦時中は戦争に反対したとして、戦後は急進的であり過ぎるとして批判を受けた。たとえば、平和運動家で社会改革の女性指導者ジェーン・アダムズは、1920年代にボリシェヴィキの友人として非難されたのである[27]。

社会的・思想的な同質性を要求する圧力が高まった理由は、まさに、このようなアメリカ社会での激しさを増した対立と長引く不協和音であった。こうした順応を求める圧力が、たとえば復活したクー・クラックス・クラ

ンの全国的な広がりのように多くの形で感じられた。彼らは南部やアフリカ系アメリカ人攻撃に限定することはもはやなく、首都ワシントンで公然とパレードを行い、カトリック、共産主義者、そしてユダヤ人を脅した。クランはカナダに進出したが、その影響が少なかったのは、その思想が他者に対して不寛容であり、他の革新主義運動とは対照的に、外国に輸出するには不向きであったからである。その団体の台頭は、当時の政治的な常套句であった100%アメリカ主義という思想的な規範に従うべきとする圧力に顕著に表わされたアメリカ国内の排他性を象徴するものであった。

アメリカにおけるこの文化的な対立によって、一方では古くから続くプロテスタントや地方小都市に住むアメリカ人と、他方では世界に目を向ける新しい文化的エリートとの間での亀裂が露呈した。クランとキリスト教原理主義団体はコスモポリタン的な思想に反対する運動を展開した。地方のアメリカ人にとっては、近代性とチャールズ・ダーウィンの理論は危険な外国思想を代表するものであり、その影響は90%が外国人の都市といわれたニューヨークに集中していると思えた。外国人とは移民の両親もしくは祖父母と同居する者と定義されたことは、多くのアメリカ人が、今や民族的差違を外国人による政治的破壊の表われととらえていたことを多く物語っていた。ニューヨークはまた、知識階級の集まる場所であり、彼らはかつてのイギリス系で、ニューイングランドの貴族家系の出身者であったが、1920年代までに近代的、都会的、そして反地方的な感情をはっきりと持ち始めていた。H・L・メンケンなどのジャーナリストや批評家は、禁酒や進化論教育に関するスコープス裁判――「モンキー」裁判とも呼ばれる――（1925年）を風刺する一方、出版業界は外国人とされる人たちの影響を受けた。ランダムハウス社のベネット・サーフやクノップ社のアルフレッド・クノップは1920年代のもっとも革新的な出版業者で、コスモポリタン的なものとトランスナショナルな影響を代表していた。二人ともユダヤ系であった。学界ではまだイギリス系が大部分であったが、コロンビア大学の文化人類学者フランツ・ボアズなどは文化相対主義という新しい思想を採り入れた。こうした見解は、クランやスコープス裁判の原理主義者たちのアメリカ像とは大きく異なっていた。彼らは経済的進歩を受け入れ、より広範囲に新会員を募るうえで役に立つラジオや映画といった新しい情報メディアを使用したが、しかし、戦争が促進した現代性をめぐる文化的対立は認めなかった。

以上の文化的対立はアフリカ系アメリカ人には違った影響を与え、彼らはアメリカ社会の主流に入っていこうとするよりも、アメリカから出国することを再び考えた。しかしながら今回は、移住という感情が主に煽動家や知識人にとどまるのではなく、むしろ大衆レベルで高まった。1920年代においてアメリカの人種関係はどん底であったが、クランのような圧力に直面して、マーカス・ガーヴィーが率いる世界黒人向上協会（UNIA）が商業的な事業を起こしたうえで、北部の都市スラム街に住む幻滅したアフリカ系アメリカ人をアフリカに送還しようとした。ガーヴィーは、アフリカでも数少ない独立国の一つであったエチオピアがアフリカ人にとっての精神的な母国であると主張した。ヨーロッパによる植民地主義を敵対視していた西インド諸島生まれのガーヴィーは、アフリカ人ディアスポラをアフリカ主導による未来に結びつける汎アフリカ的信念を抱いていた。[28] 彼の運動は、1925年の財政スキャンダルとガーヴィー自身の投獄の中で消滅したにもかかわらず、人種的向上への新たな道を推し進めるための汎アフリカ的信念を使ったこうした試みが終わることはなく、それらは1940年代に再び表面化することになる。しかし同様に興味深いのは、ガーヴィーの思想がクランの人種排斥主義を映し出すものであった点であり、こうした文化的な分離主義こそが戦争が生み出した文化的対立への回答のようであった。

大多数の白人が人種的同質性と不寛容に向かう傾向は、海外で戦期の移民制限が撤廃されたことによって、南ヨーロッパからの最後の大量移民を生み出した後におけるアメリカの移民政策と並行していた。劣等とみなされた民族や人種の流入に対抗してアメリカ在郷軍人会や移民制限連盟が1921年と1924年に新しい移民法制定のためロビー活動を展開し成功した。後者はヨーロッパやアジアからの移民数を、すでに1921年の法律で制限されていた年間35万人からわずか15万人にまで削減した。この移民法は、それまで以上に排他的なアメリカのアイデンティティをつくり出す一因になり、北・西欧系を優先する国別割当制を持つ人種的にも民族的にも偏見に満ちたものであった。

しかしながら、この新しい排他的政策は、国内の事情から生まれたものというよりトランスナショナルな状況から生じたものであった。メイ・ナイが指摘するように、それはヨーロッパ諸国での趨勢やイギリス帝国の白人支配の傾向に対応するものであり、第一次世界大戦を「世界秩序における強い影響力を持つ変化」であるという考えを背景に持っていた。すなわち戦争は国境をしっかりと固めて、民族自決の思想と「領土を持つ国民国家の尊厳」を神聖視する「国家間システムの到来を告げた」。また戦争と戦後の革命による混乱が国家を持たない市民と難民を排出したので不法外国人問題が多くの国で生じた。アメリカの場合、移民政策の転換は、表向きは、国内の活動家による政治闘争を反映しているように見えるが、ヨーロッパから「何百万人もの極貧の戦争難民がアメリカに入国を求めて来るという不安感」が背景にあったという意味で国際的なものであった[29]。

多くの国で同時に設けられたものと類似した移民に対する境界線の内側で、アメリカは１８９０年から１９１４年、そして１９１９年から１９２４年の各時期の急激な人口変動の意味を把握することができた。周りの煽動的活動と相まって、１９２４年移民法は、それまで以上に堅固に人種に基づくナショナル・アイデンティティの創造を促進した。そのような修正されたナショナル・アイデンティティには、新たな移民諸法によってそれぞれ流入が排除され制限されたアジア系もしくはメキシコ系アメリカ人がいまだ含まれていなかった。当時の移民の労働力は、北・西欧系の純血ほど望まれてはいなかったのであった。移民規制への国民感情に呼応した法的措置が「人種化された」国家をつくり出し、そしてニューディール政策と第二次世界大戦の到来が、この人種化された国民国家をいっそう強化していくことになる。

第12章　統合のための諸勢力
——戦争と「アメリカの世紀」の到来、1925〜1970年

1940年の大統領戦で敗北した共和党候補ウェンデル・ウィルキーは、第二次世界大戦の真っ只中にアメリカ政府の特使として49日間かけて世界一周した親善使節団についての話を綴った書物を、1943年に著わした。その著書『一つの世界』には、経済発展のための人類共通の抱負、ヨーロッパにおける帝国の終焉、そして民族間の平和的協調のための基盤としての民族自決が強調されている。この書物は売り上げ300万部を超える驚異的な出版部数となり、新しい国際的リーダーシップに関して増大しつつあるアメリカ人の意識を実証した。ウィルキーの書物は、多くの言語に翻訳され、第一次世界大戦時には早くも明白になっていたグローバルな相互連関性をアメリカ人が受容するという重要な過渡期に出版された。ウィルキーが、「世界には、もはやかけ離れた場所はない[1]」といったように、戦争と航空機がそれを証明していたのだった。しかし、アメリカ人は、より広い世界との非対称な関係を企てるために、歴史のその時期を活用することになる。1941年、出版業者のヘンリー・ルースが、『ライフ』誌の中で「アメリカの世紀」であると宣言していたが、その表現とその意味も、ウィルキーの本と同様にかなり議論された。ルースは、世界との政治的・文化的関係において、膨張力のある宣教師的なアプローチを主張したが、それは世界がアメリカのイメージどおりに書き換えられるであろうということであった。世界に公然とかかわってつくり変えるという企ては新しいものではなく1920年代にかなり試されてはいたが、それは、1970年代に初めて成就したアメリカの権力の姿になる。ルースの見方は議論の的になり、1941年から1945年までフランクリン・D・ローズヴェルトの副大統領であったヘンリー・ウォー

レスなどの革新主義者たちによって論争の対象となり異議を唱えられたが、政府の政策の中で優勢になる傾向にあった。結局、一つの世界とは、将来のアメリカのビジョンの中では、アメリカの世界ということになった。

アメリカの拡大する国際的関与

アメリカは、この間に途方もなく多岐にわたるトランスナショナルな接触を体験した。本章と次章における取り組みは、これらの接触における年ごとの変遷を強調するものではない。そうすれば、長期的傾向が覆い隠されることになるだろう。この間のアメリカは、政治的出来事とトランスナショナルな力によって、容易にはもとに戻れない方法で国際問題に引きずり込まれていった。すなわちこれらの力が集中したのは、世界的に共有していた大恐慌による財政的崩壊の危機、各国におけるブロック経済の勃興、ファシズムの拡大、第二次世界大戦がアメリカの権力に与えた世界を変える政治経済上の影響、非政府機関の諸活動などである。本章とこれに続く各章では順次、アメリカのトランスナショナルな関与およびその離脱における構造的な長期的傾向を分析する。これらの傾向は、１９２０年代以降、徐々に積み上げられて来たものなので、厳密に年代順に配列することはできないが、それらは１９４０年代初めから１９６０年代末までのアメリカの覇権の絶頂期に集中している。

この時期にアメリカの海外での社会的・政治的影響は、19世紀末に成し遂げた域をはるかに超えて拡大し、ヨーロッパばかりでなく日本などのヨーロッパ以外の文化圏においてもさらなる「アメリカ化」を促進し、それにともなって、知識人や政治的左派の間で反米運動が沸き起こった[2]。皮肉なことに、都市化、科学技術の変化、そして消費者本位の資本主義が拡大するにつれて、その過程は、部分的には国境を越えた近代化や西洋化と共通するものの一つとなった。にもかかわらず、第二次世界大戦後におけるアメリカの国力は、アメリカの文化的価値観、社会制度、そしてトランスナショナルな機関を輸出するための進路を提供した。たとえ、これらの「輸出品」が、しばしば海外から要請されたもので、例外なくその土地の環境に適合した形で伝えられ再形成されたものであったとしてもである。このように、トランスナショナルな交流は不平等であり冷戦の権力政治《パワー・ポリティクス》の影響を受けていたが、その交流の相互関係は継続された(3)。

拡大しつつあるアメリカの国際的関与は、国々の境界線の弱体化に立脚していたのではなく、むしろより強力なアメリカの構造が世界における政治的・経済的役割に適合していた。1917～1919年の戦争動員において予想されたように、恐慌に立ち向かうためにローズヴェルト大統領が打ち出したニューディール政策の下で、規制を強化する連邦国家の成長が再び1930年代に見られた。今や政府は、ヨーロッパでそうであるように、介入主義的な福祉政策を採用し、完全雇用を目指した。しかし、この目標は、莫大な赤字公債発行による財政支出を余儀なくさせた第二次世界大戦の軍事的必要性が出現するまで、完全には達成されなかった。この局面から、とくに1941年から1973年まで、アメリカはその権力の矛先を国外に向けた。それゆえ、1920年代から1970年代までの期間は、ナショナリズムが弱体化した期間ではなく、逆説的ではあるが、過度のナショナリズムといわれたほど国境が高められた時期であった(4)。この時期はまた、大ざっぱにいって、消費主義が拡大し、フォード方式の大量生産が輸出された時期に相当する。アメリカン・ドリームをグローバル化することが強調されたのである。

大恐慌・ニューディール政策と国家の強化

1945年以降にアメリカが大国へと興隆した直接の発端は、逆説的なことに、アメリカが自己への信頼をより強めて、変わりつつある国際システムの予期せぬ変動から護身しようと努めていた10年間に見られる。この10年間は大恐慌とニューディール政策の時期であった。国家強化の傾向は、第一次世界大戦中と1924年移民法の頃に始まり、大恐慌とこれに続く恐慌の開始とともに再燃した。この経済的大異変はアメリカで勃発したが、アメリカの銀行が1920年代に海外へ貸し付けた国債を回収するとすぐにヨーロッパへと広がった。また、国内的下落も、1930年の輸入商品に対する高いスムート－ホーリー関税によって悪化した国際貿易の劇的な縮小の一因となった。この関税にはアメリカの産業と雇用を保護する意図があった。貿易が落ち込むにつれて、自由貿易国のイギリスさえ、植民地と統治領との貿易を優遇する関税法であるイギリス帝国内特恵関税を課すことによって、経済的激変の悪い方向への変動から本国とイギリス帝国内の財産を保護しようとした。同様に、ヨーロッパ大陸諸国で採用されたブロック経済の貿易圏も、世界貿易を縮小した。１９３３年までに、３０００万人を超える人々が主要先進国で失業する中で、ドイツを除けばアメリカの失業率は他のどの国よりも高かった[5]。

民主党のローズヴェルトが１９３２年に大統領に当選し、１９３３年以降に政府による雇用を掲げるニューディール政策が発端となって初めて、アメリカは悪化する世界経済状況に敢然と立ち向かった。そのときでさえ、アメリカ国民の間では政策が争点であるばかりか、ときとして対立したり煮えきらなかったりした。新立法は、ワグナー法（１９３５年）を通じて労働者の組織権をより強力に保護し、議会は同年、今や名立たる社会保障法を可決して多くの分野の労働者に社会保険を提供した。農産物価格支援および生産調整も確立され、輸出を縮小した結果起こった農産物供給過剰に歯止めをかけた。ドイツとアメリカは双方とも、失業を緩和する公共雇用制度を実施した。すなわち、植林や他の資源保護活動をする民間資源保存隊（ＣＣＣ）などの、多様ないわゆるアルファベット機関を設立することによるニューディール政策であった。イギリスでは、経済学者のＪ・Ｍ・ケインズが、均衡予算の通説に挑戦して経済的沈滞下での赤字財政支出を提唱したが、１９３８年以前のアメリカではこの理論は採択されず、この年にローズヴェルト政権の予算削減が2回目の経済的低迷を招き、計画的な財政出動の必要が生じた。一般的にいえば、ニューディール政策は、失業を減少させ、資本主義擁護の希望を高め、何百万の人々を絶望の淵から救済することにおいてはイギリスの努力にまさる成功を収めたが、莫大な再軍備や経済の中央政府による支配強化を図って経済成長を刺激したドイツの解決策には及ばなかった。たしかに、全国復興局における企業と政府の協力と、初期のニューディール政策を支持する労働者を動員するために使われた戦術は、ドイツで見られた計画のようであった。アメリカを訪問していたあるイギリスの労働党員は、企業と国家に協力した労働者たちによる全国復興局の「ブルー・イーグル」パレードを見学して、以下のように断定した。

「まるでナチス・ドイツにいるみたいだ」と。[6] しかし、その類似点は表面的なものだった。イタリア型あるいはドイツ型のファシズムは、アメリカではとるに足らないものであった。もっとも、ルイジアナ州選出の上院議員ヒューイ・P・ロングなどの民衆的煽動政治家、右派のラジオ・アナウンサーでありカトリック司祭でもあったジェラルド・K・スミスやチャールズ・コフリン神父などの政治家は、公共の場で彼らの主張を怠らなかったけれども。

ニューディール政策はそれ自体、他と明確に区別のできる国家的な構造を有していたが、何十年にもわたって海外からトランスナショナルな革新主義の理論構築・企画・政策例の影響を受けていた。そして、1930年代の10年間に、ヨーロッパの社会福祉の主張者たちがアメリカの官僚や政策立案者に影響を与えてきた。社会保障立法は、長らく議論されながらもわずか一州でしか履行されなかった社会保障の原則を具体的に表現した。それは、ヨーロッパの経験と着想を参考にしたものである。その「妥協や限界」のために社会保障法は、「社会保険の形状を変えたものであり、ヨーロッパの所産であることは明白であった」とダニエル・ロジャーズが書いている。そのシステムは、「事前につくられ予備テストされたもの」で、「その議論が完全に形づくられ練り上げられたうえで1930年代の危機の最中に誕生した」。大恐慌が明白に強調したように、人々が職を失う恐怖から身を守るという長期的課題に対する好都合な対応を提供するうえで、そのシステムは利点を持っていた。[7]

1930年代からの孤立主義

アメリカ政府は、国際的な革新主義思想を以前より積極的に受容する力を持っていたが、他国と同様に、経済危機の影響で一時的に国際問題に関心を失い、海外からの圧力を封じ込めるためのより高い文化的障壁を築くこととなった。そして、経済的下落のため移民は落ち込み、これが1920年代の移民規制法の効力を文化的に増強した。移民はほんのわずかの水準にまで落ち込み、ときには逆に、アメリカからの移民が流出することすら生じた。1920年代にアメリカ南西部で生じていた労働力不足を満たすためにはもはや必要とされなくなった40

万人の在留メキシコ人労働者を、連邦当局は国外追放したのである。外交関係においても、1930年代の敵対的な国際的風潮は1920年代のアメリカ独自の国際主義を弱体化させ、アメリカを孤立の殻へと追いやった。もっとも、孤立主義者が本質的に望んだのは、世界全体からの孤立ではなく、ヨーロッパからの孤立であった。中立法（1935～1937年）がアメリカの海外での戦争への関与を禁止したばかりでなく、上院の軍需産業調査によって、アメリカが金銭目当てで第一次世界大戦に参戦したという動機が明るみに出たために、デュポン社、アングロサクソン系のアメリカ人資本家たち、そしてモーガン社などが、「死の商人」のレッテルを貼られた。「ヨーロッパの戦争から手を引け」という明白なメッセージであった。

もちろん例外的な態度をとる者もいた。とくに、国際共産主義の影響を受けていた左翼が、そうであった。主要な政党としては小さかったが、アメリカ共産党は、1930年代の東部における都市の知識人の間で強い基盤を持って成長しつつあった産業別労働組合の中でその威力を強化していた。1930年代半ばから末にかけてのアメリカ共産党の人民戦線政策は、モスクワが支配していたコミンテルンの世界的政策に沿って、実際には共産党外の社会主義者や急進論者と行動をともにすることを党員たちに許した。共産党員とその支持者たちは、人種平等のための運動を行って、そのために募金活動をし、人種主義に抗議して、その過程で「社会的・経済的問題がグローバルなことであること」を強調した(8)。スペイン内戦で、これらの左翼人民戦線団体は、アメリカ人志願兵の基盤となって、ヒトラーに援護されたフランコ将軍のファシズム陣営民族主義者に対抗した共和派（左翼）政府のために、エイブラハム・リンカン旅団などの師団のメンバーとして戦った。また、資本主義と人種主義は密接な関係があると確信して、アフリカ系アメリカ人を含む約3000人の理想主義者が内戦に従軍した。しかし、圧倒的多数のアメリカ人にとって、その内戦は遠い彼方で起こっているほとんど知られていない紛争であった。1937年のギャラップ調査によると、アメリカ国民の3分の2は「スペインにおける出来事については、どちらともいえない」という結果であった(9)。

孤立主義は、文化的、経済的、政治的に見て、国境の南で起こる出来事には当てはまらなかった。事実、ラテンアメリカへの関心が高まったのは、ある程度は、ローズヴェルトが1933年に採択した善隣外交と、その結果もたらされたラテンアメリカ問題における軍事的介入の放棄による。アメリカ政府が互恵通商協定をとり決め、その地域における海外投資――すでに40億ドルに達していた――の力に依存するにつれて、アメリカの覇権は、以後は経済的手段によって強化されことになる。しかし、こうした経済的関心は、新しい隣人関係を試すことになった。すなわち、メキシコが石油供給を国営化したとき、アメリカはそれに抗議し賠償を求めたが、ウッドロー・ウィルソンがメキシコ革命後に実施したような軍事介入はせず、アメリカ企業の損害賠償請求の調停が1940年に達成されたのである。ラテンアメリカにおけるアメリカのより大きな政治的利益に付随して、文化的利益も強化された。すなわち、パン・アメリカン航空が、1927年に郵便契約助成金を獲得し、郵便や他のニュースを航空便で運ぶことによって情報伝達をスピード化した。時流に乗って、裕福なアメリカ人旅行者が「リオへ飛ぶ」休日を過ごし、一方では、それを羨ましく思い刺激を受けた人々が、フレッド・アステアとジンジャー・ロジャーズの同名の映画〔邦題は『空中レヴュー時代』〕（1933年）などを見てその社会現象を見守った。アメリカ政府は、1937年にブエノスアイレスで開催された米州会議（ローズヴェルトによって開催される）において、アメリカと、アメリカ政府が支援している他のアメリカ大陸諸国との間で、この種のものとしては初の文化的交流プログラムを採択した⑩。教育家たちは、革新主義教育の一環として、ヒスパニックについての事柄を学校のシラバスに掲載するよう主張し、同様に、中国や日本にも関心を抱かせるようにした。ヒスパニック文化と言語を広めるために、ニューヨーク州の学校に汎アメリカ的な団体が設立され、学者たちは、歴史家ハーバート・ボルトンが「大アメリカ《グレーター・アメリカ》」の歴史と呼んだ西半球の歴史を、提唱し始めた。北の隣国カナダのウィリアム・マッケンジー・キング首相との協調が進むにつれて、カナダ・アメリカ関係に関しても同様に、カーネギー財団が複数巻からなる共同研究の書籍出版を助成した（1937～1945年）。セントローレンス川をまたぐサウザンド・アイランド橋が1938年に開通したことが2国間の協調を象徴していたが、一方、キング首相とローズヴェルト大統領との間で締結されたオグデンズバーグ協定が、北米の防衛を監視することになった常設合同防衛委員会の創設を実現させ、それ以後カナダをアメリカ戦略の中に関係づけた。

1930年代半ばからの対外的認識の高揚

重要な出来事がヨーロッパにおける政治地図とグローバルな勢力均衡図を塗り替えるにつれて、1930年代半ば以降に外交問題の認識が高まった。今日のテレビに相当する当時のラジオは、家庭に行き渡った最初の真のマスメディアであったため、情報の孤立状況を弱めた。ラジオの魅力はその即時性と親密性にあるが、アメリカ国民に海外の出来事を素早く、あるいは瞬時に届けたのである。1938年に、ヒトラーがオーストリアのドイツ語圏地域を併合した「アンシュルス」の最中に、CBS放送のエドワード・マローが、ラジオとしては初の実況中継を短波にのせて行い、ウィーンから直接その出来事を放送した。アメリカの聴取者はまた、1938年にミュンヘン協定においてイギリス首相ネヴィル・チェンバレンが「我らの時代の平和」を宣言したのを聴いた。しかし、同年10月の「宇宙戦争」――この中で、アメリカが宇宙人に侵略されたという架空描写によって、早熟の俳優オーソン・ウェルズがラジオの聴取者を震撼させた――の放送は、外的な力が危害を加える可能性に対してアメリカ人の不安を高めたことは確かである。

驚くに値しないことだが、わずか20年前に現実の世界大戦がもたらしたまさに損害の記憶のゆえに、ヨーロッパにおける紛争に政治的・軍事的に巻き込まれることから逃れていたいという一般民衆の願望はまだ存在しており、また平和主義の考えによって刺激されていたのである。皮肉なことに、国際紛争を平和的に解決したいという支持は、トランスナショナルな現象であった。オックスフォード・ユニオン〔オックスフォード大学の雄弁会〕が、1933年の画期的な討論会で国王と国のために戦わないことを決議したが、同様にアメリカも戦争回避を目指し、大恐慌の10年間にヨーロッパとアジア太平洋地域の国際的な課題を新たに設定するよりも、発生する課題に対処しようとした。それは、日本とドイツのそれぞれの領土拡張主義による侵略とその意図があったからである。

しかし、通商が政治的孤立を複雑にさせ、アメリカを結局は新しい世界大戦へと導く環境をつくり出すこととなった。日本が1931年に満州を併合し、続いて1937年に中国に対して全面戦争へとその戦争行為を拡大した後、太平洋地域におけるアメリカの経済上の資源と通商政策は、日中戦争の出来事と連関した。日本の軍事行動は、アメリカのくず鉄と石油への依存の増大につながった。石油などの軍事物資になりうるものを輸出することは、事実上アメリカを、数ある国の中でとくに日本の軍事拡張に共謀させることになったが、同時にアメリカは中国を支援し続けた。中国の独立にはキリスト教伝道の時代以来、アメリカは強い感情的こだわりを持っていた。アメリカにとって、中国との貿易は大きなものではなかったが、門戸開放政策によって干渉を許さない地位をすでに得ており、アメリカは、日本の侵略を容認することを断固として拒絶した。ローズヴェルトは、1937年に中国に対しては中立法を発動しなかった。この措置は日本に反感を抱かせたが、中国には軍事装備を買うことを可能にしたものだった。日本に軍事物資を供給することを停止する1940年から1941年のアメリカの一連の決定は、日本をさらなる侵略的政策へと追いやり、日本はその代替供給源を東南アジアに求め、そしてそれが、1941年12月の真珠湾先制攻撃という日本の決断を引き起こすことを助長した。ほとんどの歴史家が主張しているように、アメリカは日本の攻撃を故意に駆り立てたのではなくて、アメリカ政府は戦争前の日本の戦略的必要性と心理状態についてほとんど理解を示していなかったのである。それは、日本人が、真珠湾攻撃に対するアメリカの反撃を誤算したのとちょうど同じようにである。太平洋地域における宣戦布告は、すぐにアメリカのヒトラーに対する戦争へと発展した。フランスとイギリスにとっては、その戦争はすでに1939年に始まっていた[11]。

そのときまで、アメリカ人の間では大西洋の向こうで台頭する紛争のどちらの側につく必要があるのか、あるいはそれが望ましいのかについて意見が真っ向から対立していた。1940年にドイツがオランダ、ベルギー、フランスを侵略しイギリスを脅かした後も、アメリカ政府はヨーロッパにおける増大するドイツの支配の意味について懸念していたが、世論は連合国を援護すべきか否かに関して意見が分かれていた。しかしながら、イギリスを支援すべきかどうかの論争は、感情の新たな高揚の局面に達し、その議論はますます白熱していった。幅広い支持を得ている圧力団体のアメリカ第一委員会は、孤立主義の政策を強調した。初の大西洋単独横断飛行を行った偶像的英雄チャールズ・リンドバーグがそのスポークスマンを務めたが、中西部出身で北欧ゲルマン系の祖先を持つ彼の経歴もまた、孤立主義感情の政治的・社会的な主たる源泉であった。一方、連合国を支援する国家防衛委員会は、東部の都会的でより親英派の団体の意向を反映していた。国際主義者を自称する人々が率いるこの団体は、アメリカはもっと世界問題に関与すべきであると主張した。しかし、これらの圧力団体は軍事的介入をめぐって議論したのではなく、完全な孤立主義と連合国に対する戦争に至らない程度の物資援助のいずれが、アメリカ人をヨーロッパの戦争から守る最善の方策であるかをめぐって議論を闘わせていた。

第二次世界大戦と「招かれた帝国」

1941年以降、戦争はアメリカ社会を変え、孤立主義を正式に終焉させることを確実にし、また戦時中、アメリカ人は、広い世界についてもっと学ばなければならないことで意見が一致した。ニュース放送は、当然、軍事的・政治的出来事の進展を報道し、歴史家は世界史の知識をもっと持つようにと声高に叫んだ。ニール・スミスが述べているように、「第二次世界大戦は、再び一般大衆が地理の勉強と向き合うよう仕向けた[12]」。しかし、外部の出来事は、また、多くの実質的な意味において、アメリカ国内も変えた。約600万人の女性が、工場、造船所などにおけるブルーカラーとホワイトカラー職の男性の代わりに、有給の労働力として呼び寄せられた。また、第一次世界大戦中を上回る数のアフリカ系アメリカ人が北部の都市へ移動し、また軍隊に入って戦った。これは人種隔離された連隊で起こったのだが、1920年代と1930年代のアメリカ南部における人種関係を特徴づけていた人種上の不平等を復活させるために、ファシズムとの戦いを避けることは以後は困難になり、やがて、こうしたマイノリティ集団が、ファシズムと戦うためにアメリカ人の中に統合された。外国人に関しては、第一次世界大戦において広範囲にわたって広がったような外国人嫌いの再発はなかった。そして、禁酒運動家の中には、禁酒が再導入されるべきであると主張する者もいたが、それは再導入されず、戦時中はその宣伝活動ですら低調なものだった。

しかし、アジア人に対するアメリカ人の態度は、アフリカ系アメリカ人と比べて矛盾した変容の道を歩んだ。アメリカは第二次世界大戦中において中国と同盟して日本に対抗していた理由で、戦争がアメリカにいる中国人の法的地位を押し上げた。中国系アメリカ人は戦争への協力に対して懸命に取り組み、他の少数民族集団よりも軍隊への入隊率が高かった。その報酬として、また同盟国である蔣介石の重慶（中国国民党）政府との関係を改善するために、アメリカは1943年に中国系移民のための新しい人数割当の法案を起草した。これは、もはや数十年来のアメリカの人種的排他政策の一環ではなかった。同時に、日系人の地位は悪化し、アメリカ国外で生まれたかどうかにかかわらず、また彼らがアメリカに忠誠であろうがなかろうが――実際には、ほとんどすべての日系人が忠誠であった――日系人は敵性外国人として抑留された。

第二次世界大戦は、第一次世界大戦よりも、はるかに変化を起こす力のある政治的・経済的影響を生じさせることになった。軍事出費は経済に大幅な好景気をもたらし、繁栄は1946年の戦時編制解除の後まで続いた。すべての反枢軸国の中でアメリカだけが本土への物理的損害を免れたため、その工業生産力と輸送の構造基盤は、増大した経済的・政治的能力を維持することが明らかになった。戦争が終結したときには、アメリカは、世界の役割において、事実上のヨーロッパにおける帝国の後継者として君臨し、工業生産において疲弊した競争相手国の成長を妨げた。そして、1945年には世界のGNPの50％を記録し、1947年には世界の金備蓄の70％を保有していた[13]。1944～1945年の西ヨーロッパと1942年から太平洋地域の両方において、その巨大な軍事力を拡大したのは原子爆弾であり、恐ろしくも最初に適用されたのは1945年8月、広島においてであった。1949年までアメリカだけがこの兵器を保有していた。アメリカの地位がただちに直面したのは、国営経済を有するソ連陣営の挑戦であったのだが、共産主義は、直接的な経済的脅威であったのではなく、むしろそれは政治的脅威であった。1945年以降の中国、北朝鮮、北ヴェトナムの共産主義化は、革命の原動力として、また発展途上国世界における資本主義に代わるもう一つの選択肢として、マルクス主義の政治力を明らかにした。[14]

アメリカの中心的な地位は、その後は、植民地を通じてではなく、市場への接近と第二次世界大戦に起因する文化的名声を通じて、維持された。歴史家のゲア・ルンデスタッドが「招かれた帝国《エンパイア・バイ・インヴィテーション》」と呼んだシステム――そこでは、同盟諸国がアメリカの覇権に対して機嫌を伺い、それに同意した――の下で、アメリカは一種の帝国を「統治」した。[15]今度は、アメリカはヨーロッパからの政治的孤立を求めようとせず、アメリカ主導で勝利を収めた連合国もまた、アメリカに対して相対的に寛大であった。アメリカ人は、日本とドイツを罰することよりも、ソ連のヨーロッパとアジアでの勢力拡大の可能性について頭を悩ませていたので、日本とドイツ〔西ドイツ〕は両国とも再建支援を受けた。そして西ヨーロッパは、マーシャル・プランによる多大な財政支援を得て戦時中の混沌状態から復興し、「自由主義世界」を守る陣営に加わった。

国際関係においては、国際的な政治・経済機構への新たなかかわりが出現した。アメリカが外交の多国間協調主義政策の陣頭指揮をとり、もつれた同盟関係にこだわる時代は終わった。１９４５年にサンフランシスコ会議が憲章を確立し、アメリカ主導で審議された後、国際連合が新しい超国家的組織として結成され、世界平和と国際的な社会・経済的協力を確保することが委ねられた。戦後のアメリカとの同盟に関しては、１９４９年に北大西洋条約機構（ＮＡＴＯ）、１９５４年の東南アジア条約機構（ＳＥＡＴＯ）、１９５５年に中東のバグダッド条約機構がそれぞれ締結され、また、アメリカ政府が国連を部分的に財政援助した。アメリカはまた、世界政治だけでなく世界経済を規制するために――自国の政策にふさわしい影響を受ける場合には――超国家的組織を利用した。対外経済政策においては、１９２９年以降失敗に終わっていた金本位制にとって代わる政策に焦点を当てた。連合国側は、１９４４年のブレトンウッズ会議で、ドルを準備通貨とすることを基軸に新しい国際通貨制度を創造し、グローバルな経済の発展とその規制の手段として、ＩＭＦと世界銀行を設立した。これらの機関は、インフレと闘い第三世界の負債を制御するという市場経済に関してアメリカが奨励している政策を反映していた。意気込みの程度はそれぞれ異なるものの、アメリカは、国連が推進していた政治的・社会的・文化的活動に参加したが、アメリカの外交政策も文化外交を通じてトランスナショナルなアメリカ独自の主導権を促進していった。

冷戦とアメリカによる文化的・経済的な攻勢

冷戦によって、アメリカは世界中の人々の心に文化的攻勢をかけた[16]。アメリカが世界へ手を差し伸べたもっとも卓越した手段は、アメリカ社会についての外国人の知識を促進するために1953年に設立された米国広報文化交流庁（USIA）であった。アメリカ政府は第二次世界大戦中に、「自由主義」文明とアメリカ的生活様式の恩恵を強調するプログラムを用意して、他国に影響を及ぼすことを目的とした文化外交をすでに利用していたが、これらの取り組みは1950年代に進展した[17]。さらに、冷戦による文化的主導が、いくつかの特定の団体に広がった。たとえば、アメリカは、共産主義者の影響に立ち向かうために西ヨーロッパにおける自由労働組合運動を促進し、1950年代には、『エンカウンター』誌を後援した大西洋をまたぐ文化人フォーラムである文化自由会議の活動の最盛期を迎えた[18]。この組織は、アメリカ中央情報局（CIA）から極秘に資金援助を受けていたことが1960年代に発覚し、悪評を浴びた。元トロツキー主義者から冷戦の戦士に転向したジェームズ・バーナムは、アメリカが世界覇権を目指して闘うことを提唱したのだが、この文化自由会議の顧問を務めていた[19]。こうした政府先導の活動のいくつかは、冷戦と直接関係のないフルブライト交流計画（1946年）や国際教育協会（IIE）などの活動のような教育的・文化的交流を含んでいたが、しかしそれらの活動は、むしろ、かつてファシズムの台頭時に示されていたように、戦争の原因に立ち向かうためのアメリカの政策立案者の願望を反映していた。アメリカの外交政策の行き過ぎを酷評するウィリアム・フルブライト上院議員は、このような広い視野を促進した重要人物であった。こうしたアプローチをとったもう一つの団体は、ヴォイス・オブ・アメリカ（VOA）であった。電波で枢軸国側の宣伝活動に対抗して1942年に設立されたVOAは、政府によるメディアや報道機関への介入にはイデオロギー的に反対であったため、第二次世界大戦後に危うく解体されるところだった。冷戦時代に復活したVOAは、アメリカの知的な文化の輸出をともなった世界の人々の心をつかむ闘いに加わった。VOAは、その放送番組に音楽を加え、1955年に「ミュージックUSA」を開始した。この番組はジャズを放送することで評判となって、東ヨーロッパで大いに人気を博し、共産主義者には堕落した西側世界の影響であるとみなされていたが、ルイ・アームストロング、デューク・エリントン、チャーリー・パーカーは、この番組によって何百万人の外国人聴取者を獲得した[20]。文化外交の他の要素のように、そのような番組制作が反映していたのは、もしそうでなければ政治的イデオロギーによって分断されていたであろう人々の間に、教育と情報と娯楽を通じて自由主義的な理想と強化された国際協力が、達成されうるという信念であった。

このような冷戦の文化的攻勢は、アメリカ国内と海外を結ぶことになる。それは、奴隷と自由人のように明確に分けられたグローバルな地政学を表現し、またマッカーシズム——共和党員ばかりでなく民主党員も支持した広範囲にわたる反共攻撃——を通じて、海外における共産主義の人気に対抗するために文化政策をとったのと同時に、アメリカ社会において、外国からの急進主義を排除しようとした。これらの二つの傾向は密接に関連しており、国際的にはアメリカ文化の力を示しつつ、アメリカを同盟諸国から区別した。アメリカが、革命、自国の土地（ハワイ以外）での戦争、そして国内での深刻な政治闘争を回避してきたという事実は、多くの知識人に、ヨーロッパ社会と比較してアメリカ社会を賞賛させた。また、アメリカ例外主義という古くからの理念は、学問の世界で政治的発展の比較分析が行われているときですら、新たな賛同者を獲得した。このように、力の表出は、非対称的であった。すなわち、アメリカは他国に影響を与えて文化を輸出し、しかし同時にアメリカのユニークさを賛美し、アメリカ文化が海外の悪影響を受けないように守ることを望んだ。アメリカの理想世界のイメージには、孤立に終止符を打つという一つの世界構想が組み入れられていたが、同時にヘンリー・ルースの説くアメリカ主導の宣教師的な先見性が反映されていたのである[21]。

もう一つの国際化しつつある影響は、経済政策に見られた。ここでも世界的な関係は、非対称的であった。第一次世界大戦によってアメリカの外国資本と移民労働力に依存する構造が変更され、アメリカは今やこうした要素の生産を国内供給に依存することができた。アメリカはそれ以降数十年にわたって、自国からの輸出が世界市場で根づき貿易黒字を生み出した。しかし、1920年代からの海外原料への依存は、国際関係において重大な変化を引き起こした。すなわち、アメリカは、相手国との均衡のとれた公平な貿易を発展させるためではなく、アメリカ経済の需要を満たすために、着々と国際的にさらに関与せざるをえなくなったのである。第二次世界大戦までにアメリカは約60種類の鉱石を輸入していたが、そのうち23種類は完全に外国産であった。この依存構造には軍事的な意味合いが絡んでいた。すなわち、アメリカが1941年に戦争に突入する以前でさえ、ローズヴェルトは、アルミニウム生産におけるアルコ社の利益を保護するためにオランダ領スリナムに軍隊を派遣したが、その一方で、原油供給の依存率が増大していくというもう一つの事例が見られた。もし第三次世界大戦が勃発するとすれば、それは他国の石油目当ての戦いになるだろう、と1943年に内務長官ハロルド・イッキーズは書いていた。アメリカの原油埋蔵量は減少しつつあり、1940年代から先は、政府はアラビアの原油確保のための外交に従事した。冷戦のための国防産業が、チタンなどの重要な金属を求めて地球上を探し回るにつれて、経済的統合は1950年代からなおいっそう増進した[22]。

アメリカを世界的な関与に追いやった経済政策の第二の側面は、自由市場を求める衝動であった。1930年代の大恐慌および第二次世界大戦の大惨事のために、自由貿易についての論争が激化したが、それは、各国のブロック経済政策が経済的混乱とヒトラーの隆盛の一因になったからである。貿易障壁を設けた長い歴史を振り返ってみると、とくに農業の分野では、きわめて保護主義的な1930年のスムート－ホーリー関税が、その絶頂期の貿易障壁であったが、しかしローズヴェルト政権下では、コーデル・ハル国務長官が、貿易と国際平和を結びつける論を張り、自由貿易主義が互恵的な取引――とくに1934年以降のラテンアメリカとの取引――を通して優位になり始めた[23]。多くの産業における保護貿易主義が、いまだアメリカの政策を一貫性のないものにしていたが、1945年までには、より自由な貿易がアメリカの外交政策の試金石になった。1947年の関税および貿易に関する一般協定（GATT）が長期的な主導を開始し、そして、アメリカの海外貿易主導と国内経済政策に大きな同時性をもたらした1995年の世界貿易機関（WTO）設立によって最高潮に達した。たしかに、

（ニューディール政策の下で最初に導入された）農業助成金プログラムと輸入割当を通じて、国内の地域的な利害関係が連邦議会を支配し続けた[24]。また、政府内における開かれた貿易の主張者と保護貿易主義の主張者の間の争い、そして労働組合、農民、政党間の争いは、ますます広がりつつあるグローバル化時代にあって、アメリカの国際関与がいかに複雑であるかを物語っていた。しかし、１９５０年代からグローバルな統合を支援する勢力が、次第に優位に立つようになった。経済学者ダグラス・アーウィンが指摘しているように、「ＧＡＴＴの重要性とそれが促進してきた協定は、アメリカの関税を引き下げるという視点から評価するべきではなく」、むしろ「開かれた貿易政策を永続させることに関与する既得権益を強化する見地から評価するべきである。ＧＡＴＴは、それらを逆転させた場合、費用が余計かかるようにすることによって、そのような政策に安定と信頼性を与える制度上の手段を提供してきた[25]」。

トランスナショナルな民間団体――宣教師の役割

また、より広い国際社会とのかかわりには、民間団体による援助があり、これらの集団の中でもっとも顕著なのが宣教師であった。アメリカ人は、19世紀初めから宣教師をビルマ、中国、中東などの地に派遣してはいたが、アメリカ人宣教師の数は20世紀までイギリス人の宣教師数には及ばなかった。事実、アメリカの布教活動におけるもっとも著しい伸びは第二次世界大戦後に見られ、大恐慌の期間中に下降線をたどった後、１９２０年代から１９６０年代にかけて見ると、その数は2倍に増えた。１９２５年、「世界のプロテスタント宣教師の半数をやや下回る人たちがアメリカ出身であった」。１９５７年までにこれら宣教師の3分の2がアメリカ人で、伝道のための基金の5分の4はアメリカ人が出資元であった。１９２０年代から１９６０年代までの間に、アメリカ人宣教師は、キリスト教徒以外の人々に対して、福音を説くためばかりでなく彼らを経済的・社会的に成長させるためにも多大な努力をした。彼らは農業大学を設立し、女性・子女教育を展開し、宣教師を兼ねる医師を連れてきたり、また現地で養成したりして病院を設立した。たとえばインドでは、アメリカ人宣教師が19世紀末の活動に基づき、「女性のための医学学校と看護師学校を設立した」。というのは、土地の習慣によって「男性による女性の医療看護が禁止されていた」からである。[26] こうした近代的な生活のための活動もまた重要であったが、概してそれらは公式の帝国主義の在り方の外で展開されていた活動であったからである。YMCAなどのようなキリスト教の補助的な奉仕団体によくあることだが、フィリピンなどの「島與所領」は例外として、アメリカ人宣教師は国家から独立して行動することができ、現地の民族主義者の主張や反植民地活動に対して若干同情的になることがしばしばあった。アメリカ人宣教師は、YMCAがそうしたように、「自治的、自主的、そして自らの力で伝道できる教会をつくるために」現地の人々による統制の発展を強く支持した。[27]

19世紀末と20世紀初めにおけるアメリカの宣教師の活動は東アジアに集中したが、1925年になっても、この地域における数は、依然としてアメリカから海外に送られた宣教師の43%を占め、インドにおいても16%はあった。1930年代の日中間の紛争とそれに続く世界大戦、そして1949年の中国共産党政権の発足によって、アメリカ人宣教師は、彼らの活動にとってもっとも重要な国である中国から結局は追い出された。しかし、彼らの伝道によって、アメリカに文化的・政治的影響がもたらされるのは、それほど時間がかからなかった。多くのアメリカ人宣教師の家族は、中国での伝道経験に心を動かされたのである。アメリカ南部長老派教会の宣教師の娘パール・バックは、中国育ちで、そのときの印象を1931年と1932年のベストセラー小説『大地』に書き記した。ロバート・マッコイが指摘しているように、バックの作品は「他のどの出版物よりも1930年代におけるアメリカ人の中国に対する見方をうまく表現して」おり、それは1938年制作のMGM社配給の同名映画のもとになった。[28] バックは、1934年にアメリカに完全に引き揚げ、成長を続ける中国国民党運動の影響下での宣教活動を拒絶したが、彼女の伝道の経歴は彼女自身に影響を与え続けた。1942年、彼女と二人目の夫は太平洋をまたぐ異文化理解を促進するために「東西協会」を設立した。アジア民族に対するそのような同情心は、宣教師やその家族の間では珍しいことではなかった。彼らは、差別的な移民法などのアジア人に対して敵意のある法律や習慣に抗議した。マーシャル諸島の宣教師家庭に生まれたシドニー・ギューリックは、イエール大学で教育を受けた後、1888年、28歳のときに日本でプロテスタント宣教師を兼ねる教育者になった。数十年のほとんどすべての期間を海外で過ごした後に、彼は1913年にアメリカに帰国すると、人種差別に反対し、カリフォルニアにおける日本人と中国人に対するより良い待遇と理解を主張した。ギューリックはとくに1924年移民法の無情な移民制限を批判し、1930年代末の緊張した時期に日米間の和解を支持した。しかし、差別的な法律を破棄する彼の試みは、成功しなかった[29]。

こうした宣教師の運動から、20世紀半ばにアメリカ国内の社会に対して、他の重要なフィードバック効果が生まれた。すなわち、宣教師は長年にわたって中国への文化的認識を促進してきたが、「極東」についての学術研究が、部分的には宣教師の影響下で、1920年代までに専門化された分野として発展し、東アジアの歴史文化の草分け的研究家の中には宣教師の経歴を持つ者がいた。著名な例として挙げられるのが、エドウィン・O・ライシャワーである。彼はプロテスタント宣教師の家庭で日本に生まれ、第二次大戦後のアメリカにおける日本研究の第一人者になり、ケネディ大統領政権下では、駐日アメリカ大使を務めた。もう一人の著名な日本研究家は、宣教学・東洋史研究における権威のイエール大学教授ケネス・スコット・ラトゥーレット教授であるが、彼自身も宣教師であった[30]。もう一つのフィードバックの分野は、アメリカ政府に奉職していた人たちで、数名の中国生まれの宣教師の子孫が第二次世界大戦中に戦略諜報局で勤めていた例であり、彼らの中には、後に、戦略諜報局の後身のCIAで、共産主義中国とアメリカ関係で必要とされた中国文化と言語の専門家として働いた者もいた。中国で教育を受けたか中国に住んだ宣教師を別にすると、そのような高度の専門知識を有する者は、1940年代、1950年代には不足していたからである。もっと印象的な例としては、アメリカの世紀という概念自体の創始者である出版王ヘンリー・ルースが挙げられる。プロテスタント宣教師夫婦の間に中国で生まれたルースのエッセイ「アメリカの世紀」は、アメリカの歴史的宿命の伝道的概念を世俗的な形式ではっきりと述べている[31]。

しかし、キリスト教伝道の影響は東アジアに限られたものではなかった。アメリカのキリスト教会は、1940年代末以降は中国を伝道範囲から外し、それに続く数十年間は、南アフリカ、インド、ラテンアメリカの伝道に力を注いだ。もっとも、インドとアフリカはどちらも長年にわたって重要な伝道地ではあった。こうしたアメリカ人の取り組みのグローバル化にともなって、伝道活動に従事する宣教師の教会も多様化していった。アメリカ・カトリック教会が初めて大勢の伝道者を海外へ派遣した（たとえば、1916年までアメリカ・カトリック教会の宣教師は誰も中国へ行かなかった）。1966年までに7170名のアメリカのカトリック宣教師が海外へ赴き、そのうち最大数の2516名の伝道者がラテンアメリカにいた[32]。カトリック教会の宣教師の多くはトランスナショナルな存在であったが、それは、カトリック教徒が精神的忠誠心をローマの教皇庁に負っているという意味においてばかりでなく、その伝道活動がイエズス会士のように国際的に有名なローマ・カトリックの修道会とつながりのあるアメリカ人によって運営されているという意味においてもそうであった。一般信徒のうち、約3分の2は、「ラテンアメリカのための教皇ボランティア」――「大規模な社会革命を促進することを目的」として1960年に教皇によって設立された、当時ラテンアメリカに影響を与えていた団体――の会員であった[33]。

トランスナショナルな民間団体――非宗教的団体の分野

1920年代から1960年代には、非宗教的な分野の試みにおいても発展が見られた。科学者が、汎太平洋学術会議に参加したが、この組織は、1920年にホノルルで設立されて1938年まで3年ごとに環太平洋地域で開催され、第二次世界大戦後も再び開催された。また、1925年にハワイで設立された太平洋問題調査会（IPR）は、もとはYMCAによって結成された団体であったが、太平洋間の対話を求めて、学者、社会改革者、政府関係者も包含するようになった[34]。このように、海外におけるアメリカの非政府活動は、世界に経済的・社会的な近代化をもたらし、それによって平和と安定を促進するという理念に基づくアメリカの新しい国際主義の一環として広まった。

これらの有名な活動のいくつかは、アメリカの慈善団体と関係していた。鉄鋼王アンドルー・カーネギーの財産をもとに1911年に設立されたカーネギー財団は、国際的な教育・平和学を促進してきた。1929年までに、彼の祖国のスコットランドだけでなく、遠くはニュージーランドに至るまで、英語圏中にカーネギー図書館が創設された。しかしながら、戦時中のもっとも重要な財団は、ジョン・D・ロックフェラー・ジュニアによって設立されたロックフェラー財団であった。ロックフェラー財団は、１９１４年の設立当初から社会的・経済的発展における計画を推進した。ロックフェラー家自体は、すでにＹＭＣＡのアジアにおける取り組みを大々的に支援していたが、今やロックフェラー財団はより多くの科学的・非宗教的計画支援に目を向け、その事業の路線の一つが保健の分野であった。フィリピンにおけるアメリカの公衆衛生の業績を基礎にして、ロックフェラー財団は、アジア、アフリカ、アメリカス〔南北アメリカ〕の熱帯諸国における十二指腸虫症や黄熱病などの問題に取り組むことによって公衆衛生を促進し、風土病を撲滅するための国際保健委員会を設立した[35]。こうした財団によるアメリカ人の非政府奉仕活動への関与は、冷戦の状況の中で活発になっていった。これは部分的には、アメリカの税法上の変更によって刺激され、アメリカ資本主義の拡大する繁栄と歩調を合わせていた。フォード財団は１９３６年に設立されたが、１９５０年代初めにはポール・ホフマンの指揮の下でアメリカ最大の民間慈善団体になった。財団は、文化交流や学生交流、インドなどの貧困国における農業改善のための開発補助金、第二次世界大戦後のヨーロッパにおける復興などの国際的計画を重要視し、たとえば、財団はベルリン自由大学の主要な建物の資金を融資した[36]。

トランスナショナルな組織のネットワークは第二次世界大戦後に進展したが、これらは19世紀の道徳的・文化的な団体の拡張と非常に異なった状況下で機能した。脱植民地主義的ナショナリズムが、第一次・第二次世界大戦によって払拭された公式のヨーロッパ帝国主義にとって代わり、このために、経済的・社会的発展のための新しい運動と技術のトランスナショナルな拡散が複雑になっていった。たとえば、１９５６年のスエズ危機において、エジプトの政治に干渉してスエズ運河の支配力を維持しようとしたフランスとイギリスの企てをアメリカが否認したことに見られるように、新しいアメリカの覇権が、超国家的機関およびヨーロッパの列強による脱植民地化を支持した。同時に、国家の（とくにアメリカの）強化された権力とその官僚機構が、国境を越えて展開されるものを規制した。戦争そのものが独立国家の主な行動様式であり、そして、1930年代の東アジアにおける戦争とそれに続く世界大戦の場合は、宗教的であれ非宗教的であれ、自発的なトランスナショナルな行動の大きな障害であった。また、トランスナショナルな組織は、そのような国家間の争いに妨害されたばかりでなく、1930年代には国際連盟と緊密な関係を持っていたそれらの組織は存在しなくなったか、あるいは厳しい後退を余儀なくされた。そして第二次世界大戦後には、より大きなグローバル統合を促進するうえでのトランスナショナルな組織の影響力は、ソ連と東欧のその同盟諸国に対してアメリカと西側同盟という両陣営の冷戦状況によって、制限されていった。

新しいトランスナショナルな組織はそのような大国間競争に異議を唱えるために立ち上がり、アメリカ人が加わって平和を求める機会を創出した。このように、憂慮する科学者たちは1945年に原子力科学者連盟を設立し、そのもっとも著名なスポークスマンであるJ・ロバート・オッペンハイマーなど、最初の原子爆弾を製造したマンハッタン計画にかかわった科学者たちが、名を連ねた。同連盟は核戦争の危険性を警告し新しい兵器システムを糾弾したが[37]、アメリカとソ連の核保有量は、急速な軍拡競争の中で1960年代と1970年代に膨張し続けた。オッペンハイマー自身は、マッカーシズムの時期に政府の機密情報へのアクセス権を失い、政治的な信用を失墜した。IPRなどの国際理解を促進する他のトランスナショナルなグループもまた、共産主義との闘争において危険な左翼要素を隠しているとして、1950年代にマッカーシズム信奉者による非難を浴び、IPRは、「赤い」中国に同情的であったため訴えられ、1960年に活動を停止した。

たしかに、トランスナショナルな組織の結成においては外部の制限が存在したが、NGO自体は戦後の世界における変わりゆく政治・経済を反映していた。躍進を続けるNGOの活動の多くは、今や政府、企業、財団、超国家的団体を通じて高度に制度化されていた。そして、このような資金提供を受けていなかった団体ですら、分断された世界のイデオロギー的な影響を回避することはできなかった。グローバルな進歩の希求を真に表明していた財団は、一般的に保守主義というよりは自由主義の代弁者であり、右翼団体は彼らをしばしば厳しく批判した。しかし、フォード財団のような主要な財団はまた、アメリカ独自の資本主義経済システムがＮＧＯや諸政府による慈悲深い行動を通じて、積極的に発展途上国に提供されることを確かなものにしたいと願っていた[38]。そのような冷戦の介入の真っ只中で、グローバルな奉仕活動におけるアメリカの市民社会の役割は、大国外交のために妥協せざるをえなかった。第二次世界大戦後は、１９２０年代以前の期間以上に、アメリカの海外におけるボランティア活動は、増大しつつあったアメリカの政治力、軍事力、経済力に照らして判断されたり、それらに巻き込まれたりすることを避けて通ることはできなかった。アメリカのＮＧＯはいつもアメリカの文化的価値観をある程度促進していたのだが、第二次世界大戦後、このイデオロギー的内容はアメリカの国際社会における覇権と関連して、以前とは違った政治的負担を担うようになった。

アメリカが世界と緊密に統合する傾向に反するものは、アメリカの他国との相違を依然として助長しようとする障害であった。拡大しつつあったＮＧＯ活動にもかかわらず、民間レベルのトランスナショナルな関係は、１９２０年代から１９６０年代に至る期間に希薄になっていった。事実、こうした変化が生じた理由は、部分的にはＮＧＯ活動の大部分が今や高度に制度化されていたり、あるいは政府、企業、財団によって仲介されていたからである。ロバート・マッコイが指摘するように、第二次世界大戦後に国際学や広い世界に対するアメリカ人の意識がより専門化し、その結果として自らの地域社会への関与が減少した[39]。たしかに、世界との統合に対する多くの障害はアメリカの力を超えたものだったが、しかし、他の障害はアメリカ内部の事情を反映したものであり、それらは国際関係の理論という道具では分析できないアメリカの人口動態、社会、経済における構造的変容に由来していた。

これらの構造的な潮流を見抜くためには、より長期的な観点が必要である。「アメリカの世紀」をめぐる大きなグローバル的統合という全体的な傾向の内部で、国家と社会の役割の逆転が生じたのである。すなわち、１９１４年まで主として移民の流入があったため国民はトランスナショナルなつながりを維持してきたが、一方では、国家は政治的（もつれた同盟関係に反対することを通じて）・経済的（１８６０年以降の関税政策を通じて）に国際社会から比較的距離を置いてきた。しかしながら、20世紀半ばまでに、アメリカ人のものの見方がより偏狭なものになってしまった。それでも、戦間期に一時的にヨーロッパから政治的孤立を保っていたにもかかわらず、アメリカはいっそう国際的に統合を求めるようになった。この逆説的な展開は、「アメリカの世紀」の発展と並行して、１９２０年代を起点としてもっとも明瞭にたどることができる。

第13章　偏狭な衝動
――国際的統合の限界、1925～1970年

エリート層と政府は、同盟、軍事、貿易の各政策において多国間協調主義を説いたが、国民レベルでは国際的な統合はあまり生じなかった。アメリカ人はこの期間に諸外国をあまり知らなくなったが、それは、教育と旅行のありようがアメリカ中心なものに変容し、外国のものに対するメディアの関心が範囲と内容を変え、そして第一次世界大戦以前から受け継がれてきた移民などのトランスナショナルなつながりが希薄になったからである。冷戦による文化的影響も恐怖を通して同様に偏狭な結果をもたらしたが、ただし後述するように、それはまた、大国の対立抗争が国内における公民権闘争にいかに影響を与えたかということも明らかにした。皮肉にも、政府が数十年間にわたってつくってきた規範と伝統と法律が、この偏狭さを促進したのであった。偏狭対統合をめぐる緊張の高まりは歴史の産物であり、とくに、それは移民政策の結果であった。本章の出発点は１９２０年代である。１９２４年の人種的排斥をめぐる国家の再構築が、20世紀半ばの数十年間と19世紀の相違を際立ったものにしたからである。

諸民族の移動に対するこうした規制は、より厳格な政治的境界のみならず情報の境界の固定化をも促進したので、世界の他の諸国についての知識とナショナル・アイデンティティの強化の両者に対して影響を与えていた。この再構築は、とくに第一次世界大戦と第二次世界大戦のトランスナショナルな文脈で見なければならない。自国の境界に侵入することを制限しようとするアメリカの決意が一時的に試されたのは、次のようなときであった。１９３０年代におけるファシズムから逃れた難民知識人の到来、第二次世界大戦初期に全体主義体制のヨーロッ

パからアメリカへ逃れようとしたユダヤ人の痛切な話、そしてメキシコからの移民——たとえば1943年における著しく奇妙な「ズートスーツ」を着用したメキシコ人ギャングと、ロサンゼルスに駐留していたアメリカ人兵士との間の暴動をかき立てた——による絶えまない圧力を受けたときである。しかし、北欧人的要素を優先させる人種的再配列は1965年まで続き[1]、これらの障壁を打ち破るには1960年代の社会的大変動が必要であった。そのときに初めて、国家の硬化的状況は、ラテンアメリカとアジア太平洋地域からの移民を再び受け入れて真にほぐれていった。国家的排他性に対するこの新たな挑戦に呼応して、1980年代までに多文化主義的な多様性と国民のアイデンティティの問題が国内の政治課題として再浮上した。しかし、そのときでさえ、増大しつつある不法移民の殺到にもかかわらず、1924年に課された国民国家としての統制と監視が、引き続いて人口政策を特徴づけたのであった。

移民制限による人種的再編と愛国心

ジョンソン－リード法（1924年移民法）は、ヨーロッパ人とアジア人の厳格な割当人数制度を創出したばかりでなく、ナショナル・アイデンティティの人種的構築も行った。メイ・ナイによると、新移民法が、すべてのヨーロッパ人を「白人の一部とみなして、白人でないと考えられる者と明確に区別する」ことによって、ヨーロッパ移民と非白人移民の間に明確な人種的線引きをした。中国人、日本人などのアジア人のための割当人数をわずかにして、新移民法は非白人を機能的に排除した。というのは、彼らが帰化市民になる人種的資格がないと言明していたためである。「こうした展開が、19世紀半ばにアジア人がアメリカに到着して以来」、移民法を混乱させている「アジア人の人種的地位をめぐる法的曖昧性と矛盾を解決した[2]」。このことは法的・官僚的動きが人種差別の精神「地図」を塗り替えたことになるが、それは、以前には人種が、「南北間の地域的問題としての人種を象徴する」白人と黒人の輪郭線によって特徴づけられていたからである。今や、1917年以降に農村のアフリカ系アメリカ人とメキシコ人による都市部への大移動によって、移民政策は包括的で「全国的な規模」を持

つ「緊急の人種政策の一部」となったのである。(3)

これらの新移民政策は完璧な制限的政策を設けず、南西部における労働需要とラテンアメリカ諸国の感情を害するかもしれないという恐れから、西半球を移民割当制から完全に除外した。しかし、そうした地域からの移民の参入はより厳重に監視され、問題の主な集団であるメキシコ人は、ビザの新たな必要条件と入国税と医療検査を満たさなければならなかった。すなわち、それは好ましくない人々や国家にとって足かせになりそうな人々を制限するために意図されたものであった。これらの選別処置はアメリカの国境ではなく、海外のアメリカ領事館で実施された。新移民法は、不法在留外国人の区分を新たにつくって彼らと市民をはっきりと区別し、また国外追放を通して以前よりはるかに残酷な扱いを彼らにした。かつては見逃されたり、法的に入国を許可されたであろう人々に焦点が当てられたのである。これらの人々の中には、カナダからの逃亡船員や入国者など記録の存在しない1924年以前に入国した者も含まれていたが、とくに1920年代半ばから不法移民問題はメキシコ系アメリカ人と緊密に結びついてきた。移民になりたがっていた多くのメキシコ人は、国内で値上がりする人頭税を支払うことができず、そして移民入国地点で素早く身をかわして、1920年代半ば以降は、はるかに多人数で不法入国するようになった。これらのメキシコ人不法在留者は、新しく結成された国境警備隊の国外追放大捜査網に直面した。国境のその場で単純に決定されるものではないのだが、国境警備隊の法執行政策は、アメリカの住民の中に外国人が存在することに対する不安を反映していた。彼らの外国人としての地位に密接に結びついた新たな人種区分の指標として、「メキシコ人」は国勢調査で明示されている一つの人種集団に名を連ねることになる。1929年の不景気に、南西部の地域社会は必要とされない不法移民の強制的排除を求める体制を敷いた。10年間で約40万人のメキシコ人を国外追放することは、これらの人々を地域社会の重荷として人種的に固定観念化することによって裏打ちされていた。国家によるこの「人種化」はまた、移民と安全保障政策を明確に結びつけて考える方策である第二次世界大戦下における日系アメリカ人の抑留の本質でもあった。戦時中の収容所へ送られた12万人の日系人の65%はアメリカ市民であったが、全員が敵対勢力の潜在的手先であるとみなされた

のである。(4)

こうした移民の人種的再編は、同時代に愛国心と国民国家を融合した広範な文化的変化と切り離して考えるべきではない。愛国心というイデオロギーは、戦時中の経験から引き出されたアメリカの特性と国家としての優越性という意識の高揚をもたらした。ナショナリズムという新たな大衆的儀式の創出は、前章で論じたように、1890年代に始まっていたが、そのプロセスはこの時代に完成した。アーヴィング・バーリンの「ゴッド・ブレス・アメリカ」は第一次世界大戦の危機の最中に作詞されたものだが、1938年に書き直されて公表され、それは、ケイト・スミスが第一次世界大戦の休戦記念日に歌ったように、アメリカ例外主義に対する宗教的認可の様相を呈した。その間ヨーロッパでは、戦争の暗雲が再びのしかかっていた。政治的レベルにおいても、愛国心を明白に示す儀式が強化され、官僚と政治家は新たな外国人区分を宣言すると同時に、忠誠の誓いの儀式はそれまで以上に確固とした表現形式になった。1923~1924年に、その儀式は、移民が渡ってきたどの出身国にでも当てはまると主張されている言葉である「私の旗」に対する誓いというより、むしろ「アメリカ国旗」に対する誓いという形式をとるようになって、より明白にアメリカ国家に結びついていった。その変化は、アメリカ在郷軍人会と「アメリカ革命の娘たち」の存在が際立っていたアメリカ国旗会議によるロビー活動後に、生じた。冷戦の真っ只中の1954年に「神の下に」が付け加えられ、「愛国的誓い」と疑似的な祈禱の両方と考えられている現代版の誓いが完成した。(5)

愛国心の風景の変化は、国家の政治的遺産と世界的指導力のための範囲を重要視した。マウント・ラシュモア(1927年着工、1941年完成)は、4人の崇敬された大統領の姿に似せて山を彫刻してアメリカの政治的英雄たちを自然の中に直接刻み込んだ。(6) しかし、第二次世界大戦の影響は1954年にアメリカ海兵隊記念碑がワシントンに建立されると、民主主義のための戦争とアメリカの権力の象徴を融合させることによって、国民と愛国心の同一化をなおいっそう促進した。硫黄島での日本軍との戦闘におけるアメリカ海兵隊員の英雄的行為に基づき、写真家のジョー・ローゼンタールが戦争中に撮影した山上での星条旗掲揚の写真は、アメリカが覇権主義的地位に昇ることを象徴していた。実際、山上の写真は意識的であろうとなかろうと、地球の頂上に似ていた。すなわち個々の兵士たちの集団的緊張はアメリカ国民の意思を強調し、星条旗の前方への律動は民主主義の漸進的な実現を象徴していた。そのイメージが、彫刻の像として最終的に実現する前に、戦争公債のポスターや、至る所に存在する郵便切手となったのも何ら不思議ではない。戦争と国家と民主主義は、硫黄島記念碑の中でアメリカの覇権と結びついたのである。(7)

第二次世界大戦がもたらした偏狭さ

世界におけるアメリカの関与の仕方は第二次世界大戦の結果として画期的に変化してしまっていたが、アメリカ人の世界についての知識はウッドロー・ウィルソンの時代以来、ある意味では縮小していた。たとえば、学校における教科として地理の役割は戦間期に低下した。真珠湾攻撃後、ある全国規模の世論調査によると、アメリカ人の60％は、世界地図の白地図上で中国かインドの所在を示すことができなかったことが露呈した。(8)たしかに、第二次世界大戦におけるアメリカ軍の関与が、地理学の何らかの再生を誘発したが、知的な目的における優先順位が変化した。すなわち、アメリカ人は他の諸地域や民族を、自分たちの好きなように学ぶのではなく、アメリカの政治的・戦略的な目的を推進するための一部として学ばなければならなくなり、アメリカの脅威への「近接性」を強調するために地図が描き直された。(9)地理学が軍事や外交の政策においても役割を果たすことができたのは、自由市場が拡張する諸段階で世界を疑似帝国主義的に再考してみることにおいてであった。(10)同様に、第一次世界大戦後、革新主義史家たちの影響下で学校ではアメリカ史により大きな関心を寄せ、外国のことに関する知識の育成にはあまり力を入れなかった。同時に移民の減少は、より多くのアメリカ人が外国の土地についての詳細な知識を欠くということを意味した。すなわち、外国で生まれることによってもたらされる知識や外国生まれのもっとも近い血縁から得られる知識がなくなるということである。

同様に面倒なことは、衰退しつつある外国語の地位であり、外国語の学習は20世紀にわたって弱体化した。しかし、その弱体化は一様ではなかった。1915年にはアメリカ人の学生の36％が高校で現代使われている外国語を学習していたが、1966年までにその数字は15％を下回った。1957年、ソ連の人工衛星スプートニクの打ち上げがアメリカの教育に関する自省を引き起こしたにもかかわらず、この傾向が見られたのである。ただし、国防教育法（1958年）によってアメリカの学校における外国語教育の増進がはかられ、また1960年代に、アメリカが南アジアや東南アジアの諸国を理解しようと努めるにつれて、語学訓練と地域研究のための資金が提供されるようになった。この土台の上に、地域研究のためのセンター――たとえば東南アジア研究の分野におけるコーネル大学のセンター――が出現した。しかし、1960年代末には、国内都市における社会的動揺に対応して、アメリカ人の優先事項は国内へと移行した。1980年にイリノイ州選出下院議員ポール・サイモンは、外国語学習に対する関心が1968年以降に低下したと指摘した。1974年には、その6年前と比べて「外国語科目を登録したアメリカの高校生の数が50万人少なくなった」。また、卒業して将来教師になる生徒のわずか5％だけが、「どこか外国の文化または国際政治の舞台に触れることができる科目」を在学中に履修していたにすぎなかった[11]。

旅行は、状況次第で、正規の教育の失敗を埋め合わせてくれた。アメリカ人の海外旅行は、1920年代に19世紀のエリートたちによるものから脱却し始め、当時、経済的繁栄と安価な交通手段のため以前より多くの知的階層や中産階級の人々が、ヨーロッパやラテンアメリカへ旅行した。発行されたパスポート数が示すようにアメリカ人の海外旅行者数は、1920年代の年間約30万人から、1930年までに50万人を超えるまでに増加したが、しかし、大恐慌の影響で1920年代初期の水準まで逆戻りした[12]。第二次世界大戦とともにヨーロッパ大陸の中央部に全体主義的政治体制が勃興したことが意味したのは、1940年代にアメリカ人がもっとも重要な海外旅行を軍隊の一員として体験することになるということであった。

たしかに、第二次世界大戦と冷戦により強要された旅行は、非常に多くの若手の軍人を「教育した」。何百万人のアメリカ兵が、ほとんどは戦闘員として、また中には、第二次世界大戦後に敗北した日本帝国に対する占領軍の一員として、太平洋地域で日本文化に触れた。この体験は、日本人にアメリカ兵を慕うという傾向にさせるものではなく、むしろ狂信的で野蛮な東洋人であるという人種的ステレオタイプをアメリカ兵の中で強める傾向があった[13]。しかし、海外における軍事的体験は、まったく否定的なものでは決してなかったことは確かだ。復員軍人たちは異文化接触のまぎれもない証拠として、ヨーロッパやアジアやイギリス連邦の戦争花嫁を祖国へ連れ帰った。軍人が外国人と結婚した各種の報告件数には、あまりにも差がありトランスナショナルな歴史研究における大きな欠陥を物語っているものの、戦争花嫁は１９２０年代半ば以来アメリカへの合法的移住の中では最大の事例であった[14]。戦後5年間で少なくとも15万人がアメリカへやってきた。非白人の戦争花嫁に関しては、その文化的交流が潜在的に人種の境界を脅かしたが、しかし、わずか数千人のアジア人花嫁が1億４０００万人の国に入ってきただけだった[15]。これらの結婚移民は1回きりの移民流入として吸収され、彼女たちがアメリカ社会に与えた影響は最小限のものだった。さらにはその過程もほとんど完全に一方通行であった。ウィスコンシン州マディソン出身でロシア系オーストラリア人女性と結婚し、オーストラリアのブリスベンにある小さなアメリカ人コミュニティーの一員として余生を送ったロバート・リンカン・オニールなどのような例は稀であった。しかし、オニールはアメリカ人のルーツを放棄しなかった。「今や私はあなたたちの一員だ」という言葉でオーストラリアの市民権を宣言する以前に、20年を超える間、彼はアメリカ市民のままであり、毎年7月4日の独立記念日を彼のアメリカ人「仲間」のロッキーと朗らかにへべれけに酔いながら祝福した[16]。ヨーロッパの女性の場合、アメリカ兵の夫と大西洋を越えて渡った者と比べて、ヨーロッパにとどまった女性たちに対しても、運命は同様な文化的・経済的な権力関係を強いた。すなわち、若いイタリア人女性たちは、１９４３年にナポリで勝ち誇ったアメリカ軍兵士に熱狂した。これらの軍服の男性たちは、政治的解放と同じ程度に、ナポリでそして他の多くの国々で、戦時中の耐乏生活から物質的に救済してくれる象徴であった。彼らは極貧の人々に食料ばかりでなくタバコなどの贅沢品も持ってきてくれた。話をアメリカへ戻すと、戦争花嫁はかつての時代の伝統的な移民たちと同様に適応の苦闘に直面し、冷戦が始まる直前の劇的な復員期に住宅不足や職業難という困難な状況が加わった。

しかし、ずっと後になって、彼女たちは個人的な向上の機会がどれほど促進されたかを高く評価した。戦争花嫁の中には、アメリカ人と結婚することになったことがどんなに幸運であったかを思い出す者もいた。長い目で見れば、こうした文化的交流はアメリカ例外主義を強固にすることになった[17]。

この一方的なプロセスは、アメリカ軍がヨーロッパに駐留していた時期を通じて継続した。それによって、再びアメリカ人男性が潜在的結婚相手になったばかりでなく、気持ちを高揚させてくれるビジネスの好機をつくり戦争で荒廃した地域社会に金銭をもたらしてくれた。若いアメリカ人はドイツなどの地で兵役に従事するために召集されたが、その中にエルヴィス・プレスリーがいた。1950年代における彼の2年間の兵役は、ポップ・ミュージックの花形スターとしての彼の経歴を中断させたが、そのことが映画『GIブルース』を生み出し、ロックスターを国際的な映画アイドルにする一助となった。しかし、征服者と征服される者との間での、均衡のとれた文化的交流は現われなかった。とくに戦後すぐの時期には、ドイツ人女性が性的行為を金銭や食料と引き換えに売ることを望んでいたようだが、それほど彼女たちの状況は絶望的であった。アメリカ側としては、アメリカ軍兵士に魅せられている女性はナチスあるいは（後には）共産党のスパイかもしれないと思って、ドイツ女性との親交を民主化の使命に反するものとしてやめさせようとした。指揮官たちはまた、アフリカ系アメリカ人兵士とドイツ人女性間の接触についても心配していた[18]。白人アメリカ人もしくは黒人アメリカ人を問わず、性的接触は、1940年代の占領期も、1950年代の冷戦期のアメリカ軍の配備の期間にも、ドイツ社会において大きな摩擦が生じる原因になった。ドイツの教会と保守的な社会評論家は、親交がもたらした性病の蔓延、道徳の崩壊、そして知らぬまに進行するアメリカ化の影響を遺憾に思った[19]。これに加えて、ドイツはいまだ、大型乗用車と最新の流行品を携えた1950年代アメリカの物質的寛大さと競争することができなかった。以上のように、海外におけるアメリカ人の軍隊体験はアメリカの物質的優位性についての固定観念を強化した[20]。

外国旅行の大衆化と国内旅行の拡大

文化交流の過程に関して同様に曖昧なことは、平時における諸目的を持った「通常の」外国旅行についてであった。これは1950年代半ばまで復活せず、それまでは船舶がほとんどの観光客をヨーロッパへ運び、そしてこの種の旅行は海外での滞在をいまだ制限していた。航空機は新たな機会を提供したが、民間の航空機はまだ初期の段階であった。ところが、1957年になって初めて、飛行機輸送の乗客数が船舶輸送の乗客数を上回り、また1960年代末になって初めて、太平洋横断の大量輸送がもたらされて、国際的な観光市場が民主化したのである。

大衆海外旅行が始まっても、アメリカ人が外国文化に触れる機会が必ずしも増加したわけではない。一生に一度の旅行が1960年代の繁栄の中で手の届くところになったので、今度は海外旅行日数がそれまでより短くなる傾向があった。1966年までの10年間でヨーロッパでの平均的な休暇がすでに6週間から4週間に減少していた。海外で過ごす時間は、カリブ海ではさらに短縮された。2〜4週間というのは、短い時間で多くの場所を回る旅行か、あるいは完全なパック旅行を意味した。アメリカ人が旅行するとなると、アメリカ式の宿泊施設に滞在してアメリカの食べ物を食べ、たとえば、1950年代にマーシャル・プランの下でフランスの旅行業界の近代化を促進するために利用されたアメリカ人観光客向けの地区が組み込まれた旅行を行った[21]。アメリカ式ハンバーガー・チェーンは1970年代までヨーロッパに押し寄せなかったが、ヨーロッパ人はすでに第二次世界大戦後にアメリカ食を用意してアメリカ式サービスを提供し、アメリカ人には見慣れた銘柄のホテルが出現した。海外におけるアメリカ系ホテルの普及は1949年に始まったが、この年にヒルトンがプエルトリコにホテルを建設して最初の「国際的」ホテルチェーンが誕生し、そして、ヒルトンは1953年にヨーロッパ最初のホテルをマドリードに建てた。

外国旅行の事情より重要なことは国内観光旅行の成長であった。以前と比べて、安価な空の旅と良い道路が整ったことは、アメリカ人が国内や近場でもっと休暇を過ごすことができることを意味していた。ハワイ旅行は文字どおりアメリカの空間内での滞在を意味したが、外見上は外国のものに出合うことができた。さらに、20世紀初期でさえ、「インターナショナルな」旅行とは、国境を越えてカナダやメキシコへ立ち寄ったり、カリブ海を訪れることをしばしば指していた。カリブ海では、キューバが1959年までアメリカ人のギャンブル天国、ナイトクラブ天国、そしてビーチ天国となっていた[22]。1950年代に全米州間国防高速道路網の台頭とともに、北米旅行がにわかに景気づいた。アメリカ人は確かに「外国へ」行ったが、相当数は単に国境を越えるだけの旅行を選んだのである。カナダとメキシコへの旅行支出は、1956年までに国際旅行総費用の46%を占めた[23]。以前の統計数字は間違いなく不完全なものであったが、1900年に記録されている支出の4・8%と比較すると、大違いであった。

アメリカのビジネスは、外国観光旅行よりも国内観光旅行の拡大によって多くの収益を上げた。海外で消費された1ドルは国内経済には1ドルの損失であり、また外国人はアメリカへ旅行するお金がないのでこの国へ旅行することは少なくなった。20世紀の最初の10年に鉄道会社によって始められてから、1920年代の道路網の改善と国立公園システムの拡張によってアメリカ人は「最初にアメリカを見る」ように奨励されてきた。国立公園来訪者数は1921年に100万人に達し、1947年までには1000万人、1957年までに2000万人、そして1970年までには4500万人を数え、1957年まではこの数字は外国旅行の伸びの2倍となった。ただし、外国旅行者数も1970年までに400万人の活況を呈した。観光旅行は、ナショナリズムを偶像的な場所と結びつけることによって、そして国民にナショナリズムをそのような場所での体験と同一視するよう勧めることによって、近代の国民国家を強固なものにする一助となった。また、観光旅行は、拡大する中産階級にとって、「アメリカの真髄を具現した有機的ナショナリズム」の意味を明確にすることによってアメリカの自然と都市・産業国家の間の不一致を調和した[24]。すなわち、国立公園と国立記念碑への訪問は、偉大な自然美の場所としてのアメリカという意識を強化し、公園と記念碑制度に「国立の」と刻み込むこと——それを慣習化することによって——は、アメリカ例外主義の意識を強化したであろう。ディズニーランドなどのテーマパークも同じように機能した。冷戦の真っ只中の1960年に開園し、もっとも有名なディズニーのアトラクションであった

「うるわしのアメリカ」は、キャサリン・リー・ベイツの歌う愛国歌の演奏を背景に感動的に設置され、全米各州の景観の自然美を驚くほど魅力的に循環描写することを呼び物としていた。19世紀のエリートの旅行と比較すると、このようにして、大衆の旅行の普及は、アメリカ人に世界の他地域について教育することに不思議にも失敗してしまった。同時に、外国における現代アメリカ人の体験は、とくに非西洋諸国において国家間の階層的関係を強化し、たとえばキューバやプエルトリコなどのアメリカの支配地にとっては、旅行（と観光客の賭博）はアメリカの主要な経済支援装置になっていた。[25]

メディアとアメリカの文化的覇権

メディアもアメリカの国力を表明したり強化したりするために、同じような方法で機能した。ハリウッド映画産業は、そのグローバルな重要性およびアメリカの伝統についての独特な見方の提唱者であり代表としての役割を増大させた。しかし、このハリウッドの優勢は、単に競争相手を転ばせたりアメリカ文化を押しつけたりすることに基づいていたのではない。むき出しの国力よりむしろ文化的な覇権の行使において、人種的・民族的な固定観念を修正することで、1930年代のアメリカ映画の一流の製作者たちは利益の上がる海外市場に注目した。しかし、語られる物語は純粋なアメリカのものであり、ルース・ヴェイシーは、その覇権主義的でトランスナショナルな内容を適切に述べている。「ハリウッドは、きわめて文字どおりに観衆を『アメリカ人』にした。中産階級的で消費者的な行動によって特徴づけられる独特の見方に観客を巻き込むことによって、ハリウッドはアメリカ内外の人々の態度と行動に影響を与え」、そして、広い世界について歪んだ「均質化された像」をつくり出した。[26] 主としてヨーロッパ生まれか最近移民した家系の人々が映画業界を支配していたため、1920年代には映画産業は、排外主義的なアメリカ人にとっては深い疑念の対象であった。これが、映画製作者が彼らの作品の内容をアメリカ化したり好ましくない部分を削除したりした理由の一つである。しかし、ハリウッドにはヨーロッパ人の俳優や監督を引き寄せる力が強く、ドイツ人監督のフリッツ・ラングなどの大物がカリフォルニアへ映画を撮りにきたように、映画業界はトランスナショナルな次元を維持した。また、ハリウッドの偶像的な映画にはヨーロッパ人の貢献が不可欠であった。『カサブランカ』では、監督ばかりでなくほとんどすべてのスター（ハンフリー・ボガートを除く）がヨーロッパ移民か政治亡命者であった。(27) しかし、ヨーロッパ調の芸術的な新しい手法が、アメリカの大衆的で市場志向型の映画のテーマに採り入れられていた。１９２０年代末のトーキー映画の到来以降、アメリカ人は外国映画をほとんど見なかった。彼らはイギリスの作品を見るには見たが、これらの作品は、階級社会であるイギリスのステレオタイプを満足させる傾向のものであったり、あるいは歴史的ノスタルジアを引き出すごく少数の映画であったりした。(28) このように、映画産業は大西洋をはさんで、以前より不均等なものとなった。とくにナチス政権誕生後のドイツはその風潮に抗して目立っていたが、第二次世界大戦におけるアメリカの勝利によって、（自由主義の）中央ヨーロッパの映画祭もアメリカに支配された。(29) このアメリカの支配権が外国の作品を弱体化させたため、外国映画の取得がより難しくなるにつれて、その影響はアメリカにおいても感じられた。１９６０年にアメリカ人が観賞した映画のわずか10％だけが外国映画であり、その数字はそれ以降も減少した。

より大きなトランスナショナルな関心によって、アメリカ人の偏狭さが増大する全般的傾向が中断する中で、映画以外の他のメディアも変容した。ジャーナリズム界では、ファシズムの台頭とヨーロッパや太平洋の戦場の出来事が外国の出来事に対する関心を強化し、アメリカのニュース報道に影響を与え続けた感動的な在外記者団を生み出した。海外特派員は、１９４０年代にＣＢＳのエドワード・マローの指揮の下にラジオで魅惑的なニュースを供給し、『シカゴ・トリビューン』紙と『インターナショナル・ヘラルド・トリビューン』紙にパリで記事を書いていたウィリアム・Ｌ・シャイラーも、もう一人の注目すべき特派員だった。この伝統が衰退し始めたのは、１９５０年代にテレビが出現して以後のことであり、テレビの台頭によって、現場で活動する熟練ジャーナリストたちよりも、映像の優越性が助長された。１９８０年代になって、評論家は明らかに国内中心の報道になっていると指摘していたが、その種は30年以前に蒔かれていたのだった。(30) １９６０年代末までに、新聞とテレビという新しいメディアにおける外国のニュースは、アメリカ国内で重要性を持つ政策や国内のエスニック集団と関連する国々を主として特集した。したがって、１９６０年代にはヴェトナムでの出来事が当然のことながら外国ニュースの中心となり、また、中東や東ヨーロッパの出来事は、たとえば近隣のカナダやメキシコよりも目を見張るほど報道された。

国際教育・ポップカルチャーとトランスナショナルな交流

国際的な教育はメディアより期待できるトランスナショナルな交流を提供し、アメリカ人はこの分野では指導者になった。19世紀ヨーロッパでは大学院教育を受けるために大学に通う習慣があり、それがコスモポリタニズムの初期の伝統を確立した。ドイツのモデルに基づいた博士号が標準になり、大学は研究中心の機関として成長し、ドイツ的な研究の在り方が歴史学と経済学を含めてアメリカの多くの学問に影響を与えた。20世紀に海外研修の形態が変容した。１９２０年代までに学部学生が1学期間か1年間ヨーロッパで研修する慣習が、アメリカでもっとも評価の高い数大学の学生のために始まった。ただし、それは大衆的なプログラムからはほど遠いものだった。１９１９年にカーネギー財団の基金で設立された国際教育協会（ＩＩＥ）は、１９２１年に学生ビザ制度を確立してヨーロッパの大学と活発に交流を展開した。[31] 第二次世界大戦後、ＩＩＥのプログラムはグローバルな側面を担ったが、アメリカへの学生の流入が増加するにつれて活動の焦点が変わり、アメリカの役割は教育の供給者に移った。ＩＩＥは、連合国側への戦時公債を使って１９４６年に開始したフルブライト学者交流プログラムの運営を引き受けた。１９５２年にＩＩＥは、発展途上国の有望な指導者に教育を提供するためのアメリカの外交努力を援助するフォード財団基金の運営を開始した。教育は冷戦の一部になったのである。アメリカへの一時渡航の学生は、１９２５年から１９７０年までに70倍の９万８０００人に膨れ上がったが、そのほとんどすべての増加は１９５３年から発生した。[32] アメリカの学部学生の外国留学もまた拡大したが、そのプログラムに数少ない学生しかかかわらなかったし、世界についての知識習得におけるその教育的役割ははなはだ疑わしいものであった。アメリカは、今や教育文化の受領者というより輸出者になった。この傾向はアメリカの経済や政治権力における変化と一致するものだったが、その結果は、アメリカの学問的優先事項に新たな方向づけを与えるような交流の機会を減少させることとなり、そしてその学問的優先事項はますますアメリカ文化の中から引き出されていった。

教育と同様に、大衆文化もよりグローバルな志向になってきた。この現象はアメリカ的な価値観を普及させてくれたが、この大衆文化がたちまち明らかにしたことは、アメリカ化を近代化と区別することがいかに難しくなったかということである。アメリカでも西ヨーロッパでも文化的エリートは、トランスナショナルに声をそろえて、これらの影響に戦慄した。1950年代には、アメリカのロックンロール音楽がヨーロッパに普及するのを目の当たりにした。公式の記録ではロックンロールは、1955年にビル・ヘイリー&ヒズ・コメッツと彼らの「ロック・アラウンド・ザ・クロック」によって始められ、その後まもなくしてエルヴィス・プレスリーが続いたが、1960年代までにイギリスの若者がアメリカのリズム&ブルースを新しい音楽の潮流につくり直すにつれて、相互的影響が感じられた。そのため、アメリカのグループというよりむしろビートルズが1960年代の大衆音楽の代表になり、イギリスによるアメリカ「侵略」の先頭に立ったが、このことが明示しているのは、西洋社会における現代の若者文化がいかに相互に連結するようになったかということだ。大量消費社会の到来にともなって、若者が学校や大学にこれまで以上に長くとどまる傾向が生じ、この傾向によって、近代化しつつある欧米世界全域にわたってそのような文化のための土台が築かれた。もっともその傾向は、フランク・シナトラがボビー・ソクサーとして知られる10代の少女たちの間で流行現象を起こした1940年代に最初に人目を引いたのだが。大衆文化は1960年代までにトランスナショナルな存在になり、パリの若者もニューヨーク（1964年）や東京（1966年）の若者と同じくビートルズに対する熱狂を経験した。1970年代には、スウェーデン（アバ〔ロック・グループの名称〕を通じて）などのヨーロッパの諸国が、グローバルなレベルでアメリカ人スターのために大衆音楽コンテストを催すことになるである。

アメリカの大衆文化のフィードバック効果とこの文化の国境を越えた移動現象は、１９７０年代までにアメリカが外国の影響に対して国境を設けた状態でいることがいかに困難であったかを想起させる。しかし、その困難を知るために大衆文化のはかなさを見る必要はなかったのだ。というのは、世界におけるアメリカの政治的・軍事的関与のまさにその傾向のために、国内政策と対外政策を区分することがほとんど不可能になったからである。たとえば、後にジョン・Ｆ・ケネディ大統領が１９６０年に示した国内政策である「ニューフロンティア」計画の背後にあったのは、冷戦であった。そして、アイゼンハワー政権とケネディ政権の時代に冷戦の競争意識が、宇宙開発をめぐる国際競争、公民権における変化、そして文化的領域における新たな外交政策を生み出した。すなわち、ケネディの平和部隊は、非暴力で民主的な方法で世界を変えるためにアメリカの若者の理想主義を活用し、何千人もの若者が貧しい国々に社会的・経済的援助を供与する計画に従事する目的で、ラテンアメリカやアジアやアフリカに派遣された[33]。この運動は、冷戦の現実に対してアメリカ外交の好意的な見せかけを提供しているとして批判されたが、１９６３年までに７０００人が海外に向けて出発した。しかし、国内では公民権はトランスナショナルな影響のもっとも明瞭な手本を提供し、この分野について世界に伝えられたアメリカのイメージは平和部隊のメッセージと矛盾した。しかし、平等を目指す現代アメリカの闘争におけるトランスナショナルなつながりは、ケネディから始まったのではない。

冷戦と公民権運動の関係

１９４０年代と１９５０年代における冷戦期の政治はアメリカを隔離したが、同時に国家と国民に国際的脚光を浴びさせ、その注目のために人種関係における変化が加速した。画期的な「ブラウン対カンザス州トピーカ市教育委員会事件」判決において、１９５４年に連邦最高裁判所は人種隔離した学校は違憲であると宣言した。しかし、教育、輸送機関、住宅における人種隔離撤廃政策を履行するために、そして公共施設と雇用などの問題（１９６４年公民権法）や投票権（１９６５年投票権法）における人種差別を撤廃するのに不可欠な連邦法を勝ち取るために長く辛い闘争が後に続いた。アフリカ系アメリカ人とリベラルな白人支持者のこの闘争は、国内の改革的伝統の一部だと典型的に考えられているが、しかし国際的状況がきわめて重大に争点を方向づけてきた。したがって、このテーマを分析するときには、国内的要因と国外的要因が相互に作用しているので、両者を秤にかけないことがきわめて重要である(34)。

第二次世界大戦後に世界の強国になるための闘いは、国内における公民権を拡大する試みに影響を与え、軍隊がその重要な事例を提供した。アフリカ系アメリカ人部隊が人種隔離された部隊でヒトラーの大量虐殺を行う政権と戦ったが、この政策は厄介で困惑させるものであり、それが当時のアメリカの公民権の状態を反映していた。変化は、大統領選挙の運動が政策転換を要した１９４８年まで始まらなかった。すなわち、民主党の（穏やかな）公民権綱領をめぐってストローム・サーモンドの率いる民主党離反派《ディキシークラット》に走った南部の白人と差し替えるために、黒人投票者を駆り立てる必要性に直面したトルーマンは、１９４８年７月の選挙運動中に軍隊における「待遇の平等」を求める大統領行政命令を発令した。しかし、彼はその期限を定めなかったので、軍隊において人種政策の完全な変化をもたらすには、冷戦のより大きな軍事的・政治的な事態とそれに続く１９５０年の朝鮮半島での「熱い戦争」を要した。Ａ・フィリップ・ランドルフなどのアフリカ系アメリカ人指導者は、トルーマンに「黒人は国内で民主主義が拒否されているのだから、海外で民主主義のために戦うのには銃をかつがない」と働きかけた(35)。実際的な事柄がこれらの抗議を支援することになる。すなわち、軍隊は人種隔離撤廃に抵抗していたが、最前線で部隊が必要とされると、肌の色によって部隊を入れ替えるのは、兵士の管理上も兵站上も困難であった。

公民権闘争は、単にアメリカ史において一連のきわめて重要な闘いになったばかりか、テレビ映像をジェット機が運んでくれたおかげで、出来事を多くの国々で１～２日のうちに見ることができた。１９６０年末までには、衛星がさらに視覚メッセージの伝達速度を速め、先進諸国にテレビが普及すると、その効果は世界の視聴者には衝撃的であった。公民権運動家たちを、警官が警棒を持ち放水銃と犬で攻撃する映像が、１９６０年代にはヨーロッパや遠くはオーストラリアなど世界中で毎夜テレビ画面上で瞬くまに見られた。インドやフィジーなどの地でも、新聞の記者がアフリカ系アメリカ人に対する虐待を指摘し、駐インド米大使のチェスター・ボールズは、アジアにおいては、人種差別がアメリカの国力と威信に関する「最重要課題」であると述べた。１９５８年にアラバマ州知事ジェームズ・フォルサムのところには、強盗と強姦容疑で死刑を宣告されているアフリカ系アメリカ人に寛大な措置を要請する手紙が外国から殺到した。そのアメリカにおける例は、南アフリカ共和国におけるアパルトヘイト反対闘争などの外国の闘争を刺激し、またアメリカに来る外国人訪問者にも影響を与えた。非白人の学生たちは人種差別に直面し、アフリカ系アメリカ人の待遇に愕然としたまま政治的・行政的指導者になるために祖国へ帰っていったのである。そのような圧力に直面して、メアリー・ドゥジアックが指摘するように、アメリカは「民主主義を促進し共産主義を封じ込める国際的政治課題」の一部として公民権政策を採択した。アイゼンハワー大統領は、南部での連邦政府による人種隔離撤廃の強制的執行の正当性を信じていなかったけれども、１９５７年のリトルロックにおける人種隔離撤廃を無視した場合の影響を心配し、またそこで起こりうる事件が「ソ連の宣伝家たちの工場」に原料を供給することを恐れていた。[36]

アフリカ人ディアスポラと公民権運動

公民権運動は、冷戦に刺激されたばかりでなく、ある意味では、国民国家を固定化しアメリカ例外主義思想を強化する方法で制限されもしたのである。第一に、外国からの激しい非難に対する反発があり、保守的な南部の政治家の中には、人種隔離撤廃を共産主義の策略だとみなす者もいた。マーティン・ルーサー・キングでさえ彼の立場を弱体化させるために共産主義寄りだとして非難され、アメリカ連邦捜査局（ＦＢＩ）に厳重に監視された。第二に、公民権は推進されたが、「アフリカ人ディアスポラの政治[37]」を発展させるためのより広範なアフリカ系アメリカ人の急進的かつ進歩的な運動が、共産主義者に操られているとして批判にさらされた。歴史家ペニー・フォン・エッシェンによると、急進的・進歩的な黒人が、戦時中や戦争直後に国内の公民権を受け入れただけではなく、彼らはまた汎アフリカ主義者の団結を支援し、アメリカの公民権運動と同じ闘争の一部として非白人によるグローバルな脱植民地化運動を擁護することもした。彼らは「世界の有色民族が西洋世界にもはや搾取されたり奪われたりしない」時代を待ち望んでいた[38]。共産主義者とW・E・B・デュボイスや歌手のポール・ロブソンなどの「共産主義者の同調者たち」が、これらの目標を達成するために１９４０年代に国際アフリカ委員会を通じてともに取り組んだ。

この取り組みは、非常に人種主義的だと思われていた国の中で、知的・文化的統合のための選択肢としてアフリカ人ディアスポラという彼らの深遠な伝統に依拠していた。その伝統は、ヨーロッパ列強がアフリカ大陸のほぼ全域を公式に政治支配するという新たな状況の中で、20世紀に伝えられた。マーカス・ガーヴィーは経済活動を通じての貧民街の住民を向上させる下層中産階級の強い願望を示したのに対して[39]、デュボイスは人種感情と同じほど多く無産階級的な感情に動機づけられていた。デュボイスは、政治的行動と同様に、アフリカとアフリカ系アメリカ人に関する著作においても、１９３０年代と１９４０年代における人種問題を取り巻く古くからのヨーロッパ帝国主義によるトランスナショナルな圧力を感じ取っていたのである[40]。

冷戦は、共産主義に対する優越性の指標として進歩的な公民権運動を引き起こしたが、１９４８年以降は、そのような急進主義的な運動にとって好ましくない環境をつくり出した。すなわち、冷戦の影響は公民権運動をアフリカ人ディアスポラから切り離すことになり、急進的な反帝国主義活動には汚点がついた。ロブソンのような人々はパスポート発行を拒否されたため、１９５５年にインドネシアで開催された非同盟運動のバンドン会議で演説するための旅行ができなかった。マッカーシズムによってアメリカにおける反植民地闘争が封じられ、人種問題における「国際政治と国内政治」間のつながりが分断された[41]。急進主義者たちは人種主義を植民地主義の政治経済と結びつけて考えていたが、今や人種主義は「アメリカの『人種関係』の制限された地平線に限定された」心理的あるいは道徳的な問題として再概念化されるようになった[42]。主流派のアフリカ系アメリカ人のアイデンティティは、アメリカの黒人とアフリカやディアスポラの他の場所にいる彼らの同胞たちとの間のずれを強調するように変容した。このアメリカ例外主義的な解釈においては、アフリカ系アメリカ人は穏健で漸進的な公民権を通じて成功しうるが、片や、アフリカ人は原始的であり進歩的な改革を通じて近代化する必要があるとみなされていた。このような道徳観が人種の言説、アフリカの表象そして公民権にも同様に影響したのであった[43]。

そうしたことにもかかわらず、国家に対するディアスポラ的な不満は1960年代に姿を消さなかった。長らくアフリカに魅せられていたデュボイスは、1960年に新興独立国ガーナに亡命し、その直後にそこで亡くなった。彼がアメリカ共産党に加入していたことを理由にアメリカ政府が彼のパスポートの更新を拒否した後に、彼はアメリカの市民権を放棄した。他の運動家たちは、アメリカの人種主義を攻撃するために、物理的空間というよりむしろ感情的空間を提供していたネーション・オブ・イスラムの中に、比喩的な意味で避難した[44]。トランスナショナルな旅行は、パスポート制限の緩和と改善された航空輸送によって増え、マルコムXを含む多くの公民権活動家は、積極的にアフリカに関与し1960年代にはそこへ旅行した[45]。それでも、こうした言動は、信念を明瞭に表わせる少数の人たちの感情であったということを忘れてはならない。そこにはアフリカに対する知的関心はあったが、国内状況の改善を追及することのほうがほとんどのアフリカ系アメリカ人にとっての優先課題であった。

公民権運動（とその歴史が国際的に生み出した矛盾）は、人権原理の発展に重点を置いた第二次世界大戦後のより広範な思想的転換の一部であった[46]。この概念の起源は、人権に関する18世紀の啓蒙思想にあり、いつの時代にもアメリカの政治的伝統の一部であったが[47]、この概念は現実の政治に違反があったときに主として尊ばれてきた。アングロサクソン系アメリカ人世界における反奴隷制運動家は、アフリカ系アメリカ人の権利のために、そして大西洋の奴隷貿易反対のために強力な運動を展開した。しかし、明示的な表現である「人権」は一般的ではなく、人種主義者や社会進化論的思想に基づく19世紀末の言説の中で、概念としては矮小化された。ウッドロー・ウィルソンが第一次世界大戦末に民族自決の原則を宣言したときになって、人権は異なった局面を迎えた。20世紀初めの概念は、権利を独立した個人のものではなく、民族的・国民的集団の共有財産として提示するようになったのである。

第二次世界大戦の恐怖が、個人の権利を認める行動を復活させた。外交官や政界の指導者たちは大量虐殺の再発を回避するために、人権の新たな政治的・法的体制の骨組みを作成し、ヒトラーの忠実な部下たちに対するニュルンベルク裁判において説明責任の判例が確立され、「人道に対する罪」というカテゴリーが承認された。それ以前の人権実践の慣習と規約は、1948年の国連世界人権宣言において大きく変わった。これは法的慣習ではなく、アメリカ独立宣言によって影響を受けた原理の声明であった。トルーマン大統領とヒューバート・ハンフリーのような民主党の政治戦略家は、国連宣言をアメリカ人が当然のこととみなしている権利を手本にしていると語り、1948年にアフリカ系アメリカ人の公民権を目指す闘いのために人権という言葉を使用し始めた[48]。トルーマンのレトリックはまた、人権の要求を他国の国民にまで拡大することを正当化するために、冷戦を引き合いに出した。彼は、アメリカの政治体制とソ連の政治体制を区別するためにアメリカ人のこの伝統に対する親近感を利用したのである。したがってリベラル派は、アフリカ系アメリカ人の自由のための闘争ばかりでなく、哲学的原理としての人権も、共産主義との地政学的闘いの中に組み込んだ。

こうしたすべての困難にもかかわらず、1950年代と1960年代はある意味ではアメリカの覇権のクライマックスであったが、同時にアメリカの覇権は多くの方面で挑戦を受けた。1960年代後半までに、アジアのゲリラ戦争が示してくれたことは、ある小国がどのようにアメリカの軍事力に逆らうことができ、世界最強の軍隊をヴェトナムのジャングルの中で膠着状態に陥らせることができるのかということだった。その間に、アフリカでソ連と中国の共産党の影響が増大し、小国キューバが革命を起こして(1959年に達成)アメリカにとって脇腹に突き刺さった社会主義のとげになり、1960年代にラテンアメリカにおける他の地域での革命に刺激を与えた。キューバにおけるソ連の核ミサイル配備計画によって、1962年に世界は核戦争の瀬戸際に立たされ、アメリカ人は国家の安全を促進する物理的な空間がいかに縮小してしまったかということに気づかされた。アメリカ国内では、1963年にジョン・F・ケネディが暗殺され、1968年にはマーティン・ルーサー・キングとロバート・ケネディ上院議員が暗殺され、これらに都市のスラム街における暴動が付随して、治安の脆弱さが生じることを世界に示した。世界経済成長の鈍化と国内では大統領職に影響を及ぼすおそらく100年間で最悪のスキャンダルに見舞われ、アメリカは1970年代初めに加速した体制の信頼の危機にすでに突入していた。1970年代は幸せな時期にならなかったが、その10年の間にアメリカを広い世界に結びつけるグローバル化への新局面の兆しが明らかに進行中であった。この新たなグローバル化は、アメリカのナショナル・アイデンティティを脅かすと同時に、海外におけるアメリカの経済的・文化的な影響の拡大のため新たな道を誘い出すことになる。

第14章

1970年代からの新たなグローバル化
——トランスナショナルなアメリカの国力とその限界、1971～2001年

我々は21世紀へ至る1000年間の最後の30年に関して、何を記憶しているだろうか。アメリカ人にとっては、まず家族と地域社会という私的世界が思い出されることだろう。しかし、ときとして私的世界と政治的世界が国家の経験のイメージの中で同時に生じる。こうした年月の時間の経過においては、強烈な記憶が呼び起こされる。世界におけるアメリカに関するテレビ映像カットの早送りを想像してみよう。大統領による中国との関係改善、北ヴェトナム軍の進撃にともなうアメリカ軍ヘリコプターのサイゴン脱出、中東からの原油供給不足に起因するガソリンスタンドでの長蛇の列、国家元首のテレビ画面上での辞任、イランでの人質事件、元映画スターの大統領がソ連を「悪の帝国」と非難、ベルリンの壁の崩壊、クウェートからバグダッドへの路上で燃え尽きた戦車、インターネット革命を示唆する株式市場の指標、テロリストの被害に遭ったアメリカ船、爆破されたアメリカ大使館、ホワイトハウスで握手するイスラエルとパレスチナの首脳、そしてまだまだリストは続く。これに似たイメージのいくつかは200年後、ましてや2000年後にはありえないだろう。しかし、これらの外見上の出来事の背後で、アメリカの国力とそのグローバルな位置が絡み合っているので、ありふれた見出し記事の根底にある構造的変化を見定めることが重要である。

本章では、まず1970年代という過渡期の10年間における主要な場面と、国際的に内向きの姿勢や国内の混乱が引き起こす問題へのアメリカの反応を描き、次にアメリカに影響を与えたいわゆる「新たなグローバル化」をとくにレーガン政権の役割を通して分析する。この時期には、アメリカの文化的・経済的・政治的影響が、目

を見張る形でトランスナショナルに広がった。最後に、本章では、アメリカを抑制したり方向づけたりする国家を超えた新たな影響を分析する。ちょうどアメリカが他国に影響を及ぼしたように、トランスナショナルな影響力がアメリカの社会的・経済的骨組みを変え、アメリカの国力に挑戦してきた。こうした変化が、２００１年９月11日の劇的な事件の場面をお膳立てしたのであった。

多くの研究者、政府の役人、メディアに出る評論家は、21世紀へ至る１０００年の最後の30年間に世界がより緊密になったことに意見を一致させ、この転換を新たなグローバル化と呼ぶ理論家もいる。歴史家の間で、こうした変化の程度や一方向的な特質そして不可逆性に対して見方が異なるが、政治システム、経済状況、メディア、通信技術の変化によってより相互依存的な世界がもたらされたということには、ほとんど疑問の余地がない。アメリカにとっては、この高まりつつある相互依存状態との関係は矛盾したものである。というのは、ある意味では、アメリカが大きな世界的統合を可能にしている力の主要な要素になっていたが、同時に、新たなグローバル化は、すべての国々が平等であるということを意味していなかったからである。すなわち、アメリカはこの時期に未曾有の軍事大国にのし上がり経済的繁栄を誇るにつれ、単独行動の強力な能力を誇示するようになった。そのうえ、歴史的状況の観点から見れば、アメリカはこの30年間の当初は困難な状況にあり、自国が国際社会を再編成していた重要な時期である１９７０年代に、内向きの強い衝動が顕著であったのである。

ヴェトナム戦争のトランスナショナルな結果

１９７０年代はアメリカにとっては困難な10年間であり、この時期に出現した問題の多くは、ある意味においてヴェトナム戦争のトランスナショナルな結果と連関していた。この戦争は一時的にアメリカの経済力と政治力を弱体化させ、国際的なアメリカの威信に影響を及ぼした。朝鮮戦争と違って、アメリカの同盟国として参戦する国はほとんどなかった（たとえばイギリスは立ち入らなかった）。アメリカ軍は南ヴェトナムとともに戦いの矛先に直面した。ヴェトナム戦争に抗議するデモはアメリカ中で展開されたばかりでなく、他国においても日常的な光景となった。これを受けて反米運動が第三世界において広がった。アメリカ陸軍の将校が非武装のヴェトナム人の村人を大虐殺する命令を下したことで１９７１年に有罪判決を受けた１９６８年のソンミ村虐殺事件は、アメリカ国民と国際社会の人々に、アメリカ軍は罪のない一般市民に対して彼らの敵と同じくらい残虐行為を行う可能性があることを明らかにした。ヴェトナム戦争の影響は経済的にも深刻であった。約１５００億ドルを出費した戦争は、財政赤字の上昇を加速し、また、高まる労組交渉と福祉政策によってすでに集積しつつあったインフレ圧力に拍車をかけた。この福祉政策は、リンドン・ジョンソン大統領の１９６５年から１９６９年の期間の「偉大な社会《グレート・ソサエティ》」改革によって促進されたものだ。

軍事的にも戦略的にもヴェトナムでの危険な冒険は敗北に終わり、５万８０００人のアメリカ人が命を失い15万人が負傷した。１９７３年1月、リチャード・ニクソン大統領政権は、財政的・軍事的援助を撤回することに合意し、南ヴェトナムを放任した。2年後、南ヴェトナムの崩壊時にアメリカ軍のヘリコプターがサイゴンにあるアメリカ大使館を最終的に飛び立ったときのイメージは、世界中の人々の目にアメリカ敗北の強烈な象徴を焼き付けたのであった。アメリカ人と協力した難民たちはヘリコプターにしがみついたが、他の難民たちは必然的に押しのけられた。

アメリカ国内では、公民権、フェミニズム、麻薬文化、軍産複合体をめぐって意見の分裂が拡大していた。この時期にドイツ、メキシコ、フランスを含む西洋世界の至る所でそうであったように、学生の異議申し立てが大学を揺さぶった。抗議は一つには、ベビーブーム世代の若者の不満に端を発していた。フランスでは、反戦運動が大学教育拡大の初期の困難な時期と重なり、反戦学生数の急増（１９６８年にかけて10年間で17万人から51万4０００人に増加）は、官僚的干渉に対する不満につながった。もっとも、フランスの革命的伝統と階級意識も学生たちの不満を高めたのだが。大学生世代を過激な抗議に敏感に反応させたり、大学キャンパスにおいてブルーカラーの家庭と立派な教育を受けた反体制派の間での痛烈な内部分裂が助長されたりした背後には、ヴェトナム戦争が決定的な役割を果たしていた。リチャード・ニクソンは、愛国的アメリカ人の「声なき多数派」のパワーを回復させるためにこうした分裂につけ込んだ。アメリカ空軍が共産圏側による南ヴェトナムへの供給ラインを打ち砕くためにカンボジアを爆撃したとき、その行動が学生たちの新たな暴動に拍車をかけ、オハイオ州兵が4人の学生を射殺した1970年5月のケント州立大学での抗議事件につながった。ニクソン政権が過激派の監視に盗聴やその他の違法行為を行ったときに、すでに国家が国民を裏切っていたように、オハイオ州も州民を裏切ったのだ(1)。

大学のキャンパスはすぐに平静を取り戻したが、ヴェトナム戦争の文化的影響は依然として残った。一つの恒久的特徴は、1975年以降にヴェトナム難民や、他のヴェトナム人、そしてカンボジア人がアメリカに到着したことである。1975年のサイゴン陥落時に10万人を超えるヴェトナム人が南ヴェトナムから避難したが、彼らの多くはアメリカに受け入れられた。それから1978年にいわゆるボート難民の波が押し寄せてきたが、彼らの多くは民族的には中国人であり、ヴェトナムの新政権によって差別されていた。大量の難民と経済移民が押し寄せた結果、アメリカ政府は新しい共産主義支配者から政治的に孤立していたにもかかわらず、ヴェトナムとの民間人同士の絆は確立されていたので、よく知られた連鎖移民パターンによっていっそうのヴェトナム人移民が発生した。20世紀末までに、98万8000人の外国生まれのヴェトナム人がアメリカに在住し、第5位の移民集団に成長した。ヴェトナム人の流入はより大きな民族的・文化的多様性をもたらしたが、人口動態的影響は、とくにカリフォルニア州を含む主として7つの州に限られていた。7州合わせて、ヴェトナム難民と他の東南アジア系移民全体の約4分の3を受け入れたのであった(2)。

こうした難民に加えて、アメリカ人軍人とヴェトナム人女性の間に生まれた欧亜混血の子孫——国民に戦争を想起させる明白なシンボルとなった——がアメリカへ到着し、国内において生じたヴェトナム戦争の波紋にもかかわらず、戦争の一つの顕著な結果は、アメリカ国民がヴェトナム戦争を忘れようとしたことである。しかし、この忘却を達成するのは困難であった。ヴェトナムにいる700人を超えるアメリカ人戦争捕虜の存在が、1973年のアメリカの撤退以前の期間における世論を刺激したのだった。そして、これらの戦争捕虜の釈放後でさえ、多くのアメリカ人は他の何千人もの行方不明兵（ＭＩＡ）が、共産主義者によってインドシナ半島のどこかに秘かに監禁されたままであると執拗に信じ続けていた。[3] ＭＩＡ症候群はアメリカ人にとってもう一つのいら立ちの種であり、内面的にアメリカ人の戦争からの社会的・文化的回復を困難にさせていた。それにもかかわらず、戦争は文化的にいえば、決定的な内向きへの方向転換を生み出した。アメリカ人はヴェトナム戦争をアメリカへの影響という観点からしか見ていなかったということである。たとえば、『ディア・ハンター』と『帰郷』は、戦争の帰還兵への影響とその戦争がもたらした心理的およびその他の傷を強調した映画である。アメリカ人は癒えることを願い、そして彼らの多くは、マヤ・イン・リンが設計し１９８２年に除幕された地味なデザインのヴェトナム戦没者記念碑を通じて、控え目にヴェトナム戦争を思い出すことを望んでいた。北ヴェトナム人と南ヴェトナム人双方の犠牲者はほとんど忘れ去られていたが、戦争は忘れ去られておらず、また、戦没者記念碑は忘れさせるのに役立たなかった。記念碑の設計にはアメリカ国旗が含まれていなかったので、ヴェトナム戦争退役軍人ですら侮辱され必要とされていないように感じた。さらに、参戦した兵士たち全員ではなく、単に戦没者の名前だけがその記念碑の厳粛な石に刻まれていた。誰かがいったように、このように記憶されている戦争は国民にとって化膿した「傷口」であった。以上のように、ヴェトナム戦争は文化的に世界との大きなかかわりをもたらさなかったばかりか、むしろその逆であった。[4] 同様の内向きの方向転換が政治的にも外交的にも生じたのである。すなわち、外交政策においては、ニクソンが１９７２年に中国へ足を運んで文化的・経済的交流のプロセスを開始し、その７年後には結果として全面的な中国の承認につながったが、一方で１９７０年代のアメリカ外交の風潮は、太平洋におけるアメリカの国力の限界を強調し、東アジアおよび東南アジア諸国が自己防衛の負担を担う必要性を力説することになった。

国内の非運な出来事と国外の関係

この期間にアメリカは、体制の信頼を揺るがすような国内の出来事に没頭していた。皮肉なことに、これらの

「国内の」出来事は、当時のもっとも重要な「国外の」出来事であったヴェトナム戦争に関する情報操作を共和党政権が企んでいたことと密接に関連していた。その影響は、大統領職の権力を一時的に弱体化させ、ニクソンの外交政策戦略を損なうものだった。民主党本部への侵入に続く1973～74年のウォーターゲート事件は、ニクソン大統領の辞任をもたらす一連の出来事を引き起こした。1970年代半ばのアメリカ政治は、国内政治体制がウォーターゲート事件による巻き添え被害を浴びたことに確固として焦点が当てられていた。ウォーターゲート事件はアメリカの自信に対する一つの難問であったが、アメリカの体制が世界的に衰退する可能性を強める他のいくつかの課題があった。

1970年代のアメリカの悲運は、ヴェトナムからの屈辱的な撤退の域をはるかに超えるものだった。中東やアフリカではソ連の国力が強力になり冷戦に鼓舞された内戦がアンゴラなどの地域で拡大したばかりでなく、アメリカは初めて多方面にわたって限界の言説に直面した。1950年以降の時代に、教育水準の高い中産階級が都市における生活の質および自然破壊に関心を寄せたことから始まった環境運動が、1960年代に急進的になり環境的制約に敏感に反応し、「成長の限界」という言葉は、地球資源の加速する減少に対して警鐘を鳴らしていた。この「成長の限界」という名の主要報告書は「ローマ・クラブ」によって委託され、その内容は国際的な規模であったが、その主だった執筆者はアメリカ人であった。また、1970年に設立された「地球の日」とアメリカの影響で成立した団体である「地球の友」は、大地や地球全体と自然との結びつきを刺激したが、結局、アメリカの特別な豊かさには限界があることを示すものであった。

経済的観点から見れば、1970年代は低経済成長と高インフレの時期であった。ほとんどの西側諸国、とくにイギリスは、こうした問題に喘いでいた。もっとも、アメリカの悪化する貿易の地位と高額の財政赤字は、ドルが事実上の準備通貨としての役割を担っているという理由でアメリカをとくに脆弱にしていたのだが。アメリカの産業と輸出をもっと競争力のあるものにし、そうすることによって膨大な貿易赤字を解消するために、アメリカは同盟諸国に対ドル為替レートを1971年末に引き下げることに同意するよう圧力をかけたが、しかしドルの下落がその直後に続いた。一見したところでは限界がないように思われた1945年以降のアメリカの経済力は、多岐にわたる製品、とくに自動車の分野で日本からの輸入品の挑戦に直面した。これと同じように仰天させたのは、高騰するエネルギー価格と原油不足の衝撃であった。贖罪の日に勃発した1973年のイスラエルの第四次中東戦争に反発した石油輸出国機構（OPEC）の石油カルテルによって生じたエネルギー危機は、戦後の長期的な経済成長を終結させるインフレーションの悪循環と周期的な景気沈滞と結びついた。路上での速度制限が燃料節約の多くの方策の一つとして導入され、ガソリン配給制が導入され、1973年から1974年の冬、ガソリンスタンドには順番待ちの車の長蛇の列が見られた。豊かさに慣れっこになっていたアメリカ人は狼狽した。その不安は1975年までに沈静化したが、これが最後のオイルショックにはならなかった。1978年から1979年のイラン革命によって、アメリカが支援していた独裁者のシャー・モハメッド・レザ・パーレヴィーが失脚し、直後にイスラム原理主義の政権が誕生した。次いでイラン国内での市民による暴動のために、世界第2位の産油国の原油生産があてにならないものとなり、第二次エネルギー危機が起こった。この状況と軌を一にしてイラン人質事件が勃発し、イラン人の過激派学生が、数十年にわたるアメリカによるパーレヴィー政権支援の報復措置として1979年末にテヘランにあるアメリカ大使館で52人のアメリカ人を人質にとった。人質は1981年1月まで解放されず、大統領の問題解決能力のなさゆえ、それが1980年の大統領選挙においても厄介な課題となった。人質事件はすでに弱体化していたジミー・カーター政権を崩壊させ、彼は衰退しつつあった政治力と高まりつつあった経済的緊縮時代に権力の座にあった大統領として記憶されることとなった。

新たなグローバル化とアメリカ政治・経済

しかし、1970年代末の陰鬱な空気に、ある種の再生の兆しが隠されていた。外部からのショックのためにアメリカ経済と政治的展望が再編されたのである。また、アメリカの愛国心と自信を回復するための精力的な動きは、アメリカ政治の保守派から発信されすでに進行中であった。アメリカの国力の成長はすぐに復活し、大いに繁栄する時期のさらなる25年間に突入した。変革は一人の男、すなわちロナルド・レーガンが存在していたために実現したように見えたが、現実ははるかに複雑であった。

レーガンの再選をかけた１９８４年の大統領選挙中、共和党の選挙宣伝は、アメリカに「新しい黎明」をもたらしたのは、この人気のある大統領であると訴えた。１９６０年代の社会的分裂と１９７０年代の経済的停滞期の動乱後に、たしかに国民のムードは回復し、この回復の大部分は、政治的変革に起因するものだった。アメリカは、不屈の大統領のおかげで自国の運命の制御を再び主張していたにすぎないと考えたくなる誘惑に駆られる。大統領が冷戦の闘いを精力的に遂行し、中米における社会主義革命に反対する行動をとり、軍拡競争を激化させ、ソ連を悪の帝国と宣言するにつれ、レーガンの外交政策と国防政策はアメリカ例外主義思想の再確認を鼓舞するものになった。大統領としてのレーガンの国内的影響はまた、アメリカ中心の国家の復活の証拠を提供している。大企業優先のトリクルダウン政策下で繁栄はほとんど公平に分配されてはいなかったけれども、レーガンの減税と規制撤廃は１９８０年代の――少なくとも１９８２年以降の――繁栄の時代を築くのに役立った。１９９０年代初めの経済後退で中断したもののアメリカの長期にわたる好景気は、株式市場のバブルと以前よりはるかに低い失業率の道を拓いた。ビル・クリントン政権は、ある程度までは、１９７０年代の景気の底から出現したよりダイナミックで繁栄する経済を享受する存在であった。しかし、１９８０年代は、大統領政治の有為転変より深遠な圧力を表わしていた。すなわち、私たちが今や新たなグローバル化と呼ぶ変革が、アメリカの国内の政策決定に影響を与えたということである。衛星通信、１９９０年代のワールド・ワイド・ウェブにおいて最高潮に達したコンピュータ革命、資本の自由な流れ、変動相場制、多種多様でトランスナショナルなＮＧＯ、そして環境保護と人権の言説はまさにグローバルな統合の兆しを示すものであった。

しかしながら、新たなグローバル化の勃興は、人間の影響が及ばない不変の科学技術力の結果ではなかった。それは現代資本主義の経済的・政治的関係における変革によって駆り立てられたものであり、それ自体が真にトランスナショナルな現象であった。１９４０年代から１９７０年まで、ケインズ理論による経済的支出の影響がグローバルな経済を増幅した。しかし、労働・資本競争と原料価格の高騰、とくに1970年代のオイルショック絡みの高騰が単にアメリカだけでなく、世界中でこの資本蓄積の循環における危機を招来した。1980年代における労働組合の勢力と政府の規制に対抗する企業力と財政力を再主張することが、それに対する回答であった。アングロサクソン系アメリカ人の世界全体で資本主義と自由市場が再び活性化され、より廉価な労働力と信用とコンピュータ化による「第三の波」による産業革命の新科学技術の影響下で、1990年代における成長の絶頂期の新たなサイクルがもたらされた。赤字支出のパターン、所得税の減税、企業への刺激策は戦後の時代のケインズ理論と異なっていた。国家規模は今や縮小された。自由市場主義経済学者は貿易の自由化原則、制約のないグローバルな資本循環、そしてビジネスに対する官僚的規制の終結を強力に推し進めた。レーガン政権下でこれらの着想が政府に導入された。自由市場主義政策は、次のような環境問題に見られる。つまり、レーガンはアメリカの国有地などの国有資産を放棄し、汚染規制の形式主義的しきたりを緩和し、より多くのガソリンを消費する車への回帰を奨励した。1986年にレーガン政権は、1978年の自動車燃料経済性基準を廃止した。表向きの理由は、市場のほうがガソリン使用を制御するうえでより有効に機能するというものだった。そうした変革は、1990年代までにはグローバルな温室効果ガス排出の劇的増加の一因となった[5]。エネルギー問題においては、国内政策と外交政策が絡み合うようになった。アメリカはペルシア湾岸の中東産油諸国に対する外交圧力を通じて原油生産競争を促進し、多国籍企業による海外の原油実地踏査を助長した。オイル危機が終焉すると、大型自動車が再び一般的になり、エネルギー消費の上昇が表われた[6]。

レーガン政権化で再構築を目指すアメリカの右派の活動と同時並行的に、イギリスではマーガレット・サッチャー首相の下で反労働組合政策への動きが進行していた。レーガン大統領のように、サッチャー首相はフォークランド紛争（1982年）で発揮したような精力的な外交政策を遂行した。1990年代までにヨーロッパ諸国は行政をスリム化し、電話会社などの国有財産を売却処分していた。アメリカ版資本主義がますます国際的なモデルになっていた。単にロナルド・レーガンの人柄とアメリカ国民の間での彼の人気ばかりでなく、新保守主義政治のトランスナショナルな政治的重要性およびグローバル経済的な圧力も、こうした変化をもたらした。

アメリカは、1945年以来そうであったように、世界の経済活動の中心に存在し続けたが、アメリカのグローバルな経済関係は1970年代以降に変革を遂げた。1950年代初め以来、アメリカはヨーロッパへの財政援助、ヴェトナム戦争、そして他の海外派兵を通じて金準備高を減らしていたが、加えて1971年から1972年までに貿易赤字も出していた。金準備高の減少は劇的なもので、戦後の国際経済合意が解体し始めていた。一つには、ドルを金に結びつけていたブレトンウッズ協定の規定が1971年に崩壊し、自由変動為替相場制が基準となった。この制度はアメリカ経済のいくつかの部門に恩恵をもたらした。ドルは事実上、準備通貨のままとどまり、1980年代までに財政的大刷新の影響は、グローバルな資本移動を促進することであった。そしてそれが、海外のアメリカ人投資家にとって、またヨーロッパの資金を容易にあてにすることができたアメリカの株式市場にとって、有利であることが判明した。海外諸国におけるアメリカの投資は1970年代と1980年代に増加し、レーガン政権は貿易の自由化を拡大していった。たとえレーガンがアメリカのナショナリズムとグローバルな政治的優勢を強調しても、アメリカ経済はよりいっそう世界経済と一体化するようになった。対外貿易は、1970年の国内総生産（GDP）比の約11%から1980年の20・5%に上昇し、さらに2000年までには26%に増加した。[7] 市場を開放することにおいては、アメリカのほうが他の主要競争相手諸国より寛大であったのである。こうしてアメリカは、1985年に第一次世界大戦以来初めて債務国となった。アメリカ人は高い生活水準に資金を供給するために輸入品を飲み込んで、外国の金融業者が利益を上げた。アメリカは資本投資と長期国債の購入を、まずはヨーロッパに、そして次第にアジアに行ってもらい、破綻を免れていた。経済におけるこうした変革を支えていたのは、世論や政界においてグローバル化の長所が強調されたことにあった。1990年代初めにジョージ・H・W・ブッシュ政権は北米自由貿易協定（NAFTA）を成し遂げ、クリントン政権の当局者たちは自由貿易を盛んに賞賛し、WTO（1995年設立）を支持した。現代グローバル化の「素晴らしい新世界」は、経済的意味においてはほとんど到来していたのであった。そこではアメリカが現代グローバル化のルールを運用していたというより、むしろアメリカはそのゲームの参加者だったのだ。

新たなグローバル化とアメリカ社会

アメリカ経済は1987年の株式市場暴落の2年後まで活況を呈した。1993年以降再び活況が戻ったけれども、グローバル化がアメリカの地域経済に与える影響に格差が生じていた。高い労働コストに駆り立てられたアメリカの会社がメキシコ、南米、東アジア、東南アジアを含む発展途上国に移転するにつれて、1970年代から産業の空洞化が社会現象となった。それとは逆に、とくにアメリカ北東部や中西部のいわゆる「ラストベルト〔斜陽重工業地帯〕」では工場の閉鎖や人口減少が見られた。オハイオ州などの重工業にも圧力がかかって、ヤングズタウンの鉄鋼所は荒廃しつつある都市や町であるラストベルト現象の一部となってしまった。アメリカの鉄鋼業界の雇用は1973年には50万人超であったが、1983年までには24万人へと下落した。労働組合はカナダより脆弱で、政策も自由市場志向の傾向があり、旧来のアメリカ産業はあっけなく衰退していった[8]。一方、カリフォルニア州やオレゴン州などの他の地域は、軍需産業契約と観光事業のいずれか、もしくはその両方からの恩恵を受けて飛躍的な成長をとげ、1980年代と1990年代の「サンベルト」となった。1980年代のカリフォルニア州におけるコンピュータ産業の成長は、アメリカ経済をよりいっそう変化させ、ハイテクを活用した特定の地域の再生へとつながった。19世紀にそうであったように莫大な財産が築かれて、ダラス－フォートワース地区やヒューストンに加えてシアトルやサンノゼなどのシリコンヴァレーの町々など、光り輝く都市が急激に広がった。こうしたグローバルな経済効果には階級的・人種的側面もあり、企業のグローバル化が、高い技術を必要としない仕事の機会の喪失やコミュニティーの崩壊のために、非白人系の人々に偏って打撃を与えた。

アメリカ経済内部の地域的・階級的な格差は、新しい現象とはほとんどいえなかった。というのは、19世紀に南部の経済発展は国外に焦点を固定していたため第二次産業の導入が困難になり、綿花や他の農産物の輸出が有利になっており、また同様にアメリカ西部は輸出志向型で、19世紀末には本質的に東部の植民地であったからである。ノースカロライナ州とサウスカロライナ州の繊維産業は１８８０年代にニューイングランドから移動してきたが、結局レーガン政権の時代に第三世界へと移っていった。グローバル化がもたらす困難な影響もアメリカだけで感じられたわけではなかった。ラストベルトは、イギリスなどの他の諸国および１９９０年代における旧ソ連とその東ヨーロッパ同盟諸国の荒廃した工業都市にも存在し、そこでも国家経済をグローバル化するプロセスが終焉してしまうことはなかった。アメリカは新たな「情報経済」のために１９８１年以来、再工業化を継続的に展開してきたが、２００１年から２００２年にかけての株式市場バブルの崩壊後は、ホワイトカラー層のラストベルト化もありうることと思われた。新たなハイテク関連経済の中心地は、たとえば、インド――名門の大学を有し、高度な教育を受けた人々や成長を続ける中産階級の間で英語が気軽に話されている――に職を奪われるということを体験した(9)。

経済内部の格差の結果、政治的・経済的影響が見られた。たとえば、アメリカ政治において南部諸州と南西部の権力が増大し、また、軍需産業につながって繁栄している地域はより保守的であり、とくに南部のバイブルベルトはその傾向にあった。他の地域では、１９３０年代と１９４０年代からの民主党によるブルーカラー寄りの政治が、労働組合組織率と同様に、伝統的な製造業の衰退によって打撃を受けた。リベラルでコスモポリタンな人々は大西洋岸地域と太平洋岸地域に密集しており、大都市圏も１９７０年代以降はより国際的志向の強い地域であった。すなわち、サンフランシスコとニューヨークはいつも国際的な都市であったが(10)、ロサンゼルスやシアトルなどの他の都市も移民の影響で同様に国際的になった。これらの地域では、引き続いて比較的リベラルな政治を支持しており、一方、アメリカの中核地域《ハートランド》では１９８０年代に保守的な共和党寄りの方向に転換した。国家内での勢力均衡にとって大きな意味を持つこれらの外見上国内的な結果は、実際は、１９７０年代以来のグローバル化の新局面における不均等な統合の産物であったのである。

新たなグローバル化とアメリカ文化・思想

世界経済との統合は、単に経済的なものばかりではなく、文化的な意味合いも持っていた。世界におけるアメリカの潜在的な影響はとくにアメリカのメディアを通じて拡大されたが、それは1980年代に発展しつつあったケーブルテレビのニュース・チャンネルであるCNNや1990年代に国際的に広がったケーブル・ネットワークのメディアであった。それ以前にメディアと通信手段が、多くの重要なグローバルな変革を開始していた。これらの源流は、1962年からのテルスター衛星放送に遡ることができる。1969年までにグローバルな報道のおかげで、世界中で5億人を超える人々が二人のアメリカ人宇宙飛行士が月面を歩く姿を生中継で見ることがすでに可能であった。1980年代と1990年代には、衛星テレビと台頭したビデオの増加が、アメリカのポップカルチャーを蔓延させ、アジアやラテンアメリカでバスケットボールが人気を博していった。同時に、ハリウッドは、テレビの挑戦に触発されて、大ヒット作品やアクション映画に的を絞ることによって生まれ変わった。アメリカ映画業界の海外市場における収益は、1950年から1980年までは全体の3分の1であったが、1990年代には半分に達した。たとえば、アフリカの英語圏ではアメリカ映画が市場の70%を占めた。ハリウッドが優勢なためその競争相手の国営映画産業は徐々に下降線をたどった。1990年代末までに、ヨーロッパの映画産業は第二次世界大戦終結時の規模の9分の1となった[11]。比較的健全なフランスの映画産業でさえ国内市場のわずか26%しか客を引き付けていなかった。ヨーロッパ以外では、アジアの映画産業がヨーロッパより好調で、とくにインドや香港ではそうだったが、オーストラリアでは、国家の補助金を受けて成功していた地元の映画産業が、長期的には将来のハリウッドのスターや監督を輩出するための養成の場を提供した程度であった。

さらに国際的に影響を与えたもう一つの分野はアメリカ式ビジネスであり、1980年代にはサービス産業においてアメリカ式ビジネスが普及し、新たなグローバル化のパターンを成長させ促進させた。科学技術と通貨の自由な移動の中でアメリカの多国籍企業はその範囲を拡大し、消費財の生産において生じていた変化をサービス部門で再現した。マクドナルドは、1974年にイギリスにおいてヨーロッパに小さな一歩を踏み出してから1980年代に急速にその事業を拡大し、1990年にはモスクワに最初の金色のアーチを立てた。ヨーロッパ大陸でファーストフードが本格的に拡大するには、その頃まで待たなければならなかった。なぜなら、ヴィクトリア・デ・グラツィアが述べているように、1980年代になって初めて、昼食のために帰宅することができることよりもむしろ遠距離通勤をする傾向など、ヨーロッパにおいてもアメリカと同様の条件が整い始めたからであった。[12] 1980年代半ばから、生産・流通過程を国際化する傾向が見られ、アメリカの食品飲料チェーン店が世界の飲食スタイルに多大な影響を与え始めた。もっとも、このアメリカ式のスタイルが挑戦を受けなかったわけではなく、この挑戦を受けて、伝統的な支度と食事を強調する「スローフード」運動が、フランスやイタリアで始められたのである。

アメリカ人の知識と国際経験にとって、この拡散した文化的産物がもたらしたものは重要であった。アメリカ的な空間が1990年代までに「グローバル化」したからである。アメリカ式ビジネスが普及して、アメリカ人にとっては慣れ親しんだ生活領域内にとどまりながら海外旅行をすることがはるかに容易になった。クレジットカードを使用した自動取引によって、アメリカのホテルチェーンが多くの海外諸国で大躍進をとげることが可能になったのは、1980年代のことであった。また1990年代には、スターバックスなどのコーヒーチェーン、さらには映画、ケーブルテレビ、インターネットのおかげで、人々は外国にいて本国と連絡をとりながら、より容易にアメリカでの生活体験を再現できるようになった。もちろん、気分が安らぐ自国のシンボルを追い求めるこの欲求は、人間本来のものでありアメリカ人特有のものではない。カナダ人はフロリダという冬季「植民地」に渡り、一方、イギリス人観光客とドイツ人観光客は、南スペインと南フランスの地域を彼らのイメージに合うように変えてしまった。しかし、世界全体に占める割合で示されるアメリカ人の観光のドル換算額が大きかったように、旅行するアメリカ人の絶対数が多かったので、アメリカの影響のほうが大きかった。1960年代には20%、2002年でも世界中で観光がぐんと伸びている中でまだ12・2%もあった。[13]

アメリカでは、メディアの役割が知識の幅を狭くしたり競争相手を妨害するアメリカの知的空間を創出したりして、同様の影響を与えた。映画研究家のトビー・ミラーは、「アメリカの映画市場における輸入映画の割合を比較すると1960年代には10％を占めていた」が、2000年までにはわずか0・75％になり、外国映画を「かつてなかったほどアメリカから本質的に締め出している」と述べている[14]。実際には外国映画の周縁化は新しい傾向ではなかったが、1970年代以来30年以上にわたるブロックバスター〔大ヒット作品〕現象の経済と増加するメディア相互間所有権が、未曾有の程度まで外国映画を締め出した。クリストファー・ジョーダンによると、その同じ制約が、ナショナリズム、労働倫理、「頑強な個人主義と自助努力」を含む伝統的なアメリカの価値観を再び強調するために、映画製作の本質も変化させ、提示される着想を狭くしてしまった[15]。

アメリカの影響は「新自由主義」思想を通じても広がり、この分野で、アメリカの経済学者や他の政策立案者の研究が卓越していたが、もっとも有名な学者はミルトン・フリードマンであった。フリードマンは19世紀の宣教師のように世界中を旅して、自由市場の長所と大きな政府の罪について説いた。この時期に先進国の中でニュージーランドほど自由市場哲学を実行した国はなかったが、もっとも有名であったのはチリの事例で、フリードマンはアウグスト・ピノチェトの軍事独裁政権下の1975年にチリで講義をした。いわゆるシカゴ学派出身の新自由主義経済学の教授陣がチリ政府にアドバイスをし、「シカゴ・ボーイズ」として知られている経済学博士の集団が、チリ政府の要人の地位を占めた[16]。このように新自由主義思想が根付いたのは、IMFや世界銀行などの国際金融機関が、新自由主義思想に好意的な態度を見せ、また高度インフレと沈滞する貿易の時代に彼らの経済を安定させる融資などの援助が必要な政府に報いたからである。

麻薬問題のトランスナショナルな側面

他のアメリカ思想は、アメリカ的な文化が拡張していた19世紀のかつての歴史と結びついていたことは明らかである。禁酒は1933年にアメリカで決定的敗北を喫していたが、20世紀末の麻薬政策は、ある意味では禁酒の計画的な再来であった。アメリカの禁酒主義的な麻薬取り締まりへの取り組みは第一次世界大戦の数十年前に始まり、禁酒運動と密接にかかわっていたからである。1920年代と1930年代の先駆者は、世界麻薬防衛協会会長のリチャード・ホブソンで、禁酒法を定める憲法修正案を最初に議会に提案した人物であった。アメリカ政府内では連邦薬物局長官のハリー・アンスリンガーが1930年から指揮をとったが、彼は1920年代に憲法修正第18条を強く主張した連邦禁酒法局を経て、連邦薬物局長官の任に就いた。しかし、第二次世界大戦後に初めて、アメリカの麻薬規制への取り組みが、国際的に政治的影響力を持つに至った。1953年アヘン条約にはアンスリンガーの影響力が記されていた。そして、彼はすべての麻薬取り締まりを単一の禁止会議と権限に一元化するいわゆる「単独の条約」を提唱した。国連の下に1961年の麻薬単一条約（1964年に批准）が制定され、2000年までに180カ国が加盟し、ヘロインや他の中毒性の強い違法薬物の禁止（規制や処方をともなう医学的用途は例外）を監視し執行するために国際麻薬統制委員会が設立された。

しかし、脱植民地化と冷戦における東西両陣営を張り合わせる外交能力を支えとして、麻薬生産諸国はさまざまな条約を批准することにすぐに腰を上げなかった。なかには1961年の包括条約の下で軍事的・財政的援助の約束によって基準に応じる方向に傾いた諸国もあったが、数カ国は条約体制を全面的に無視し、そしてイランやトルコなどの諸国は、気のないふりをして応諾の見返りにアメリカの財政的援助と政治的支援を得ようと躍起になったり、それらを操ろうとしたりした。明らかに、アメリカ（と他の先進諸国）の思惑どおりになったわけではなかったのである。(17)

ちょうど禁酒においてそうであったように、アメリカの麻薬政策は国内外からの抵抗に遭った。アヘン取引を禁止する国際条約の権限よりも、アヘン取引を刺激する戦争の影響力のほうが、より重要であった。アメリカの東南アジアへの軍事的介入にともなって1960年代にヘロインが蔓延したが、アメリカの軍人が麻薬中毒を本国へ持ち帰り、同時代のアメリカの繁栄と薬物使用を擁護する若者文化の勃興が、なおいっそう儲かる市場を生み出した。皮肉なことに、ほとんどのアメリカの違法薬物は、タイ、ビルマ、ラオスの国境周辺の名高い黄金の三角地帯から入ってきており、そこでは共産主義者に対抗する闘いの中で、CIAに協力し保護されていた山岳部族が、アヘンを栽培していた。(18)ニクソン大統領は、1971年に違法薬物は国民の敵であると宣言することによってそのレトリックの激しさを段階的に増大させ、1973年には麻薬問題に対処するために連邦麻薬取締局を設立した。彼は麻薬に「宣戦」布告することによって、アメリカをこの外国の侵略から守ろうと努力した大統領の一人になろうとしていた。しかし、その「戦争」は無期限にわたって続くこととなり、1980年代と1990年代におけるアメリカの諸外国との関係にかなりの影響を与えた。

　麻薬問題のこのトランスナショナルな側面は、1970年代末から洪水のように押し寄せてきたラテンアメリカからのコカインに関心が転じたときにとくに明らかになった。当局は当初その脅威を過小評価していたが、それは、おそらくコカインが都会の裕福な専門職に従事している若者や上流階級の間で愛好されていると噂されていた麻薬であったからだ。しかし、1985年の安価なクラック・コカインの出現とそれに付随するアメリカのスラム街での深刻な路上犯罪に対応して、レーガン政権は1986年にドラッグに対して一切容赦しない《ゼロ・トレランス》政策を導入し、アメリカの若者のために「はっきりとノーと言おう《ジャスト・セイ・ノー》」というスローガンを採用した(19)。コカインの密輸は金の儲かるトランスナショナルなビジネスに成長していたので、アメリカの外交政策が関与した。1989年にアメリカがパナマの独裁者マヌエル・ノリエガを打倒したとき、アメリカの介入の表向きの理由の一つは、アメリカの海岸に向けたコカインの流れにおける彼の役割であった。それでもアメリカ当局によるノリエガの裁判と投獄は、コカインの流れを止められなかった。事実、コカインはアメリカの介入後も、おそらく介入前と同じくらい広範囲にわたって入手可能だった。1990年末までには、アメリカはその源――コロンビアにおけるコカの葉の栽培――への介入が必要であると確信し、2000年にクリントン政権はコカイン・カルテルを鎮圧する軍事援助を提供することで、コロンビア政府と合意に達した。しかし、アメリカが政治的・軍事的に南米大陸に干渉してきた長い歴史があるゆえ、この10億ドル規模の「プラン・コロンビア」介入はラテンアメリカで大きな議論を呼んだ。アメリカが諸外国の問題に干渉することは、麻薬撲滅戦争の場合にはアメリカの国内政治や政策のトランスナショナルな延長線上にあったのである。これらの政策遂行がどれほど効果のないものであったとしても、アメリカの軍事力と経済力だけが、その導入を可能にしたのだった(20)。

アメリカの経済的・道徳的改革の実践が文化的影響とともに、1970年代から1990年代までの間にはっきりと目に見える方法で広がった。こうした一群の変革は、アメリカ帝国の新たな脱領土化の幕開けとなったのであろうか。たしかに麻薬政策の方向は脱領土化の過程を示唆しており、そこではアメリカの内政と外交が絡み合っていた。というのは、麻薬がアメリカに流入しているという観点から見て、また自国の領土の治安を維持する権力を欠いている国家に対してアメリカ国内の社会政策を実行すべき経済的・外交的・軍事的行動という観点から見ても、国境の隙間だらけの状態が明白になったからである。

しかしながら、このようにして誇示されたトランスナショナルなパワーには、明らかに示さなければならない限界があった。軍事力、国際協定、そして麻薬問題の解決のために浪費されたアメリカ政府の資金が国際的承諾をもたらさなかったのは、数十年以前に禁酒の分野において外交や法の執行が効力を発揮しなかったのと同様であった。[21] 歴代のアメリカの政権が麻薬取引の一連の出来事のすべての新展開において反撃の苦闘を続ける中で、今やアメリカ外部の影響がそれに反発する形で、アメリカの政策上の反応を形成したのである。他の分野でも、アメリカの影響の拡張が一見して注目に値するように見えたが、さらに詳しく調べてみると、アメリカのトランスナショナルなパワーの限界であることを露呈した。

海外でのアメリカ文化の土着化、国内でのグローバル化による民族的再編

文化関係の分野の中で、海外におけるアメリカの影響が映画ほど、表面上偉大なものは他になかったが、しかし、この分野においてさえアメリカ化は複雑な過程であった。観客は選択的にアメリカ映画を解釈した。受容の問題は難しいものであり、吸い取り紙のように、単純な吸収過程を想定することはできない。日本市場は20世紀の末において最高でハリウッドの収益の20%を占めていたが、気が利いた映画の言葉を適用すれば、その内容の多くは「翻訳では失われて《ロスト・イン・トランスレーション》」いたのだ。マイケル・ジョーダンは世界でもっとも認められたスポーツマンとなっていたかもしれないが、[22] ロナウド・ルイス・て、新たなグローバル資本主義の象徴としての役割を果たすようになったかもしれないが、[22] ロナウド・ルイス・

ナザリオ・デ・リマやディエゴ・マラドーナなどの人物はジョーダンに匹敵した。バスケットボールではなく、フットボール――アメリカ人はサッカーと呼ぶ――が世界でもっとも目立っている競技であり、アメリカはそのスポーツの分野では周縁的な存在のままである。主なアメリカ映画のグローバルな影響にもかかわらず、アジアではそれにとって代わるものが繁栄した。すなわち、インド映画産業《ボリウッド》はハリウッドより多くの映画を製作し、その際立ったダンスの一連の動きで、ビデオクリップと同様に国際的映画様式にも影響を与え始めた。また、ＢＢＣが世界的にそうであったように、アル・ジャジーラ放送はアラブ世界のテレビ・ネットワークとしてＣＮＮに挑戦した。パレスチナの10代の若者とイランの若者は反米のスローガンを唱えながらナイキのＴシャツを着用し、テロリストたちは彼らの理念を公表したり爆弾製造情報を交換するために、インターネットを使用した。このように、彼らの抵抗の手段は、グローバル化自体の隙間に見出され、そしてこれらの組織的変化は、他のアイデンティティを通じて地域で土着化されたり屈折させられたりしたのである。

　新たなグローバル化の影響がアメリカ自体を形作っていたが、それは移民が国内の民族的構成を変化させていったことにもっとも顕著に見られた。第一次世界大戦から人種化された国家を構成していた制限的な移民政策は、１９６５年に、冷戦の政治情勢、公民権運動、それにともなって人種的不寛容の終焉を証明しようとする政府の願望に影響を受けた議会の法案にとって代わられた。その新たな移民法は、白人の西ヨーロッパ移民を優遇していたこれまでの制限を取り除いたが、受け入れる移民の合計人数に関しては東半球（各国とも2万人が限度）に対しては年間17万人、西半球（一国当たりの上限なし）に対しても年間17万人という厳格な制限を維持した。それでも、アジア移民は、もはや１８８２年およびその後の中国人排斥諸法のような特別な制限の対象にはならなかった。また、１９６５年には移民の90％は依然としてヨーロッパから来ていたが、新しい移民法の下では、１９８０年代までにはわずか10％がヨーロッパ出身（１９９１年のソ連崩壊に続いてロシアと他の東ヨーロッパ移民が一時的に来たが）であった。(23) １９６５年の変革の重要な結果はラテンアメリカからの移住者の着実な流れであり、それ以来、毎年移民全体の３分の１を超える割合を占めた。そして、彼らヒスパニックはアメリカの南西部に向かったばかりでなく、イリノイ、フロリダ、ニューヨークなどの州にもかなり集中するようになった。

　これはほんの幕開けであった。国勢調査局によると、次のように推定されている。メキシコ、キューバ、そして他のラテンアメリカ諸国からの合法および非合法の移民が増大したので、２１００年までにアメリカの人口の4分の1はヒスパニック系になるだろう。また、太平洋諸島やアジアからの大量の流入がこの多様性を拡大させるであろう。実際、１９８０年代と１９９０年代にはアジア人も流入してきて、２００1年までに全人口の４％を占めた。アメリカの外見そのものが、同様の太平洋地域の移民を経験したことのあるカナダなどの環太平洋地域の他の諸国と並んで、変化するであろう。しかし、国勢調査局はアメリカの人口に占める外国生まれの割合は１９９９年の10％から２０５０年には13％に増加すると推定したが[24]、その数字は19世紀の特定の時代よりも大きくはならないだろう。この単純な事実は、20世紀末に忘れ去られていた——あたかもグローバル化は何かまったく初めての経験であるかのように——アメリカの以前の多文化の歴史を証言している。保守的な市民団体と国家政策は、厳しい移民監視を通じてこの結果を避けようと努めていたのだが、再びアメリカは多文化国家になりつつあった。また、再びアメリカが国際的パターンの一部になったともいえる。というのは、ヨーロッパの先進諸国のほとんど、なかでもとくにフランスとイギリスは、発展途上国の貧困者と「向上心のある」階層と呼ばれる人々が脱出戦略をとり北半球の富裕な諸国へ移動するにつれて、国境警備や多様な市民層の扱いにおいて困難に直面した。今やグローバル化が至る所ではね返ってくる結果をもたらしたのである。アメリカの場合、政府が支持した経済的グローバル化が相互に与えた人口動態上の影響に抵抗することにおいて、大きな課題に直面した。すなわち、移民流入に対応して、フロリダやカリフォルニアなどの諸州で反移民勢力が増大し、保守派は二カ国語教育プログラムを廃止し、選挙の投票用紙を英語以外の諸言語で印刷するのをやめ、英語を州の公用語と定める法案を発起し支持した。１９９５年までに22州がこのような法制化を行った[25]。

環境は、「外」の影響がどのようにアメリカ「内」に作用したかを示すさらにもう一つの側面であった。第二次世界大戦後、資源開発はますます海外へと移っていった。すなわち、コーヒー、ゴム、トロピカルフルーツ産品へのすでに並外れた欲求は、軍事防衛産業にとって必要な戦略上の資源のため発展途上国に依存することによって補われていた。軍事利用と民生利用を包含する石油は、海外からの入手を求められているもっとも重要な産物であった。とくに重要なことは自動車産業の拡張で、この産業の成長と並んで、石油エネルギー使用の急増を刺激した。アメリカは１９４５年に世界のエネルギーの45～50％を消費した。この比率は１９７３年までに33％に減少したが、それは、他の諸国が製品製造能力と自動車保有率を押し上げただけの理由であり、アメリカのエネルギーの絶対消費量はまた別の話であった。人口が89％増加して１９４９年の１億４９００万人から２００0年の2億８１００万人に膨張したとき、総エネルギー消費量は２０８％増加して、9万８０００兆英熱量単位に達し、一人当たりのエネルギー消費量は63％上昇した[26]。アメリカは歴史的には石油をほとんど自給自足してきたが、１９７０年代までには初めて中東のオイルショックに対して脆弱になり、１９９７年の石油消費量の46・5％は輸入によって供給された。アラスカなどの地域を開発したことで新たな国内資源の活路が開かれたので、この数字は１９８５年には27・3％まで減少したが、１９９０年代半ばまでにアメリカの原油消費量のほぼ半分を再び輸入が供給した。１９９５年には、世界の人口のわずか5％のアメリカが、世界のエネルギーの25％を消費した。ちなみに、政府の報告書が指摘しているように、「アメリカと比較すると、日本はエネルギー消費量は世界第4位だが、世界の人口比の2％でありながら世界のエネルギーの6％を消費した[27]」。

贅沢なエネルギー使用は、１９９０年代に科学者たちが次第に予言するようになった気候変動の一因となった。地球温暖化から生じるトランスナショナルな政治的検討課題は、受け継がれてきたアメリカの伝統と対立した。資源の豊かさという遺産に根ざしたアメリカの経済的裕福さは、経済成長と消費主義を支え、海外市場への依存度を高めた。しかし、１９６０年代以来のまさにこの成長と消費のパターンこそが、世界一の化石燃料消費国のアメリカに、対抗手段を通じて地球の気候変動を制御しようとする国連の試みを、自国経済を曲げてまで支持することを足踏みさせていた。1977年以降、温室効果ガス排出削減を通じて気候制御しようとする京都議定書にアメリカが調印しなかったことは、グローバルな環境的義務と自国の政治的・経済的目的との間に出現しつつある葛藤の最たる例となった。

アメリカは、トランスナショナルなNGOから寄せられる環境政策行動に関する批判と制約に直面した。NGOは新たなグローバル化の際立った特徴で、その数は急速に増えていた。世界自然保護基金（1961年にイギリスで設立）、「地球の友」（シエラ・クラブ代表デーヴィッド・ブラウアーによって1969年に結成され、その最初の国際部を1970年にフランスに設けた）、そしてグリーンピース（1971年にカナダで設立）などの環境団体が、国際組織になって多くの国々に支部を設けた。これらすべての団体は、京都議定書に反対したアメリカを含むいかなる政府に対してもロビー活動を行った。それらの団体のリーダーは、1992年6月にリオデジャネイロで開催された環境と開発に関する国連会議（地球サミット）のような会議に押しかけた。世界178カ国の代表団がその会議に出席した。そのリオの会議から生物多様性条約や他の政策協定の声明が生まれたが、地球の窮状と将来性のある解決策を公表するためのグローバル・フォーラムも提供した。しかしこれが最初の環境会議ではなかった。最初の会議は、ストックホルムで開催された1972年の国連人間環境会議まで遡る。それは環境に関連した人間活動に関する現代で最初の主たる国際会議であった[28]。NGOは国際条約の締結のため国連に働きかけ、アメリカ連邦議会は、1971年、湿地についてのラムサール条約（1987年に承認）などのいくつかの条約を支持した。もっとも顕著なものとして、アメリカは、「アメリカの国立公園の理想の延長として」世界遺産条約を提唱し、1973年に上院での95対0の評決で条約を批准した最初の国になった[29]。

トランスナショナルなNGOの影響のさらにもう一つの例は、増大するグローバルな貧困と人間および「自然」災害に対応する人道的支援グループの卓越した役割であった。貧困は先進諸国が考慮しなければならない、まさに深刻な社会的・経済的問題であった。フランスとイギリスの植民地主義の終焉とともに、冷戦がもたらしたイデオロギー的分裂が1970年代までに旧植民地諸国に深刻な影響を及ぼし、アフリカ大陸では内戦が蔓延した。アンゴラ、ザイール（旧ベルギー領コンゴ）をはじめ多くのアフリカ諸国が政治的対立を経験した。この内戦と旱魃や貧困の根本的問題に対処する国際的支援の失敗が相まって災害となり、1984年までに南サハラ砂漠（サヘル地域）の大部分が旱魃に覆われた。最近の調査は気候変動がアフリカの災難の一因となったことを示唆しているが、開発政策もその一因であった[30]。新たなグローバル化の初期の時期に、援助は発展途上国における自給自足食糧生産という形態より、むしろ世界銀行やIMFによる輸出を目指すプログラムのもとに運営される傾向があったからである。

世界一富裕な国として、アメリカはこれらの問題を緩和するうえで重要な役割を有し、1961年以来、米国国際開発庁を通じて貢献してきた。しかし、1980年代になってアメリカ政府は人口抑制政策に反対の立場をとり、貧困問題を支援しなかった。レーガン政権は、妊娠中絶の助言を与えたり妊娠中絶を行った貧困諸国やNGOへの援助を拒否することによって、キリスト教右派の理念に基づいた国内のロビー活動に対応した。これはメキシコシティ政策と呼ばれたが、1984年にその政策が発表された国際会議の開催地に由来する名称であった[31]。

有名なアングロサクソン系アメリカ人詩人のT・S・エリオットは、世界は銃撃音ではなく、子どもたちのすすり泣きで終焉するだろうと書いた。世界的貧困と環境危機の最中に、先進国世界は新たなグローバル化の時代にそのような可能性に直面していたが、それに応えて、新しいNGOがその挑戦に立ち上がった。イギリスのオックスファム〔オックスフォード飢餓救済委員会〕は第二次世界大戦中に発足したが、1971年のバングラデシュ内戦をめぐる危機のときに著名になり、フランスのグループである国境なき医師団は1971年に結成された。この両方ともアメリカに支部を設け、世界的に運動を展開した。こうした援助グループはまた、グローバルな意識を高めるべくエチオピアのためのライブ・エイド・コンサート（1985年）などの国際的イベントに参加し、世界中で推定15億人の人々が、著名なロックグループを呼び物としたテレビ放送を見守った。そのような活動は次第に社会的抗議の領域に変わっていったが、それは、1970年代にいくぶん後退したものの、198

0年代に復活した現象であった。このようなトランスナショナルな抗議グループの役割とそれらがアメリカの外交や内政に与える影響は真剣に考察されなければならない。

トランスナショナルなNGO――反核・人権の運動

市民による抗議運動は、1980年代に劇的な国際的回帰を果たした。しかし、その重要課題は「子どもたちのすすり泣き」によって起こるかもしれない死ではなく、多くの人々の核による人類絶滅の「轟音」に対する恐れであった。抗議者たちはこの判断を自明の理としてとらえ、1980年代に核戦争の脅威に声高に反対する運動を展開した。ロナルド・レーガンは、アメリカの国力を再主張する一環として1981年から軍備拡張競争を強化した。この力の誇示は、対ミサイル防衛網の探求、スターウォーズ計画として一般に知られている戦略防衛構想（SDI）、そしてさらに巡航ミサイルとMXミサイルを含み、前者のミサイルはヨーロッパに配備されることになっていた。それに対して、トランスナショナルな反核活動が大西洋を越えて相前後して発展した。イギリスでは、核兵器禁止運動（CND）が左翼の労働党、労働組合、教会支援団体、フェミニスト支援団体の周辺で活発になった。アメリカでは、CNDと並行してまたCNDと刺激し合って、核凍結運動や健全な核政策を求める委員会などの反核グループが活動した。イギリスの反核運動の顕著な例は、グリーナム・コモン米軍基地に死をもたらす核兵器貯蔵庫を導入することに抗議して、1981年からこの地で野宿する女性たちの運動だった。女性の行動主義は、アメリカの場合にも不可欠であった。アメリカ在住のオーストラリア人反核運動家のヘレン・カルディコットは、1961年から存在する反核グループの社会的責任を果たす医師団に加わり、1982年には核兵器廃絶を求める女性の活動（WAND）を設立した。カルディコットと彼女の夫はまもなく、核実験や原子力の平和利用を含むすべての核問題についての熟練したメディア運動家になった。世界を駆け巡るその医師は、核兵器に資金を投じることは危険であるばかりでなく社会的にも無責任である、なぜならそれは幅広い社会福祉構想から潜在的資金を奪うからだ、と主張した[32]。

カルディコットなどのようなキリスト教福音主義的で高度に組織された団体の指導者たちの影響を受けて、抗議者たちは核兵器開発競争に反対する大規模なデモを繰り広げ、「100万人近くの参加者」が、ニューヨーク市の通りに沿って3マイルにわたって伸び広がった1982年6月の集会に集まった。これは、「アメリカ史の中でもっとも大規模な政治集会」であった、と歴史家ローレンス・ウィットナーは論じている。[33] 一つには、とくに西ヨーロッパの同盟国の間の国際世論の認識に応えて、レーガン政権は、もしソ連が東ヨーロッパに配備しているSS-20核ミサイルを撤去するのであれば、巡航ミサイルとパーシングⅡミサイルを西ヨーロッパに配備することを差し控えることを申し出た。ウィットナーは、この着想は「ヨーロッパ平和活動の理念に直接」由来すると主張している。[34] アメリカ人の約70％が核兵器の増強に反対していると世論調査で示された国民の警告に応じて、レーガンは当初の計画を逆転させて、1984年に核兵器のさらなる削減を交渉する計画を発表した。1985年にソ連共産党書記長に就任したミハイル・ゴルバチョフが登場して、ソ連の核実験を一方的に中断することによってソ連の政策を転換した。さらに重要なことに、彼はSDIに関するアメリカのいかなる譲歩とも無関係に、中距離核兵器協定の交渉をした。ソ連の戦略は、エスカレートする核兵器開発競争がなければ、アメリカのスターウォーズ計画は連邦議会での支持を失うであろうという想定に基づいていた。ウィットナーによると、ゴルバチョフによるこの行動は、トランスナショナルな反核団体の影響を受けており、そしてレーガンに対して、政権内のタカ派のアドバイスに反してゴルバチョフの主導に釣り合う行動をとるように拍車をかけたという。[35] その結果、ソ連の指導者の行動は、その時代のもっとも重要な核軍縮措置を始動させた。これが、1988年に調印された米ソ中距離核戦力（INF）全廃条約で、ヨーロッパからすべての巡航ミサイル、パーシングⅡミサイル、そしてSS-20核ミサイルを廃絶した。

しかし、反核運動が、ソ連とアメリカの指導者たちの方向を変えたという解釈には、ただし書きが必要である。結局、大規模な反戦デモや都合の悪い世論調査結果ですら、一人のアメリカ大統領とその連携相手のイギリス首相トニー・ブレアが2003年にイラクに対して評判の悪い戦争に突入することを、抑止しなかったからである。

また、より通説的な解釈では、ソ連は軍拡競争とそれが自国の経済に与える影響にもはや耐えられなくなり、アメリカの核兵器増強の圧力がゴルバチョフに一方的な変革をさせた、ということになっている。しかし、この見解にもただし書きがつけられなくてはならない。共産主義を変革するゴルバチョフの苦闘と、その結果として生じたソ連陸軍への挑戦は、交渉の風潮を変えるうえで過小評価されるべきではない[36]。

その正確な影響がどうであろうと、トランスナショナルな平和運動は、両超大国の単独行動を制限することに向けられ、そして実際拡散された核の保有能力を振りかざしたすべての国に対しても向けられてきた。このように、それは単にアメリカに対して向けられた運動ではなかったのである。人権などの他のいくつかの領域においても、トランスナショナルな行動も同様に広い網を張り、しばしば大国にではなく、発展途上世界のほとんどを依然として支配していた独裁国家や独裁政権に対して向けられた。それでもなお、アメリカの役割は人権に関して高まりつつあったグローバルな言説によってますます疑問視されていた。

人権の分野におけるNGOは、人権の伝統におけるアメリカの立場を声高に批判してきた。アメリカは1940年代と1950年代に人権を国際的な協議事項に掲げるうえで指導的な役割を果たしたが、しかし、アメリカ政府は1977～1981年の不運なカーター政権まで、人権をアメリカ外交の中心的政策にしなかった[37]。カーター政権の努力は類を見ないものだったが、1950年代に確立された冷戦競争との人権のつながりはそのまま残った。すなわち、歴代のアメリカの政権は、ソ連や東ヨーロッパの衛星諸国を牽制する武器として人権を使ったばかりでなく、冷戦時代の同盟国であるという条件で、人権を侵害する中米の政権を支持した。カーター政権にとってさえも、「主として強調されたのは……レトリックの側面で、その主な影響は国内政治に見られた」[38]。カーター政権は、「抑圧的なアメリカの友人たちから物質的援助を目立って引き上げること」はしなかった。これがカーターの努力の結果であるとすれば、アメリカの同盟国を傷つけているとカーターの政策を批判したレーガンをどのように形容すればいいのであろうか。レーガン政権下では、政府は闇のグループを通じてニカラグアの反左翼軍（1986年のイラン・コントラ事件で暴露されたように）やラテンアメリカのさまざまな右翼政権に援助を提供した。そのような政権を支持することに成功したことによって、共産主義の脅威と考えられたものを取り除くことはできたが、人権に対する明らかな偽善は、トランスナショナルな組織によってアメリカ政府攻撃に使われ始めた。

人権に関してアメリカが行ってきたことを展開するうえで重要な役割を果たしたのは、1961年にイギリスで設立され、3年後にアメリカに支部を開いたアムネスティ・インターナショナルであった[39]。アムネスティはチリなどの外国の抑圧的な政権に対するアメリカの支援を批判したが、それはアメリカのCIAが選挙で誕生したチリの社会主義政府を軍事的に打倒することを鼓舞していたからである。さらにアムネスティは、アメリカ政府がヴェトナム時代の自国の良心的徴兵拒否者を投獄したことも批判した[40]。アムネスティは、政治犯に重点的に取り組むことから、経済的・社会的正義に関するより広い関心事に焦点を当てるように転換したので、1990年代までにアメリカ国内の人権問題が世界の注目を浴びることになった。評論家が述べたように、アメリカによる外国での人権擁護の訴えは、人種化された刑事裁判制度などの分野における国内の是正処置と釣り合わなかった[41]。アメリカの支持者たちによれば、自由な国でのみ刑務所虐待や司法濫用が明るみに出るというが、要は、2003年のイラク戦争のアブグレイブ刑務所のスキャンダルよりはるか以前に、人権に関するトランスナショナルな状況が海外でアメリカの政治体制にとっての困惑を引き起こしたという点である。

貿易の自由化と反グローバル化運動、移民のディアスポラ

各国政府間の組織網は、もっと矛盾した機会や可能性を引き起こした。一方においては、アメリカが締結した条約およびアメリカが加わっている組織は、リベラルな開発などの自由市場主義政策を実行することができた。したがって、世界銀行とIMFが1980年代に第三世界諸国における国内政策決定をより厳重に監視する代行者となり、経済的・政治的な目的はこの点において緊密に提携していた。クリントン大統領は、次のように語ったと報じられた。冷戦が終結して、1990年代にはとくに東ヨーロッパなどに新たな民主主義国家が出現した

が、「多くのこうした元共産主義国の発展途上諸国における市場を確保する最善の方法は、貿易によってそれらの諸国をグローバル経済の中に統合することであった」。貿易はまた「より安全で平和な世界を創出するための最前線」であった[42]。

このように、国際協定と国家を超えた組織が貿易の自由化に影響を与えることができたが、他方でそれらは、アメリカの国力や国内政策に制限を加えた。アメリカ連邦議会が課した輸入制限は国際協定の下では訴訟の対象となったので、他の諸国は、アメリカ市場に参入するためにＮＡＦＴＡやＷＴＯとその前身のＧＡＴＴを利用することができた。権力を持つこれらの存在が、職業の保護の観点ばかりでなく環境基準の観点からもアメリカの国内政策を脅かした。すなわち、１９９０年に連邦議会が流し網漁業からイルカを保護するために缶詰のマグロに対してラベル法を導入して以来、メキシコは、「イルカに対して安全」というラベルに適合しないメキシコ産マグロの輸出の禁止措置に対してＷＴＯを通じて提訴すると迫った。１９９５～１９９８年に妥協案が調停され、結局、メキシコ産マグロの輸出禁止は、２０００年に撤回された[43]。ＮＡＦＴＡもまたカナダ林業からのより激しい競争をもたらした。アメリカの労働組合や木材会社が抗議して議会に働きかけ、それに応じて議会は差別的関税を課した。この問題をめぐる一連のカナダとの小競り合いが、１９９０年代を通して引き続いて起こった[44]。そのような競争の経験を考慮して、労働組合のロビイストは、南北アメリカ世界全体に対するよりいっそうの自由貿易構想を妨害すると脅した。１９９４年に初めて提唱された米州自由貿易地域（ＦＴＡＡ）はアメリカ国内の反対に直面したが、自由貿易に対する反対もまた、トランスナショナルなものであった。アメリカ国内の労働組合が失業を恐れたのとちょうど同じように、外国の諸政府とラテンアメリカの労働者たちは、ＦＴＡＡにおけるアメリカの支配の可能性を予想してそれに反対した。

グローバル化の恐怖は、物資の交易ばかりでなく投資にまで及んだ。国際経済の変化と二国間投資協定の成長は、自由市場幕開けのための包括的投資取引を合理的に望ましいものにした。クリントン政権は多国間投資協定（ＭＡＩ）を支持した。それは国連機関である経済協力開発機構（ＯＥＣＤ）にその起源があった。しかし、１９

98年までにOECDは、加盟国間の意見の不一致のために手を引いた。反対はフランスなどの先進国とラテンアメリカの発展途上諸国の双方から表明されたが、そのすべての国はアメリカ文化の侵略が新たに迫ってくることを恐れたのである。[45]

グローバルな貿易と投資の変化は、アメリカ国内において新たな抗議運動を引き起こした。その指導者の中には、1995年に「パブリック・シティズン」によるグローバル貿易監視団を設立した弁護士のローリー・ウォーラックがいた。2001年までに、ウォーラックは彼女自身が「部門をまたぐ国単位の連合」と呼んだ活動家ネットワークにおける中心人物になっていた。これらのグループは「世界中の同様の団体と国際的につながって」いた。[46]彼女と仲間の活動家は、貿易の自由化に対する反対運動が国家の政府とWTOの狭間で方向を見失ってしまう傾向と闘ってきた。ウォーラックは貿易法の分野で頑張り、中産階級の価値観と特別の専門知識を非常に専門的な分野にもたらしたが、路上レベルで取り組んでいるトランスナショナルな反グローバル化抗議運動のより感動的で心の底から与えられる影響も忘れてはいけない。環境団体と労働者団体は、アメリカの国内外でWTOとWTO設立以来毎年開催されている国際会議において大事に祀られている自由貿易のための運動に反対するデモを展開した。1999年にシアトルで開催されたWTO会議は抗議団体によって激しく妨害されたが、それに続くジュネーブなど外国の都市における会議でも同様に妨害を受けた。

以上のこととは異なる問題が、移民のディアスポラの圧力によってもたらされた。キューバからの難民は、アメリカとフィデル・カストロのキューバとの関係において可能な和解を妨げる圧力団体を南フロリダに結成した。同様に、トランスナショナルなユダヤ人ディアスポラが、アメリカの中東政策を複雑にした。ほんの少数のアメリカ系ユダヤ人がイスラエルに移住し、その比率はイスラエルの移民のわずか4%にすぎないのであるが、[47]ユダヤ人ディアスポラからの民間援助がイスラエルに環流したことや、ニューヨークなどの重要な州における政治的支援が、イスラエル国内の政治討論、上院選、そして大統領選挙さえも左右した。親イスラエルのアメリカ情報筋によると、アメリカは年に30億ドルもの莫大な軍事的・経済的援助を提供し、[48]その援助がなければイスラエルの戦略的地位と経済発展は著しく危険にさらされると考えられている。しかし、強調しなければならないのは、アメリカの中東政策はディアスポラ効果によって決定づけられたのではなく、石油などの戦略的条件が強力な役割を果たし、イスラエルもまた自国の国益を追求したということである。冷戦期にイスラエルは、ソ連の勢力拡大によるとされた脅威に対抗して西側の価値観の砦として存在し、アメリカのもっとも信頼できる同盟国の一つであり続けた[49]。また1991年から、湾岸戦争とペルシア湾岸地域のアメリカの支配に対する戦闘的イスラムの挑戦が、アメリカによるイスラエルへの強力な支援を継続するためのさらなる理由を提供した。しかし、世界最強の政府が、パレスチナ独立国家構想をめぐる衝突で公正な仲裁者たらんとしたときに直面した結果として生じた困難が、まさに、その地域一帯におけるイスラムの不安定の一因となったのである。

アメリカは、その行動やその覇権に対して、人口動態、経済、環境、反核、そして人権の立場からの批判や制約に直面していたが、一方では、その国力や政治的・軍事的地位は20世紀最後の10年間は大きく異なっていた。中東においては、1991年に不運な結果に終わったサダム・フセインのクウェート侵攻が、アメリカの軍事的優勢を明確に示した。イラク人は即座にアメリカ主導の部隊に一掃され、後には砂漠にくすぶったイラクの戦車とトラックの残骸だけが取り残された。また、地政学的にもアメリカの力は至高であり、ソ連の崩壊が地球規模でアメリカに代わりうる主要な勢力圏を除去したので、アメリカの政治家とオピニオン・リーダーは、アメリカが冷戦に「勝利した」と信じた。しかし、何が冷戦にとって代わろうとしていたのであろうか。当初は、自由への闘いとしての歴史の終焉という概念が、フランシス・フクヤマの思想を通じて流行した。すなわち、この歴史の解釈においては、リベラルな民主主義的文明が大部分は勝利して、わずかに一部の抵抗だけがまだ掃討されずに残っているだけであった。1990年代のワールド・ワイド・ウェブの広がりは、通商がイデオロギーに勝利し、そして通商とともに相対的平和が訪れる、という考えを強調した。1993年から2001年のクリントンの繁栄の時代は、世界経済へのなおいっそうの統合によって特徴づけられた。株式市場が活況を呈し、GNPが前代未聞の期間、上昇を続けた。しかし、バルカン諸国の内戦は、分裂と闘争がはびこる古いタイプの歴史が終焉していなかったことを示唆した。古い民族的わだかまりが未解決のままそこに残り、宗教的不寛容がイスラム教徒とキリスト教徒の間を脅かしていた。グローバル化という新たな世界の秩序が出現し始めたが、世界におけるアメリカの地位に対するその含意の全貌はすぐには明らかにならなかった。それは２００１年９月11日まで待たなければならないことになる。

終章 「変わらぬものは何一つなし」
――「9・11」と歴史の帰還

世間の常識によれば、2001年9月11日に世界は後戻りできないほど変わってしまった。フィラデルフィアの新聞には、「変わらぬものは何一つなし」という大見出しが躍った[1]。その後にあふれ出てきたのは、市民的自由や捕虜の取り扱いについて新たな政策がとられているという証拠、グローバル・テロリズムの衝撃、ナショナル・アイデンティティ主張の激化、そして新たな外交・軍事政策であった。しかし「9・11」同時多発テロ事件への反応には、過去からの重要な継続があり、またアメリカ人のトランスナショナルな諸関係に長期的変化が表われていた。テロ攻撃の性格や波紋には、世界各地が経済的にまた文化的にどれくらい結びついているかが表われていた。実行犯は外国人で、学生としてアメリカに居住していた。テロ攻撃は国境を越えて計画されたもので、アメリカの中東政策に不満を持つグローバルなイスラム教徒のディアスポラ一団による企てであった。もっと広い意味でいえば、イスラム教徒の戦闘派は、彼らの宗教や社会や伝統的世界観にグローバル化がもたらした大きな困難に対して反発しており、暴力で対抗したのだった。テロ攻撃の結果は、テロと同様に多文化的でトランスナショナルなものであった。世界貿易センターで殺されたおよそ2700名の人々のうち約10分の1はアメリカ人ではなく、また彼ら以外に、最近アメリカに移民したか、あるいは多文化的背景を持ったアメリカ人もいた。世界貿易センターでの就労者自体が、アメリカ資本主義が世界の株式市場と商品取引所を混乱させたテロ攻撃と、どれほどグローバルにつながっているかを示していた。メディア報道もまた、グローバルな視聴者に届き、グローバルな重要性を示した。建物に突っ込む飛行機の姿は世界中至る所で何カ月も新聞の一面を飾ったのだが、その映像はCNNやフォックス・ニュースの番組を通じて、真夜中に地球の反対側に住む人々の居間に瞬時に届けられていた。世界のイスラム社会の一部を例外として、アメリカ人ではない人々はテロ行為を一斉に非難し、テロ攻撃の犠牲者というアメリカらしからぬ役割を担った国に対して同情しているようであった。

「9・11」とナショナリズム

政治的に、また軍事的に、ブッシュ政権の反応は、同盟国がきわめて重要であった冷戦時代の数十年間の主たる冷戦の戦略とは明確に一線を画すものであった。何十年にも及ぶ多国間協調主義から一転して、いくつかの分野、とくに軍事、環境、国際司法の面で、厳しい単独行動主義が主張されるに至る。ブッシュ政権は、2002年に開設された国際刑事裁判所への支援を拒否し、京都議定書を拒絶し続け、国際連合を非難し、急ごしらえの「有志連合」を遅まきながら形成したものの、国際連合の明確な同意がないままに2003年にイラク攻撃に踏み切った。イラクでの単独行動主義の行使は、明らかな思想転換に相当する。アメリカは公式には反植民地主義的であったが、ドナルド・ラムズフェルド国防長官やジョージ・W・ブッシュ大統領が、アメリカには帝国としての野心はないと発言したにもかかわらず、アメリカ人や外国の識者は公然と大文字のエンパイア（帝国）について語り始めた。保守派のコラムニストであるマックス・ブートのような評論家は、アメリカが自分の力をもっと強く主張し、また、行動のうえで明らかになっている状態を言葉のうえでも認める必要があると示唆した[2]。帝国としての地位を明らかに確認するかのように、政権の中枢にいる人物らが、当該国が自己決定すべき問題に関して、アメリカが当該国に代わって決定を下す権利を不当に主張したり、イランや北朝鮮のような国々に対して政権交代を図るという脅しをかけたりした。ブッシュ政権は9・11後の早い段階で、外国での民主的改革を求めるウィルソン流の道徳主義と理想主義に、セオドア・ローズヴェルトの棍棒外交と強引なナショナリズムを統合した。

国家の敵としての冷戦時代の悪魔に、テロがとって代わった。たしかに、アメリカからアイルランド共和国軍

（ＩＲＡ）への資金の流れを見慣れているイギリス人にはお馴染みだったように、トランスナショナルなテロは目新しいものではない。しかし、９・11後のテロリストは、影に潜み、征服しうる領土を持たない新しいタイプの敵である。アルカイダという形態のこの脱領土化現象は、皮肉なことに、国家に何の忠誠心も持たないトランスナショナルな企業を生み出すグローバル化傾向、およびケンタッキー・フライドチキンのテロリズム版である、商標のグローバルなフランチャイズ現象を鏡写しに照らし出している。アルカイダのように増殖するテロ細胞、専門的な任務を帯びた工作員、そしてテロ訓練基地を備えた柔軟でトランスナショナルなテロのネットワークが、新たなグローバル化の経済的・政治的利益を脅かした。

外部からのこれらの脅威は、２００１年の愛国者法を通じてアメリカ人の市民的自由を脅かすことにより、アメリカ人に深甚な影響をもたらしていた。容疑をかけられた何千人という外国人住民と一部のアメリカ市民が拘留され、イスラム教徒や中東風の容貌を持った人々が疑惑と不寛容の被害に遭い、そして国外では、アメリカが、キューバのグアンタナモ湾米軍基地内に法の及ばない刑務所を設け、アメリカ政府が裁判なしに無期限で外国人を拘留できるようにした。脱領土化したテロは、アングロサクソンの司法伝統やジュネーブ諸条約の範囲を超えて脱領土化した法を生み出した。中東で捕らえられたタリバンやアルカイダの工作員は、独裁政府や代理部隊に引き渡され、人権侵害が発生した。道徳的危うさにアメリカ人弁護士や多くの民間人は困惑したが、これら一連の出来事は、伝統的なアメリカ法の理想や憲法解釈にグローバル化が厳しい課題を突きつけたことを表わしていた。

前例のないテロ攻撃への対応の中で、アメリカ人はまた、新たに高揚したナショナリズムに熱狂した。その様子は、アメリカの国旗をあしらった襟章が、政治家や官僚や多くの一般のアメリカ人にとって、ほとんど義務的な装飾品になったことに見られる。一般教書や7月4日独立記念日の演説などの儀礼的な場で政治指導者層のレトリックは、アメリカを特別な場所とみなす思想をあらためて強調した。２００４年の独立記念日にはジョージ・Ｗ・ブッシュが、「神の下にあるこの国は依然として自由で、独立していて、人類にとって最善の希望である」と宣言した。ブッシュはまた、イラクとアフガニスタンにおけるアメリカの外交政策を正当化するためにアメリカ例外主義という概念を用いた。それは、「アメリカは使命を帯びた国家であり……、我々は、この偉大な共和国が自由という大義を指導するのだという神の使命を理解している」からである。[3] 大衆文化におけるアメリカの愛国主義を描いたイメージは、アルカイダの攻撃への反応と混じり合った。コムダ・カレンダー・ピープル社が出したカレンダーは、9・11の犠牲者を悼む一方で、アメリカ例外主義を讃えた。この大量生産品には、現在ではもう破壊されてしまった世界貿易センターのツインタワーのイメージが、明らかに「うるわしのアメリカ」からとられたと見られる黄金色に輝く小麦畑などのイメージとともに、困難に黙って立ち向かう消防士と戦闘機の飛行する姿のイメージの背景に描かれていた。

9・11のこのような受け取られ方は、多文化的な、トランスナショナルな影響をぼやけさせた。皮肉なことに、9・11記念カレンダーは、カナダの会社がオンタリオで出版したものであることを小さな活字で示していたにすぎない。また、9・11の死者の一部がアメリカ人ではなかったという事実は、メディアや一般大衆による議論には欠落していた。それよりはむしろ、政府もメディアも大衆も当初は、新たな形のテロをアメリカの問題として、また9・11をアメリカの悲劇として扱い、テロ攻撃とそれに対するアメリカの反応は、アメリカの偏狭さをあらためて刺激した。アフガニスタンでの軍事行動を描写するのに、当初「十字軍」という言葉を選んだことは、その言葉が後に目立たないように取り消されたが、政治的有力者の間で流布していたイスラム文化への感受性の欠如を露呈していた。このようにして、世界は、アメリカのイメージに沿って再構築されることになった。その後にアメリカは、イスラム教と折り合いをつけ、良いイスラム教徒と悪いイスラム教徒とを区別していると見られるような努力をしなければならなかった。そのような状態で、アメリカの多文化主義がこの非常に異なる宗教を本当に取り込むことができるかどうかは、きわめて疑わしいままであった。

グローバル化時代の軍事行動

軍事的には、テロ攻撃後の戦争は、新たなグローバル化の時代における戦争の新しい面を際立たせた。アメリなった。軍事行動は、高度に訓練され比較的少人数のＣＩＡ工作員やアメリカ陸軍特殊部隊とともに、反タリバン勢力北部同盟の代理部隊に依存することになった。このようにしてアメリカ人の死傷者は、最低限に抑えられることとなった。地上の戦闘にかなりの規模の侵攻軍を投入しなければならなかったイラク戦争の場合でさえ、地上戦は、「衝撃と畏怖」作戦の爆撃が先行し、またアメリカは侵攻作戦を容易にするために、北部のクルド族反体制派と国外逃亡中のシーア派勢力の間で熱心に代理部隊の養成を行った。

爆撃への依存は、より正当化しやすい類の戦争について新しい政治的な機会と保証の必要性から生まれた。いわく、この戦争は高度な技術に支えられ、抑制的で、限定的で、プロが行う戦争である。また、爆撃は、全地球測位システム（ＧＰＳ）と、民間人ではなく敵の軍事的標的だけを攻撃する精密誘導兵器を用いて、目標のみを狙うものでなければならない。そして、新しい戦争の世界は外科手術的でコンピュータ化されている、と一般大衆に売り込まれることになった。現実は、あらゆる点でこの売り込みとは異なっていたけれども、詰まるところは、精密誘導兵器による戦争が民間人死傷者をなくすことではなく、民間人死傷者がアメリカの大衆にほとんど不可視になることであった。メディアの関与は、次の点で前例のないものであった。つまり、非戦闘員の死亡をほとんど消し去り、アメリカ兵の死亡を美化した報告を行ったことも含めて、政府が戦争の結果についての情報を厳しく管理した。

ブッシュ政権のレトリックや明らかに変化を表現したと見られるいくつかの言説にもかかわらず、９月11日は単に「素晴らしい新世界」へ我々を導いたわけではなく、それ以前から成長しつつあった力がさらに勢いを得たのである。世界貿易センター攻撃は、１９９１年のソ連の消滅以来増大していたアメリカの一種の疑似帝国的な力を、強引に主張することを可能にした。こうした変化、ことに軍事的な変化は、一夜にして起こったのではなく、空爆は１９４０年代以来アメリカの軍事戦略の一環であった。その当時でさえ空爆の戦術上の理由は、地上部隊の死傷者を最小限にすることであった。１９４５年の原爆投下は、部分的には、日本侵攻の際に予想される恐るべき死傷者数を減らすことを意図したものであった。しかし、広島や長崎への攻撃に見られるように、民間人の死亡者数は膨大で、振り返ってみれば西洋諸国の一般大衆にとって受け入れられるものではなかった。軍事戦術が、無辜の民が殺されるのを見るというメディア効果とこのように歓迎できない形で矛盾するというのは、ヴェトナム戦争でも再確認された。マーティン・ショーが述べたように、「新たな西洋式戦争」は、「これまでの戦争を見事に一変させた……。それまでの爆撃にともなう品位の欠如を克服するものである」。しかし、それはまた、新たな矛盾を生み出した。「爆撃にともなうリスクを、多くの点で、とくに民間人に転嫁したのである」。しかしながら、空爆主導の戦争が「明白に新たな局面」を切り拓いたとしても、それは2001年ではなく、すでに1991年に起こっていたのである。イラクのクウェート侵攻に対応した湾岸戦争や、その後にバルカン地域で発生した民族主義者による紛争はすでに、NATOが、「精密誘導」兵器と、厳格な交戦規則を用いた「仮想戦争」戦略へ依存する事態を招いていたのである(4)。

戦争の新しい面は、他のいくつかの点でも完全に新しいとはいえなかった。19世紀のアメリカ人は多くの小規模な戦争を戦ってきた。インディアンとは何度も戦い、また、砲艦外交を用いることもあった。アメリカの敵と同盟を組んだり、またアメリカ人開拓者を攻撃したインディアンの部族を厳しく懲らしめた。1801年から1815年にかけてのバーバリー海岸の海賊を手始めに、それ以降、頑強に抵抗する小勢力に対し懲罰的行動をとってきた。マックス・ブートが自説の補強に援用したラドヤード・キプリングの言い回しを使うと、上記のような「平和のための残酷な戦争」には、9・11後の世界と似た特徴が数多くある。また、19世紀のアメリカの国境は、急速で制御されない経済的・文化的膨張の只中で簡単に越えられたが、そのような膨張をもたらしていた要因は、1970年代以降の新たなグローバル化の場合と同じく、国家というよりも市民社会に存在していた。この19世紀の膨張は、アメリカ人やアメリカの国益を危険にさらし、その危険にアメリカは今日と同じく、懲罰的軍事出動で対抗した。初期の頃の膨張は、鉄道や電信を通じた交通・通信技術の変革と密接に結びついていた。それは、衛星やGPSが9・11後の世界のコミュニケーションや帝国の在り方に大いに影響しているのと同じである。アメリカ西部の入植者による植民活動は、インディアン諸部族、ヒスパニック、そして国境外に住むアメリカ人開拓者のならず者たちなどの集団との協同的同盟を通じて、達成された。9・11以後のアフガニスタンの北部同盟の場合も同じように、代理部隊の存在は1900年以前に知られていなかったわけではない。実際に、アンドルー・ジャクソン大統領が、チェロキー族インディアンを、共通の敵であるクリーク族を倒すのに使ったのは、その初期の例である。

このように、軍事力に支援された文化的・経済的膨張という19世紀の伝統は、いくつかの点で、1990年代以降、復活することになる。しかし、19世紀と1990年代の時期にはさまれた時代に、アメリカの伝統的な戦略は、1917〜18年と1941〜45年の総力戦に対応する必要性を通じて、性格の異なるものとなった。たしかに、枢軸国との戦争は、正しい戦争と考えられ、第二次世界大戦では40万人を超えるアメリカ人が死亡したが、いくら悲惨であってもこの死亡者数は受け入れざるをえない代償と考えられた。しかし、その後、戦争が不人気になったために、新しい戦闘技術を見出す試みがいっそう行われるようになり、とくに、市民が投票できる民主主義社会で徴集兵からなる軍隊に基づく戦争を行う場合には、なおさらそうであった。ただし、ヴェトナム戦争以後の軍事行動となると、話が別であろう。1983年の小国グレナダに対する侵攻は、カリブ海での共産主義者の企みといわれたものを阻止するための痛みをともなわない攻撃で、ヴェトナム後の論調を定め、アメリカ人の士気を高めるものであった。しかし、その間に陸軍、空軍、そして政治家たちは、アメリカ国民を戦争から遠ざける方法を考慮した。そうした試みは、徴兵を廃止し、自発的兵役への勧誘戦略を強化し、ハイテク兵器を導入し、そして湾岸戦争報道に始まる1990年代のメディア主導の戦争報道作戦につながったのである。

国防総省が海外でのアメリカの軍事戦術を新規なものと紹介したにもかかわらず、国外での軍事的関与に対するアメリカ人の態度は、記憶と伝統に影響され続けた。たとえば、国境地帯での紛争が歴史や大衆文化でどのように表現されたかが、21世紀初めにアメリカ人が国際関係をどのように考えるようになったかに重大な影響を与えた。また、9・11を、そしてその影に潜む敵を、どのように表現するかをめぐる意見の対立には、歴史が重くのしかかった。ジョージ・W・ブッシュの使う言葉にはキリスト教の遺産が示唆されていたし、また当初は、サミュエル・ハンティントンの文明の衝突論を裏書きしているように見えた。「無限の正義作戦」は、アラーだけができるとイスラム教徒が信じている審判を下す能力をブッシュが持っていることを、示唆していた。しかし、そうしたレトリックは、第一次世界大戦において、ジョン・J・パーシング将軍のヨーロッパを救う「聖戦」が大衆の間に紹介されたやり方を、反映していたのである。ブッシュ政権は何世紀にもわたるこのようなヨーロッパの遺産のイメージを喚起して、アメリカの共和主義伝統を利用した。いわく、アメリカは植民地が欲しいわけではなく、「永続する自由作戦」でイラクの人々を「独裁者」から解放するのだと。ヨーロッパ人なら悪を押さえ込むと表現するところであろうが、アメリカの大物戦略家リチャート・パールは、キリスト教福音主義の伝道の流儀を用いて「悪の息の根を止める」ことを呼びかけた[5]。アメリカン・コミックのスタイルで、悪いやつらを処罰しなければならないのだ。冷戦時代の現実主義の系譜は、少なくとも一時的に放棄され、千年王国的宗教に根ざした伝統的なアメリカのイデオロギー、共和主義的政治思想、そしてフロンティアの伝統に道を譲った。自由や解放などの革命期の概念に訴えることに加えて、政策立案者は、19世紀の表現を選んで、敵をインディアンや無法者の「他者」と定義した。「奴らをいぶり出せ」とか「お尋ね者、生死を問わず」などのフロンティアの文句が、巷にあふれた。こうした表現は、政策評論家で元国務省高官のリチャード・ハースがアメリカを描写するのに使った初期の表現を反映している。ならず者を追跡するのに、武装保安隊を派遣する「気の進まない保安官」というのがその表現である[6]。これらの言い回しは、欧米文明の伝統と、アメリカの膨張によるフロンティアでの小規模な戦争が、21世紀の出来事の表象の仕方に影響を与えたことを、示唆している。

アメリカの異質性は、例外主義でさえも、大衆文化やメディアにまで定着しているが、しかしこの異質性という伝統は誤解を生みやすい。実際は、この国は19世紀に世界の歴史と深く結びついていて、そして、今日までずっとそうである。しかしアメリカもまた、世界の文化遺産や経済的・技術的資源に貢献したのと同時に、社会を豊かにするのにその遺産に依存したのである。たしかに、アメリカの国力の変化とともに、トランスナショナルなつながりの物語には浮き沈みがあった。それでも、アメリカの国力と特異な国家という感覚が一方にあり、また他方で、文化や経済の面でアメリカがグローバルに世界と深くかかわってきたという事実があるが、この両者の間の種々の矛盾は今日まで解消されていない。これらの矛盾は、ウッドロー・ウィルソンの時代から実際には大きくなってきており、また9・11の種々の出来事によりいっそう強調されることになったのである。

アメリカは経済的に今やかつてないほど世界に依存しており、巨額の貿易赤字と、中国やヨーロッパなどの国々の資本へ異常に傾倒する状況を抱えている。国内では、警戒すべきレベルに達した財政赤字がレーガン時代以来増大傾向を続けており、その傾向が中断したのは、以前より抑制の利いたクリントン政権の財政政策の結果によってのみであった。国際舞台では、史上例を見ないほどグローバルな軍事的存在を維持しており、中央アジアにおける旧ソ連のかつての戦略拠点に軍事基地を獲得し、その地域に新たな原油供給源を求めた。しかしアメリカは依然として同盟国を必要としていた。核による抹殺に至らないいかなる種類の単独の軍事力も、その指導者が欲するような近代化する自由市場の世界を実現することはできなかったからである。アメリカの政治力と軍事力は優位を保っていたけれども、イラクでの戦争には簡単に勝てなかったし、ましてやアジアなどの地域での軍事紛争の場合は、なおさらであった。戦争は泥沼に陥り、アメリカ人死傷者に関する懸念はつのった。2004年までにはアメリカは失地回復を試みて、外交政策に対してもっと思慮深い多国間協調主義の取り組みを行うようになった。というのは、世界貿易センター攻撃後に国際的に醸成されたアメリカへの善意は台なしにされていたし、世界規模で膨張したアメリカの軍事的存在に対しては新たな反感が生まれていたからである。これらすべての点において、世界という舞台は、アメリカの文化政策、経済政策、外交政策が書き込めるような何も描かれていない画板ではなかったのである。歴史は立ち止まらないし、歴史は終わらない。少なくとも今の時点ではまだそうなっていない。

訳者あとがき

本書は、Ian Tyrrell, *Transnational Nation: United States History in Global Perspective since 1789*（Palgrave Macmillan, 2007）の全訳である。原著刊行（２００７年末）から2年半後の翻訳出版であり、原著の温もりは十分に保たれている。

本書は、トランスナショナルな視点（一国史の枠を超え、国境を越えた歴史の見方）で書かれたアメリカ史の通史を代表する著作の一つとして日本においてもよく知られ、最近出版されたアメリカ史研究の入門書に参考文献として2度とりあげられている。[1] また、今までのアメリカ史概説書にはなかった具体的な史実にあふれており、アメリカ史の専門書ではあるが同時に一般読者も興味深く読むことができる。読者の理解のために、原著にはない小見出しを、著者による点検を受けて各章に入れることにした。

著者イアン・ティレルは１９４７年にブリズベンに生まれ、現在はニュー・サウスウェールズ大学の歴史学教授である。オーストラリアにおけるアメリカ史研究の重鎮であるが、国外でも著名で、２００７年にフランス社会科学高等研究院、２００９年にカリフォルニア大学ロサンゼルス校の各客員教授を歴任し、２０１０年にはオックスフォード大学客員教授に就任する。来日講演も数回あり、２００６年には日本アメリカ学会40周年大会に招聘されている。著者には、拙稿に助言をいただいたことを契機に、その後に学会を通じて知己を得ることになった。[2] 原著の邦訳は、原著刊行直後に私から願い出たところ、著者は快く承諾してくださった。

主な著作には、本書以外にトランスナショナル史研究の先駆的論文“American Exceptionalism in an Age of International History,” *American Historical Review*, 96 (Oct.,1991) をはじめ、下記のものがある。

Sobering Up: From Temperance to Prohibition in Antebellum America, 1800-1860（Westport, Conn.: Greenwood Press, 1979）
Woman's World/Woman's Empire: The Woman's Christian Temperance Union in International Perspective（University of North Carolina Press, 1991）
Deadly Enemies: Tobacco and Its Opponents in Australia（Sydney: UNSW Press, 1999）
True Gardens of the Gods: Californian-Australian Environmental Reform, 1860-1930（University of California Press, 1999）
Historians in Public: the Practice of American History, 1890-1970（Chicago, Ill.: University of Chicago Press, 2005）
Reforming the World: The Creation of America's Moral Empire（Princeton, NJ: Princeton University Press, 2010）

トランスナショナル史は、類似のグローバル史や比較史とは異なる。グローバル史は近代化論と結びつき、また一方向のみの活動と世界の同質化に焦点を当てるのに対して、トランスナショナル史は、それと重複する部分はあるものの、双方向的な活動に注目し、しかも複数の地域間での相互浸透という考えを前提とする。また、後者の意味で、国境を所与のものと理解しそれを越えないものとする比較史とも異なる。(3)

アメリカでのトランスナショナル史研究の試みは１９９０年前後から始まり、学術・教育の面でのものと、現実世界の国際情勢の両方を反映している。前者（このテーマに関する学会での取り組みの経緯についての詳細な紹介は、専門雑誌に譲る）においては、人・物・資本などの世界的な移動と関係性を叙述するものとして「世界史」が生まれ、アメリカの大学では「世界史」科目への学生の受講者が顕著に増加したという報告がある。これは歴史学自体に文字どおり世界史的な関心が集まったからであり、これによって、おのずと自国史の再検討に至るようになった。またトランスナショナル史研究は、社会史研究によって断片化した歴史叙述における統合が容易にできない現状に対する一つの答えでもあると指摘されている[4]。後者の場合は、アメリカの国際政治とのかかわりであり、１９９０年代以降の政治・経済・社会のあらゆる面で顕著になったグローバル化現象の与えた影響である。これらの中の象徴的な事件としてとくに「９・11」同時多発テロ事件は、当時の政権とアメリカの直面する現実が、いかにトランスナショナルな歴史観を生み出す背景に影響を与えたかを象徴している。「もし我々が９月11日の出来事から何か学ぶものがあるとすれば、アメリカだけのことを考えていてはアメリカ史を理解することはできないということである。９月11日の攻撃は我々を国外に目を向けさせ、アメリカを、孤立してではなく、世界の中の、そして世界の一つとして、見るようにさせたことである。というのは、今まで世界の人々は、アメリカという国家が与える期待を、ときには共有したこともあったが、しかし、ときにはそれを解釈し直し、そして、拒絶してきたからである」[5]。

トランスナショナル史研究には反論がある。一つには、「アメリカのグローバル化」が「世界のアメリカ化」になりうるのではないかという議論から生じている。しかし、前述のように、トランスナショナル化は、グローバル化のように一方向的ではなく双方向的な移動と関係性を扱うものであり、本書においても双方向性に見合う多数の史実が叙述されているので、そのような懸念は杞憂に終わるであろう。二つには、トランスナショナル史研究はアメリカ史のパラダイム転換を起こしうるものなので、従来のナショナルな叙述の立場からは、自国史についての従来の叙述を消し去るものとして拒絶反応が生じている。これに対しては、トランスナショナル史研究から次のような回答がある。この研究は対象としている国家を否定するのではなく、むしろ国家の変化と存続に深く結びつくものである。すなわち、ナショナルな歴史とトランスナショナルな歴史との弁証法的な相関関係がそこにはあるという見方である。本書の著者もこう書いている。「国家そのものがトランスナショナルに創造されていると主張したい。すなわち地域的かつグローバルな規模での安全保障の状況、経済競争、人口動態的変化が存在していることは、国家間に境界が必然的につくられねばならなかったことを意味しているからである。国家は孤立して存在することはないのである」[6]。また、トランスナショナル史研究の必要性に関して、別の角度から論じることができる。現代日本を考えると、「北朝鮮問題」で騒ぐメディア、国境線に関する教科書検定論議など、ナショナリズムに煽られる状況にあり、とくにグローバル化が進む最近、この傾向が著しい。このナショナリズムを克服するためにも、トランスナショナルな視点が求められているのではないだろうか。そのような視点を得る一手段として、一国史的枠組みを超え双方向の対外交流の史実を描く本書から学ぶことは多い。

トランスナショナル史研究の他の類書と本書との相違点は、環太平洋的な視点――東アジア、オーストラリア、ニュージーランドおよび太平洋諸島と、アメリカの関係の諸例が示すように――が本書にはちりばめられている点であり、その視点は、著者と同様にアメリカ人ではなく、また同様に環太平洋世界にある日本列島に生きる人間として、共有できかつ共感を呼ぶ。この環太平洋的な視点の重要性に関しては、著者は、別稿でも指摘している。それによると、アメリカの過去に対するトランスナショナルな側面からの再解釈において、その重心の大部分が大西洋の歴史に置かれてきた。しかし、アメリカ史に対するトランスナショナルな分析にとって、太平洋世界の意味は、今まで以上に注目されなければならない。太平洋世界それ自体が、アメリカ史の特徴を形成したアメリカ人の活動の重要な舞台であったということだけではなく、太平洋世界を考慮に入れることは、それ以上の意義がある。すなわち、アメリカの歴史を全体的に理解するうえでの書き直しを行うということである。従来、アメリカ史家は、大西洋世界対太平洋世界という観点から、このトランスナショナル史研究をとらえてきたが、19世紀の太平洋へのアメリカのかかわりを述べることは、この世界が決して一地域的なことではなく、グローバルな世界の一部分を構成するものであったことを明らかにした。したがって、究極的には、大西洋世界と太平洋世界を合わせることによって、非常に貴重な観点、すなわち、アメリカ史を全体として概念化する一方法を生むことになる[7]。オバマ米大統領は２００９年11月の来日時に行った演説の中で、アメリカを「太平洋国家（a Pacific Nation）」、自らを「米国初の『太平洋系大統領（America's first Pacific President）』として明確にしたい」と述べたが[8]、これは、著者が本書に込めた意図と通じる。こうした意味でも、本書の出版は現代日本でアメリカを理解するうえで意義深いものとなろう。

本書の訳出には、各章を以下のように分担した。序文・日本語版のための序文・序章・1章・8章・9章は藤本、2章・7章・10章・終章（原注・さらに学ぶための読書リストを含む）は山倉、3章・4章・5章・6章・11章は吉川、12章・13章・14章は木下がそれぞれ担当した。そのうえで、藤本と山倉が全体の訳文に目を通した。誤訳や読みづらい訳文があるとすれば、読者のご批判を乞いたい。本書の翻訳出版に当たっては、明石書店編集部の大槻武志氏に大変お世話になった。そして細部に至るまで校正・編集作業に取り組んでいただいた小山光氏の力がなければ本書は生まれなかった。両氏に感謝したい。

訳者を代表して　藤本茂生

初版第二刷に至ったことに、訳者として非常に満足している。この「トランスナショナルな」アメリカ史概説書の、従来の「ナショナルな」アメリカ史概説書との差異が認知され、また、現代のグローバル化社会においてはグローバルな歴史観が求められることの証であると考えるからである。一部の誤植を訂正したが、ほとんど頁数に移動はなく、第一刷同様に愛読頂きたい。

初版第三刷が出版される２０１３年は、オバマ米大統領の二期目就任に当たる年である。その就任演説に、「ボーダーレス化する世界」の中で、「今後も米国は世界中のあらゆる地域の強力な同盟の錨であり続ける」、「世界で最も強力な国である米国ほど、平和な世界に関心を寄せる国はない」という表現がみられるように[9]、依然として「アメリカ例外主義」的発想は生き続けている。こうした状況において、本書の意義はますます高まるであろう。

初版第四刷が刊行される２０１５年は「戦後70年」を迎え、現首相の歴史認識などをめぐって近隣諸国との摩擦が生じ、また最近、国内では「ヘイトスピーチ（憎悪表現）」が社会問題になっている。どちらに関しても、排他的なナショナリズムから脱却し、自国・自民族中心的な国家観から解放されなければならない。こうした状況の中で、国境を越えた（＝トランスナショナルな）歴史的視点がますます求められる時代になっており、本書の存在意義は依然として高い。

◎注記

（１）有賀夏紀・紀平英作・油井大三郎編、２００９『アメリカ史研究入門』（山川出版社）、２７８頁、３１４頁。

（２）Shigeo Fujimoto, "Transpacific Boy Scout Movement in the Early 20th Century: The Case of the Boy Scout Organization in Osaka, Japan," *Australasian Journal of American Studies*, 27 (December, 2008), 29-43.

（３）AHR, "Conversation: On Transnational History," *American Historical Review*, 111 (December, 2006), 1141-64; iantyrrell.wordpress.com/.

（４）*Perspectives on History*, 42 (April, 2004), 17-23; iantyrrell.wordpress.com/.

（５）Joanne Meyerowitz, "History and September 11: An Introduction," *Journal of American History*, 89 (September, 2002), 414.

（６）Marcus Graser, "World History in an Nation-State: the Transnational Disposition in Historical writing in the United States," *Journal of American History*, 95 (March, 2009), 1041; 本書19頁。

（７）Ian Tyrrell, "Looking Eastward: Pacific and Global Perspectives on American History in the Nineteenth and Early Twentieth Centuries," *Japanese Journal of American Studies*, 18 (Tokyo, 2007), 41-42.

（８）tokyo.usembassy.gov. オバマ米大統領のアジア外交政策演説（２００９年11月14日）より引用。

（９）「オバマ大統領2期目就任演説要旨」『朝日新聞』（２０１３年１月23日）12面より引用。

統制委員会報告書』(辻本義男訳) 成文堂] ; Amnesty International, *United States of America: The Death Penalty* (London: Amnesty International Publications, 1987); Richard C. Dieter, 'International Perspectives on the Death Penalty: A Costly Isolation for the U.S.', http://www.deathpenaltyinfo. org/article.php?scid=45&did=536 (5 September 2005).

(42) Bill Clinton, reported in 'Wallach's Road to Activism: Trade Agreements and Consumer Protection', http://www.pbs.org/wgbh/commandingheights/shared/minitext/int_loriwallach.html# (29 March 2006).

(43) Defenders of Wildlife, 'Keeping America's Tuna Dolphin-safe', http://www.defenders.org/wildlife/new/dolphins.html (20 March 2006).

(44) 'Canada-U.S. Lumber Trade Disputes', http://www.for.gov.bc.ca/het/softwood/disputes.htm (4 April 2006).

(45) 'OECD Multilateral Agreement on Investment Fact Sheet', Friends of The Earth-US, February 19, 1997 at http://www.globalpolicy.org/socecon/bwi-wto/oecd-mai.htm (28 March 2006).

(46) 'Wallach's Road to Activism'.

(47) Martha Kruger, 'Israel: Balancing Demographics in the Jewish State', http://www.migrationinformation.org/Feature/display.cfm?ID=321 (2 April 2006).

(48) Raphael Danziger and Bradley Gordon, 'End American Aid to Israel?: No, It Remains Vital, http://www.meforum.org/article/259, *Middle East Quarterly* (September 1995).

(49) Peter L. Hahn, *Caught in the Middle East: U.S. Policy toward the Arab-Israeli Conflict, 1945-1961* (Chapel Hill, NC: University of North Carolina Press, 2004).

終　章「変わらぬものは何一つなし」――「9・11」と歴史の帰還

(1) Mary L. Dudziak, ed., *September 11 in History: A Watershed Moment?* (Durham, NC: Duke University Press, 2003), p. 2.

(2) Niall Ferguson, *Colossus: The Rise and Fall of the American Empire* (2004; London: Penguin, 2005), pp. 3-7; Max Boot, *The Savage Wars of Peace: Small Wars and the Rise of American Power* (New York: Basic Books, 2002), p. 352.

(3) http://www.whitehouse.gov/news/releases/2004/07/20040702-8.html; http://www.whitehouse.gov/news/releases/2004/01/20040120-7.html (12 August 2004).

(4) Martin Shaw, 'Risk-Transfer Militarism: The New Western Way of War', 13 November 2001, http://www.theglobalsite.ac.uk/justpeace/201shaw.htm (9 July 2005).

(5) David Frum and Richard Perle, *An End to Evil: How to Win the War on Terror* (New York: Random House, 2003).

(6) 次の文献から引用。Nicholas Guyatt, *Another American Century: The United States and the World after 2000* (London: Zed Books, 2000), p. 182. [ガイアット, ニコラス 2002『21世紀もアメリカの世紀か?――グローバル化と国際社会』(増田恵里子訳) 明石書店]

icomos.org/usicomos/Symposium/SYMP00/charleton.htm (10 August 2005).

(30) Michael H. Glantz et al., *Drought Follows the Plow: Cultivating Marginal Areas* (New York: Cambridge University Press, 1994).

(31) John Sharpless, 'World Population Growth, Family Planning, and American Foreign Policy', in Donald T. Critchlow, ed., *The Politics of Abortion and Birth Control in Historical Perspective* (University Park, PA: Pennsylvania State University Press, 1996), p. 93; Terri Bartlett, 'How the Global Gag Rule Undermines U.S. Foreign Policy and Harms Women's Health', http://www.populationaction.org/resources/factsheets/factsheet5_htm (28 March 2006).

(32) Helen Caldicott, *A Desperate Passion: An Autobiography* (New York: W. W. Norton, 1996); Lawrence S. Wittner, *Toward Nuclear Abolition: A History of the World Nuclear Disarmament Movement, 1971 to the Present* (Stanford, CA: Stanford University Press, 2003), pp. 29, 30, 32, 172.

(33) Wittner, *Toward Nuclear Abolition*, p. 176.

(34) 引用個所は次のとおり。Lawrence S. Wittner, 'What Activists Can Learn from the Nuclear Freeze Movement', *History Network News*, 18 August 2003; また、次も参照。Wittner, *Toward Nuclear Abolition*, p. 315.

(35) Lawrence S. Wittner, 'The Power of Protest: The Campaign against Nuclear Weapons Was Not Simply an Ideological Movement: It Was a Potent Political Force', *Bulletin of Atomic Scientists*, 60 (July-August 2004), 20-6; Wittner, *Toward Nuclear Abolition*, pp. x, 370-7, 383-401, とくに396.

(36) Walter LaFeber, *The American Age: U.S. Foreign Policy at Home and Abroad*, Vol. 2, *Since 1896* (New York: W. W. Norton, 1994), pp. 775-6. ［ラフィーバー，ウォルター　1992『アメリカの時代――戦後史のなかのアメリカ政治と外交』（久保文明ほか訳）葦書房］

(37) Arthur M. Schlesinger, Jr, 'Human Rights and the American Tradition', in William P. Bundy, ed., *Foreign Affairs: America and the World, 1978* (New York: Pergamon Press, 1979), p. 521; David F. Schmitz and Vanessa Walker, 'Jimmy Carter and the Foreign Policy of Human Rights: The Development of a Post-Cold War Foreign Policy', *Diplomatic History*, 28 (January 2004), 113-43.

(38) David Carleton and Michael Stohl, 'The Foreign Policy of Human Rights: Rhetoric and Reality from Jimmy Carter to Ronald Reagan', *Human Rights Quarterly*, 7 (May 1985), 216-17.

(39) アメリカに基盤を置いた集団「ヒューマン・ライツ・ウォッチ（人権監視団）」が1978年にこれに続き、まもなくアジア、ヨーロッパ、アフリカ中に広がった。

(40) Harry M. Scoble and Laurie S. Wiseberg, 'Human Rights and Amnesty International', *Annals of the American Academy of Political and Social Science*, 413 (May 1974), 23, 25, 26.

(41) Roger Hood, *The Death Penalty: A World-wide Perspective* (1989; Oxford: Oxford University Press, 1996) ［フッド，ロジャー　1990『世界の死刑――国連犯罪防止・犯罪

(Westport, CT: Praeger, 2003), とくに pp. 68, 73, 146. これらのアメリカ映画は単にアメリカの価値観の投影にとどまっていたのではなく、外国市場獲得の魅力に影響されてきたのかもしれない。ハリウッドの映画製作者たちは、アメリカ人観客の中にますます大きな比重を占めつつある若者だけの自然のままの嗜好に狙いをつけていたのではなく、アメリカ文化の複雑さに対して海外の観客がある程度理解してくれることをも狙っていた。アメリカ文化についての単純なメッセージはアメリカ国内の文化的規範ばかりでなく、外国におけるアメリカ文化のステレオタイプをも増長していたからである。ハリウッドの影響が不変ではないこと、およびその価値観は再解釈が可能であることは、次の文献に繰り返し出てくるテーマである。David W. Ellwood and Rob Kroes, eds, *Hollywood in Europe: Experiences of a Cultural Hegemony* (Amsterdam: VU University Press, 1994).

(16) David Harvey, *A Brief History of Neoliberalism* (New York: Oxford Univer-sity Press, 2005), pp. 8-9.

(17) William B. McAllister, *Drug Diplomacy in the Twentieth Century: An International History* (London: Routledge, 2000), pp. 196-8, 200-1.

(18) Alfred W. McCoy, *The Politics of Heroin in South East Asia* (New York: Harper & Row, 1972), pp. 220-1, 246-7 および第 7 章全体を参照。

(19) 'On the Campaign Against Drug Abuse: The President and Mrs. Reagan, from the White House, September 14, 1986', http://www.presidentreagan.info/speeches/drugs.cfm (27 March 2006).

(20) Marc Cooper, 'Plan Colombia', *The Nation* (19 March 2001).

(21) 禁酒に関しては次を参照。Lawrence Spinelli, *Dry Diplomacy: The United States, Great Britain, and Prohibition* (Wilmington, DE: Scholarly Resources, 1989).

(22) 次を参照。Walter LaFeber, *Michael Jordan and the New Global Capitalism* (New York: W. W. Norton, 1999).

(23) Alan Brinkley, *American History: A Survey*, 11th edn (New York: McGraw-Hill, 2003), pp. 934-5.

(24) www.census.gov/Press-Release/www/releases/archives/population/000419.html (21 August 2005).

(25) 'English Should Be Our Official Language', *The Phyllis Schlafly Report*, 29, No. 5 (December 1995) at http://www.eagleforum.org/psr/ 1995/psrdec95.html (29 March 2006).

(26) Energy Information Agency, 'Energy in the United States: 1635-2000', September 2003, http://www.mnforsustain.org/energy_in_the_united_states_1635-2000.htm#Figure%203 (8 July 2005).

(27) Stephanie J. Battles and Eugene M. Burns, 'United States Energy Usage and Efficiency: Measuring Changes Over Time', http://www.eia.doe.gov/emeu/efficiency/wec98.htm (1 August 2005).

(28) UNCED Collection, United Nations Conference on Environment and Development Collection at www.ciesin.org/datasets/unced/unced.html (30 March 2006).

(29) James Charleton, 'The United States and the World Heritage Convention', http://www.

Sixty-Eight: The Year of the Barricades (London: Hamish Hamilton, 1988), p. 185.

(2) Elizabeth Grieco, 'The Foreign Born from Vietnam in the United States', Migration Policy Institute, http://www.migrationinformation.org/USfocus/print.cfm?ID=197 (25 March 2006).

(3) Stuart I. Rochester and Frederick Kiley, *Honor Bound: American Prisoners of War in Southeast Asia, 1961-1973* (Annapolis, MD: Naval Institute Press, 1999), pp. 204-5, 278-81, 478, 597.

(4) Keith Beattie, *The Scar that Binds: American Culture and the Vietnam War* (New York: New York University Press, 1998), pp. 7, 13-15, 18-19, 70-1.

(5) Stan Luger, 'Market Ideology and Administrative Fiat: The Rollback of Automobile Fuel Economy Standards', *Environmental History Review*, 19 (Spring 1995), 77-93.

(6) Ibid.; Edmund P. Russell, III, 'Lost among the Parts per Billion: Ecological Protection at the United States Environmental Agency, 1970-1993', *Environmental History*, 2 (January 1997), 29-51.

(7) Alfred E. Eckes, Jr and Thomas Zeiler, *Globalization and the American Century* (New York: Cambridge University Press, 2003), p. 209.

(8) Steven High, *Industrial Sunset: The Making of North America's Rust Belt, 1969-1984* (Toronto: University of Toronto Press, 2003).

(9) 情報技術職の流出に関しては次を参照。William Lazonick, 'Globalization of the ICT Labor Force', http://www.schumpeter2006.org/conftool/uploads/255/2-Lazonick_Globalization_of_the_ICT_Labor_Force_20060503.pdf. 南部の事情に関しては、次を参照。Timothy Minchin, *Hiring the Black Worker: The Racial Integration of the Southern Textile Industry, 1960-1980* (Chapel Hill, NC: University of North Carolina Press, 1999), epilogue; David L. Carlton and Peter A. Coclanis, *The South, the Nation, and the World: Perspectives on Southern Economic Development* (Charlottesville, VA: University of Virginia Press, 2003).

(10) Gray Brechin, *Imperial San Francisco: Urban Power, Earthly Ruin* (Berkeley, CA: University of California Press, 1999); Martin Shefter, *Capital of the American Century: The National and International Influence of New York City* (New York: Russell Sage Foundation, 1993).

(11) Toby Miller, Nitin Govil, John McMurria and Richard Maxwell, *Global Hollywood* (London: BFI Publishing, 2001), p. 48.

(12) Victoria de Grazia, *Irresistible Empire: America's Advance through 20th-Century Europe* (Cambridge, MA: Harvard University Press, 2005), p. 469.

(13) Somerset R. Waters, 'The American Tourist', *Annals of the American Academy of Political and Social Science*, 368, Americans Abroad (November 1966), p. 112; ここで挙げた数値は世界観光機関（WTO）のデータである。次を参照。'Global tourism: growing fast', [3 September 2004], at http://www.peopleandplanet. net/doc. php?id=1110 (1 September 2006).

(14) Miller, Govil, McMurria and Maxwell, *Global Hollywood*, p. 48.

(15) Christopher J. Jordan, *Movies and the Reagan Presidency: Success and Ethics*

(35) Ibid., p. 86; 'Executive Order 9981' http://www.trumanlibrary.org/9981a.htm (30 September 2006); Morris J. MacGregor, Jr, *Integration of the Armed Forces, 1940-1965*, Defense Studies Series, Washington, DC, Center of Military History, United States Army, 1985, http://www.army.mil/cmh-pg/books/integration/IAF-12.htm (14 July 2006).

(36) Dudziak, *Cold War Civil Rights*, pp. 33, 27.

(37) Penny M. Von Eschen, *Race Against Empire: Black Americans and Anticolonialism, 1937-1957* (Ithaca, NY: Cornell University Press, 1997), p. 3.

(38) Paul Robeson, 同上書 171 頁から引用。

(39) Judith Stein, *The World of Marcus Garvey: Race and Class in Modern Society* (Baton Rouge, LA: Louisiana State University Press, 1986).

(40) Robin D. G. Kelley, '"But a Local Phase of a World Problem": Black History's Global Vision, 1883-1950', *Journal of American History*, 86 (December 1999), 1054.

(41) Von Enschen, *Race Against Empire*, p. 186.

(42) このあたりの議論については、次を参照。Clarence Lang, 'African Americans, Culture and Communism (Part 1): When Anti-Imperialism and Civil Rights Were in Vogue', *Against the Current*, 2000, http://www.solidarity-us.org/atc/ 84Lang.html (1 August 2005).

(43) Ibid.; Von Eschen, *Race Against Empire*, とくに pp. 156, 159-62.

(44) Von Enschen, *Race Against Empire*, p. 174.

(45) James T. Campbell, *Middle Passages: African American Journeys to Africa, 1787-2005* (New York: Penguin, 2006); Kevin K. Gaines, *American Africans in Ghana: Black Expatriates and the Civil Rights Era* (Chapel Hill, NC: University of North Carolina Press, 2006).

(46) 研究史概観と文献紹介については次を参照。Micheline R. Ishay, *The History of Human Rights: From Ancient Times to the Globalization Era* (Berkeley, CA: University of California Press, 2004)［イシェイ，ミシェリン・R 2008 『人権の歴史――古代からグローバリゼーションの時代まで』（滝澤美佐子ほか訳）明石書店］, pp. 65-116, 126-7, 176-8; Kenneth Cmiel, 'The Recent History of Human Rights', *American Historical Review*, 109 (February 2004), 117-35.

(47) Arthur M. Schlesinger, Jr, 'Human Rights and the American Tradition', in William P. Bundy, ed., *Foreign Affairs: America and the World, 1978* (New York: Pergamon Press, 1979), p. 505.

(48) 'The Speech by Hubert Humphrey that Helped Trigger Strom Thurmond's Candidacy for President in 1948', History News Network, http://hnn.us/ articles/1165.html (8 August 2005).

第14章　1970年代からの新たなグローバル化
――トランスナショナルなアメリカの国力とその限界、1971～2001年

(1) Jeremy Suri, *Power and Protest: Global Revolution and the Rise of Detente* (Cambridge, MA: Harvard University Press, 2003), pp. 88-96, 166-72, 237; David Caute,

Occupation of Germany (New York: Palgrave, 2000).

(20) Höhn, *GIs and Frduleins*, p. 132.

(21) Somerset R. Waters, 'The American Tourist', *Annals of the American Academy of Political and Social Science*, 368, Americans Abroad (November 1966), 115; Christopher Endy, *Cold War Holidays: American Tourism in France* (Chapel Hill, NC: University of North Carolina Press, 2004), Chap. 4.

(22) Rosalie Schwartz, *Pleasure Island. Tourism and Temptation in Cuba* (Lincoln, NE: University of Nebraska Press, 1997).

(23) Wattenberg, *Statistical History*, p. 404.

(24) Marguerite S. Shaffer, *See America First: Tourism and National Identity, 1880-1940* (Washington, DC: Smithsonian Institution Press, 2001), p. 4. 1906年に、グレート・ノーザン鉄道はモンタナ州のリゾート施設を売り込むために「最初にアメリカを見る」という標語を採用した。

(25) Christine M. Skwiot, 'Itineraries of Empire: The Uses of U.S. Tourism in Cuba and Hawai'i, 1898-1959', PhD dissertation, Rutgers State University, New Brunswick, 2002, pp. 13, 235ff.

(26) Ruth Vasey, *The World According to Hollywood, 1918-1939* (Madison, WI: University of Wisconsin Press, 1997), pp. 227-8.

(27) Richard Pells, 'From Modernism to the Movies: The Globalization of American Culture in the Twentieth Century', *European Journal of American Culture*, 23 (September 2004), 149.

(28) Charles Beard and Mary Beard, *America in Midpassage* (1939; New York: Macmillan, 1959), pp. 592, 593, 596.

(29) Reinhold Wagnleitner, 'American Cultural Diplomacy, the Cinema, and the Cold War in Central Europe', Department of History, University of Salzburg, Working Paper 92-4, www.history-journals.de/articles/hjg-eartic-j00133. html (12 August 2005).

(30) David Halberstam, *War in a Time of Peace: Bush, Clinton, and the Generals* (New York: Scribner, 2001), p. 160. [ハルバースタム，デーヴィッド　2003　『静かなる戦争――アメリカの栄光と挫折』（小倉慶郎ほか訳）PHP研究所］; Lawrence K. Grossman, 'The Pathfinder', http://archives.cjr.org/year/96/6/books-murrow.asp (12 August 2005).

(31) Frank Ninkovich, *U.S. Information Policy and Cultural Diplomacy* (New York: Foreign Policy Association, 1995), p. 10.

(32) Wattenberg, *Statistical History*, p. 113; no author, *Open Doors, 1955-56* (New York: The Institute, 1956). 1994年時点で、アメリカで学ぶ外国人学生の数は、外国で学ぶアメリカ人学生の7倍を超えていた。'Opportunities for U.S. College Students to Study at African Universities', *Journal of Blacks in Higher Education*, 8 (Summer 1995), 26.

(33) Elizabeth Cobbs Hoffman, *All You Need Is Love: The Peace Corps and the Spirit of the 1960s* (Cambridge, MA: Harvard University Press, 1998), p. 91.

(34) Mary L. Dudziak, *Cold War Civil Rights: Race and the Image of American Democracy* (Princeton, NJ: Princeton University Press, 2000), pp. 87-8, 130-1.

(Spring 2003), 310, 314.

(6) Albert Boime, *The Unveiling of the National Icons: A Plea for Patriotic Iconoclasm in a Nationalist Era* (New York: Cambridge University Press, 1998), pp. 136-7.

(7) Karal Ann Marling and John Wetenhall, *Iwo Jima: Monuments, Memories, and the American Hero* (Cambridge, MA: Harvard University Press, 1991), pp. 17-19, 92-4, 104-5, 115, 117.

(8) Peter Schrijvers, *The GI War against Japan: American Soldiers in Asia and the Pacific during World War II* (New York: New York University Press, 2002), p. 157.

(9) Susan Schulten, *The Geographical Imagination in America, 1880-1950* (Chicago, IL: University of Chicago Press, 2001), p. 238.

(10) Neil Smith, *American Empire: Roosevelt's Geographer and the Prelude to Globalization* (Berkeley, CA: University of California Press, 2003).

(11) Paul Simon, 'The U. S. Crisis in Foreign Language', *Annals of the American Academy of Political and Social Science*, New Directions in Higher Education, 449 (May 1980), 31, 32, 33.

(12) Ben J. Wattenberg, *The Statistical History of the United States from Colonial Times to the Present* (New York: Basic Books, 1976), p. 404.

(13) Schrijvers, *GI War against Japan.*

(14) ある（在野の）歴史家の計算では、「100万人のアメリカ人兵士が50を超える国の女性と結婚した」という。約75万人の花嫁がアメリカへ戻ったといわれる。'Digger History: An Unofficial History of the Australian & New Zealand Armed Services', at http://www.diggerhistory.info/pages-conflicts-periods/ww2/war_brides.htm (30 May 2005); Elfrieda Berthiaume Shukert and Barbara Smith Scibetta, *The War Brides of World War II* (Novato, CA: Presidio, 1988), p. 1. Jones, *American Immigration*, p. 284には、終戦後の最初の5年間で15万人という数字が挙っている。

(15) Jones, *American Immigration*, p. 284.

(16) ここで紹介した話は私の個人的観察によるものであるが、それが一般化できることは、次の文献で確認されている。Rosemary Campbell, *Heroes and Lovers: A Question of National Identity* (Sydney: Allen & Unwin, 1989), p. 188; E. Daniel Potts and Annette Potts, *Yanks Down Under*, 1941-45: *The American Impact on Australia* (Melbourne: Oxford University Press, 1985), p. 398.

(17) Shukert and Scibetta, *War Brides*, pp. 97, 248. 別の事例を表面的に扱ったものとして次を参照。Juliet Gardiner, *Over Here: The GIs in Wartime Britain* (London: Collins & Brown, 1992), pp. 202-13.

(18) John Willoughby, 'The Sexual Behavior of American GIs During the Early Years of the Occupation of Germany', *Journal of Military History*, 62 (No. 1, 1998), 160-3.

(19) Maria Höhn, *GIs and Fräulein: The German-American Encounter in 1950s West Germany* (Chapel Hill, NC: University of North Carolina Press, 2002), pp. 126-7, 137-8, 264, 272; John Willoughby, *Remaking the Conquering Heroes: The Postwar American

Peace with Japan (Kent, OH: Kent State University Press, 1984); Jennifer C. Snow, 'A Border Made of Righteousness: Protestant Missionaries, Asian Immigration, and Ideologies of Race, 1850-1924', PhD dissertation, Columbia University, 2003; LaFeber, *The Clash*, p. 145.
(30) McCaughey, 'In the Land of the Blind', pp. 2, 5
(31) Ibid., p. 6.
(32) Latourette, 'Missionaries Abroad', pp. 28-9.
(33) Ibid., p. 28.
(34) Tomoko Akami, *Internationalizing the Pacific: The United States, Japan, and the Institute of Pacific Relations in War and Peace, 1919-45* (New York: Routledge, 2003); Akira Iriye, *Global Community: The Role of International Organizations in the Making of the Contemporary World* (Berkeley, CA: University of California Press, 2002), p. 27; Jon Thares Davidann, '"Colossal Illusions": US-Japanese Relations in the Institute of Pacific Relations, 1925-1938', *Journal of World History*, 12 (No. 1, 2001), 155-82.
(35) Emily S. Rosenberg, *Spreading the American Dream: American Economic and Cultural Expansion, 1890-1945* (New York: Hill & Wang, 1982), p. 120.
(36) Peter J. Bell, 'The Ford Foundation as a Transnational Actor', *International Organization*, 25 (Summer 1971), 465-78; Francis X. Sutton, 'The Ford Foundation: The Early Years', *Daedalus*, 16 (1987), 59, 63, 69, 70.
(37) Iriye, *Global Community*, p. 19.
(38) Sutton, 'Ford Foundation', pp. 49, 59, 63.
(39) McCaughey, 'In the Land of the Blind', pp. 1-16.

第13章　偏狭な衝動――国際的統合の限界、1925～1970年

(1) 次の文献で述べられているように、1952年マッカラン－ウォルター法は国別移民割当を本当の意味で自由化したわけではない。Maldwyn Jones, *American Immigration* (Chicago, IL: University of Chicago Press, 1959), p. 286.
(2) Mae M. Ngai, *Impossible Subjects: Illegal Aliens and the Making of Modern America* (Princeton, NJ: Princeton University Press, 2004), p. 7.
(3) Ibid., p. 8.
(4) Ibid., p. 7; Aristides Zolberg, *A Nation by Design: Immigration Policy in the Fashioning of America* (Cambridge, MA: Harvard University Press, 2006), pp. 255-6, 269-70.
(5) Cecilia O'Leary, *To Die For: The Paradox of American Patriotism* (Princeton, NJ: Princeton University Press, 1999), p. 231. ジョン・W・ベイアーは「忠誠の誓いは今や、愛国的誓いと公の場でのお祈りの両方であった」と表現している。ベイアーの次を参照。John W. Baer, 'The Pledge of Allegiance: A Short History', in http://history.vineyard.net/pledge.htm (23 March 2004); Lee Canipe, 'Under God and Anti-Communist: How the Pledge of Allegiance Got Religion in Cold War America', *Journal of Church and State*, 45

Coca-Colonization and the Cold War: The Cultural Mission of the United States in Austria after the Second World War, transl. Diana M. Wolf (Chapel Hill, NC: University of North Carolina Press, 1994); Reinhold Wagnleitner, 'The Irony of American Culture Abroad: Austria and the Cold War', in Lary May, ed., *Recasting America: Culture and Politics in the Age of Cold War* (Chicago, IL: University of Chicago Press, 1989), pp. 285-301.

(17) Frank Ninkovich, *U.S. Information Policy and Cultural Diplomacy* (New York: Foreign Policy Association, 1995).

(18) Giles Scott-Smith, 'The Congress for Cultural Freedom, the End of Ideology and the 1955 Milan Conference: "Defining the Parameters of Discourse"', *Journal of Contemporary History*, 37 (No. 3, 2002), 437-55.

(19) James Burnham, *The Struggle for the World* (London: Jonathan Cape, 1947).

(20) Elizabeth Vihlen, 'Jammin' on the Champs-Elysées: Jazz, France and the 1950s', in Reinhold Wagnleitner and Elaine Tyler May, eds, *'Here, There and Everywhere', The Foreign Politics of American Culture* (Hanover, NH: University Press of New England, 2000), pp. 157-8; Penny Von Eschen, '"Satchmo Blows up the World": Jazz, Race and Empire during the Cold War', ibid., pp. 163, 167; Michael May, 'Swingin' under Stalin: Russian Jazz during the Cold War and Beyond', ibid., p. 189; Alan L. Heil, Jr, *Voice of America: A History* (New York: Columbia University Press, 2003), pp. 288-301; Laurien Alexandre, *The Voice of America: From Détente to the Reagan Doctrine* (Norwood, NJ: Ablex Publishing Corp., 1988), pp. 3, 9.

(21) Luce, 'American Century', pp. 168-71.

(22) Richard P. Tucker, *Insatiable Appetite: The United States and the Ecological Degradation of the Tropical World* (Berkeley, CA: University of California Press, 2000), pp. 190-1; Gabriel Kolko, *Main Currents in Modern American History* (New York: Harper & Row, 1976), pp. 197-8, 384-90; Alfred Eckes, Jr, and Thomas W. Zeiler, *Globalization and the American Century* (New York: Cambridge University Press, 2003), pp. 111-12.

(23) Eckes and Zeiler, *Globalization*, pp. 111-12.

(24) 具体例に関しては次を参照。D. Goodman and M. Redclift, eds, *The International Farm Crisis* (New York: St Martin's Press, 1989).

(25) D. A. Irwin, 'The GATT's Contribution to Economic Recovery in Post-War Europe', in B. Eichengreen, ed., *Europe's Postwar Recovery* (New York: Cambridge University Press, 1995), cited in http://grove.ship.edu/econ/trade/ Irwin_on_us_trade.html (14 August 2004).

(26) Kenneth Scott Latourette, 'Missionaries Abroad', *Annals of the American Academy of Political and Social Science, 368*, Americans Abroad (November 1966), 21-30, at 23.

(27) Ibid., p. 27.

(28) Robert A. McCaughey, 'In the Land of the Blind: American International Studies in the 1930s', *Annals of the American Academy of Political and Social Science*, New Directions in International Education, 449 (May 1980), 6.

(29) Sandra C. Taylor, *Advocate of Understanding: Sidney Gulick and the Search for*

1999), とくに 'America's Vision of our World', 168-71; Michael J. Hogan, ed., *The Ambiguous Legacy: U.S. Foreign Relations in the 'American Century'* (New York: Cambridge University Press, 1999).

（2）Barry and Judith Colp Rubin, *Hating America: A History* (New York: Oxford University Press, 2004), p. 126; Philippe Roger, *The American Enemy: The History of French Anti-Americanism,* transl. Sharon Bowman (Chicago, IL: University of Chicago Press, 2005), pp. 14, 324; Alvin Z. Rubenstein and Donald E. Smith, 'Anti-Americanism in the Third World', in Thomas Thornton, ed., *Anti-Americanism: Origins and Context,* Special Issue, *The Annals of the American Academy of Political and Social Science* (Beverly Hills, CA: Sage Publications, 1988), p. 36.

（3）このあたりの議論については次を参照。Raimund Lammersdorf, ed., *The American Impact on Western Europe: Americanization and Westernization in Transatlantic Perspective* (German Historical Institute, Washington, DC, March 25-27, 1999), http://www.ghi-dc.org/conpotweb/westernpapers/index.html (30 July 2006).

（4）メイ・M・ナイはこの超国家主義傾向を次の自著で指摘している。*Impossible Subjects: Illegal Aliens and the Making of Modern America* (Princeton, NJ: Princeton University Press, 2004), p. 10.

（5）Daniel T. Rodgers, *Atlantic Crossings: Social Politics in a Progressive Age* (Cambridge, MA: Belknap Press of Harvard University Press, 1998), p. 412.

（6）Ibid., p. 410.

（7）Ibid., pp. 445, 437.

（8）Peter J. Sehlinger, rev. of *African Americans in the Spanish Civil War: 'This Ain't Ethiopia, But It'll Do,'* in *Journal of Military History*, 57 (January 1993), 163.

（9）David Kennedy, *Freedom from Fear: The American People in Depression and War, 1929-1945* (New York: Oxford University Press, 1999), pp. 398-9.

（10）Akira Iriye, *The Globalizing of America, 1913-1945*. The Cambridge History of American Foreign Relations, Vol. 5 (Cambridge: Cambridge University Press, 1993), p. 155.

（11）Kennedy, *Freedom from Fear,* pp. 505-11; Walter LaFeber, *The Clash: A History of U.S. Japan Relations* (New York: W. W. Norton, 1996), Chap. 6, とくに p. 184.

（12）Neil Smith, *American Empire: Roosevelt's Geographer and the Prelude to Globalization* (Berkeley, CA: University of California Press, 2003), p. 275.

（13）国際通貨基金のデータについては、次のウェブサイトを参照。www.imf.org/external/np/exr/center/mm/eng/mm_dr_01.htm (29 July 2006).

（14）Mark Stoler, 'The Second World War in US History and Memory', *Diplomatic History*, 25 (Summer 2001), 384.

（15）Geir Lundestad, 'Empire by Invitation? The United States and Western Europe, 1945-1952', *Journal of Peace Research*, 23 (September 1986), 263-77.

（16）Frank Ninkovich, *The Diplomacy of Ideas: U.S. Foreign Policy and Cultural Relations, 1938-1950* (New York: Cambridge University Press, 1981); Reinhold Wagnleitner,

(15) Emily Rosenberg, *Spreading the American Dream: American Economic and Cultural Expansion, 1890-1945* (New York: Hill & Wang, 1982), p. 111.

(16) Richard Taylor, *The Politics of the Soviet Cinema, 1917-1929* (Cambridge: Cambridge University Press, 1979), pp. 95-6, 98; Denise Youngblood, *Movies for the Masses: Popular Cinema and Soviet Society in the 1920s* (New York: Cambridge University Press, 1992).

(17) Petrine Archer-Straw, *Negrophillia: Avant-Garde Paris and Black Culture in the 1920s* (London: Thames & Hudson, 2000).

(18) de Grazia, *Irresistible Empire*, pp. 65-73.

(19) Ibid., p. 170.

(20) Dawley, *Changing the World*, Chap. 2 その他。

(21) Jane Addams, *Newer Ideals of Peace* (New York: Macmillan, 1907), p. 18.

(22) William Preston, Jr, *Aliens and Dissenters: Federal Suppression of Radicals, 1903-1933* (Cambridge, MA: Harvard University Press, 1963), とくに第8章を参照。Kennedy, *Over Here*, pp. 290-91; Robert K. Murray, *Red Scare: A Study in National Hysteria, 1919-1920* (Minneapolis, MN: University of Minnesota Press, 1955).

(23) *Pershing's Crusaders*, March Militaire composed by E. T. Paull (1918), at Digital Music Collections, National Library of Australia, http://nla.gov.au/nla.mus-an5299978.

(24) Robert D. Cuff, *The War Industries Board: Business-Government Relations during World War I* (Baltimore, MD: Johns Hopkins University Press, 1973); Paul A. C. Koistenen, 'The Industrial-Military Complex in Historical Perspective: World War I', *Business History Review*, 41 (Winter 1967), 378-403.

(25) Ellen Carol DuBois, *Harriot Stanton Blatch and the Winning of Woman Suffrage* (New Haven, CT.: Yale University Press, 1997), pp. 64, 70; Leila J. Rupp, *Worlds of Women: The Making of an International Women's Movement* (Princeton: Princeton University Press, 1997).

(26) Frank Farrell, *International Socialism and Australian Labour: The Left in Australia, 1919-1939* (Sydney: Hale & Iremonger,1981), pp. 115-16, 121-4.

(27) Allen F. Davis, *American Heroine: The Life and Legend of Jane Addams* (New York: Oxford University Press, 1973), pp. 260-7.

(28) Judith Stein, *The World of Marcus Garvey: Race and Class in Modern Society* (Baton Rouge, LA: Louisiana State University Press, 1986), pp. 2, 30,109-10,124.

(29) Mae M. Ngai, *Impossible Subjects: Illegal Aliens and the Making of Modern America* (Princeton, NJ: Princeton University Press, 2004), pp. 9-10.

第12章　統合のための諸勢力――戦争と「アメリカの世紀」の到来、1925～1970年

(1) Wendell L. Willkie, *One World* (New York: Simon and Schuster, 1943), p. 2［ウィルキー，ウェンデル・L　1944『四海一家』（石塚壽夫訳）大東亞省總務局總務］; Henry R. Luce, 'The American Century', *Life*, February 1941, reprinted in *Diplomatic History*, 23 (Spring

Harper & Row, 1954), pp. 271-3.

（4）Kurt Piehler, 'The War Dead and the Gold Star: American Commemoration of the First World War', in John R. Gillis, ed., *Commemorations: The Politics of National Identity* (Princeton, NJ: Princeton University Press, 1994), pp. 171-80.

（5）*How You Gonna Keep 'em Down on the Farm.* 1919. W. Donaldson, S. Lewis, J. Young Art., Kit Johnson.

（6）N. Gordon Levin, Jr, *Woodrow Wilson and World Politics: America's Response to War and Revolution* (New York: Oxford University Press, 1968), pp. 236-51; Arno J. Mayer, *Politics and Diplomacy of Peacemaking: Containment and Counterrevolution at Versailles, 1918-1919* (New York: Knopf, 1967).

（7）John W. Coogan, 'Wilsonian Diplomacy in War and Peace', in Gordon Martel, ed., *American Foreign Relations Reconsidered, 1890-1993* (London: Routledge, 1993), pp. 74-5; Lloyd Ambrosius, *Woodrow Wilson and the American Diplomatic Tradition* (New York: Cambridge University Press, 1987), pp. 68-9; William Roger Louis, 'African Origins of the Mandates Idea', *International Organization*, 19 (Winter 1965), 20-36; David Levering Lewis, *W. E. B. Du Bois: Biography of a Race, 1868-1919* (New York: Henry Holt, 1993), pp. 576-8.

（8）Joan Hoff-Wilson, *American Business & Foreign Policy, 1920-1933* (Lexington, KY: University Press of Kentucky, 1971); Alan Dawley, *Changing the World: American Progressives in War and Revolution* (Princeton, NJ: Princeton University Press, 2002), p. 312は、その立場の特徴を単独主義と表現したほうがよいと主張する。定義については Michael Hogan, 'Introduction', in Hogan, ed., *The Ambiguous Legacy: U.S. Foreign Relations in the 'American Century'* (New York: Cambridge University Press, 1999), p. 6. を参照。

（9）Hoff-Wilson, *American Business & Foreign Policy*; William Appleman Williams, 'The Legend of Isolationism in the 1920's', *Science and Society*, 18 (Winter 1954), 1-20; Akira Iriye, *The Globalizing of America, 1913-1945*. The Cambridge History of American Foreign Relations, Vol. 5 (Cambridge: Cambridge University Press, 1993), pp. 103-15.

（10）Jens Ulff-Møller, *Hollywood's Film Wars with France: Film Trade Diplomacy and the Emergence of the French Film Quota Policy* (Rochester, NY: University of Rochester Press, 2001), pp. 51-3.

（11）この点に関しては次を参照。Frank Costigliola, *Awkward Dominion: American Political, Economic, and Cultural Relations with Europe, 1919-1933* (Ithaca, NY: Cornell University Press, 1984).

（12）Ian Tyrrell, 'Prohibition, American Cultural Expansion, and the New Hegemony in the 1920s: An Interpretation', *Histoire Sociale/Social History*, 27 (November 1994), pp. 439-40.

（13）Victoria de Grazia, *Irresistible Empire: America's Advance through 20th-Century Europe* (Cambridge, MA: Harvard University Press, 2005), p. 231.

（14）Ibid., p. 165.

(50) テイラーの科学的管理法もまた、輸出された。次を参照。Lucy Taksa, 'All a Matter of Timing: The Diffusion of Scientific Management in New South Wales, Prior to 1921', PhD thesis, University of New South Wales, 1993; J.-C. Spender and Hugo J. Kijne, *Scientific Management: Frederick Winslow Taylor's Gift to the World?* (Boston, MA: Kluwer Academic Publishers, 1996).［スペンダー，J・-C, H・J・キーネ 2000『科学的管理——F・W・テイラーの世界への贈りもの』（三戸公・小林康助監訳）文眞堂］

(51) Charles S. Maier, 'Between Taylorism and Technocracy: European Ideologies and the Vision of Industrial Productivity', *Journal of Contemporary History*, 5 (No. 2, 1970), 27-61.

(52) Mark Pendergrast, *Uncommon Grounds: The History of Coffee and How It Transformed Our World* (New York: Basic Books, 1999), p. 62.［ペンダーグラスト，マーク 2002『コーヒーの歴史』（樋口幸子訳）河出書房新社］。アメリカのコーヒー輸入量は1865年から1900年に4倍以上に増加した。Ben J. Wattenberg, *The Statistical History of the United States from Colonial Times to the Present* (New York: Basic Books, 1976), pp. 900-2.

(53) Richard P. Tucker, *Insatiable Appetite: The United States and the Ecological Degradation of the Tropical World* (Berkeley, CA: University of California Press, 2000).

(54) Grover Cleveland, 'Fourth Annual Message' (second term) at http://www.presidency.ucsb.edu/ws/index.php?pid=29537 (9 October 2005).

(55) Louis A. Pérez, Jr, *Cuba: Between Reform and Revolution* (New York: Oxford University Press, 1988), pp. 149-52.

(56) Cleveland, 'Fourth Annual Message'.

(57) Samuel Hays, *Conservation and the Gospel of Efficiency: The Progressive Conservation Movement, 1890-1920* (Cambridge: Harvard University Press, 1959); Donald Pisani, 'Forests and Conservation, 1865-1890', *Journal of American History*, 72 (September 1985), 340-59.

(58) John Mason Hart, *Empire and Revolution: The Americans in Mexico since the Civil War* (Berkeley, CA: University of California Press, 2002), p. 307.

(59) Frederick A. McKenzie, *The American Invaders* (1902; New York: Arno Press, 1976), pp. 6, 96, 181, 1.

第11章　ウッドロー・ウィルソン時代の新たな世界秩序

(1) Woodrow Wilson, *Message to Congress*, 63rd Cong., 2d Sess., Senate Doc. No. 566 (Washington, DC: Government Printing Office, 1914), pp. 3-4.

(2) 戦争とその影響については以下を参照。たとえば、David Kennedy, *Over Here: The First World War and American Society* (New York: Oxford University Press, 1980); Richard L. Watson, Jr, *The Development of National Power: The United States, 1900-1919* (Boston: Houghton Mifflin, 1976).

(3) Arthur S. Link, *Woodrow Wilson and the Progressive Era, 1910-1917* (New York:

海上権力史論』(北村謙一訳) 原書房] ; Jon Sumida, 'Alfred Thayer Mahan, Geopolitician', *Journal of Strategic Studies* (G.B.) 22 (Nos 2-3, 1999), 51, 57.

(37) Emily S. Rosenberg, *Financial Missionaries to the World: The Politics and Culture of Dollar Diplomacy*, 1900-1930 (Durham, NC: Duke University Press, 2003), とくに pp. 1-3.

(38) この考え方の現代版は、次を参照。Joseph S. Nye, *Soft Power: The Means to Success in World Politics* (New York: Public Affairs, 2004). [ナイ, ジョセフ・S 2004 『ソフト・パワー――21世紀国際政治を制する見えざる力』(山岡洋一訳) 日本経済新聞社]

(39) Leslie, 'Christianity and the Evangelist for Sea Power', p. 138 (引用個所); Brian Stanley, 'Church, State and the Hierarchy of "Civilization": The Making of the "Missions and Government" Conference, Edinburgh, 1910', in Andrew Porter, ed., *The Imperial Horizons of British Protestant Missions, 1880-1914* (Grand Rapids, MI: William B. Eerdmans, 2003), p. 61.

(40) Brian Stanley, 'Church, State and the Hierarchy of "Civilization"', p. 62.

(41) 次を参照。See A. T. Mahan, *The Harvest Within: Thoughts on the Life of the Christian.* Leslie, 'Christianity and the Evangelist for Sea Power', pp. 127-39 より引用。

(42) A. T. Mahan, 'Effects of Asiatic Conditions upon International Policies', *North American Review*, 528 (November 1900), 616.

(43) Stanley, 'Church, State and the Hierarchy of "Civilization"', p. 61.

(44) 資本と労働の比率、および経済発展については、次の文献を参照。H. J. Habakkuk, *American and British Technology in the Nineteenth Century: The Search for Labour-saving Inventions* (Cambridge: Cambridge University Press, 1962). それと異なる見解については次を参照。Carville Earle and Ronald Hoffman, 'The Foundation of the Modern Economy: Agriculture and the Costs of Labor in the United States and England, 1800-1860', *American Historical Review*, 85 (December 1980), 1055-94. 1880年から1940年にかけての他国よりも資源集中的で資本集中的な産業化については、次を参照。Gavin Wright, 'The Origins of American Industrial Success', *American Economic Review*, 80 (September 1990), 651-68.

(45) *Report of the National Conservation Commission, February 1909*, 3 vols (Washington, DC: Government Printing Office, 1909), II: 282-3.

(46) Ibid., p. 266.

(47) Howard Zinn, *A People's History of the United States* (New York: Harper & Row, 1980), p. 294.

(48) William Cronon, *Nature's Metropolis: Chicago and the Great West* (New York: W. W. Norton, 1991).

(49) David A. Hounshell, *From the American System to Mass Production, 1800-1932: The Development of Manufacturing Technology in the United States* (Baltimore, MD: Johns Hopkins University Press, 1984), pp. 217-61. [ハウンシェル, デーヴィッド・A 1998 『アメリカン・システムから大量生産へ―― 1800-1932』(和田一夫・金井光太朗・藤原道夫訳) 名古屋大学出版会]

(22) Foster, 'Models for Governing', pp. 111-12.

(23) この事情をまとめた標準的な紹介は、Robert Rydell, *All the World's a Fair: Visions of Empire at American International Expositions, 1876-1916* (Chicago, IL: University of Chicago Press, 1984).

(24) Paul Kramer, 'Making Concessions: Race and Empire Revisited at the Philippines Exposition, St Louis, 1901-1905', *Radical History Review*, 73 (1999), pp. 73-114.

(25) Jessica Beth Teisch, 'Engineering Progress: Californians and the Making of a Global Economy (India, South Africa, Palestine, Australia)', PhD dissertation, University of California, Berkeley, 2001, pp. 1-19.

(26) *Greater America: The Latest Acquired Insular Possessions* (Boston, MA: Perry Mason Co., 1909), pp. 67-84.

(27) Susan Schulten, 'The Making of the *National Geographic*: Science, Culture, and Expansionism', *American Studies*, 41 (Spring 2000), 5, 15, 23.

(28) National WCTU, *Annual Report*, 1900, p. 94.

(29) *Union Signal*, 7 March 1901, p. 9; 12 December 1901, p. 8 (引用個所).

(30) Brian M. Linn, 'Long Twilight', p. 143; Brian M. Linn, *The Philippine War, 1899-1902* (Lawrence, KA: University Press of Kansas, 2000).

(31) *Union Signal*, 7 October 1909, p. 3.

(32) 1900年の大統領選戦における民主党員の反帝国主義議論については、次を参照。Rebecca J. Taylor, *Philippine Facts from American Pens* (Washington, DC: Jeffersonian Democrat Pub. Co., 1900). 反帝国主義に関しては次の諸文献を参照。Robert L. Beisner, *Twelve against Empire: The Anti-Imperialists, 1898-1900*, rev. edn (Chicago, IL: University of Chicago Press, 1985); E. Berkeley Tompkins, *Anti-Imperialism in the United States: The Great Debate, 1890-1920* (Philadelphia, PA: University of Pennsylvania Press, 1970); Philip S. Foner and Richard C. Winchester, eds, *The Anti-Imperialist Reader: A Documentary History of Anti-imperialism in the United States*, Vol. 1 (New York: Holmes & Meier, 1984).

(33) アメリカ帝国のさまざまな形態については、次の諸文献を参照。Gray, *Amerika Samoa*; William H. Haas et al., *The American Empire: A Study of the Outlying Territories of the United States* (Chicago, IL: University of Chicago Press, 1940); Raymond Carr, *Puerto Rico: A Colonial Experiment* (New York: New York University Press, 1984); Briggs, *Reproducing Empire*; Burnett and Marshall, eds, *Foreign in a Domestic Sense*.

(34) Roger Bell, *Last Among Equals: Hawaiian Statehood and American Politics* (Honolulu, HI: University of Hawaii Press, 1984), pp. 48-9, 68-71.

(35) José-Manuel Navarro, *Creating Tropical Yankees: Social Science Textbooks and U.S. Ideological Control in Puerto Rico, 1898-1908* (New York: Routledge, 2002).

(36) A. T. Mahan, *The Influence of Sea Power upon History 1660-1783* (London: Sampson Low, Marston, Searle & Rivington, 1890) [マハン, アルフレッド・T　1982『海上権力史論』(北村謙一訳) 原書房；2002『マハン』(山内敏秀編著) 芙蓉書房出版；2008『マハン

Hopkins, ed., *Globalization in World History* (London: Pimlico, 2002), p. 245.

(9) Frederick Jackson Turner, 'The Middle West', *International Monthly*, 4 (December 1901), 794.

(10) Stuart C. Miller, *'Benevolent Assimilation': The American Conquest of the Philippines, 1899-1903* (New Haven, CT: Yale University Press, 1982); Paul Kramer, 'Empires and Exceptions: Race and Rule between the British and United States Empires, 1880-1910', *Journal of American History*, 88 (March 2002), 1314-53; Glenn May, *Social Engineering in the Philippines: The Aims, Execution, and Impact of American Colonial Policy, 1900-1913* (Westport, CT: Greenwood, 1980), pp. 179-81.

(11) Christina Duffy Burnett and Burke Marshall, 'Between the Foreign and the Domestic: The Doctrine of Territorial Incorporation, Invented and Reinvented', in Christina Duffy Burnett and Burke Marshall, eds, *Foreign in a Domestic Sense: Puerto Rico, American Expansion, and the Constitution* (Durham, NC: Duke University Press, 2001), pp. 1-3.

(12) Laura Briggs, *Reproducing Empire: Race, Sex, Science, and U.S. Imperialism in Puerto Rico* (Berkeley, CA: University of California Press, 2002), p. 33.

(13) J. A. C. Gray, *Amerika Samoa: A History of American Samoa and its United States Naval Administration* (Annapolis, MD: United States Naval Institute, 1960), p. 158.

(14) 'William Crawford Gorgas', American National Biography Online, 15 May 2005.

(15) Michael Adas, 'Improving on the Civilizing Mission? Assumptions of United States Exceptionalism in the Colonization of the Philippines', in Lloyd Gardner and Marilyn B. Young, eds, *The New American Empire: A 21st Century Teach-in on U.S. Foreign Policy* (New York: New Press, 2005), pp. 153-81. [ガードナー，ロイド，マリリン・ヤング編 2008 『アメリカ帝国とは何か――21世紀世界秩序の行方』（松田武・菅英輝・藤本博訳）ミネルヴァ書房]

(16) Anne L. Foster, 'Models for Governing: Opium and Colonial Policies in Southeast Asia, 1898-1910', in Julian Go and Anne L. Foster, eds, *The American Colonial State in the Philippines: Global Perspectives* (Durham, NC: Duke University Press, 2003), p. 111.

(17) John M. Gibson, *Physician to the World: The Life of General William C. Gorgas* (Durham, NC: Duke University Press, 1950), p. 102; Marie D. Gorgas and Burton J. Hendrick, *William Crawford Gorgas: His Life and Work* (Garden City, NY: Doubleday, Page and Co., 1924), pp. 138-9.

(18) Victor Heiser, *An American Doctor's Odyssey: Adventures in Forty-Five Countries* (New York: W. W. Norton, 1936), p. 34;. *New York Times* (12 September 1912), p. 7.

(19) Gorgas and Hendrick, *Gorgas*, p. 222.

(20) Reynaldo C. Ileto, 'Cholera and the Origins of the American Sanitary Order in the Philippines', in David Arnold, ed., *Imperial Medicine and Indigenous Societies* (Manchester: Manchester University Press, 1988), pp. 125-44.

(21) Arnold H. Taylor, *American Diplomacy and the Narcotics Traffic, 1900-1939* (Durham, NC: Duke University Press, 1969), p. 31.

Bodnar, *Remaking America: Public Memory, Commemoration, and Patriotism in the Twentieth Century* (Princeton, NJ: Princeton University Press, 1992), pp. 86, 97.［ボドナー，ジョン　1997『鎮魂と祝祭のアメリカ――歴史の記憶と愛国主義』（野村達朗ほか訳）青木書店］

(47) Roy L. Garis, *Immigration Restriction: A Study of the Opposition to and Regulation of Immigration into the United States* (New York: Macmillan, 1927), p. 131.

第10章　無自覚な帝国

(1) W. A. Williams, *The Tragedy of American Diplomacy*, rev. edn (1959; New York: Delta Books, 1961)［ウィリアムズ，ウィリアム・A　1986『アメリカ外交の悲劇』（高橋章・松田武・有賀貞訳）御茶の水書房；1991『アメリカ外交の悲劇』原書改訂増補第２版の翻訳（高橋章ほか訳）御茶の水書房］; Williams, *Empire as a Way of Life* (New York: Oxford University Press, 1980).

(2) Robert W. Larson, *New Mexico's Quest for Statehood, 1846-1912* (Albuquerque, NM: University of New Mexico Press, 1968), p. 304; Earl S. Pomeroy, 'The American Colonial Office', *Mississippi Valley Historical Review*, 30 (March 1944), 521-32; Pomeroy, *The Territories and the United States, 1861-1890: Studies in Colonial Administration* (Philadelphia, PA: University of Pennsylvania Press, 1947).

(3) Walter Williams, 'US Indian Policy and the Debate over Philippine Annexation: Implications for the Origins of American Imperialism', *Journal of American History*, 66 (March 1980), 810, 813, 814; Brian M. Linn, 'The Long Twilight of the Frontier Army', *Western Historical Quarterly*, 27 (Summer 1996), 141-67.

(4) Frank Schumacher, 'The American Way of Empire: National Tradition and TransAtlantic Adaptation in America's Search for Imperial Identity, 1898-1910', *German Historical Institute Bulletin*, no. 31 (Fall 2002), 37, 45 n15, 49 n49.

(5) Josiah Strong, *Our Country, Its Possible Future and its Present Crisis*, rev. edn (New York: Baker & Taylor, 1891), p. 220; R. N. Leslie, Jr, 'Christianity and the Evangelist for Sea Power: The Religion of A.T. Mahan', in John B. Hattendorf, ed., *The Influence of History on Mahan: The Proceedings of a Conference Marking the Centenary of Alfred Thayer Mahan's "The Influence of Sea Power Upon History, 1660-1783"* (Newport, RI: Naval War College Press, 1991), pp. 136-7.

(6) Strong, *Our Country*, p. 226; Strong, *Expansion under New World-Conditions* (1900; New York: Garland, 1971), p. 278（最後の引用）; Mahan, 'Hawaii and Our Future Sea Power', (1893), in Mahan, *The Interest of America in Sea Power, Present and Future* (London: Sampson, Low, Marston and Co., 1898), pp. 48, 52-3.

(7) Richard Collin, *Theodore Roosevelt: Culture, Diplomacy, and Expansion: A New View of American Imperialism* (Baton Rouge, LA: Louisiana State University Press, 1985).

(8) David Reynolds, 'American Globalism: Mass, Motion, and the Multiplier Effect', in A. G.

(35) Steven J. Holmes, *The Young John Muir: An Environmental Biography* (Madison, WI: University of Wisconsin Press, 1999), とくに Chap. 1; Henry Nash Smith, *Virgin Land: The American West as Symbol and Myth* (Cambridge, MA: Harvard University Press, 1950). [スミス，ヘンリー・ナッシュ 1971『ヴァージンランド――象徴と神話の西部』(永原誠訳)、研究社出版]
(36) Roderick Nash, *Wilderness and the American Mind* (New Haven, CT: Yale University Press, 1967).
(37) William T. Hornaday, *Our Vanishing Wild Life: Its Extermination and Preservation* (New York: Charles Scribner's Sons, 1913), pp. 100, 102.
(38) John M. MacKenzie, *The Empire of Nature: Hunting, Conservation, and British Imperialism* (Manchester: Manchester University Press, 1988).
(39) John F. Reiger, *American Sportsmen and the Origins of Conservation* (New York: Winchester Press, 1975), p. 51. 自然遺産の保全に関するアメリカ人の懸念については、次を参照。Donald Pisani, 'Forests and Conservation, 1865-1890', *Journal of American History*, 72 (September 1985), 340-59.
(40) Reiger, *American Sportsmen*, p. 76. ヨーロッパからの影響については、とくに次を参照。Michel F. Girard, 'Conservation and the Gospel of Efficiency: Un modèle de gestion de l'environnement venu d'Europe?' *Histoire Sociale/ Social History*, 23 (May 1990), 63-80.
(41) *Report of the National Conservation Commission, February 1909*, 3 vols (Washington, DC: Government Printing Office, 1909).
(42) Wiebe, *The Search for Order.*
(43) 忠誠の誓いに関しては、次を参照。Marilyn H. Paul, 'I Pledge Allegiance...', *Prologue*, 24 (No. 4, 1992), 390-3; John W. Baer, 'The Pledge of Allegiance: A Short History', in http://history.vineyard.net/pledge.htm (23 March 2004); Robert W. Rydell, 'The Pledge of Allegiance and the Construction of the Modern American Nation', *Rendezvous*, 30 (No. 2, 1996), 13-26, とくに22頁; Cecilia O'Leary, *To Die For: The Paradox of American Patriotism* (Princeton, NJ: Princeton University Press, 1999), pp. 161-71.
(44) Kurt Piehler, 'The War Dead and the Gold Star: American Commemoration of the First World War', in John R. Gillis, ed., *Commemorations: The Politics of National Identity* (Princeton, NJ: Princeton University Press, 1994), pp. 174-5; and Albert Boime, *The Unveiling of the National Icons: A Plea for Patriotic Iconoclasm in a Nationalist Era* (New York: Cambridge University Press, 1998).
(45) Michelle A. Krowl, '"In the Spirit of Fraternity": The United States Government and the Burial of Confederate Dead at Arlington National Cemetery, 1864-1914', *Virginia Magazine of History and Biography*, 111(No. 2, 2003), 175.
(46) *New York Times* (12 November 1921), p. 4; S. Thomas, 'Known But to God', *Naval History*, 10 (No. 6, 1996), 45-8; http://www.arlingtoncemetery.org/visitor_information/amphitheater.html (18 October 2005). ナショナリズムによる愛国的な活動が都市部において第一次世界大戦記念祝典を中心にいかに結束したかについては、次を参照。John

Lansing, MI: Michigan State University Press, 1969).
(20) Rodgers, *Atlantic Crossings*, p. 345.
(21) Ian Tyrrell, *True Gardens of the Gods: Californian-Australian Environmental Reform, 1860-1930* (Berkeley, CA: University of California Press, 1999), chap. 8.
(22) こうした財政基盤により、第一次世界大戦時にはアメリカ史上最大の支出増大を見た。1918年度の予算は、1791年から1916年までの累積よりも大きく、その結果、南北戦争以来着実に減少していた国家債務は、再び急激に増加した。
(23) Maldwyn Jones, *American Immigration* (Chicago, IL: University of Chicago Press, 1960), p. 253.
(24) Rudolph J. Vecoli, 'Primo Maggio: May Day Observances Among Italian Immigrant Workers, 1890-1920', *Labor's Heritage*, 7 (Spring 1996), 28-41; David Goldway, 'A Neglected Page of History: The Story of May Day. A Talk Sponsored by The Friends of The Wellfleet Public Library, Wellfleet, Massachusetts, May, 1989', *Science & Society*, 69 (No. 2, 2005), 218-24
(25) Vecoli, 'Primo Maggio', p. 30. 引用個所はこの文献から。Michael Kazin and Steven J. Ross, 'America's Labor Day: The Dilemma of a Worker's Celebration', *Journal of American History*, 78 (December 1992), 1294-323.
(26) Stuart McConnell, 'Reading the Flag: A Reconsideration of the Patriotic Cults of the 1890s', in John Bodnar, ed., *Bonds of Affection: Americans Define their Patriotism* (Princeton, NJ: Princeton University Press, 1996), p. 118.
(27) Jones, *American Immigration*, p. 262.
(28) ディリンガム委員会報告書の完全リストは次を参照。61st Congress, 3rd session, Sen. Doc No. 761, *Reports of the Immigration Commission: The Immigration Situation in Other Countries* (Washington, DC: Government Printing Office, 1911), p. iii. 最近の分析については、次を参照。Robert F. Zeidel, *Immigrants, Progressives, and Exclusion Politics: The Dillingham Commission, 1900-1927* (De Kalb, IL: Northern Illinois University Press, 2004), Chaps 2-6.
(29) Aristides Zolberg, *A Nation by Design: Immigration Policy in the Fashioning of America* (Cambridge, MA: Harvard University Press, 2006), Chap. 7.
(30) Torpey, *Invention of the Passport*, p. 117.
(31) National Center For Infectious Diseases, Division of Global Migration and Quarantine, 'History of Quarantine', http://www.cdc.gov/ ncidod/dq/history.htm (1 February 2005); Victor Heiser, *An American Doctor's Odyssey: Adventures in Forty-Five Countries* (New York: W. W. Norton, 1936), pp. 16-17.
(32) Jones, *American Immigration*, pp. 262-3; Heiser, *Odyssey*, pp. 16-17.
(33) E. O. Essig, *A History of Entomology* (1931; New York: Hafner Pub Co., 1965), pp. 527, 529-36; Tyrrell, *True Gardens*, Chap. 9.
(34) Henry David Thoreau, *Walden and Other Writings*, ed. Brooks Atkinson (New York: Modern Library, 1992).

の歌のいずれがアメリカ国歌であるかをめぐって混乱が生じて、この象徴の意義は損なわれた。アメリカが「星条旗」を正式な国歌として採用したのは、1931年になってからであった。

（6）John C. Torpey, *The Invention of the Passport: Surveillance, Citizenship and the State* (New York: Cambridge University Press, 1999), p. 95.［トーピー，ジョン　2008『パスポートの発明——監視・シティズンシップ・国家』（藤川隆男監訳）法政大学出版局］

（7）John Higham, 'America in Person: The Evolution of National Symbols', *Amerikastudien*, 36 (Spring 1991), 474.

（8）D. W. Meinig, *The Shaping of America: A Geographical Perspective on 500 Years of History*. Vol. 3. *Transcontinental America, 1850-1915* (New Haven, CT: Yale University Press, 1998), pp. 189-93.

（9）Richard Gowers, 'Contested Celebrations: The Fourth of July and Changing National Identity in the United States, 1865-1918', PhD thesis, University of New South Wales, 2004.

（10）Robert Wiebe, *The Search for Order, 1877-1920* (New York: Hill & Wang, 1967).

（11）Richard W. Stewart, General Editor, *American Military History*, Vol. 1: *The United States Army and the Forging of a Nation, 1775-1917* (Washington, DC: United States Army, 2005), pp. 369-70.

（12）Gaines M. Foster, *Moral Reconstruction: Christian Lobbyists and the Federal Legislation of Morality, 1865-1920* (Chapel Hill, NC: University of North Carolina Press, 2002); Richard Hamm, *Shaping the Eighteenth Amendment: Temperance Reform, Legal Culture, and the Polity, 1880-1920* (Chapel Hill, NC: University of North Carolina Press, 1995).

（13）Richard Schneirov, Shelton Stromquist and Nick Salvatore, eds, *The Pullman Strike and the Crisis of the 1890s: Essays on Labor and Politics* (Urbana, IL: University of Illinois Press, 1999).

（14）引用個所は次の文献から。Daniel T. Rodgers, *Atlantic Crossings: Social Politics in a Progressive Age* (Cambridge, MA: Belknap Press of Harvard University Press, 1998), p. 247.

（15）Ibid., pp. 240-1; Seth Koven and Sonya Michel, 'Womanly Duties: Maternalist Politics and the Origins of Welfare States in France, Germany, Great Britain, and the United States, 1880-1920', *American Historical Review*, 95 (October 1990), 1076-108.

（16）Rodgers, *Atlantic Crossings*, p. 250.

（17）Victor S. Clark, *The Labour Movement in Australasia: A Study in Social Democracy* (New York: H. Holt & Co., 1906); Henry Demarest Lloyd, 'New Zealand: Newest England', *Atlantic Monthly*, 84 (No. 506, December 1899), 789-94.

（18）Peter J. Coleman, *Progressivism and the World of Reform: New Zealand and the Origins of the American Welfare State* (Lawrence, KA: University Press of Kansas, 1987); Coleman, 'New Zealand Liberalism and the Origins of the American Welfare State', *Journal of American History*, 69 (September 1982), 379, 384-5, 390. 引用個所は390頁。

（19）L. E. Fredman, *The Australian Ballot: The Story of an American Reform* (East

University of New South Wales Press, 1999), pp. 13-16.

(90) William C. Davis, 'Confederate Exiles', *American History Illustrated*, 5 (No. 3, 1970), 30-43; William Clark Griggs, *The Elusive Eden: Frank McMullan's Confederate Colony in Brazil* (Austin, TX: University of Texas Press, 1987), pp. 145-6.

(91) Eileen P. Scully, *Bargaining with the State from Afar: American Citizenship in Treaty Port China, 1844-1942* (New York: Columbia University Press, 2001), とくに p. 6. また次も参照。David M. Pletcher, *The Diplomacy of Involvement: American Economic Expansion across the Pacific, 1784-1900* (Columbia, MO: University of Missouri Press, 2001).

(92) Pletcher, *Diplomacy of Involvement*, pp. 117-19.

(93) Brent to Mrs Whitelaw Reid, 21 July 1905, Charles Henry Brent Papers, Library of Congress; Charles S. Kennedy, *The American Consul: A History of the United States Consular Service, 1776-1914* (Westport, CT: Greenwood Press, 1990), pp. 147, 170-1; Scully, *Bargaining with the State from Afar*, pp. 69-71.

(94) Lloyd G. Churchward, *America & Australia: An Alternative History* (Sydney: APCOL, 1979), pp. 58-9.

第9章　革新主義時代における国民国家の建設——トランスナショナルな文脈の中で

(1) Benedict Anderson, *Imagined Communities: Reflections on the Origin and Spread of Nationalism*, rev. edn (London: Verso, 1991).［アンダーソン，ベネディクト　1997『想像の共同体——ナショナリズムの起源と流行』（白石隆・白石さや訳）NTT出版，増補版］

(2) Theda Skocpol, *Protecting Soldiers and Mothers: The Political Origins of Social Policy in the United States* (Cambridge, MA: Harvard University Press, 1992); Richard Bensel, *Yankee Leviathan: The Origins of Central State Authority in America, 1859-1877* (New York: Cambridge University Press, 1990).

(3) 国民と国家の融合については、次を参照。Wilbur Zelinsky, *Nation into State: The Shifting Symbolic Foundations of American Nationalism* (Chapel Hill, NC: University of North Carolina Press, 1988); 国家構造については、次を参照。Stephen Skowronek, *Building a New American State: The Expansion of National Administrative Capacities, 1877-1920* (New York: Cambridge UP, 1982). 最近の文献の案内は、次を参照。Brian Balogh, 'The State of the State among Historians', *Social Science History*, 27 (No. 3, 2003), 455-63.

(4) 7月4日祝祭の演説が至る所で行われたこと、またその文化的、政治的な意義に関しては次を参照。Phillip S. Paludan, 'The Civil War as a Crisis of Law and Order', *American Historical Review*, 77 (October 1972), 1016-17, 1021, 1026; Rush Welter, *The Mind of America, 1820-1860* (New York: Columbia University Press, 1975), p. 396. また、次も参照。David Waldstreicher, *In the Midst of Perpetual Fetes: The Making of American Nationalism, 1776-1820* (Chapel Hill, NC: University of North Carolina Press, 1997).

(5) イギリス国歌のメロディーをもとに1832年につくられたライバル歌「アメリカ」とこ

(70) Kroes, 'American Empire and Cultural Imperialism', p. 8.

(71) Colleen Cook, 'Germany's Wild West: A Researcher's Guide to Karl May', *German Studies Review*, 5 (February 1982), 68; Christopher Frayling, *Spaghetti Westerns: Cowboys and Europeans from Karl May to Sergio Leone* (London: I. B. Tauris, 1998), pp. 103-17.

(72) John F. Sears, 'Bierstadt, Buffalo Bill, and the Wild West in Europe', in Rob Kroes, R. W. Rydell and D. F. J. Bosscher, eds, *Cultural Transmissions and Receptions: American Mass Culture in Europe* (Amsterdam: VU University Press, 1993), p. 11.

(73) Sarah Meer, 'Competing Representations: Douglass, the Ethiopian Serenaders, and Ethnic Exhibition in London', in Alan J. Rice and Martin Crawford, eds, *Liberating Sojourn: Frederick Douglass & Transatlantic Reform* (Athens, GA: University of Georgia Press, 1999), p. 146. ミンストレル・ショーは、アフリカ南部の諸部族やニュージーランドのマオリ族などの「他者」を語るときの民族学的言説に相当した。

(74) Richard Waterhouse, *From Minstrel Show to Vaudeville: The Australian Popular Stage, 1788-1914* (Kensington: UNSW Press, 1990), pp. 43-4.

(75) Meer, 'Competing Representations', pp. 161-2.

(76) Mira Wilkins, *The Emergence of Multinational Enterprise: American Business Abroad from the Colonial Era to 1914* (Cambridge, MA: Harvard University Press, 1970), p. 20. [ウィルキンズ, マイラ　1973 『多国籍企業の史的展開――植民地時代から 1914 年まで』(江夏健一・米倉昭夫訳) ミネルヴァ書房]

(77) 'Biographical Sketches of Brewster, Massachusetts', at history.rays-place.com/bios/brewster-ma.htm (1 October 2005).

(78) Potts and Potts, 'George Francis Train: An Introductory Sketch', in Potts and Potts, *A Yankee Merchant in Goldrush Australia: The Letters of George Francis Train, 1853-55*, p. xxii.

(79) 次の文献から引用。Watt Stewart, *Henry Meiggs: Yankee Pizarro* (1946; Honolulu, HI: University Press of the Pacific, 2000), p. 329.

(80) Jessica Teisch, '"Home Is Not So Very Far Away": Californian Engineers in South Africa, 1868-1915', *Australian Economic History Review*, 45 (July 2005), 139-55.

(81) Geoffrey Blainey, 'Hoover's Forgotten Years', pp. 53-70.

(82) Teisch, '"Home Is Not So Very Far Away"', p. 141. また次も参照。Wilkins, *Emergence of Multinational Enterprise*, p. 215.

(83) Teisch, '"Home Is Not So Very Far Away"', p. 141; Blainey, 'Hoover's Forgotten Years', pp. 53-70.

(84) Hoover, *Memoirs*, p. 131.

(85) Ibid., pp. 47-58.

(86) Ibid., p. 67.

(87) Teisch, '"Home Is Not So Very Far Away"', pp. 139, 159.

(88) Wilkins, *Emergence of Multinational Enterprise*, pp. 36-7.

(89) Ian Tyrrell, *Deadly Enemies: Tobacco and its Opponents in Australia* (Kensington:

America (Cambridge, MA: Harvard University Press, 1988), pp. 17-52. ［レヴィン，ローレンス・W　2005『ハイブラウ／ロウブラウ——アメリカにおける文化ヒエラルキーの出現』（常山菜穂子訳）慶應義塾大学出版会］

（59）Grant Wacker, 'Marching to Zion: Religion in a Modern Utopian Community', *Church History*, 54 (No. 4, 1985), 497; Clark, *Memories*, p. 294; Alden R. Heath, 'Apostle in Zion', *Journal of the Illinois State Historical Society*, 70 (No. 2, 1977), 98-113.

（60）Joy S. Kasson, *Buffalo Bill's Wild West: Celebrity, Memory, and Popular History* (New York: Hill & Wang, 2000), pp. 67-8.

（61）A. G. Spalding, *America's National Game: Historic Facts concerning the Beginning, Evolution, Development and Popularity of Base Ball....* (New York: American Sports Publishing Company, 1911), pp. 251-65; また、次も参照。Mark Lamster, *Spalding's World Tour: The Epic Adventure That Took Baseball Around The Globe—And Made it America's Game* (New York: Public Affairs, 2006).

（62）Kasson, *Buffalo Bill's Wild West*, pp. 66, 65.

（63）次の文献を参照。Ian Tyrrell, 'American Exceptionalism and Anti-Americanism' in Brendon O'Connor and Andrei S. Markovits, eds, *Anti-Americanism: A History*, Vol. 2 (Oxford, Eng.: Greenwood Press, 2007). オーストラリアのアメリカ観には両義性の長い歴史がある。Russel Ward, *Australia*, rev. edn (Sydney: Ure Smith, 1967), p. 176. 重要な事例における反米主義については、次を参照。Philippe Roger, *The American Enemy: The History of French Anti-Americanism*, transl. Sharon Bowman (Chicago, IL: University of Chicago Press, 2005), とくに p. 260.

（64）Paul Reddin, *Wild West Shows* (Urbana, IL: University of Illinois Press, 1999), pp. 94, 110, 111-12.

（65）A. G. Spalding, *America's National Game: Historic Facts concerning the Beginning, Evolution, Development and Popularity of Base Ball....*, abridged version (San Francisco, CA: Halo Books, 1991), p. 155; Bruce Mitchell, 'Baseball in Australia: Two Tours and the Beginnings of Baseball in Australia', *Sporting Traditions*, 7 (November 1990), 2-24.

（66）Spalding, 1991 edn, p. 237; Sayuri Guthrie-Shimizu, 'For Love of the Game: Baseball in Early U.S.-Japanese Encounters and the Rise of a Transnational Sporting Fraternity', *Diplomatic History*, 28 (No. 5, 2004), 637-62.

（67）次のウェブサイトの記述を参照。http://www.thisisbradford.co.uk/bradford_district/100/_years/1903.html (15 June 2005); Thomas M. Barrett, 'All the World's a Frontier: How Cossacks Became Cowboys', *Humanities*, 22 (September/October 2000) at http://www.neh.gov/news/humanities/2001-05/wildwest.html, (11 October 2005).

（68）Spalding, 1991 edn, pp. 252, 254, 244.

（69）Rob Kroes, 'American Empire and Cultural Imperialism: A View from the Receiving End', p. 7, in 'The American Impact on Western Europe: Americanization and Westernization in Transatlantic Perspective', Conference at German Historical Institute, Washington, March 25-27, 1999.

Templars (Lexington, KY: University Press of Kentucky, 1996).

(40) Tyrrell, *Woman's World*, Chap. 10.

(41) Frank Thistlethwaite, *America and the Atlantic Community: Anglo-American Aspects, 1790-1850* (1959; New York: Harper Torchbooks, 1963), p. 85.

(42) Nancy Boyd, *Emissaries: The Overseas Work of the American YWCA, 1895-1970* (New York: The Woman's Press, 1986), pp. 3-6.

(43) C. Howard Hopkins, *History of the Y.M.C.A. in North America* (New York: Association Press, 1951), pp. 340-1, 342.

(44) Shirley S. Garrett, *Social Reformers in Urban China: The Chinese Y.M.C.A., 1895-1926* (Cambridge, MA, Harvard University Press, 1970), pp. 77, 78.

(45) W. T. McCutcheon, 'Phoebe Worrall Palmer', *NAW*, III: 13; Richard Carwardine, *Transatlantic Revivalism: Popular Evangelicalism in Britain and America, 1790-1865* (Westport, CT: Greenwood, 1978).

(46) Bordin, *Willard*, p. 87.

(47) William G. McLoughlin, Jr, *Modern Revivalism: Charles Grandison Finney to Billy Graham* (New York: Ronald Press, 1959), pp. 177-265.

(48) しかし、次も参照。Eric Hobsbawm, *The Age of Revolutions, 1789-1848* (1962; London: Abacus, 1994), pp. 272-3; C. A. Bayly, *The Birth of the Modern World, 1780-1914: Global Connections and Comparisons* (Oxford: Blackwell, 2004), pp. 344-5.

(49) Bayly, *Birth of the Modern World*, pp. 345, 347ff; Eric Hobsbawm, *The Age of Capital, 1848-1875* (1975; London: Abacus, 1977), pp. 321-32. ［ホブズボーム，エリック　1981-1982『資本の時代』（柳父圀近ほか訳）みすず書房］

(50) Timothy Marr, 'Imagining Ishmael: Studies of Islamic Orientalism in America from the Puritans to Melville', PhD dissertation, Yale University, 1998, pp. 2, 7-8.

(51) Ibid., Chap. 3, 'Domestic Orients'.

(52) Hobsbawm, *Age of Capital*, p. 321.

(53) Bayly, *Birth of the Modern World*, p. 331.

(54) Ronald Numbers, *Prophetess of Health: Ellen G. White and the Origins of Seventh-Day Adventist Health Reform*, rev. edn (Knoxville, TN: University of Tennessee Press, 1992), pp. 172-3, 182-3; C. C. Goen, 'Ellen Gould Harmon White', NAW, III: 585-8.

(55) Daniel Walker Howe, 'Victorian Culture in America', in Howe, ed., *Victorian America* (Philadelphia, PA: University of Pennsylvania Press, 1976), p. 6; Robert Kelley, *The Transatlantic Persuasion: The Liberal-Democratic Mind in the Age of Gladstone* (New York: Knopf, 1969).

(56) Tyrrell, *Woman's World*, pp. 69, 188, 277.

(57) Richard Pells, 'From Modernism to the Movies: The Globalization of American Culture in the Twentieth Century', *European Journal of American Culture*, 23 (September 2004), 144.

(58) Lawrence W. Levine, *Highbrow/Lowbrow: The Emergence of Cultural Hierarchy in*

(23) Ian Tyrrell, *Woman's World*, p. 104; この具体例は次を参照。Josiah Strong, *Our Country, Its Possible Future and Its Present Crisis*, rev. edn (New York: Baker & Taylor, 1891), pp. 209, 220, 225.

(24) 'American Travel Writers', http://erc.lib.umn.edu:80/dynaweb/travel/ blyaroun/@Generic_BookView (15 February 2005).

(25) Brigitte Bailey, 'There's No Place Like Home: Gender, Nation, and the Tourist Gaze in the European "Year of Revolutions": Kirkland's *Holidays Abroad*', *American Literary History*, 14 (No. 1, 2002), 60-82.

(26) Schriber, *Writing Home*, p. 141.

(27) Philip Pauly, 'The World and All That Is in It: The National Geographic Society, 1888-1918', *American Quarterly*, 31 (No. 4, 1979), 528, 532.

(28) Clark, *Our journey*, pp. 593, 603, 624, 350, 349, 604.

(29) Eyal Naveh, 'A Spellbound Civilization: The Mediterranean Basin and the Holy Land According to Mark Twain's Travel Book *Innocents Abroad*', *Mediterranean Historical Review*, 5 (No. 1, 1990), 44-61; Bennett Kravitz, 'Geographies of the (American) Mind in *The Innocents Abroad*', *American Studies International*, 35 (No. 2, 1997), 52-76.

(30) Mark Twain, *The Innocents Abroad*, ed. DeLancey Ferguson (1868; London: Collins, 1954), p. 120.

(31) Ibid., p. 73. ヨーロッパ文化を語るときのトウェインの両義性は次の文献で分析されている。Peter Messent, *Mark Twain* (Basingstoke: Macmillan, 1997), Chap. 2.

(32) Twain, *Innocents Abroad*, p. 149.

(33) Schriber, *Writing Home*, p. 4.

(34) Francis E. Clark, *Memories of Many Men in Many Lands: An Autobiography* (Boston, MA: United Society of Christian Endeavor, 1922), pp. 675, 702.

(35) Peter Duignan and L. H. Gann, *The United States and Africa: A History* (New York: Cambridge University Press, 1984), pp. 126-7; Frank McLynn, *Stanley: Sorcerer's Apprentice* (Oxford: Oxford University Press, 1992); Harold E. Hammond, 'American Interest in the Exploration of the Dark Continent', *Historian*, 18 (Spring 1956), 202-29.

(36) Howard Mumford Jones, *The Age of Energy: Varieties of American Experience, 1865-1915* (New York: Viking Press, 1971), pp. 280, 281, 263, 264, 265, 291, 292.

(37) Stephen L. Baldwin, *Foreign Missions of the Protestant Churches ...* (New York: Eaton & Mains, 1900), p. 260; Ussama Makdisi, 'Anti-Americanism in the Arab World: An Interpretation of a Brief History', *Journal of American History*, 89 (September 2002), 540-1; James A. Field, *America and the Mediterranean World, 1776-1882* (Princeton, NJ: Princeton University Press, 1969), 199-206, 350, 357.

(38) Michael Parker, *The Kingdom of Character: The Student Volunteer Movement for Foreign Missions, 1886-1926* (Lanham, MD: University Press of America and American Society of Missiology, 1998).

(39) David Fahey, *Temperance and Racism: John Bull, Johnny Reb, and the Good*

(8) E. D. and A. Potts, eds, *A Yankee Merchant in Goldrush Australia: The Letters of George Francis Train, 1853-55* (London: Heineman, 1970), pp. xviii-xix.
(9) [Elizabeth Cochrane Seaman], *Nellie Bly's Book: Around the World in Seventy-Two Days* (New York: Pictorial Weeklies, 1890).
(10) Bernard A. Weisberger, 'Elizabeth Cochrane Seaman', *Notable American Women*, 3 vols (Cambridge, MA: Belknap Press of Harvard University Press, 1971), hereafter NAW, III: 253-5.
(11) Ian Tyrrell, *Woman's World/Woman's Empire: The Woman's Christian Temperance Union in International Perspective, 1880-1930* (Chapel Hill, NC: University of North Carolina Press, 1991).
(12) 次の文献から引用。Bordin, *Willard*, p. 51.
(13) Roderick Nash, 'The Exporting and Importing of Nature: Nature-Appreciation as a Commodity, 1850-1980', *Perspectives in American History*, 12 (1979); 527.
(14) Joan Jacobs Brumberg, 'Zenanas and Girlless Villages: The Ethnology of American Evangelical Women, 1870-1910', *Journal of American History*, 69 (September 1982), 347-71.
(15) Walter Colton, *Ship and Shore, in Madeira, Lisbon, and the Mediterranean* (New York: A. S. Barnes & Co., 1851).
(16) Harriet Martineau, *Society in America* (New York: Saunders & Otley, 1837).
(17) *Pandita Ramabai's American Encounter: The Peoples of the United States (1889)*; translated and edited by Meera Kosambi (Bloomington, IN: Indiana University Press, 2003), pp. 16, 243; Padmini Sengupta, *Pandita Ramabai Saraswati: Her Life and Work* (London: Asia Publishing House, 1970), pp. 154, 155, 162-63; Uma Chakravarti, *Rewriting History: The Life and Times of Pandita Ramabai* (New Delhi: Kahli for Women, 1998), pp. 333-4; Ramabai Sarasvati, *The High-Caste Hindu Woman*, New edn (New York: F. H. Revell, 1901); Antoinette Burton, *At the Heart of the Empire: Indians and the Colonial Encounter in Late-Victorian Britain*, 1st Indian edn (New Delhi: University of California Press, 1998), pp. 89, 93, 105.
(18) Ben J. Wattenberg, *The Statistical History of the United States from Colonial Times to the Present* (New York: Basic Books, 1976), pp. 404-6.
(19) Daniel Kilbride, 'Travel, Ritual, and National Identity: Planters on the European Tour, 1820-1860', *Journal of Southern History*, 69 (No. 3, 2003), 549-584.
(20) Mary Pratt, *Imperial Eyes: Travel Writing and Transculturation* (New York: Routledge, 1992).
(21) Mary Schriber, *Writing Home: American Women Abroad, 1830-1920* (Charlottesville, VA: University Press of Virginia, 1997), p. 9.
(22) Ibid., pp. 9, 2. 旅行については次の文献を参照。Foster Rhea Dulles, *Americans Abroad: Two Centuries of European Travel* (Ann Arbor, MI: University of Michigan Press, 1964).

すことになろう」(Justice Bradley), http://www.tourolaw.edu/patch/Civil/ (30 December 2005).

(33) Charles Price, *The Great White Walls are Built: Restrictive Immigration to North America and Australasia, 1836-1888* (Canberra: Australian Institute of International Affairs in association with Australian National University Press, 1974).

(34) Charles H. Pearson, *National Life and Character: A Forecast* (London: McMillan, 1893); Lake, 'The White Man under Siege', pp. 41-62.

(35) August Meier, *Negro Thought in America, 1880-1915* (Ann Arbor, MI: University of Michigan Press, 1963), p. 22; Benno C. Schmidt, Jr, 'Principle and Prejudice: The Supreme Court and Race in the Progressive Era, Part 3: Black Disfranchisement from the KKK to the Grandfather Clause', *Columbia Law Review,* 82 (June 1982), 844; William E. Leuchtenburg, 'Progressivism and Imperialism: The Progressive Movement and American Foreign Policy, 1898-1916', *Mississippi Valley Historical Review,* 39 (December 1952), 498; Kelly Miller, 'The Effect of Imperialism Upon the Negro Race', *Anti-Imperialist Broadside*, No. 11 (Boston, MA: New England Anti-Imperialist League, n.d. [1900]); http://www.boondocksnet.con/ai/ailtexts/miller00.html (20 September 2005).

第8章　文化はどのように旅したか——海外渡航の時代、1865〜1914年頃

(1) F. E. Clark, *Our Journey Around the World: An Illustrated Record of a Year's Travel of Forty Thousand Miles through India, China, Japan, Australia, New Zealand, Egypt, Palestine . . . Spain with Glimpses of Life in Far off Lands As Seen through a Woman's Eyes by Mrs. H. E. Clark* (Hartford, CT: Worthington, 1897), p. 311.

(2) Edward L. Widmer, *Young America: The Flowering of Democracy in New York City* (New York: Oxford University Press, 1999), p. 203; George Francis Train, *Young America Abroad* (London: Seth Low, 1857), p. 58.

(3) Herbert Hoover, *The Memoirs of Herbert Hoover.* Vol. 1. *Years of Adventure, 1874-1920* (New York: Macmillan, 1952), pp. 66, 75; Geoffrey Blainey, 'Herbert Hoover's Forgotten Years', *Business Archives and History,* 3 (No. 1, 1963), 53-70.

(4) Christopher Endy, 'Travel and World Power: Americans in Europe, 1890-1917', *Diplomatic History,* 22 (Fall 1998), 565, 567.

(5) Howard Murraro, 'American Travellers in Rome, 1848-1850', *Catholic Historical Review,* 29 (January 1944), 470-2.

(6) William R. Moody, *D. L. Moody* (1931; New York: Garland Publishing, 1988), p. 396 [ムーデー, ウィリアム・R　1933『ムーデー説教集——大傳道者』(石井越次郎訳) 鐵道ミッション出版部]; Ruth Bordin, *Frances Willard: A Biography* (Chapel Hill, NC: University of North Carolina Press, 1986), p. 51.

(7) Charles Denby, Jr, 'America's Opportunity in Asia', *North American Review,* 166 (January 1898), 32-3.

Century American History', *American Historical Review*, 68 (April 1963), 662-80.

(15) Beckert, 'Emancipation and Empire', p. 1422.

(16) Jay Sexton, *Debtor Diplomacy: Finance and American Foreign Relations in the Civil War Era, 1837-1873* (Oxford: Clarendon Press, 2005), pp. 130-3, 240-1.

(17) Degler, 'American Civil War', p. 71.

(18) Peter Kolchin, *American Slavery, 1619-1877* (New York: Hill & Wang, 1993), p. 215.

(19) Eric Foner, *Nothing but Freedom: Emancipation and its Legacy* (Baton Rouge, LA: Louisiana State University Press, 1983), pp. 42, 72.

(20) Steven Hahn, 'Class and State in Postemancipation Societies', *American Historical Review*, 95 (February 1990), 81-98.

(21) Leon F. Litwack, *Been in the Storm So Long: The Aftermath of Slavery* (New York: Knopf, 1979), pp. 539, 540.

(22) Michael Fellman, 'Robert E. Lee: Postwar Southern Nationalist', *Civil War History*, 46 (September 2000), 195.

(23) George D. Harmon, 'Confederate Migration to Mexico', *Hispanic American Historical Review*, 17 (November 1937), 458-87.

(24) Daniel E. Sutherland, 'Exiles, Emigrants, and Sojourners: The Post-Civil War Confederate Exodus in Perspective', *Civil War History*, 31 (No. 3, 1985), 237-56.

(25) William C. Davis, 'Confederate Exiles', *American History Illustrated*, 5 (No. 3, 1970), 30-43; William Clark Griggs, *The Elusive Eden: Frank McMullan's Confederate Colony in Brazil* (Austin, TX: University of Texas Press, 1987), p. 146.

(26) Rebecca J. Scott, *Slave Emancipation in Cuba: The Transition to Free Labor, 1860-1899* (Pittsburgh: University of Pittsburgh Press, 1985), p. 10.

(27) Ibid., p. 38.

(28) C. A. Bayly, *The Birth of the Modern World, 1780-1914: Global Connections and Comparisons* (Oxford: Blackwell, 2004), p. 166.

(29) Ibid., p. 164.

(30) C. Vann Woodward, *Origins of the New South: 1877-1913* (Baton Rouge, LA: Louisiana State University Press, 1951), pp. 342-3.

(31) R. A. Huttenback, 'The British Empire as a "White Man's Country": Racial Attitudes and Immigration Legislation in the Colonies of White Settlement', *Journal of British Studies*, 13 (November 1973), 108-37. この文献はアメリカの場合を論じていないが、それについては次を参照。Marilyn Lake, 'The White Man under Siege: New Histories of Race in the Nineteenth Century and the Advent of White Australia', *History Workshop Journal*, 58 (No. 1, 2004), 41-62.

(32)「ある人が自分がもてなす客に対して、あるいは自分のバスやタクシーや車に乗せる乗客に対して、あるいは自分が催すコンサートや運営する劇場に入場させる観客に対して、あるいはその他の折衝や商談で対応する相手に対して、行うことが適切であると考えるあらゆる差別行為に修正第14条を当てはめるというのは、奴隷制の議論を無理やり持ち出

Robinson, 'The Imperialism of Free Trade', *Economic History Review*, 2nd series, 6 (No. 1, 1953), 1-15.

(24) Weinberg, *Manifest Destiny*, p. 112.

(25) Pekka Hämäläinen, 'Revered Colonialism: Indian-European Encounters on the Southern Plains, in the Southwest, and in Northern Mexico, 1700-1850', unpublished paper, CISH 20th Congress, Sydney, July 2005.

(26) Thomas R. Hietala, *Manifest Design: Anxious Aggrandizement in Late Jacksonian America* (Ithaca, NY: Cornell University Press, 1985), p. 153.

第７章　アメリカの内戦とその世界史的意味

(1) Jonathan D. Spence, *The Search for Modern China* (New York: Norton, 1999), pp. 170-8.

(2) イギリスでは、民主主義を信頼していなかった人々は南北戦争によって彼らの意見に確信を持った。R. J. M. Blackett, *Divided Hearts: Britain and the American Civil War* (Baton Rouge, LA: Louisiana State University Press, 2001), pp. 7, 12, 35; Hugh Dubrulle, 'Military Legacy of the Civil War: The British Inheritance', *Civil War History*, 49 (No. 2, 2003), 154.

(3) Sven Beckert, 'Emancipation and Empire: Reconstructing the Worldwide Web of Cotton Production in the Age of the American Civil War', *American Historical Review*, 109 (December 2004), 1416.

(4) この当時の外交・政治史についての、古いけれども標準的な概説は、D. P. Crook, *The North, the South, and the Powers, 1861-1865* (New York: Wiley, 1974).

(5) Frances Clarke, '"Let All Nations See": Civil War Nationalism and the Memorialization of Wartime Voluntarism', *Civil War History*, 52 (No. 1, 2006), 76.

(6) Robin W. Winks, *Canada and the United States: The Civil War Years* (Baltimore, MD: Johns Hopkins University Press, 1960), pp. 13, 19, 69-103, 208-9.

(7) Blackett, *Divided Hearts*, pp. 119, 230-1.

(8) Ernest Scott, *The Shenandoah Incident, 1865* (Melbourne: Government Printer, 1925).

(9) Lance Janda, 'Shutting the Gates of Mercy: The American Origins of Total War, 1860-1880', *Journal of Military History*, 59 (January 1995), 7-8.

(10) Earl J. Hess, 'Tactics, Trenches, and Men in the Civil War', in Stig Forster and Jörg Nagler, eds, *On the Road to Total War: The American Civil War and the German Wars of Unification, 1861-1871* (Cambridge: Cambridge University Press, 1997), p. 486.

(11) Dubrulle, 'Military Legacy', p. 154.

(12) Jay Luvass, *The Military Legacy of the Civil War: The European Inheritance* (Chicago, IL: University of Chicago Press, 1959).

(13) Carl Degler, 'The American Civil War and the German Wars of Unification: The Problem of Comparison', in Forster and Nagler, eds, *On the Road to Total War*, pp. 65-6.

(14) Wallace D. Farnham, 'The Weakened Spring of Government: A Study in Nineteenth-

Princeton University Press, 1986), p. 352. チェロキー族の異人種間結婚については、とくに pp. 31-2, 331-3 を参照。

(10) Patrick Wolfe, 'Land, Labor, and Difference: Elementary Structures of Race', *American Historical Review*, 106 (June 2001), 866-905.

(11) 'Forum: Thomas Jefferson and Sally Hemmings Redux', *William and Mary Quarterly*, 3rd series, 57 (January 2000), 121-98ff.

(12) *Thomas Jefferson: Writings* (New York: Library of America, 1984), p. 266.

(13) バーナード・W・シーハンは、同化という人道的動機がこの政策の裏にあったと論じているが、同様に実利的な動機、とくに土地の渇望という面もあったとしている。Bernard W. Sheehan, *Seeds of Extinction: Jeffersonian Philanthropy and the American Indian* (Chapel Hill, NC: University of North Carolina Press, 1973); Reginald Horsman, *Expansion and American Indian Policy, 1783-1812* (East Lansing, MI: Michigan State University Press, 1967), とくに pp. 109-10.

(14) Wolfe, 'Land, Labor, and Difference', p. 868 n9.

(15) Ronald N. Satz, *American Indian Policy in the Jacksonian Era* (1974; Norman, OK: University of Oklahoma Press, 2002).

(16) Anthony F. C. Wallace, *Jefferson and the Indians: The Tragic Fate of the First Americans* (Cambridge, MA: Belknap Press of Harvard University Press, 1999), p. 18.

(17) 次の文献から引用。Walter Williams, 'US Indian Policy and the Debate over Philippine Annexation: Implications for the Origins of American Imperialism', *Journal of American History*, 66 (March 1980), 811.

(18) McLoughlin, *Cherokee Renaissance*, pp. 367-8. 次の文献も参照。Ralph Henry Gabriel, *Elias Boudinot, Cherokee, and His America* (Norman, OK: University of Oklahoma Press, 1941); Theda Perdue, ed., *Cherokee Editor: The Writings of Elias Boudinot* (Athens, GA: University of Georgia Press, 1996).

(19) Jung, 'French-Indian Intermarriage and the Creation of Métis Society'. 引用個所はこの文献から。Jung, 'Forge, Destroy, and Preserve the Bonds of Empire', pp. 489-90.

(20) Brian W. Dippie, *The Vanishing American: White Attitudes and U.S. Indian Policy* (1982; Lawrence, KA: University Press of Kansas, 1991); R. David Edmunds, 'Native Americans, New Voices: American Indian History, 1895-1995', *American Historical Review*, 100 (June 1995), 718.

(21) David J. Weber, *The Mexican Frontier, 1821-1846: The American Southwest under Mexico* (Albuquerque, NM: University of New Mexico Press, 1982), pp. 170-8.

(22) Albert K. Weinberg, *Manifest Destiny: A Study of Nationalist Expansionism in American History* (Baltimore, MD: Johns Hopkins University Press, 1935; Quadrangle, 1963), p. 112; David Pletcher, *The Diplomacy of Annexation: Texas, Oregon and the Mexican War* (Columbia, MO: University of Missouri Press, 1973).

(23) Ronald Robinson and John Gallagher withy Alice Denny, *Africa and the Victorians: The Official Mind of Imperialism* (London: Macmillan, 1961); John Gallagher and Ronald

(21) Ibid., p. 145.

(22) Campbell, *Songs of Zion*, pp. 77-89, Edwin S. Redkey, *Black Exodus: Black Nationalism and Back to Africa Movements, 1890-1910* (New Haven, CT: Yale University Press, 1969), pp. 170-1; J. R. Oldfield, *Alexander Crummell (1819-1898) and the Creation of an African-American Church in Liberia* (Lewiston, Pa.: The Edwin Mellen Press, 1990), pp. 110-11; Delany and Campbell, *Search for a Place*, p. 61.

(23) Judith Stein, *The World of Marcus Garvey: Race and Class in Modern Society* (Baton Rouge, LA: Louisiana State University Press, 1986), pp. 10-11.

第6章　人種的・民族的フロンティア

(1) Frances Roe Kestler, compl., *The Indian Captivity Narrative: A Woman's View* (New York: Garland, 1990), p. 229.

(2) Charles Sellers, *The Market Revolution: Jacksonian America, 1815-1846* (New York: Oxford University Press, 1991), p. 8.

(3) Robert Remini, *Andrew Jackson and the Course of American Empire, 1767-1821* (New York: Harper & Row, 1977), p. 194.

(4) Michael Rogin, *Fathers and Children: Andrew Jackson and the Subjugation of the American Indian* (New York: Pantheon, 1975), pp. 189, 199.

(5) Ann Laura Stoler, 'Tense and Tender Ties: The Politics of Comparison in North American History and (Post) Colonial Studies', *Journal of American History*, 88 (December 2001), 829-65.

(6) George M. Fredrickson, 'Mulattoes and Métis: Attitudes toward Miscegenation in the United States and France since the Seventeenth Century', *International Social Science Journal*, 57 (March 2005), 103-57; Gary Nash, *Red, White, and Black: The Peoples of Early America* (Englewood Cliffs, NJ: Prentice-Hall, 1974), p. 279; Carl N. Degler, *Neither Black nor White: Slavery and Race Relations in Brazil and the United States* (New York: Macmillan, 1971), pp. 228-9; Jack D. Forbes, 'The Historian and the Indian: Racial Bias in American History', *The Americas*, 19 (April 1963), 358.

(7) Ira Berlin, *Slaves Without Masters: The Free Negro in the Antebellum South* (New York: Pantheon Books, 1974).

(8) Richard White, *The Middle Ground: Indians, Empires, and Republics in the Great Lakes Region, 1650-1815* (New York: Cambridge University Press, 1991), pp. 66-75, 324, 342, 455; Patrick J. Jung, 'French-Indian Intermarriage and the Creation of Métis Society', http://www.uwgb.edu/wisfrench/library/index.htm (30 June 2005). 引用部分はこの文献から。Patrick J. Jung, 'Forge, Destroy, and Preserve the Bonds of Empire: Native Americans, Euro-Americans, and Métis on the Wisconsin Frontier, 1634-1856', PhD dissertation, Marquette University, 1997, p. 5.

(9) William G. McLoughlin, *Cherokee Renaissance in the New Republic* (Princeton, NJ:

pp. 98-9, 126-7. ボーエンについては、次の文献も参照。Lysle E. Meyer, ‘Thomas Jefferson Bowen and Central Africa: A Nineteenth-Century Missionary Delusion’, in Meyer, *The Farther Frontier: Six Case Studies of Americans and Africa, 1848-1936* (Selinsgrove, PA: Susquehanna University Press, 1992), pp. 15-32; J. E. Flint, ‘The Growth of European Influence in West Africa in the Nineteenth Century’, in Ade Ajayi and Espie, *West African History*, pp. 359-79.

（8） Cyril E. Griffith, *The African Dream: Martin R. Delany and the Emergence of Pan-African Thought* (University Park, PA: Pennsylvania State University Press, 1975), p. 16.

（9） Victor Ullman, *Martin R. Delany: The Beginnings of Black Nationalism* (Boston, MA: Beacon Press, 1971), pp. 224-5.

（10） Alexander Keyssar, *The Right to Vote: The Contested History of Democracy in the United States* (New York: Basic Books, 2000), p. 55.

（11） See Robert S. Levine, *Martin Delany, Frederick Douglass, and the Politics of Representative Identity* (Chapel Hill, NC: University of North Carolina Press, 1997).

（12） Carl N. Degler, *Neither Black nor White: Slavery and Race Relations in Brazil and the United States* (New York: Macmillan, 1971), p. 60. ［デグラー，カール・N　1986『ブラジルと合衆国の人種差別』（儀部景俊訳）亜紀書房］

（13） David W. Blight, ‘Martin R. Delany’, http://college.hmco.com/history/readerscomp/rcah/html/ah_024000_delanymartin.htm (1 June 2005).

（14） Herbert Gutman, *The Black Family in Slavery and Freedom, 1750-1925* (New York: Pantheon, 1976); Peter Kolchin, *American Slavery, 1619-1877* (New York: Penguin, 1995), p. 158.

（15） Chris Dixon, *African America and Haiti: Emigration and Black Nationalism in the Nineteenth Century* (Westport, CT: Greenwood, 2000), p. 69.

（16） Paul Gilroy, *The Black Atlantic: Modernity and Double Consciousness* (Cambridge, MA: Harvard University Press, 1993). ［ギルロイ，ポール　2006『ブラック・アトランティック——近代性と二重意識』（上野俊哉・毛利嘉孝・鈴木慎一郎訳）月曜社］

（17） Dixon, *African America and Haiti.*

（18） Don E. Fehrenbacher, ‘Only His Stepchildren: Lincoln and the Negro’, *Civil War History*, 20 (December 1974), 293-310; George M. Fredrickson, ‘A Man but not a Brother: Abraham Lincoln and Racial Equality’, *Journal of Southern History*, 41 (February 1975), 39-58; Michael Vorenberg, ‘Abraham Lincoln and the Politics of Black Colonization’, *Journal of the Abraham Lincoln Association*, Summer 1993, http://www.historycooperative.org/journals/jala/14.2/vorenberg.html (28 September 2005).

（19） アフリカへの相反する感情については、次を参照。James T. Campbell, *Songs of Zion: The African Methodist Episcopal Church in the United States and South Africa* (New York: Oxford University Press, 1995), pp. 77-89.

（20） Nell Irvin Painter, *Exodusters: Black Migration to Kansas after Reconstruction* (1976; New York: Knopf, 1977).

第5章　不本意な移民とディアスポラの夢

（1）フィリップ・カーティンによる最初の見積もりは、上方修正されている。Curtin, *The African Slave Trade: A Census* (Madison, WI: University of Wisconsin Press, 1969); Stanley L. Engerman and Eugene Genovese, eds, *Race and Slavery in the Western Hemisphere: Quantitative Studies* (Princeton, NJ: Princeton University Press, 1975); Paul Lovejoy, 'The Volume of the Atlantic Slave Trade: A Synthesis', *Journal of African History*, 23 (No. 2, 1982), 473-501. グローバルな側面については、次の文献を参照。Janet J. Ewald, 'Slavery in Africa and the Slave Trades from Africa', *American Historical Review*, 97 (April 1992), 465-85.

（2）これらの数字は次の文献から引用。James A. McMillin, *The Final Victims: Foreign Slave Trade to North America, 1783-1810: A Reassessment of the Post-revolutionary Slave Trade* (Columbia, SC: University of South Carolina Press, 2004), pp. 16-17, 30-2.

（3）Ira Berlin, *Many Thousands Gone: The First Two Centuries of Slavery in North America* (Cambridge, MA: Belknap Press of Harvard University Press, 1998), pp. 314-15, 344-5.

（4）Michael Tadman, 'The Demographic Cost of Sugar: Debates on Slave Societies and Natural Increase in the Americas', *American Historical Review*, 105 (December 2000), 1534-75.

（5）P. J. Staudenraus, *The African Colonization Movement, 1816-1865* (New York: Columbia University Press, 1961), pp. 9-11, 34.

（6）1820年に行われた初期の入植は、熱帯病の影響により失敗している。Staudenraus, *African Colonization Movement*, pp. 65-6; Robin W. Winks, *The Blacks in Canada: A History*, 2nd edn (Montreal: McGill-Queens University Press, 1997), pp. 72-3; Lamin Sanneh, *Abolitionists Abroad: American Blacks and the Making of Modern West Africa* (Cambridge, MA: Harvard University Press, 1999), pp. 51-2; Christopher Fyfe, *A Short History of Sierra Leone*, new edn (London: Longman, 1979), pp. 22-8. リベリアについては、次の文献も参照。Hollis R. Lynch, 'Sierra Leone and Liberia in the Nine-teenth Century', in J. F. Ade Ajayi and Ian Espie, eds, *A Thousand Years of West African History* (1965; Ibadan, Nigeria: Ibadan University Press, 1967), pp. 329-33; Andrew H. Foote, *Africa and the American Flag* (1854; Folkestone: Dawsons of Pall Mall, 1970), pp. 113-40. もっと一般的には次の文献を参照。Cassandra Pybus, *Epic Journeys of Freedom: Runaway Slaves of the American Revolution and Their Global Quest for Liberty* (Boston, MA: Beacon Press, 2006).

（7）M. R. Delany and Robert Campbell, *Search for a Place: Black Separatism and Africa, 1860*, Introduction by Howard H. Bell (Ann Arbor, MI: University of Michigan Press, 1969), p. 36. ボーエンとスタンリーについては、次の文献を参照。Peter Duignan and L. H. Gann, *The United States and Africa: A History* (New York: Cambridge University Press, 1984),

は、次を参照。Royden Loewen, *Family, Church, and Market: A Mennonite Community in the Old and New Worlds, 1850-1930* (Urbana, IL: University of Illinois Press, 1993). また、次も参照。Perry Bush, *Two Kingdoms, Two Loyalties: Mennonite Pacifism in Modern America* (Baltimore, MD: Johns Hopkins University Press, 1998), pp. 19-25, 27-9.

(24) Wyman, *Round Trip to America*, p. 5.

(25) Lars-Goran Tedebrand, 'Remigration from America to Sweden', in Runblom and Norman, eds, *From Sweden to America*, p. 209.

(26) Theodore Saloutos, *They Remember America: The Story of the Repatriated Greek-Americans* (Berkeley, CA: University of California Press, 1956); Ioanna Laliotou, *Transatlantic Subjects: Acts of Migration and Cultures of Transnationalism between Greece and America* (Chicago, IL: University of Chicago Press, 2004), pp. 73-80.

(27) Barry R. Chiswick and Timothy J. Hatton, 'International Migration and the Integration of Labor Markets', IZA Bonn Discussion Paper No. 559, August 2002.

(28) Wyman, *Round Trip to America*, p. 10.

(29) Tedebrand, 'Remigration from America to Sweden', p. 225.

(30) Ray Allen Billington, *The Protestant Crusade* (New York: Macmillan, 1938).

(31) David Roediger, *The Wages of Whiteness: Race and the Making of the American Working Class* (London: Verso, 1991) [ローディガー, デイヴィッド・R 2006 『アメリカにおける白人意識の構築――労働者階級の形成と人種』(小原豊志ほか訳) 明石書店], Chap. 7; Noel Ignatiev, *How the Irish Became White* (New York: Routledge, 1996); Alexander Saxton, *The Rise and Fall of the White Republic: Class Politics and Mass Culture in Nineteenth-Century America* (London: Verso, 1990). 徴兵暴動に関しては、次の文献を参照。Adrian Cook, *The Armies of the Street: The New York City Draft Riots of 1863* (Lexington, KY: University Press of Kentucky, 1974).

(32) Alexander Saxton, *The Indispensable Enemy: Labor and the Anti-Chinese Movement in California* (Berkeley, CA: University of California Press, 1971).

(33) たとえば、次を参照。'The Races that Go into the American Melting Pot', *New York Times* (Sunday Magazine) (21 May 1911), p. 2; Madison Grant, *The Passing of the Great Race; or, The Racial Basis of European History* (New York: C. Scribner, 1916).

(34) Mark Wyman, *Round Trip to America*, p. 6.

(35) Ibid.

(36) Maureen E. Montgomery, *'Gilded Prostitution': Status, Money, and Transatlantic Marriages, 1870-1914* (London: Routledge, 1989), pp. 2, 21-2, これ以外の多くの頁にも、ナンシー・アストール婦人のような他の例がよく登場する。

(37) Robin Winks, *The Blacks in Canada: A History*, 2nd edn (Montreal: McGill-Queens University Press, 1997), pp. 232-47.

(38) Paul F. Sharp, 'When Our West Moved North', *American Historical Review*, 55 (January 1950), 286-91.

(11) Leslie P. Moch, *Moving Europeans: Migration in Western Europe since 1650* (Bloomington, IN: Indiana University Press, 1992).

(12) Dirk Hoerder, 'Introduction', in Dirk Hoerder and Jörg Nagler, eds, *People in Transit: German Migrations in Comparative Perspective, 1820-1930* (Washington, DC: German Historical Institute; Cambridge: Cambridge University Press, 1995), p. 1; Karl Marten Barfuss, 'Foreign Workers in and around Bremen, 1884-1918', ibid., pp. 201-24; Susan Meyer, 'In-Migration and Out-Migration in an Area of Heavy Industry: The Case of Georgmarienhutte, 1856-1870', ibid., p. 178ff.

(13) Gabaccia, *Italy's Many Diasporas*, p. 44. アメリカス〔南北アメリカ〕は、イタリア統一運動の亡命者の10%以上を引き寄せることはなかった。Donna R. Gabaccia and Fraser M. Ottanelli, eds, *Italian Workers of the World: Labor Migration and the Formation of Multiethnic States* (Urbana, IL: University of Illinois Press, 2005) も参照。

(14) Sucheng Chan, *Asian Americans*, pp. 30-1.

(15) William H. Sewell, Jr, 'Social Mobility in a Nineteenth-Century European City: Some Findings and Implications', *Journal of Interdisciplinary History*, 7 (Autumn 1976), 232-3.

(16) James Henretta, 'The Study of Social Mobility: Ideological Assumptions and Conceptual Bias', *Labor History*, 18 (Spring, 1977), 165-77.

(17) Edward Pessen, *Riches, Class, and Power in America before the Civil War* (Lexington, MA: D. C. Heath, 1973); Stephan Thernstrom, *Poverty and Progress: Social Mobility in a Nineteenth Century City* (Cambridge, MA: Harvard University Press, 1964).

(18) Jo Blanden, Paul Gregg and Stephen Machin, 'Intergenerational Mobility in Europe and North America: A Report Supported by the Sutton Trust', Centre for Economic Performance, April 2005 http://www.suttontrust.com/ reports/IntergenerationalMobility.pdf (1 July 2006), pp. 5-6, 19.

(19) Thernstrom and Knights, 'Men in Motion', pp. 7-35; Knights, *Plain People of Boston*.

(20) Hans Norman, 'Swedes in America', in Harald Runblom and Hans Norman, eds, *From Sweden to America: A History o f the Migration* (Minneapolis, MN: University of Minnesota Press, 1976), p. 271.

(21) Mark Wyman, *Round Trip to America: The Immigrants Return to Europe, 1880-1930* (Ithaca, NY: Cornell University Press, 1993), p. 65.

(22) Victor Greene, *Faith and Fatherland: The Rise of Polish and Lithuanian Ethnic Consciousness in America* (Madison, WI: State Historical Society of Wisconsin, 1975); Maldwyn Jones, *American Immigration* (Chicago, IL: University of Chicago Press, 1960), pp. 226-7; Anthony Kuzniewski, *Faith and Fatherland: The Polish Church War in Wisconsin, 1896-1918* (Notre Dame, IN: Notre Dame University Press, 1980); John Bodnar, *The Transplanted: A History of Immigrants in Urban America* (Bloomington, IN: Indiana University Press, 1985), pp. 161-2; Jay P. Dolan, *The Immigrant Church: New York's Irish and German Catholics, 1815-1865* (Baltimore, MD: Johns Hopkins University Press, 1975).

(23) ロシア、カナダ、そしてアメリカ大平原の環大西洋世界に関する魅力的な歴史について

(52) Gustave de Beaumont, *Marie; or, Slavery in the United States: A Novel of Jacksonian America*, translated by Barbara Chapman (Stanford, CA: Stanford University Press, 1958).
(53) Alexis de Tocqueville, *Democracy in America*, transl. Henry Reeve, 2 vols (1835, 1840; New York: Schocken Books, 1961), I: 393.
(54) Ibid., 426.

第4章　移動する人々――19世紀の移住体験

(1) 新しいアプローチを反映した移住史研究としては次の文献を参照。Jan Lucassen and Leo Lucassen, eds, *Migration, Migration History, History: Old Paradigms and New Perspectives* (Bern: Peter Lang, 1997).
(2) Adam McKeown, 'Global Migration, 1846-1940', *Journal of World History*, June 2004, http://www.historycooperative.org/journals/jwh/15.2/ mckeown.html (5 June 2005). また、次の文献も参照。McKeown, *Chinese Migrant Networks and Cultural Change: Peru, Chicago, Hawaii, 1900-1936* (Chicago, IL: University of Chicago Press, 2001), pp. 43-5.
(3) Donna R. Gabaccia, *Italy's Many Diasporas* (Seattle, WA: University of Washington Press, 2000), p. 43.
(4) Charlotte Erickson, *Leaving England: Essays on British Emigration in the Nineteenth Century* (Ithaca, NY: Cornell University Press, 1994), pp. 167-73.
(5) Ibid., pp. 143-4.
(6) Sucheng Chan, *Asian Americans: An Interpretive History* (Boston, MA: Twayne, 1991), pp. 105-7; Sucheng Chan, *This Bittersweet Soil: The Chinese in California Agriculture, 1860-1910* (Berkeley, CA: University of California Press, 1986), pp. 389-93.
(7) Brinley Thomas, *Migration and Economic Growth: A Study of Great Britain and the Atlantic Economy* (Cambridge: Cambridge University Press, 1954); Thomas, *The Industrial Revolution and the Atlantic Economy: Selected Essays* (London: Routledge, 1993).
(8) Stephan Thernstrom and Peter R. Knights, 'Men in Motion: Some Data and Speculations about Urban Mobility in Nineteenth-Century America', *Journal of Interdisciplinary History*, 1 (Autumn 1970), 7-35. 以下の文献も参照。Knights, *The Plain People of Boston, 1830-1860: A Study in City Growth* (New York: Oxford University Press, 1971); Knights, *Yankee Destinies: The Lives of Ordinary Nineteenth-Century Bostonians* (Chapel Hill, NC: University of North Carolina Press, 1991).
(9) Hartmut Kaelble, *Historical Research on Social Mobility: Western Europe and the USA in the Nineteenth and Twentieth Centuries* (London: Croom Helm, 1981). 社会的移動に関して、とくにアメリカとヨーロッパ社会の比較研究が不十分であることについては57頁を参照。
(10) William H. Sewell, *Structure and Mobility: The Men and Women of Marseilles, 1820-1870* (New York: Cambridge University Press, 1985), pp. 11, 252-3.

(37) Carl J. Guarneri, 'The Associationists: Forging a Christian Socialism in Antebellum America', *Church History*, 52 (March 1983), 42.

(38) Catherine Beecher, *A Treatise on Domestic Economy* (1841; New York: Source Book Press, 1970); Ian Tyrrell, *Sobering Up: From Temperance to Prohibition in Antebellum America, 1800-1860* (Westport, CT: Greenwood Press, 1979), pp. 78-9.

(39) Timothy L. Smith, *Revivalism and Social Reform: American Protestantism on the Eve of the Civil War* (New York: Harper & Row, 1957), p. 42; Ernest R. Sandeen, 'The Distinctiveness of American Denominationalism: A Case Study of the 1846 Evangelical Alliance', *Church History*, 45 (June 1976), 222-34.

(40) Carl Guarneri, 'Introduction' to Christine Bolt, 'Abolitionism and Women's Rights in the United States and Britain', in Guarneri, ed., *America Compared: American History in International Perspective*, Vol. 1: *To 1877* (Boston, MA: Houghton Mifflin, 1997), p. 316.

(41) Elizabeth Heyrick, *Immediate not Gradual Abolition; or, An Inquiry into the Shortest, Safest and Most Effectual Means of Getting Rid of West Indian Slavery* (London: J. Hanshard, 1824), pp. 15-18, 35-6; Betty Fladeland, *Men and Brothers: Anglo-American Antislavery Cooperation* (Urbana, IL: University of Illinois Press, 1972), p. 178.

(42) Fladeland, *Men and Brothers*, pp. 275, 299, 301.

(43) Ibid., pp. 226, 283.

(44) Walter Merrill, ed., *The Letters of William Lloyd Garrison*, 6 vols (Cambridge, MA: Belknap Press of Harvard University Press, 1971-81), Vol. 3: *No Union with Slaveholders, 1841-1849*, pp. 350, 56-7; Garrison to George W. Benson, 22 March 1842, ibid., pp. 61-2.

(45) Fladeland, *Men and Brothers*, p. 300.

(46) William McFeely, 'Frederick Douglass in Great Britait', in Guarneri, *America Compared*, p. 301.

(47) Guarneri, 'Introduction', ibid., p. 299.

(48) McFeely, 'Frederick Douglass in Great Britain', p. 301.

(49) George Shepperson, 'Thomas Chalmers, The Free Church of Scotland, and the South', *Journal of Southern History*, 17 (November 1951), 517-37. 献金は大西洋を越えた宗派的団結の証の一つであったが、それは計算された宣教活動でもあったかもしれない。つまり、恵まれない人たちに対する南部人の慈悲をアピールすること、そしてイギリスの工場主は「自由な労働者」の幸福には奴隷所有者が奴隷に対するほど熱心ではなかったという議論に注意を引かせることが、目的でもあった。

(50) R. J. M. Blackett, *Building an Antislavery Wall: Black Americans in the Atlantic Abolitionist Movement, 1830-1860* (Baton Rouge, LA: Louisiana State University Press, 1983), pp. 120-3, 143-4; Lawrence B. Glickman, '"Buy for the Sake of the Slave": Abolitionism and the Origins of American Consumer Activism', *American Quarterly*, 56 (No. 4, 2004), 889-912.

(51) R. J. M. Blackett, *Divided Hearts: Britain and the American Civil War* (Baton Rouge, LA: Louisiana State University Press, 2001), pp. 119, 230-1.

「結社のもっとも良い例は、禁酒協会である」。その影響は「この国におけるもっとも顕著な事柄の一つであった」。

(23) J. F. Maclear, 'The Idea of "American Protestantism" and British Nonconformity, 1829-1840', *Journal of British Studies*, 21 (Autumn 1981), 68-89; Richard Carwardine, *Transatlantic Revivalism: Popular Evangelicalism in Britain and America, 1790-1865* (Westport, CT: Greenwood, 1978), pp. 68-9.

(24) Thomas Haskell, 'Capitalism and the Origins of the Humanitarian Sensibility, Part 1', in Thomas Bender, ed., *The Antislavery Debate: Capitalism and Abolitionism as a Problem in Historical Interpretation* (Berkeley, CA: University of California Press, 1992), とくに p. 153.

(25) W. J. Rorabaugh, 'Edward C. Delavan', *American National Biography*, http://www.nysm.nysed.gov/albany/bios/d/ecdelavananb.htm (14 December 2004).

(26) Arthur Bestor, 'Patent Office Models of the Good Society: Some Relationships between Social Reform and Westward Expansion', *American Historical Review*, 58 (April 1953), 505-26.

(27) たとえば、次の文献を参照。William Crawford, *Report on the Penitentiaries of the United States* (1835; Montclair, NJ: Patterson Smith, 1969).

(28) Norman B. Johnston, 'V. John Haviland', in Hermann Mannheim, ed., *Pioneers in Criminology*, 2nd edn (Montclair, NJ: Patterson Smith, 1972), p. 98.

(29) Frank Thistlethwaite, *America and the Atlantic Community: Anglo-American Aspects, 1790-1850* (1959; New York: Harper & Row, 1963), p. 89.

(30) Robert G. Waite, 'From Penitentiary to Reformatory: Alexander Maconochie, Walter Crofton, Zebulon Brockway, and the Road to Prison Reform - New South Wales, Ireland, and Elmira, New York', *Criminal Justice History*, 12 (1991), 92-3, 96-7; John Vincent Barry, 'Alexander Maconochie, 1787-1860', in Mannheim, ed., *Pioneers in Criminology*, p. 69.

(31) Johnston, 'Haviland', pp. 100-2.

(32) Rendall, *Origins of Modern Feminism*, pp. 219-22; Thistlethwaite, *America and the Atlantic Community*, pp. 52-5; Barbara Taylor, *Eve and the New Jerusalem: Socialism and Feminism in the Nineteenth Century* (London: Virago, 1983).

(33) Thistlethwaite, *Anglo-American Connection*, p. 94.

(34) Frederick Hale, 'Marcus Hansen, Puritanism, and Scandinavian Immigrant Temperance Movements', *Norwegian-American Studies*, 27 (1977), 18, http://www.naha.stolaf.edu/pubs/nas/volume27/vol27_2.htm.

(35) J. K. Chapman, 'The Mid-Nineteenth Century Temperance Movement in New Brunswick and Maine', *Canadian Historical Review*, 35 (March 1954), 43-60; Brian Harrison, *Drink and the Victorians: The Temperance Question in England, 1815-1872* (London: Faber & Faber, 1971), p. 196; Elizabeth Malcolm, *Ireland Sober, Ireland Free: Drink and Temperance in Nineteenth Century Ireland* (Dublin: Gill & MacMillan, 1986).

(36) Harrison, *Drink and the Victorians*.

(5)「自由のかがり火」の句は、次の文献からの引用。George D. Lillibridge, *Beacon of Freedom: The Impact of American Democracy on Great Britain* (Philadelphia, PA: University of Pennsylvania Press, 1954), p. xiii.

(6) David Paul Crook, *American Democracy and British Politics, 1815-1850* (Oxford: Clarendon Press, 1965).

(7) Jamie L. Bronstein, 'The Homestead and the Garden Plot: Cultural Pressures on Land Reform in Nineteenth-Century Britain and the USA', *European Legacy*, 6 (No. 2, 2001), 159-75; Bronstein, *Land Reform and Working Class Experience in Britain and the United States, 1800-1862* (Palo Alto, CA: Stanford University Press, 1999).

(8) Ray Boston, *British Chartists in America* (Manchester: Manchester University Press, 1971), pp. xiii, 80.

(9) Daniel Walker Howe, *The Political Culture of the American Whigs* (Chicago, IL: University of Chicago Press, 1979), p. 77.

(10) Calvin Colton, *Four Years in Great Britain* (New York: Harper & Bros., 1835).

(11) アメリカ語法では、その言葉は現代ではダラダラと演説をする戦術によって法案手続きを引き延ばす意味で使用されている。

(12) T. P. Dunning, 'The Canadian Rebellions of 1837-38: An Episode in Northern Borderland History', *Australasian Journal of American Studies*, 15 (December 1995), 35-9. 反乱者については、次の文献を参照。Cassandra Pybus and Hamish Maxwell-Stewart, *American Citizens, British Slaves: Yankee Political Prisoners in an Australian Penal Colony, 1839-1850* (Carlton South, Vic.: Melbourne University Press, 2002).

(13) Robert E. May, *Manifest Destiny's Underworld: Filibustering in Antebellum America* (Chapel Hill, NC: University of North Carolina Press, 2002), p. xv.

(14) George W. Pierson, *Tocqueville and Beaumont in America* (New York: Oxford University Press, 1938), p. 358; *Essex Register*, 15 September 1831.

(15) Harold Murraro, 'Garibaldi in New York', *New York History*, 27 (April 1946), 184.

(16) Ibid., p. 182.

(17) David Herreshoff, *American Disciples of Marx* (1967; New York: Monad Press; distributed by Pathfinder Press, 1973), pp. 57-9, 70-1.

(18) Donald S. Spencer, *Louis Kossuth and Young America: A Study of Sectionalism and Foreign Policy, 1848-1852* (Columbia, MO: University of Missouri Press, 1977), p. 135.

(19) Paola Gemme, 'Imperial Designs of Political Philanthropy: A Study of Antebellum Accounts of Italian Liberalism', *American Studies International*, 39 (February 2001), 34.

(20) Edward L. Widmer, *Young America: The Flowering of Democracy in New York City* (New York: Oxford University Press, 1999), p. 16.

(21) Ibid.; Merle Curti, 'Young America', *American Historical Review*, 32 (October 1926), 34; Thomas Hietala, *Manifest Design: Anxious Aggrandizement in Late Jacksonian America* (Ithaca, NY: Cornell University Press, 1985).

(22) Tocqueville journal, 10 October 1831, http://www.tocqueville.org/ny5.htm (1 May 2005).

Development of Manufacturing Technology in the United States (Baltimore, MD: Johns Hopkins University Press, 1984), pp. 34-5.［ハウンシェル，デーヴィド・A　1998『アメリカン・システムから大量生産へ――1800-1932』（和田一夫・金井光太郎・藤原道夫訳）名古屋大学出版会］

(61) Peter Temin, 'Free Land and Federalism: American Economic Exceptionalism', in Byron E. Shafer, ed., *Is America Different?: A New Look at American Exceptionalism* (Oxford: Clarendon Press, 1991), p. 75.

(62) John K. Brown, *The Baldwin Locomotive Works, 1831-1915: A Study in American Industrial Practice* (Baltimore, MD: Johns Hopkins University Press, 1995), pp. 44-7.

(63) Arthur M. Schlesinger, Jr, *The Age of Jackson* (Boston, MA: Houghton Mifflin, 1945), p. 423; Robert Remini, *Andrew Jackson and the Course of American Freedom, 1822-1832* (New York: Harper & Row, 1981), pp. 68-71, 360-1.

(64) Douglas A. Irwin, 'Historical Perspectives on U.S. Trade Policy', http://grove.ship.edu/econ/trade/Irwin_on_us_trade.html (14 August 2004).

(65) Brown, *Baldwin Locomotive Works*, p. 45.

(66) Faulkner, *Decline of Laissez-Faire*, p. 244; Benjamin W. Labaree et al., *America and the Sea: A Maritime History* (Mystic, CT: Mystic Seaport, 1998), pp. 7-8.

(67) Faulkner, *Decline of Laissez-Faire*, p. 247.

(68) Wilkins, *History of Foreign Investment*, p. 608.

(69) Faulkner, *Decline of Laissez-Faire*, p. 78.

(70) Richard P. Tucker, *Insatiable Appetite: The United States and the Ecological Degradation of the Tropical World* (Berkeley, CA: University of California Press, 2000), pp. 188-95.

第3章　進歩のかがり火――政治と社会の改革

(1) Alexander Keyssar, *The Right to Vote: The Contested History of Democracy in the United States* (New York: Basic Books, 2000), Table A.3.

(2) John A. Phillips and Charles Wetherell, 'The Great Reform Act of 1832 and the Political Modernization of England', *American Historical Review*, 100 (April 1995). とくに pp. 411-12 は、修正主義の解釈に対抗して近代化の影響を強調している。

(3) Christine Bolt, *The Women's Movement in the United States and Britain from the 1790s to the 1920s* (Amherst, MA: University of Massachusetts Press, 1993); Jane Rendall, *The Origins of Modern Feminism: Women in Britain, France and the United States, 1780-1860* (Basingstoke: Macmillan, 1985), pp. 300-2; Bonnie Anderson, *Joyous Greetings: The First International Women's Movement, 1830-1860* (Oxford: Oxford University Press, 2000), pp. 168-72, 195-6.

(4) Arthur Schlesinger, Jr, *The Age of Jackson* (Boston, MA: Little Brown, 1945), pp. 118, 318.

(40) Peter Way, *Common Labour: Workers and the Digging of North American Canals, 1780-1860* (New York: Cambridge University Press, 1993); Sucheng Chan, *Asian Americans: An Interpretive History* (Boston, MA: Twayne, 1991), pp. 30-1.

(41) Leland H. Jenks, *The Migration of British Capital to 1875* (New York: Alfred Knopf, 1927), p. 363.

(42) Platt, *Foreign Finance*, p. 164.

(43) Thomas Cochran, *Pabst Brewing Company: The History of an American Business* (New York: Oxford University Press, 1948), pp. 113-21.

(44) Frank Thistlethwaite, *America and the Atlantic Community: Anglo-American Aspects, 1790-1850* (1959; New York: Harper & Row, 1963), pp. 30, 32.

(45) David J. Jeremy, *Transatlantic Industrial Revolution: The Diffusion of Textile Technologies between Britain and America, 1790-1830s* (Oxford: Blackwell, 1981), pp. 78, 93.

(46) 繊維産業で働いていた移民の74%は、織工、それもほとんど間違いなく手織り織工だった。Ibid., p. 255.

(47) Ibid., p. 254.

(48) 引用個所は、ibid., p. 95.

(49) Ibid., p. 259.

(50) Ibid., pp. 253, 254. ローウェルの繊維工場については、次を参照。Thomas Dublin, *Women at Work: The Transformation of Work and Community in Lowell, Massachusetts* (New York: Columbia University Press, 1979).

(51) Jeremy, *Transatlantic Industrial Revolution*, p. 260.

(52) Alan Dawley, *Class and Community: The Industrial Revolution in Lynn* (Cambridge, MA: Harvard University Press, 1976).

(53) Faulkner, *Decline of Laissez-Faire*, pp. 92-3.

(54) たとえば、次を参照。Bray Hammond, *Banks and Politics in America, from the Revolution to the Civil War* (Princeton, NJ: Princeton University Press, 1957).

(55) Robert Remini, *Andrew Jackson and the Course of American Empire, 1767-1821* (New York: Harper & Row, 1977), p. 25.

(56) Richard Hofstadter, *The Age of Reform: From Bryan to F.D.R.* (New York: Knopf, 1955), p. 74.［ホーフスタッター，リチャード　1967『アメリカ現代史——改革の時代』（齋藤真ほか訳）みすず書房；改題・新装版 1988『改革の時代——農民神話からニューディールへ』（清水知久ほか訳）みすず書房］

(57) Mira Wilkins, *The History of Foreign Investment in the United States to 1914* (Cambridge, MA: Harvard University Press, 1989), p. 608.

(58) Jeffry A. Frieden, 'Monetary Populism in Nineteenth-Century America: An Open Economy Interpretation', *Journal of Economic History*, 57 (No. 2, 1997), 367-95.

(59) Hughes, *American Economic History*, p. 138.

(60) David A. Hounshell, *From the American System to Mass Production, 1800-1932: The*

(19) Hughes, *American Economic History*, p. 204.

(20) Richard E. Ellis, 'The Market Revolution and the Transformation of American Politics, 1801-1837', in Stokes and Conway, eds, *The Market Revolution in America*, p. 163.

(21) Hughes, *American Economic History*, p. 208.

(22) Peter Temin, *The Jacksonian Economy* (New York: Norton, 1969), p. 22.

(23) Richard Sylla, 'Review of Peter Temin, *The Jacksonian Economy*', Economic History Services (17 August 2001), http://www.eh.net/bookreviews/library/ sylla.shtml; John Joseph Wallis, 'What Caused the Crisis of 1839?' NBER Working Paper Series, Historical Paper 133, April 2001.

(24) D. C. M. Platt, *Foreign Finance in Continental Europe and the United States, 1815-1870: Quantities, Origins, Functions, and Distribution* (London: G. Allen & Unwin, 1984), p. 142.

(25) Harvey H. Segal, 'Cycles of Canal Construction', in Carter Goodrich, ed., *Canals and American Economic Development* (1961; Port Washington, NY: Kennikat Press, 1972), p. 191.

(26) Wattenberg, *Statistical History*, p. 869.

(27) Platt, *Foreign Finance*, pp. 163, 165; Raymond W. Goldsmith, 'The Growth of Reproducible Wealth of the United States of America from 1805 to 1950', in S. Kuznets, ed., *Income and Wealth of the United States: Trends and Structures* (Cambridge, MA: Bowes & Bowes, 1952), p. 285.

(28) Hughes, *American Economic History*, p. 160.

(29) Segal, 'Cycles of Canal Construction', p. 179.

(30) Ibid., p. 191.

(31) Platt, *Foreign Finance*, p. 156; George Taylor and Irene Neu, *The American Railroad Network, 1861-1890* (Cambridge, MA: Harvard University Press, 1956), p. 6.

(32) Platt, *Foreign Finance*, p. 157.

(33) Ibid., p. 165.

(34) 引用個所は ibid., p. 162.

(35) Albro Martin, *James J. Hill and the Opening of the Northwest* (New York: Oxford University Press, 1976), p. 393.

(36) Harold U. Faulkner, *The Decline of Laissez-Faire, 1897-1917* (New York: Holt, Reinhart and Winston, 1951), p. 87.

(37) これらの変化がアメリカの国力に与えた影響については、第7章で考察。Jay Sexton, *Debtor Diplomacy: Finance and American Foreign Relations in the Civil War Era, 1837-1873* (Oxford: Clarendon Press, 2005), pp. 130-3, 240-1.

(38) John Madden, 'British Investment in the United States, 1860-1880', PhD dissertation, Cambridge University, 1957, cited in Platt, *Foreign Finance*, p. 144.

(39) William Weisberger, 'George Peabody', *American National Biography Online* (23 March 2005).

(5) Peter L. Bernstein, *Wedding of the Waters: The Erie Canal and the Making of a Great Nation* (New York: W. W. Norton, 2005), pp. 375-7.

(6) Hughes, *American Economic History*, p. 368. 輸入の最大の増加は南米や中米からではなくアジアからで、この時期に2倍に増加した。アジアへの輸出も2倍以上になったが、輸入の3分の1のレベルであった。これは、一つには、アメリカが正貨による支払いに頼らず貿易を均衡させる方法として、アジアへの輸出に関心を示したからであった。

(7) George Francis Train, *Young America Abroad* (London: Seth Low, 1857), p. vii.

(8) Ibid., p. v.

(9) Ibid., p. 58.

(10) Paola Gemme, 'Imperial Designs of Political Philanthropy: A Study of Antebellum Accounts of Italian Liberalism', *American Studies International*, 39 (February 2001), 19-26.

(11) Jacques M. Downs, 'American Merchants and the China Opium Trade, 1800-1840', *Business History Review*, 42 (Winter 1968), 418-42; David F. Long, '"Martial Thunder": The First Official American Armed Intervention in Asia', *Pacific Historical Review*, 42 (May 1973), 144.

(12) Melvyn Stokes and Stephen Conway, eds, *The Market Revolution in America: Social, Political, and Religious Expressions, 1800-1880* (Charlottesville, VA: University Press of Virginia, 1996); Charles Sellers, *The Market Revolution: Jacksonian America, 1815-1846* (New York: Oxford University Press, 1991).

(13) 次の文献を参考に計算。Sven Beckert, 'Emancipation and Empire: Reconstructing the Worldwide Web of Cotton Production in the Age of the American Civil War', *American Historical Review*, 109 (December 2004), 1408-9.

(14) Lloyd Mercer, 'The Antebellum Regional Trade Hypothesis', in Roger Ransom, Richard Sutch and Gary M. Walton, eds, *Explorations in the New Economic History: Essays in Honor of Douglass C. North* (New York: Academic Press, 1982), pp. 444-5; Richard Sutch, 'Douglass North and the New Economic History', ibid., p. 21; North, *Economic Growth of the United States*. ステイプルに関する議論については、その重要性を再確認した次の文献を参照。Morris Altman, 'Staple Theory and Export-Led Growth: Constructing Differential Growth', *Australian Economic History Review*, 43 (November 2003), 234.

(15) C. A. Bayly, *The Birth of the Modern World, 1780-1914: Global Connections and Comparisons* (Oxford: Blackwell, 2004), p. 132.

(16) Hughes, *American Economic History*, p. 204; *Daniel Headrick, The Invisible Weapon: Telecommunications and International Politics, 1851-1945* (New York: Oxford University Press, 1991), pp. 6, 28-49.

(17) Tom Standage, *The Victorian Internet: The Remarkable Story of the Telegraph and the Nineteenth Century's On-Line Pioneers* (New York: Walker and Co., 1998), p. 83.

(18) Albert Boime, *The Magisterial Gaze, Manifest Destiny and American Landscape Painting, 1830-1865* (Washington, DC: Smithsonian Institution Press, 1991), p. 72.

(22) Murrin, 'Jeffersonian Triumph', p. 4.

(23) 新生共和国の地理的発展が諸集団を数多くつくり出し、特定の一集団による支配に対して抑制効果を持つことになる、ということである。

(24) Jefferson to John C. Breckinridge, 12 August 1803, *Jefferson: Writings*, p. 1138.

(25) Peter S. Onuf, 'Review of Anthony F. C. Wallace, *Jefferson and the Indians: The Tragic Fate of the First Americans*', H-Law, H-Net Reviews, May, 2000, http://www.h-net.org/reviews/showrev.cgi?path=24409959285535.

(26) Jefferson to Breckinridge, 12 August 1803, *Jefferson: Writings*, p. 1137.

(27) 現地のアメリカ人支持者たちは、後に「フィリバスター(不法侵入)」と呼ばれることになる手を使った。つまり、草の根的な膨張主義の一形態で、ときにはアメリカ政府当局によって容認された。

(28) Murrin, 'Jeffersonian Triumph', p. 12; Frank Lawrence Owsley, Jr and Gene A. Smith, *Filibusters and Expansionists: Jeffersonian Manifest Destiny, 1800-1821* (Tuscaloosa, AL: University of Alabama Press, 1997).

(29) Marcus Rediker, *Between the Devil and the Deep Blue Sea: Merchant Seaman, Pirates, and the Anglo-American Maritime World, 1700-1750* (Cambridge: Cambridge University Press, 1987) は、18 世紀初めにおけるこうした下層民の世界を扱っている。

(30) James A. Field, *America and the Mediterranean World, 1776-1882* (Princeton, NJ: Princeton University Press, 1969), pp. 49-69, 138, 209. この地中海での作戦についての好意的な記述としては、次を参照。Max Boot, *The Savage Wars of Peace: Small Wars and the Rise of American Power* (New York: Basic Books, 2002), Chap. 1.

(31) Jefferson to Pierre Cabanis, 12 July 1803, *Jefferson: Writings*, p. 1136.(傍点による強調は原著のとおり)

第 2 章　通商は世界を覆う——経済的な統合と分断

(1) J. T. R. Hughes, *American Economic History*, 2nd edn (Glenview, IL: Scott Foresman, 1987), p. 365.

(2) Douglass C. North, *The Economic Growth of the United States, 1790-1860* (Englewood Cliffs, NJ: Prentice-Hall, 1961).

(3) Hughes, *American Economic History*, pp. 367-8.

(4) Ben J. Wattenberg, *The Statistical History of the United States from Colonial Times to the Present* (New York: Basic Books, 1976), p. 887; J. Potter, 'Atlantic Economy, 1815-1860: The U.S.A. and the Industrial Revolution in Britain', in A. W. Coats, ed., *Essays in American Economic History* (London: Edward Arnold, 1969), pp. 14-48. しかし、1860 年以前の時代における輸入と輸出の割合を算出するのは、その後の時代に関するよりもずっと難しい。複数の歴史家が述べたようにこの時代は、GNP に関する限り「統計上の暗黒時代」なのである。Paul A. David, 'New Light on a Statistical Dark Age: U.S. Real Product Growth Before 1840', *American Economic Review*, 57 (May 1967), 294-306.

(5) Christopher Brown, *Moral Capital: Foundations of British Abolitionism* (Chapel Hill, NC: University of North Carolina Press, 2006), pp. 456-7.

(6) David Brion Davis, *The Problem of Slavery in the Age of Revolution, 1770-1823* (Ithaca, NY: Cornell University Press, 1975), とくに p. 167.

(7) Matthew Rainbow Hale, 'Neither Britons nor Frenchmen: The French Revolution and American National Identity', PhD dissertation, Brandeis University, 2002, pp. 14-15.

(8) Mary Beth Norton et al., *A People and a Nation*, 7th edn (Boston, MA: Houghton Mifflin, 2005), p. 202.

(9) 政党の形成に関しては、次を参照。Noble E. Cunningham, *The Jeffersonian Republicans: The Formation of Party Organization, 1789-1801* (Chapel Hill, NC: University of North Carolina Press, 1957); Joseph Charles, *The Origins of the American Party System* (New York: Harper & Row, 1956); Harry Ammon, 'The Genet Mission and the Development of American Political Parties', *Journal of American History*, 52 (March 1966), 725-41; Paul Goodman, *The Democratic-Republicans of Massachusetts: Politics in a Young Republic* (Cambridge, MA: Harvard University Press, 1964). 国外と国内での出来事の相関関係については、次を参照。Hale, 'Neither Britons nor Frenchmen'.

(10) Linda Kerber, *Women of the Republic: Intellect and Ideology in Revolutionary America* (Chapel Hill, NC: University of North Carolina Press, 1980), pp. 282-3.

(11) Winthrop Jordan, *White over Black: American Attitudes Towards the Negro, 1550-1812* (Baltimore, MD: Penguin, 1969), p. 380.

(12) Ibid., p. 381.

(13) Norton et al., *People and a Nation*, p. 209.

(14) James Sidbury, 'Saint Domingue in Virginia: Ideology, Local Meanings, and Resistance to Slavery, 1790-1800', *Journal of Southern History*, 63 (August 1997), 534, 551; Alfred N. Hunt, *Haiti's Influence on Antebellum America: Slumbering Volcano in the Caribbean* (Baton Rouge, LA: Louisiana State University Press, 1988), p. 118. また、次も参照。Eugene Genovese, *From Rebellion to Revolution: Afro-American Slave Revolts in the Making of the New World* (New York: Vintage, 1979).

(15) E. Wilson Lyon, *Louisiana in French Diplomacy, 1759-1804* (1934; Norman, OK: University of Oklahoma Press, 1974), p. 206.

(16) *Jefferson: Writings*, p. 1137.

(17) Ibid., p. 1143.

(18) Anthony F. C. Wallace, *Jefferson and the Indians: The Tragic Fate of the First Americans* (Cambridge, MA: Belknap Press of Harvard University Press, 1999), pp. 206, 207.

(19) *Jefferson: Writings*, pp. 1120, 1119.

(20) John M. Murrin, 'The Jeffersonian Triumph and American Exceptionalism', *Journal of the Early Republic*, 20 (Spring 2000), 11.

(21) Wallace, *Jefferson and the Indians*, pp. 276, 20. こうしてできる帝国は、「文化的に同質の」アメリカ人にとって「民族的な故国」となる（同上書、17 ～ 18 頁）。

Princeton University Press, 2001), p. 17.

(8) Gordon Greenwood, *Early Australian-American Relations: From the Arrival of the Spaniards in America to the Close of 1830* (Melbourne: Melbourne University Press, 1944).

(9) Herbert E. Bolton, 'The Epic of Greater America', *American Historical Review*, 38 (April 1933), 448-74.

(10) Gerald E. Poyo and Gilberto M. Hinojosa, eds, 'Spanish Texas and Borderlands Historiography in Transition: Implications for United States History', *Journal of American History*, 75 (September 1988), 393-416. この境界研究というアプローチは今や非常に一般的になっており、境界学会や『境界研究ジャーナル』のようなものまで存在する。

(11) この点に関しては次を参照。Frederick Cooper, 'What is the Concept of Globalization Good For? An African Historian's Perspective', *African Affairs*, 100 (2001), 189-213.

(12) A. G. Hopkins, ed., *Globalization in World History* (London: Pimlico, 2002).

(13) Scott Burchill, 'Marx on Globalization: Contemporary Resonances', http://www.zmag.org/sustainers/content/1999-07/24burchill.htm (20 September 2005).

(14) Arjun Appadurai, *Modernity at Large: Cultural Dimensions of Globalization* (Minneapolis, MN: University of Minnesota Press, 1996).［アパデュライ，アルジュン 2004『さまよえる近代――グローバル化の文化研究』（門田健一訳）平凡社］

(15) Kevin H. O'Rourke and Jeffrey G. Williamson, *Globalization and History: The Evolution of a Nineteenth-Century Atlantic Economy* (Cambridge, MA: MIT Press, 1999).

(16) アメリカ例外主義に関しては多数の文献がある。とりあえず、入門書としては次を参照。Jack P. Greene, *The Intellectual Construction of America: Exceptionalism and Identity* (Chapel Hill, NC: University of North Carolina Press, 1993); Seymour Martin Lipset, *American Exceptionalism: A Double-Edged Sword* (New York: W. W. Norton, 1996)［リプセット，シーモア・M　1999『アメリカ例外論――日欧とも異質な超大国の論理とは』（上坂昇・金重紘訳）明石書店］; Byron Shafer, ed., *Is America Different?: A New Look at American Exceptionalism* (Oxford: Clarendon Press, 1991); Ian Tyrrell, 'American Exceptionalism in an Age of International History', *American Historical Review*, 96 (October 1991), 1031-55.

(17) この後の議論には、次の文献を参考にした。Michael Geyer and Michael Bright, 'Where in the World Is America? The History of the United States in the Global Age', in Bender, *Rethinking American History in a Global Age*, pp. 74-5.

第1章　諸帝国の戦いの中に生まれて――戦争と革命の中のアメリカ、1789～1815年

(1) *Thomas Jefferson: Writings* (New York: Library of America, 1984), p. 98.

(2) Jefferson to Rabout de St. Etienne, ibid., p. 954.

(3) Thomas H. Adams, *The Paris Years of Thomas Jefferson* (New Haven, CT: Yale University Press, 1997), pp. 207-9.

(4) *Jefferson: Writings*, p. 97.

原注

序章　トランスナショナルなアメリカ史

（1）「無料の安全保障」という概念については、次を参照。C. Vann Woodward, 'The Age of Reinterpretation', *American Historical Review*, 66 (October 1960), 13-19.

（2）トランスナショナルな視点を採り入れた教科書の最近の傾向については、次を参照。Mary Beth Norton et al., *A People and a Nation*, 7th edn (Boston, MA: Houghton Mifflin, 2005).［ノートン，メアリー・ベスほか 1996『アメリカの歴史』全6巻（上杉忍ほか訳）三省堂］; Alan W. Brinkley, *American History: A Survey*, 11th edn (Boston, MA: McGraw Hill, 2003).

（3）Thomas Bender, *Nation Among Nations: America's Place in the World* (New York: Hill & Wang, 2006); Eric Rauchway, *Blessed among Nations: How the World Made America* (New York: Hill and Wang, 2006); Edward Davies, *The United States in World History* (New York: Routledge, 2006).

（4）アメリカ史研究は1920年代までに、アメリカをイギリス帝国史の文脈で描く重要な文献を生み出していた。具体例は次を参照。Ian Tyrrell, 'Making Nations/Making States: American Historians in the Context of Empire', *Journal of American History*, 86 (December 1999), 1015-44. 北米とイギリスとの宗主国・植民地間関係に関する最近の研究は多数あり、とくに *William and Mary Quarterly* を参照。アメリカ先住民とアフリカ系アメリカ人に関しては、本書第5、6章を参照。植民地時代に関する異文化間研究としては、次が重要。Richard White, *The Middle Ground: Indians, Empires, and Republics in the Great Lakes Region, 1650-1815* (New York: Cambridge University Press, 1991). トランスナショナル・ヒストリーの理論と実践については、次の2つの文献を参照。David Thelen, ed., 'The Nation and Beyond: Transnational Perspectives on United States History', *Journal of American History*, Special Issue, 86 (December 1999); Thomas Bender, ed., *Rethinking American History in a Global Age* (Berkeley, CA: University of California Press, 2002). 比較史については、次を参照。Micol Seigel, 'Beyond Compare: Comparative Method after the Transnational Turn', *Radical History Review*, 91 (Winter 2005), 62-90.

（5）Catherine Hall, *Civilising Subjects: Metropole and Colony in the English Imagination, 1830-1867* (Cambridge: Polity Press, 2002), p. 9.

（6）Frank Thistlethwaite, *America and the Atlantic Community: Anglo-American Aspects, 1790-1850* (1959; New York: Harper & Row, 1963).

（7）Gary Y. Okihiro, *Common Ground: Reimagining American History* (Princeton, NJ:

Wang, 2006).
Reynolds, David. 'American Globalism: Mass, Motion and the Multiplier Effect', in A. G. Hopkins, ed., *Globalization in World History* (London: Pimlico, 2002), pp. 220-42.
Rodgers, Daniel T. *Atlantic Crossings: Social Politics in a Progressive Age* (Cambridge, MA: Belknap Press of Harvard University Press, 1998).
Rosenberg, Emily. *Spreading the American Dream: American Cultural and Economic Expansion* (New York: Hill & Wang, 1983).
Rupp, Leila J. *Worlds of Women: The Making of an International Women's Movement* (Princeton, NJ: Princeton University Press, 1997).
Tucker, Richard P. *Insatiable Appetite: The United States and the Ecological Degradation of the Tropical World* (Berkeley, CA: University of California Press, 2000).
Tyrrell, Ian. *Woman's World/Woman's Empire: The Woman's Christian Temperance Union in International Perspective* (Chapel Hill, NC: University of North Carolina Press, 1991).
Tyrrell, Ian. *True Gardens of the Gods: Californian-Australian Environmental Reform, 1860-1930* (Berkeley, CA: University of California Press, 1999).
Wilkins, Mira. *The History of Foreign Investment in the United States to 1914* (Cambridge, MA: Harvard University Press, 1989).
Wilkins, Mira. *The Emergence of Multinational Enterprise: American Business Abroad from the Colonial Era to 1914* (Cambridge, MA: Harvard University Press, 1970). ［ウィルキンズ, マイラ　1973『多国籍企業の史的展開——植民地時代から1914年まで』（江夏健一・米倉昭夫訳）ミネルヴァ書房］
Wittner, Lawrence S. *The Struggle Against the Bomb*, 3 vols (Stanford, CA: Stanford University Press, 1993-2003).
Wolfe, Patrick. 'Land, Labor, and Difference: Elementary Structures of Race', *American Historical Review*, 106 (June 2001), 866-905.
Wyman, Mark. *Round Trip to America: The Immigrants Return to Europe, 1880-1930* (Ithaca, NY: Cornell University Press 1993).
Zolberg, Aristides. *A Nation by Design: Immigration Policy in the Fashioning of America* (Cambridge, MA: Harvard University Press, 2006).

York: Cambridge University Press, 2003).
Field, James A. *America and the Mediterranean World, 1776-1882* (Princeton, NJ: Princeton University Press, 1969).
Forster, Stig and Nagler, J., eds. *On the Road to Total War: The American Civil War and the German Wars of Unification, 1861-1871* (Cambridge: Cambridge University Press, 1997).
Gilroy, Paul. *The Black Atlantic: Modernity and Double Consciousness* (Cambridge, MA: Harvard University Press, 1993). ［ギルロイ , ポール　2006『ブラック・アトランティック――近代性と二重意識』（上野俊哉・毛利嘉孝・鈴木慎一郎訳）月曜社］
Go, Julian and Foster, Anne L., eds. *The American Colonial State in the Philippines: Global Perspectives* (Durham, NC: Duke University Press, 2003).
Greene, Jack P. *The Intellectual Construction of America: Exceptionalism and Identity* (Chapel Hill, NC: University of North Carolina Press, 1993).
Guarneri, Carl J. 'Abolitionism and American Reform in Transatlantic Perspective', *Mid-America*, 82 (Winter-Summer 2000), 21-49.
Hietala, Thomas. *Manifest Design: Anxious Aggrandizement in Late Jacksonian America* (Ithaca, NY: Cornell University Press, 1985).
Hunter, Jane. *The Gospel of Gentility: American Women Missionaries in Turn-of-the-Century China* (New Haven, CT: Yale University Press, 1984).
Iriye, Akira. *Global Community: The Role of International Organizations in the Making of the Contemporary World* (Berkeley, CA: University of California Press, 2002).
Kramer, Paul. 'Empires and Exceptions: Race and Rule between the British and United States Empires, 1880-1910', *Journal of American History*, 88 (March 2002),1314-53.
Kroes, Rob and Rydell, Robert. *Buffalo Bill in Bologna* (Chicago, IL: University of Chicago Press, 2005).
LaFeber, Walter. *The American Age: U.S. Foreign Policy at Home and Abroad*, 2 vols (New York: W. W. Norton, 1994). ［ラフィーバー , ウォルター　1992 『アメリカの時代――戦後史のなかのアメリカ政治と外交』（久保文明ほか訳）芦書房］
LaFeber, Walter. *The Clash: A History of U.S. Japan Relations* (New York: W. W. Norton, 1996).
Levin, N. Gordon, Jr. *Woodrow Wilson and World Politics: America's Response to War and Revolution* (New York: Oxford University Press, 1968).
Miller, Toby, Govil, N., McMurria, J. and Maxwell, R. *Global Hollywood* (London: BFI Publishing, 2001).
Ngai, Mae M. *Impossible Subjects: Illegal Aliens and the Making of Modern America* (Princeton, NJ: Princeton University Press, 2004).
O'Leary, Cecilia. *To Die For: The Paradox of American Patriotism* (Princeton, NJ: Princeton University Press, 1999).
Rauchway, Eric. *Blessed Among Nations: How the World Made America* (New York: Hill &

さらに学ぶための読書リスト

Anderson, Bonnie. *Joyous Greetings: The First International Women's Movement, 1830-1860* (Oxford: Oxford University Press, 2000).

Beckert, Sven. 'Emancipation and Empire: Reconstructing the Worldwide Web of Cotton Production in the Age of the American Civil War', *American Historical Review*, 109 (December 2004), 1405-38.

Bender, Thomas, ed. *Rethinking American History in a Global Age* (Berkeley, CA: University of California Press, 2002).

Bender, Thomas. *Nation Among Nations: America's Place in the World* (New York: Hill & Wang, 2006).

Berlin, Ira. *Many Thousands Gone: The First Two Centuries of Slavery in North America* (Cambridge, MA: Belknap Press of Harvard University Press, 1998).

Bodnar, John. *The Transplanted: A History of Immigrants in Urban America* (Bloomington, IN: Indiana University Press, 1985).

Campbell, James T. *Middle Passages: African American Journeys to Africa, 1787-2005* (New York: Penguin Press, 2006).

Carwardine, R. *Transatlantic Revivalism: Popular Evangelicalism in Britain and America, 1790-1865* (Westport, CT: Greenwood, 1978).

Crook, D. P. *The North, the South, and the Powers, 1861-1865* (New York: Wiley, 1974).

Davies, Edward. *The United States in World History* (New York: Routledge, 2006).

Davis, David Brion. *The Problem of Slavery in the Age of Revolution, 1770-1823* (Ithaca, NY: Cornell University Press, 1975).

Dawley, Alan. *Changing the World: American Progressives in War and Revolution* (Princeton, NJ: Princeton University Press, 2002).

de Grazia, Victoria. *Irresistible Empire: America's Advance through 20th-Century Europe* (Cambridge, MA: Harvard University Press, 2005).

DuBois, Ellen. 'Woman Suffrage: The View from the Pacific', *Pacific Historical Review*, 69 (November 2000), 539-51.

Dudziak, Mary L. *Cold War Civil Rights: Race and the Image of American Democracy* (Princeton, NJ: Princeton University Press, 2000).

Dudziak, Mary L., ed. *September 11 in History: A Watershed Moment?* (Durham, NC: Duke University Press, 2003).

Eckes, Alfred E., Jr and Zeiler, Thomas. *Globalization and the American Century* (New

【ヤ】

【ラ】

【ワ】

【ハ】

【マ】

【タ】

【ナ】

【カ】

【サ】

地名索引

【マ】

【タ】

【ナ】

【ハ】

【カ】

【サ】

【ヤ】

【ラ】

【ワ】

人名索引

【ア】

【マ】

【ナ】

【ハ】

【タ】

【サ】

【カ】

索　引

事項索引

【ア】

著訳者紹介

◎著者

イアン・ティレル　Ian Tyrrell

ニュー・サウスウェールズ大学教授。

1947年生まれ。クィーンズランド大学卒業。デューク大学で修士号・博士号取得。オーストラリアを代表する歴史家で、トランスナショナルなアメリカ史研究における先駆者の一人。

◎訳者

藤本茂生

1950年生まれ。帝塚山大学人文学部教授（アメリカ文化史）。

山倉明弘

1952年生まれ。天理大学国際学部教授（アメリカ法制史）。

吉川敏博

1949年生まれ。天理大学国際学部教授・学部長（社会言語学）。

木下民生

1952年生まれ。天理大学国際学部教授（言語コミュニケーション）。

トランスナショナル・ネーション
アメリカ合衆国の歴史

2010年5月10日　初版第1刷発行
2015年4月1日　初版第4刷発行

著　者　イアン・ティレル
訳　者　藤本茂生
山倉明弘
吉川敏博
木下民生
発行者　石井昭男
発行所　株式会社　明石書店
〒101-0021　東京都千代田区外神田6-9-5
電　話　03（5818）1171
FAX　03（5818）1174
振　替　00100-7-24505
http://www.akashi.co.jp
装　丁　松田行正＋青山鮎
印　刷　株式会社文化カラー印刷
製　本　協栄製本株式会社

（定価はカバーに表示してあります）　ISBN978-4-7503-3193-5